독자의 1초를 아껴주는 정성!

세상이 아무리 바쁘게 돌아가더라도
책까지 아무렇게나 빨리 만들 수는 없습니다.
인스턴트 식품 같은 책보다는
오래 익힌 술이나 장맛이 밴 책을 만들고 싶습니다.

길벗이지톡은 독자 여러분이
우리를 믿는다고 할 때 가장 행복합니다.
나를 아껴주는 어학도서,
길벗이지톡의 책을 만나보십시오.

독자의 1초를 아껴주는
정성을 만나보십시오.

미리 책을 읽고 따라해본 2만 베타테스터 여러분과
무따기 체험단, 길벗스쿨 엄마 2% 기획단,
시나공 평가단, 토익 배틀, 대학생 기자단까지!
믿을 수 있는 책을 함께 만들어주신 독자 여러분께 감사드립니다.

———————————————————————

(주)도서출판 길벗 www.gilbut.co.kr
길벗이지톡 www.gilbut.co.kr
길벗스쿨 www.gilbutschool.co.kr

시험에 나오는 것만
공부한다!

시나공
JLPT

일본어능력시험 N3
실전 모의고사 시즌2

정답&해설집

신선화 지음

길벗
이지:톡

시나공 일본어능력시험 N3 실전 모의고사 시즌 2

Crack the Exam! - JLPT Actual Test for N3

초판 발행 · 2013년 10월 30일
초판 5쇄 발행 · 2021년 1월 5일

지은이 · 신선화
발행인 · 이종원
발행처 · (주)도서출판 길벗
브랜드 · 길벗이지톡
출판사 등록일 · 1990년 12월 24일
주소 · 서울시 마포구 월드컵로 10길 56(서교동)
대표 전화 · 02)332-0931 | **팩스** · 02)323-0586
홈페이지 · www.gilbut.co.kr | **이메일** · eztok@gilbut.co.kr

기획 및 책임 편집 · 오윤희(tahiti01@gilbut.co.kr) | **디자인** · 박상희 | **제작** · 이준호, 손일순, 이진혁
영업마케팅 · 김학흥, 장봉석 | **웹마케팅** · 이수미, 최소영 | **영업관리** · 심선숙 | **독자지원** · 송혜란, 윤정아

편집진행 및 교정 · 이경숙 | **전산편집** · 수(秀)디자인 | **오디오 녹음** · 와이알미디어
CTP 출력 및 인쇄 · 예림인쇄 | **제본** · 예림바인딩

ISBN 978-89-6047-792-6 04730
ISBN 978-89-6047-789-6 04730 (set)
(길벗 도서번호 300659)

정가 16,000원

독자의 1초까지 아껴주는 정성 길벗출판사

길벗 | IT실용서, IT/일반 수험서, IT전문서, 경제경영서, 취미실용서, 건강실용서, 자녀교육서
더퀘스트 | 인문교양서, 비즈니스서
길벗이지톡 | 어학단행본, 어학수험서
길벗스쿨 | 국어학습서, 수학학습서, 유아학습서, 어학학습서, 어린이교양서, 교과서

페이스북 · www.facebook.com/gilbuteztok
네이버 포스트 · http://post.naver.com/gilbuteztok
유튜브 · https://www.youtube.com/gilbuteztok

어떻게 공부해야 합격할 수 있을까?

일본어능력시험 개정 후 가장 두드러진 변화는 문제 전체에서 출제되는 한자와 어휘, 표현에서 회화체 표현의 비중이 높아지고, 독해와 청해 문제 유형이 다양해진 것입니다. 이제 예전처럼 단순히 한자와 어휘, 문법을 달달 외우는 방법으로는 합격하기 어렵다는 것이죠. 물론 레벨별 주요 한자와 어휘, 기본이 되는 문법과 문형을 공부하는 것은 합격의 기초적인 뼈대를 잡는 일입니다. 그 다음에는 무엇을 해야 할까요? 바로 다양하고 풍부한 기출문제를 풀며 실력에 살을 붙여야 합니다.

개정 이후 기출문제 완벽 반영!

본 교재는 저자가 매회 N3 시험에 응시하며 시험에 나온 어휘, 문법/문형, 문제 유형을 정리하고 분석하여 만들었습니다. 실제 기출문제와 유사한 문제로 구성되어 있다고 할 수 있죠.
매회 문제를 풀어보며 자신의 실력을 체크해 가면서 자연스럽게 문제 유형을 익히세요. 시험에 나온 표현들을 자주 접하다보면 시험에 자신감이 붙을 것입니다.

혼자서도 합격할 수 있다!

대부분의 일본어능력시험 모의고사 교재들은 문제만 있거나 해설이 너무 간단하여 혼자서 공부하는 수험생들이 왜 정답이고 오답인지 혼동되어 어렵게 느끼는 경우가 많았습니다. 그러한 점을 보완하고자 본서는 해설에 정답과 해석은 물론 어휘와 오답의 이유까지 자세한 해설을 담아 혼자서도 완벽하게 시험에 대비할 수 있도록 구성하였습니다.
실제 시험처럼 시간을 재며 문제를 풀고, 반드시 맞고 틀린 문제를 분석해 보세요. 특히 틀린 문제에 대해서는 해설을 참고하여 정확히 이해하고 넘어가도록 합시다. 본서에 제시되어 있는 문제 유형과 어휘, 문법 등을 꼼꼼하게 챙겨서 정확히 이해하고 내 것으로 만든다면 분명 고득점으로 합격할 수 있습니다.

마지막으로 본 교재로 학습한 모든 분들이 일본어 지식뿐 아니라 종합적인 일본어 능력이 향상되어 부디 합격이라는 기쁜 소식을 들을 수 있기를 기대합니다.

2013년 10월 신선화

SPECIAL THANKS TO 이 책을 미리 학습해 본 베타테스터 윤세나 님, 이소희 님, 김세나 님께 감사드립니다.

이 책은 〈문제집〉과 〈정답&해설집〉으로 나뉘어 있습니다. 간편하게 따로 떼어서 효과적으로 공부하세요. 문제집 뒤에 수록된 해답용지(Answer Sheet)를 활용하여 실제 시험처럼 마킹하며 풀어보세요. 1회분을 풀어본 다음에는 반드시 〈정답&해설집〉으로 자신의 약점을 보완한 후 다음 회차 문제로 넘어가세요!

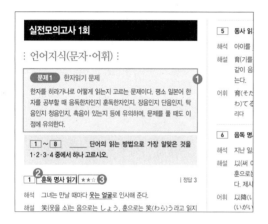

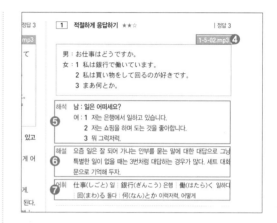

❶ 문제 유형 설명 및 TIP
문제의 유형을 설명하고 어떤 점에 유의해서 풀어야 하는지 선생님의 팁을 간단하게 제시하였습니다.

❷ 출제 포인트
모든 문제에 출제 포인트를 제시하여 출제의도를 파악할 수 있도록 했습니다. 출제자의 의도를 알면 문제가 쉽게 풀립니다.

❸ 난이도 표시
모든 문제에 ★로 난이도를 표기했습니다. 문제의 난이도를 알면 자신의 강점과 약점을 파악할 수 있습니다.

❹ mp3 파일 번호
문제를 풀고 난 후 한 문제씩 복습할 때 활용할 수 있도록 청해 문제마다 mp3 파일 번호를 달았습니다.

❺ 해석
지문과 문제&선택지에 대한 정확한 한글 해석을 실었습니다.

❻ 해설
저자의 노하우가 그대로 녹아 있는 해설입니다. 답이 되는 이유와 나머지가 답이 안 되는 이유를 상세히 설명하여 혼자서도 이해하기 쉽습니다.

❼ 어휘
지문과 문제에 나온 단어들을 꼼꼼하게 정리하였습니다. 풍부한 어휘력은 문제풀이의 막강한 힘이 됩니다.

특별 서비스 mp3 파일 구성

실전용 폴더   실전과 똑같이 멈추지 말고 풀어보세요.
복습용 폴더   학습하기 편하도록 문제별로 mp3파일을 분리했습니다. 그리고 실전 문제 사이의 간격을 없앴습니다.

길벗이지톡 홈페이지(www.eztok.co.kr)에서 무료로 다운로드 받으세요!

문제집

시험에 나오는 문제를 실전 그대로 만나보세요!

**정답&
해설집**

꼼꼼한 해설로 확실하게 이해하고 넘어가세요!

Q : JLPT란 무엇인가요?

JLPT는 Japanese-Language Proficiency Test에서 따온 이름으로 일본어를 모국어로 하지 않는 사람을 대상으로 52개 국가에서 응시하고 있는 일본어 능력을 평가하는 시험입니다. 일본어와 관련된 지식과 더불어, 실제로 사용할 수 있는 실용적인 일본어 능력을 중시하기 때문에, 문자 · 어휘 · 문법과 같은 언어 지식을 활용한 커뮤니케이션 상의 과제 수행 능력을 측정합니다.

◎ 실시횟수 : 연 2회 (7월과 12월에 실시)
◎ 시험레벨 : N1, N2, N3, N4, N5의 5단계
◎ 시험접수 : 능력시험사무국 홈페이지 (http://www.jlpt.or.kr)에 안내
◎ 주의사항 : 수험표, 신분증 및 필기도구 (HB연필, 지우개)를 반드시 지참

Q : N3 레벨은 구체적으로 어떤 수준인가요?

N3은 '생활 일본어를 어느 정도 이해할 수 있는 수준'으로, 읽기와 듣기의 언어행동으로 나누어 제시한 인정기준은 아래와 같습니다.

읽기	· 일상적인 화제에 대하여 쓰여진 구체적인 내용이 표면적으로 드러난 문장을 읽고 이해하는 것이 가능하다. · 신문의 표제어를 보고 대략적인 정보를 유추할 수 있다. · 일상적으로 접하는 다소 난이도가 있는 글의 경우, 다른 표현이 주어졌을 때는 요점을 파악하는 것이 가능하다.
듣기	일상에 있어 비교적 자연스러운 속도의 정돈된 대화를 듣고, 이야기의 구체적인 내용을 등장인물과 대조하여 대체적으로 이해가 가능하다.

Q : N3 시험 시간표를 알려주세요!

입실	1교시		휴식	2교시
13:10	언어지식(문자·어휘) 13:30~14:00	언어지식(문법)·독해 14:05~15:15	15:15~15:35	청해 15:35~16:20
	(100분)		(20분)	(45분)

Q : **N3 합격기준은 어떻게 되나요?**

새로운 일본어능력시험은 종합득점과 각 과목별 득점의 두 가지 기준에 따라 합격여부를 판정합니다. 즉, 종합득점이 합격에 필요한 점수(합격점) 이상이며, 각 과목별 득점이 과목별로 부여된 합격에 필요한 최저점(기준점) 이상일 경우 합격입니다.

구분	합격점	기준점		
		언어지식	독해	청해
N3	95	19	19	19

Q : **N3 구성과 득점범위는 어떻게 되나요?**

교시	항목	시간		내용	문항수	득점범위
1교시	언어지식 (문자·어휘)	30분	1	한자읽기	8	0~60
			2	한자표기	6	
			3	문맥규정	11	
			4	유의표현	5	
			5	용법	5	
	언어지식 (문법)	70분	1	문법형식판단	13	0~60
			2	문장만들기	5	
			3	글의 문법	5	
	독해		4	단문이해	4	
			5	중문이해	6	
			6	장문이해	4	
			7	정보검색	2	
2교시	청해	40분	1	과제이해	6	0~60
			2	포인트이해	6	
			3	개요이해	3	
			4	발화표현	4	
			5	즉시응답	9	
		총 140 분			총 102	0~180

※ 문항 수는 매회 시험에서 출제되는 대략적인 기준으로 실제 시험에서의 출제 수는 다소 달라질 수 있습니다.

✱ 언어지식(문자·어휘)

문제1 **한자읽기**

풀이 시간 | 4분

문자·어휘 문제 35문제 중 8문제가 출제되며, 명사나 한자어뿐만 아니라 형용사, 동사, 부사 등에서 골고루 출제된다. 한자를 제시하고 그 한자를 히라가나로 어떻게 읽는지 테스트하는 문제로, 밑줄의 한자만 보고도 문제를 풀 수 있으므로 가능한 한 문제 푸는 시간을 절약하여야 한다.
좋은 성적을 얻기 위해서는 평소 한자를 공부할 때 음독한자인지 훈독한자인지, 장음인지 단음인지, 탁음인지 청음인지, 촉음이 있는지 없는지 등에 유의하여 외워 두고, 실제 시험에서도 이점에 유의해 가며 문제를 풀도록 한다.

문제2 **한자표기**

풀이 시간 | 3분

문자·어휘 문제 35문제 중 6문항이 출제되며, 히라가나로 쓰인 어휘를 한자로 표기하는 문제이다. 한자의 일부분이 다르거나 모양이 비슷한 한자, 동음이자어(同音異字語)를 구별하는 형식의 문제가 자주 출제된다.
한자쓰기 문제는 제시된 히라가나가 여러 가지 한자로 쓰이는 경우도 있기 때문에 반드시 문장 전체를 읽고 그 문장 안에서 어떤 의미로 사용되고 있는지를 정확히 파악하고 문제를 풀어야 한다.

문제3 **문맥규정**

풀이 시간 | 6분

문장의 흐름을 보고 빈칸에 들어갈 의미적으로 가장 적당한 어휘를 고르는 문제로, 문자·어휘 문제 35문항 중 11문제가 출제된다.
의미상 비슷한 한자어나 어휘가 선택지로 제시되므로 전체적인 문맥의 흐름을 파악한 후 빈칸 앞뒤에 오는 단어와의 의미상 쓰임새의 조합을 정확히 파악해야 한다. 또한 단어를 외울 때 하나의 개별단어로 외우기보다 어구나 숙어의 형태로 익혀 둔다면 문제를 풀 때 도움이 될 것이다.

문제4 **유의표현**

풀이 시간 | **5분**

제시되는 문장 속에 단어나 표현을 제시해 주고 그 단어나 표현과 가장 비슷한 의미를 갖고 있는 것이 무엇인지 찾는 문제이다. 문자 · 어휘 문제 35문항 중 5문항이 출제된다.

문제를 풀 때에는 먼저 제시된 문장을 읽고 해석하여 밑줄 친 부분의 의미를 파악한 후 유사한 말을 찾는다. 따라서 평소에 단어나 표현을 공부할 때 단어가 가지고 있는 여러 가지 의미나 유사 표현 또는 반의 표현을 함께 외워 둔다면 도움이 될 것이다.

문제5 **용법**

풀이 시간 | **10분**

제시된 단어가 문장 안에서 어떻게 쓰이는지 묻는 문제로 문자 · 어휘 문제 35문제 중 5문제가 출제된다.

제시된 단어는 우리말 뜻만 생각하여 문장 전체를 해석하면 해석 자체는 문제가 없어 정답을 고르기 힘든 경우가 많다. 따라서 제시된 단어의 의미나 품사를 정확히 알고, 제시된 단어가 어떤 품사를 수식하고 문장 속에서 어떤 말과 접속될 수 있는지, 문법적으로 어떠한 기능을 하는지, 즉 단어의 쓰임새를 주의 깊게 살펴본 후 정답을 고르도록 한다.

❋ 언어지식(문법)

문제1 **문법형식판단**
풀이 시간 | 7분

문장 내용에 알맞은 문법형식을 찾는 문제로, 총 13문제가 출제된다. 전체 문장의 흐름을 파악한 후, 빈칸에 들어갈 문법적인 의미와 기능을 가진 말, 즉 알맞은 기능어를 선택하도록 한다.
수동·사역·조건·추량·경어 등과 같은 일본어의 기초가 되는 중요한 문형·문법과 함께 회화체에서 많이 쓰일 수 있는 기능어를 의미적·문법적으로 나누어 공부하는 것이 바람직하다.

문제2 **문장만들기**
풀이 시간 | 5분

일본어의 말과 말의 연결 및 연결된 말의 순서에 따른 배열을 묻는 문제로, 5문제가 출제된다.
품사마다 문장 속에서 있어야 할 위치가 다르다는 기본 사항을 숙지한 후에, 4개의 밑줄이 포함된 문제의 전체 문장이 의미적·문법적으로 자연스럽게 완성될 수 있도록 선택지에 나온 4개의 단어 또는 문법 표현을 의미가 통하도록 순서대로 조합하여 완성된 문장을 만든다.

문제3 **글의 문법**
풀이 시간 | 10분

독해 문제처럼 보이지만 문법에 관한 문제이므로 N3 필수 문법 요소인 수동·사역·사역수동·수수·조건·경어표현 등을 활용하거나 결합하여 문맥에 알맞은 적절한 어구나 문장을 고르거나, 글의 흐름과 논리에 맞는 합성어나 접속사, 부사 그리고 문법적인 표현 문형 등을 찾아 넣는 문제 등이 5문제 출제된다.
평소 다양한 일본어로 되어 있는 글을 읽고 해석해 보는 연습을 통하여 문법 능력뿐만 아니라 어휘와 독해 실력을 함께 겸비할 수 있는 종합적 실력 향상을 도모하자.

❋ 독해

문제 4   단문이해
풀이 시간 | 8분

150~200자 정도의 짧은 글을 읽고 글 전체의 주제나 필자의 생각 등을 파악하거나 밑줄 친 부분의 의미나 이유 또는 밑줄이 가리키는 것이 무엇인지, 본문의 내용과 일치하는 내용을 고르는 문제이다.
질문과 선택지를 먼저 읽고 본문의 내용과 일치하는지 하나씩 지워가면서 정답을 찾는 것도 하나의 방법이다.

문제 5   중문이해
풀이 시간 | 12분

350자 정도의 글을 읽고 개요나 인과관계 · 이유 · 필자의 생각 등을 고르는 문제이다.
독해 문제풀이의 가장 기본적인 원칙은 항상 정답은 지문 안에 있다는 것이다. 평소 글을 읽을 때 필자의 의견 및 생각을 찾는 연습을 한다면 시험에서 좋은 결과를 기대할 수 있을 것이다.

문제 6   장문이해
풀이 시간 | 12분

550자 정도의 글을 읽고 필자의 주장이나 의견, 또는 본문의 개요나 논리의 전개 등을 묻는 문제가 출제된다. 본문을 읽기 전에 먼저 질문을 읽어, 어떠한 부분과 내용에 주의하면서 읽어야 하는지, 무엇을 묻고 있는지 파악한 후 본문을 읽어 내려가는 게 좋다. 문제를 푸는 시간이 지체되면 시간이 모자라 다음에 이어지는 정보검색 문제를 풀지 못하는 경우도 있으므로 10~15분 이내에 풀 수 있도록 시간을 체크하며 문제를 풀어야 한다.

문제 7   정보검색
풀이 시간 | 8분

600자 정도의 여러 가지 정보 소재 안에서 필요한 정보를 찾아낼 수 있는지 묻는 문제이다. 먼저 질문과 선택지를 읽고 질문의 키워드가 무엇인지, 정답을 찾기 위해 필요한 정보가 무엇인지를 정확히 파악하여 그 키워드가 본문 전체 중 어느 부분에 제시되어 있는지 찾는 것이 중요하다. 그리고 그 다음 키워드를 정보 내용과 하나씩 대조하며 체크해 가면 된다.
단, 이때 각 세부 사항의 끝이나 가장 아래 부분에 ただし · 以外 · のみ · ※ · 注 등과 같은 예외사항을 나타내는 표현이 제시되어 있는 것을 놓치고 지나가서, 오답을 고르는 실수를 하는 경우도 있으므로 각별히 주의하면서 문제를 풀도록 하자.

❋ 청해

문제1 **과제이해**

풀이 시간 | 9분

본문을 듣고, 들은 내용에서 얻은 구체적인 정보를 토대로 제시되는 과제를 수행할 수 있는지 묻는 문제로 6문제가 출제된다.

먼저 질문의 내용을 정확히 이해하여 과제를 수행해야 하는 사람이 누구인지, 어떠한 상황인지를 파악하고 숙지해 두어야 한다. 그 후에 본문의 내용을 들으면서 질문과 관련하여 중요하다고 생각되거나 수행할 과제가 될 만한 것을 메모해 가며 체크한다. 정답 선택에 혼동을 주기 위해 의미는 거의 같지만 다른 일본어 표현을 사용하는 경우가 많으므로, 평소에 동의어 및 유의어에 관한 공부도 함께 해 두자.

문제2 **포인트이해**

풀이 시간 | 10분

본문을 듣고 질문에서 요구하는 핵심 포인트를 정확히 이해하고 파악할 수 있는지 묻는 문제로 6문제가 출제된다.

우선 상황 설명이나 질문을 듣고 문제에서 요구하는 정답 포인트를 정확히 파악하여 메모를 해놓은 후, 그것을 염두에 두고 질문 내용에서 요구하는 포인트를 좁혀 나가야 한다. 후반부에 내용이 반전되거나 궁극적인 핵심 포인트가 제시되는 경우가 많으므로 포인트가 될 수 있는 내용 또는 화자의 의도라고 생각되는 본문의 내용을 마지막까지 메모해 가며 듣고, 질문을 다시 들려줄 때에 정답을 찾도록 한다.

문제3 **개요이해**

풀이 시간 | 5분

본문을 듣고 화자의 주장이나 생각, 내용 전체의 개요 등을 이해하고 찾아낼 수 있는지를 묻는 문제로 3문제가 출제된다.

〈과제이해〉, 〈포인트이해〉 문제와 달리 질문과 선택지가 사전에 제시되지 않고, 간단한 상황 설명만 들려준 후 바로 본문을 들려준다. 그리고 마지막에 질문과 선택지를 음성으로 들려준 후 정답을 고르는 방식이다.

개요이해 문제를 풀 때에는 무엇보다 고도의 집중력과 신속한 메모가 중요하다. 문제를 보다 쉽게 풀기 위해서는 본문 전체를 파악하는 힘이 필요하다. 따라서 평소에 문장을 요약하는 연습과 신문 기사나 사설, 뉴스, 연설, 강연 내용 등을 많이 읽고 들어 보는 연습을 해 두는 것이 좋다.

문제 4 발화표현

풀이 시간 | 3분

일상생활의 실제 커뮤니케이션 상황에서 주어지는 상황에 걸맞게 발화를 할 수 있는지 묻는 문제로 4문제가 출제된다. 주로 일상생활에서 사용되는 인사말, 여행, 회사생활, 학교생활, 의뢰, 허가, 요구 등과 관련된 실용적인 내용이 많다. 따라서 일상생활에서 자주 쓰이는 인사말이나 회화 표현, 관용 표현, 경어 표현 등을 많이 익혀 두면 발화 표현 문제는 쉽게 정답을 찾을 수 있다.

문제 5 즉시응답

풀이 시간 | 5분

실생활에서 자주 주고받는 소재를 짧은 1대 1 대화 형식을 취해 상대방의 말을 듣고 그에 적절한 응답을 즉각적으로 고르는 문제로 9문제가 출제된다.

문제의 진행 속도가 빠르기 때문에, 들으면서 바로 판단하고 정답을 선택해야 한다. 한 문제에 시간을 오래 끌면 다음 문제를 놓칠 수 있으므로 앞의 문제를 놓쳤더라도 그 다음 문제에 집중하여 문제를 풀어야 한다.

인사말과 같은 실생활에서 자주 쓰이는 표현들이나 경어 표현, 관용 표현 등을 많이 외워 두고, 평소 생활 속에서 바른 일본어를 구사하려는 노력이 필요하다.

시나공 일본어능력시험 N3 실전 모의고사 시즌 2

정답&해설

1회

▶ 언어지식(문자 · 어휘)

문제 1	1 **3**	2 **1**	3 **4**	4 **2**	5 **3**	6 **1**	7 **4**	8 **2**		
문제 2	9 **4**	10 **2**	11 **1**	12 **3**	13 **1**	14 **2**				
문제 3	15 **3**	16 **1**	17 **4**	18 **2**	19 **3**	20 **1**	21 **4**	22 **2**	23 **3**	24 **4**	25 **3**
문제 4	26 **2**	27 **4**	28 **1**	29 **3**	30 **1**					
문제 5	31 **3**	32 **1**	33 **4**	34 **3**	35 **1**					

▶ 언어지식(문법) · 독해

문제 1	1 **4**	2 **2**	3 **1**	4 **3**	5 **1**	6 **2**	7 **3**	8 **4**	9 **3**	10 **1**	11 **2**	12 **3**	13 **2**
문제 2	14 **2**	15 **4**	16 **2**	17 **3**	18 **1**								
문제 3	19 **3**	20 **2**	21 **1**	22 **4**	23 **2**								
문제 4	24 **4**	25 **1**	26 **3**	27 **2**									
문제 5	28 **3**	29 **2**	30 **4**	31 **1**	32 **1**	33 **3**							
문제 6	34 **4**	35 **2**	36 **2**	37 **3**									
문제 7	38 **2**	39 **3**											

▶ 청해

문제 1	예 **4**	1 **4**	2 **2**	3 **1**	4 **3**	5 **4**	6 **2**		
문제 2	예 **4**	1 **1**	2 **3**	3 **2**	4 **2**	5 **2**	6 **4**		
문제 3	예 **3**	1 **4**	2 **3**	3 **4**					
문제 4	예 **3**	1 **3**	2 **2**	3 **1**	4 **3**				
문제 5	예 **2**	1 **3**	2 **3**	3 **2**	4 **1**	5 **2**	6 **1**	7 **3**	8 **2**	9 **1**

2회

▶ 언어지식(문자·어휘)

문제1	1 **4**	2 **2**	3 **1**	4 **3**	5 **1**	6 **3**	7 **4**	8 **2**

문제2	9 **3**	10 **2**	11 **3**	12 **4**	13 **1**	14 **2**

문제3	15 **4**	16 **3**	17 **1**	18 **2**	19 **3**	20 **1**	21 **4**	22 **2**	23 **3**	24 **1**	25 **2**

문제4	26 **3**	27 **1**	28 **2**	29 **4**	30 **3**

문제5	31 **4**	32 **3**	33 **1**	34 **2**	35 **4**

▶ 언어지식(문법)·독해

문제1	1 **1**	2 **4**	3 **2**	4 **3**	5 **4**	6 **2**	7 **3**	8 **1**	9 **4**	10 **2**	11 **4**	12 **3**	13 **1**

문제2	14 **3**	15 **2**	16 **4**	17 **2**	18 **2**

문제3	19 **1**	20 **4**	21 **2**	22 **2**	23 **3**

문제4	24 **4**	25 **3**	26 **2**	27 **1**

문제5	28 **3**	29 **1**	30 **4**	31 **1**	32 **2**	33 **3**

문제6	34 **2**	35 **3**	36 **1**	37 **4**

문제7	38 **2**	39 **3**

▶ 청해

문제1	예 **4**	1 **2**	2 **3**	3 **1**	4 **2**	5 **1**	6 **3**

문제2	예 **4**	1 **1**	2 **3**	3 **2**	4 **4**	5 **3**	6 **2**

문제3	예 **3**	1 **3**	2 **4**	3 **2**

문제4	예 **3**	1 **2**	2 **3**	3 **1**	4 **2**

문제5	예 **2**	1 **2**	2 **1**	3 **3**	4 **2**	5 **1**	6 **3**	7 **1**	8 **2**	9 **1**

3회

▶ 언어지식(문자 · 어휘)

문제 1	1 **3**	2 **1**	3 **3**	4 **2**	5 **4**	6 **3**	7 **4**	8 **1**
문제 2	9 **1**	10 **4**	11 **2**	12 **3**	13 **1**	14 **2**		
문제 3	15 **4**	16 **3**	17 **2**	18 **1**	19 **2**	20 **3**	21 **4**	22 **1**	23 **2**	24 **1**	25 **3**
문제 4	26 **4**	27 **3**	28 **2**	29 **1**	30 **3**			
문제 5	31 **4**	32 **2**	33 **3**	34 **1**	35 **4**			

▶ 언어지식(문법) · 독해

문제 1	1 **4**	2 **2**	3 **3**	4 **1**	5 **2**	6 **4**	7 **3**	8 **1**	9 **2**	10 **4**	11 **3**	12 **2**	13 **1**
문제 2	14 **3**	15 **4**	16 **2**	17 **1**	18 **3**								
문제 3	19 **2**	20 **4**	21 **1**	22 **3**	23 **2**								
문제 4	24 **1**	25 **2**	26 **3**	27 **4**									
문제 5	28 **3**	29 **1**	30 **4**	31 **2**	32 **3**	33 **4**							
문제 6	34 **2**	35 **1**	36 **3**	37 **4**									
문제 7	38 **1**	39 **4**											

▶ 청해

문제 1	예 **4**	1 **1**	2 **4**	3 **3**	4 **4**	5 **3**	6 **2**		
문제 2	예 **4**	1 **2**	2 **3**	3 **4**	4 **1**	5 **2**	6 **4**		
문제 3	예 **3**	1 **1**	2 **2**	3 **1**					
문제 4	예 **3**	1 **1**	2 **2**	3 **2**	4 **3**				
문제 5	예 **2**	1 **2**	2 **1**	3 **3**	4 **2**	5 **3**	6 **1**	7 **1**	8 **1**	9 **3**

4회

▶ 언어지식(문자·어휘)

문제 1	1 **1**	2 **2**	3 **2**	4 **3**	5 **4**	6 **3**	7 **1**	8 **4**				
문제 2	9 **2**	10 **4**	11 **1**	12 **3**	13 **2**	14 **4**						
문제 3	15 **2**	16 **3**	17 **4**	18 **1**	19 **2**	20 **4**	21 **3**	22 **2**	23 **1**	24 **3**	25 **4**	
문제 4	26 **3**	27 **1**	28 **2**	29 **4**	30 **4**							
문제 5	31 **1**	32 **2**	33 **4**	34 **3**	35 **2**							

▶ 언어지식(문법)·독해

문제 1	1 **3**	2 **1**	3 **4**	4 **2**	5 **1**	6 **3**	7 **4**	8 **2**	9 **3**	10 **1**	11 **2**	12 **4**	13 **3**
문제 2	14 **4**	15 **1**	16 **2**	17 **3**	18 **1**								
문제 3	19 **4**	20 **1**	21 **3**	22 **2**	23 **4**								
문제 4	24 **1**	25 **3**	26 **4**	27 **4**									
문제 5	28 **1**	29 **3**	30 **2**	31 **2**	32 **3**	33 **4**							
문제 6	34 **3**	35 **2**	36 **3**	37 **4**									
문제 7	38 **3**	39 **1**											

▶ 청해

문제 1	예 **4**	1 **2**	2 **1**	3 **1**	4 **4**	5 **3**	6 **2**			
문제 2	예 **4**	1 **4**	2 **2**	3 **2**	4 **3**	5 **3**	6 **3**			
문제 3	예 **3**	1 **2**	2 **4**	3 **3**						
문제 4	예 **3**	1 **2**	2 **1**	3 **3**	4 **2**					
문제 5	예 **2**	1 **3**	2 **1**	3 **1**	4 **3**	5 **2**	6 **2**	7 **2**	8 **1**	9 **3**

▶ 언어지식(문자·어휘)

문제 1	1 **3**	2 **2**	3 **1**	4 **4**	5 **2**	6 **3**	7 **1**	8 **4**
문제 2	9 **2**	10 **4**	11 **2**	12 **1**	13 **3**	14 **4**
문제 3	15 **2**	16 **3**	17 **1**	18 **4**	19 **4**	20 **3**	21 **2**	22 **1**	23 **1**	24 **3**	25 **4**
문제 4	26 **2**	27 **3**	28 **4**	29 **1**	30 **2**
문제 5	31 **2**	32 **1**	33 **3**	34 **4**	35 **4**

▶ 언어지식(문법)·독해

문제 1	1 **4**	2 **2**	3 **3**	4 **4**	5 **1**	6 **1**	7 **3**	8 **2**	9 **2**	10 **1**	11 **3**	12 **4**	13 **2**
문제 2	14 **3**	15 **1**	16 **4**	17 **2**	18 **1**
문제 3	19 **1**	20 **2**	21 **3**	22 **1**	23 **4**
문제 4	24 **3**	25 **1**	26 **3**	27 **2**
문제 5	28 **1**	29 **2**	30 **4**	31 **3**	32 **2**	33 **3**
문제 6	34 **1**	35 **4**	36 **4**	37 **3**
문제 7	38 **1**	39 **4**

▶ 청해

문제 1	예 **4**	1 **4**	2 **4**	3 **2**	4 **3**	5 **3**	6 **1**
문제 2	예 **4**	1 **4**	2 **3**	3 **1**	4 **3**	5 **4**	6 **1**
문제 3	예 **3**	1 **3**	2 **2**	3 **3**
문제 4	예 **3**	1 **2**	2 **1**	3 **3**	4 **1**
문제 5	예 **2**	1 **3**	2 **1**	3 **1**	4 **3**	5 **2**	6 **3**	7 **2**	8 **2**	9 **3**

실전 모의고사 1회

: 언어지식(문자·어휘) :

문제 1 한자읽기 문제

한자를 히라가나로 어떻게 읽는지 고르는 문제이다. 평소 일본어 한자를 공부할 때 음독한자인지 훈독한자인지, 장음인지 단음인지, 탁음인지 청음인지, 촉음이 있는지 등에 유의하며, 문제를 풀 때도 이 점에 유의한다.

1 ~ 8 ＿＿＿ 단어의 읽는 방법으로 가장 알맞은 것을 1·2·3·4 중에서 하나 고르시오.

1 훈독 명사 읽기 ★★☆ | 정답 3

해석 그녀는 만날 때마다 **웃는 얼굴**로 인사해 준다.

해설 笑(웃을 소)는 음으로는 しょう, 훈으로는 笑(わら)う라고 읽지만 笑顔라고 쓸 때에는 특별히 えがお로 읽는 것에 주의한다. 笑い顔로 표기되어 있으면 わらいがお로 읽는다.

어휘 会(あ)う 만나다 | ～たびに ～할 때마다 | 笑顔(えがお) 웃는 얼굴 | あいさつ 인사

2 훈독 명사 읽기 ★★☆ | 정답 1

해석 경찰관은 차를 세우도록 **신호**했다.

해설 合(합할 합)은 음으로는 ごう·がっ, 훈으로는 合(あ)う·合(あ)わす·合(あ)わせる와 같이 읽고, 図(그림 도)는 음으로는 ず·と, 훈으로는 図(はか)る로 읽는다. 이 문제는 한 글자는 훈으로, 한 글자는 음으로 읽는 명사의 조합으로 あいず라고 읽는다. 한자를 相図로 착각하지 않도록 주의하자.

어휘 警察官(けいさつかん) 경찰관 | 車(くるま) 차 | 止(と)める 세우다 | ～ように ～(하)도록 | 合図(あいず) 신호

3 음독 명사 읽기 ★★☆ | 정답 4

해석 자신보다 **타인**을 좀 더 생각해라.

해설 他(다를 타)는 기본적으로 음으로 た라고 읽는 한자이나 ほか로 읽는 경우도 있다. 人(사람 인)은 음으로는 じん·にん, 훈으로는 ひと라고 읽는데, 他人은 たにん으로 읽지만 個人은 こじん으로 읽는다는 것을 함께 기억하자.

어휘 自分(じぶん) 자기 자신 | 他人(たにん) 타인 | もっと 더, 더욱 | 思(おも)いやる 생각하다, 헤아리다

4 음독 명사 읽기 ★★☆ | 정답 2

해석 그는 내가 알고 있는 다른 어느 **외과** 의사보다도 실력이 좋다.

해설 外(밖 외)는 음으로는 がい·げ, 훈으로는 そと·ほか·外(はず)す·外(はず)れる로 다양하게 읽힌다. 科는 음으로 읽는 경우, 일반적으로 がい라고 읽는 경우가 많으나 제시된 문제의 '외과'는 がいか가 아니라 げか로 읽는 것에 주의하자.

어휘 知(し)る 알다 | 他(ほか) 그 밖 | 外科(げか) 외과 | 腕(うで) 팔, 솜씨, 실력

5 동사 읽기 ★★☆ | 정답 3

해석 아이를 **키우는** 데는 많은 돈이 듭니다.

해설 育(기를 육)은 育児(いくじ: 육아)·教育(きょういく: 교육)와 같이 음으로는 いく, 훈으로는 育(そだ)つ·育(そだ)てる로 읽는다.

어휘 育(そだ)てる 기르다 | お金(かね)がかかる 돈이 들다 | 慌(あわ)てる 당황하다, 허둥대다 | 立(た)てる 세우다 | 捨(す)てる 버리다

6 음독 명사 읽기 ★☆☆ | 정답 1

해석 지난 일요일 **이후**, 나는 그를 만나지 않았습니다.

해설 以(써 이)는 음으로 いろ로 읽고, 降(내릴 강)은 음으로는 こう, 훈으로는 降(お)りる·降(ふ)る·降(お)ろす라고 읽는 한자이다. 제시된 문제 以降는 음독 명사이므로 いこう로 읽는다.

어휘 以降(いこう) 이후 | 以後(いご) 이후 | 以下(いか) 이하 | 以外(いがい) 이외

7 동사 읽기 ★★☆ | 정답 4

해석 이 이야기를 듣고 아이들은 강한 관심을 **보였다**.

해설 示(보일 시)는 음으로는 表示(ひょうじ: 표시)·示唆(しさ: 시사)와 같이 じ·し로 읽고 훈으로는 示(しめ)す로 읽는다.

어휘 強(つよ)い 세다, 강하다 | 関心(かんしん) 관심 | 示(しめ)す (나타내)보이다 | 外(はず)す 떼다, 벗다, 빼다 | 無(な)くす 없애다, 잃다 | 探(さが)す 찾다

8 い형용사 읽기 ★☆☆ | 정답 2

해석 여름이 지나면 해가 점점 **짧아져** 갑니다.

해설 短(짧을 단)은 음으로는 短所(たんしょ: 단점)와 같이 たん, 훈으로는 短(みじか)い로 읽는 한자이다. 短所의 반대어인 長所(ちょうしょ: 장점)도 함께 기억해 두자.

어휘 夏(なつ) 여름 | 過(す)ぎる 지나다 | 日(ひ) 해, 하루 | ますます 더욱더, 점점 더 | 短(みじか)い 짧다 | 長(なが)い 길다 | 小(ちい)さい 작다 | 深(ふか)い 깊다

한자표기 문제

히라가나를 한자로 어떻게 표기하는지 고르는 문제이다. 제시된 단어가 여러 가지 한자로 쓰일 수도 있으므로 반드시 문장 전체를 읽고 문맥에 맞게 사용된 한자를 고르도록 한다.

9 ~ 14 _____ 단어를 한자로 쓸 때 가장 알맞은 것을 1·2·3·4 중에서 하나 고르시오.

9 동음이자어 구별하기 ★★★ | 정답 4

해석 도로를 **횡단**할 때는 자동차에 주의해야 해요.

해설 横断(おうだん)은 '횡단, 가로지름'의 의미로 横断歩道(おうだんほどう: 횡단보도)와 같은 단어로 기억하면 편하다. 横(가로 횡)은 음으로는 おう, 훈으로는 よこ로 읽고, 반대 의미의 縦(늘어질 종)은 縦断(じゅうだん: 종단), 縦(たて: 세로)로 읽는다는 것을 함께 기억하자.

어휘 道路(どうろ) 도로 | 横断(おうだん) 횡단, 가로지름 | 注意(ちゅうい) 주의

10 1글자 한자 찾기 ★★☆ | 정답 2

해석 나는 식후에는 반드시 **이**를 닦기로 하고 있다.

해설 歯(이 치)는 음으로는 歯科(しか: 치과)와 같이 し, 훈으로는 歯(は: 이)로 읽는다.

어휘 食後(しょくご) 식후 | 必(かなら)ず 반드시, 꼭 | 歯(は) 이 | 磨(みが)く 닦다 | ～ことにしている ～(하)기로 하고 있다 | 顔(かお) 얼굴 | 手(て) 손 | 足(あし) 다리, 발

11 비슷한 한자 구별하기 ★★☆ | 정답 1

해석 그는 사건 **기록**을 조사하지 않으면 안 되었다.

해설 제시된 문제의 きろく의 ろく에 해당하는 한자는 録(기록할 록)이다. 2번은 대표적으로 みどり로 읽히는 緑(초록빛 록)이고, 3번은 급여의 의미를 나타내는 禄(봉록 록), 4번 한자는 碌(돌 모양 록)이다.

어휘 事件(じけん) 사건 | 記録(きろく) 기록 | 調(しら)べる 조사하다, 찾다

12 동음이자어 구별하기 ★★☆ | 정답 3

해석 오늘 공부한 부분을 **복습**해 두세요.

해설 復習(ふくしゅう: 복습)와 予習(よしゅう: 예습)는 반의어로 함께 묶어 기억해 두자. 1번, 2번 같은 한자의 조합은 없다.

어휘 勉強(べんきょう) 공부 | 復習(ふくしゅう) 복습 | ～ておく ～해 놓다, ～해 두다 | 予習(よしゅう) 예습

13 동사의 한자 찾기 ★★☆ | 정답 1

해석 너의 노력은 언젠가는 열매를 **맺을** 것이다.

해설 結(맺을 결)은 結論(けつろん: 결론)·結果(けっか: 결과)와 같

이 음으로는 けつ, 훈으로는 結(むす)ぶ·結(ゆ)う·結(ゆ)わえ る로 읽는다.

어휘 努力(どりょく) 노력 | いつかは 언젠가는 | 実(み) 열매 | 結(むす)ぶ 매다, 잇다, 맺다 | 喜(よろこ)ぶ 기뻐하다 | 並(なら)ぶ 줄서다, 나란히 서다 | 叫(さけ)ぶ 외치다

14 동음이자어 구별하기 ★★☆ | 정답 2

해석 그녀가 무사히 **귀가했**는지 어떤지 확인해 주세요.

해설 1번, 3번, 4번과 같은 한자의 조합은 없다. 帰(돌아갈 귀)는 음으로는 き, 훈으로는 帰(かえ)る·帰(かえ)す로 읽고, 宅(집 택)은 음으로 たく라고 읽는다.

어휘 無事(ぶじ)に 무사히 | 帰宅(きたく) 귀택, 귀가 | ～かどうか ～지 어떤지 | 確(たし)かめる 확인하다

문맥규정 문제

빈칸에 들어갈 문맥에 어울리는 어휘를 고르는 문제이다. 전체적인 흐름을 파악하고 빈칸 앞뒤에 오는 단어와의 조합을 파악한다. 단어를 외울 때 하나의 개별 단어로 외우기보다 어구나 숙어의 형태로 익혀 두면 문제를 풀 때 도움이 된다.

15 ~ 25 (   )에 들어갈 가장 알맞은 것을 1·2·3·4 중에서 하나 고르시오.

15 적절한 부사 넣기 ★★☆ | 정답 3

해석 보너스가 평소보다 적었기 때문에 **실망**했다.

해설 비슷한 모양으로 혼동하기 쉬운 부사들을 모아 자주 출제되는 문제 유형이다. 각 부사의 의미를 구별하여 외워 두자.

어휘 ボーナス 보너스 | 少(すく)ない 적다 | うっかり 깜빡, 무심코 | すっかり 완전히, 몽땅 | がっかり 실망·낙담하는 모양 | すっきり 말쑥한 모양, 산뜻한 모양

16 적절한 명사 넣기 ★★☆ | 정답 1

해석 저는 그녀가 기뻐하는 얼굴을 **상상**하는 것만으로 만족했습니다.

해설 제시된 보기의 어휘는 N3의 기본 어휘이다. 빈칸 앞뒤의 내용을 살펴보면 어렵지 않게 정답을 찾을 수 있다.

어휘 喜(よろこ)ぶ 기뻐하다 | 顔(かお) 얼굴 | ～だけで ～만으로 | 満足(まんぞく) 만족 | 想像(そうぞう) 상상 | 感動(かんどう) 감동 | 計画(けいかく) 계획 | 成功(せいこう) 성공

17 적절한 명사 넣기 ★★★ | 정답 4

해석 **한 쪽** 신발은 어디에서도 찾지 못했습니다.

해설 모양이 비슷한 명사들이 제시되어 있다. 각 어휘의 의미를 기억해 두고 있다면 어렵지 않게 정답을 고를 수 있을 것이다.

어휘 靴(くつ) 신발 | 見(み)つかる 들키다, 찾게 되다, 발견되다 | 行方

(ゆくえ) 행방 | 仕方(しかた) 방법 | 見方(みかた) 보는 방법, 견해 | 片方(かたほう) 한쪽, 한편, 한 짝

---

18 적절한 동사 넣기 ★★★ | 정답 2

해석 이 사과 껍질을 **벗길** 칼을 빌려 주세요.

해설 皮(かわ)を剥(む)く(껍질을 벗기다)는 관용어처럼 묶어서 기억해 두면 좋다.

어휘 りんご 사과 | 皮(かわ) 껍질 | ナイフ 나이프, 칼 | 貸(か)す 빌려 주다 | 開(あ)く 열리다 | 剥(む)く (껍질 등을) 벗기다, 까다 | 折(お)る 접다, 꺾다, 굽히다 | 押(お)す 밀다, 누르다

---

19 적절한 명사 넣기 ★★☆ | 정답 3

해석 이 스위치를 누르면 **자동**적으로 커튼이 열린다.

해설 접미어 的(てき)에 어울리는 적절한 명사를 찾는다. 그리고 문장의 내용상 스위치를 누른 후 어떻게 커튼이 열리는지 의미적으로 어울리는 명사를 찾는다면 어렵지 않게 정답을 고를 수 있다.

어휘 スイッチ 스위치 | 押(お)す 누르다, 밀다 | 自動的(じどうてき) 자동적 | カーテン 커튼 | 開(ひら)く 열리다 | 最高(さいこう) 최고 | 効果(こうか) 효과 | 安心(あんしん) 안심

---

20 적절한 명사 넣기 ★★☆ | 정답 1

해석 그들은 외국 여행에 대한 **기대**로 두근두근했다.

해설 빈칸 앞뒤에 있는 外国旅行(がいこくりょこう)와 わくわく에 어울리는 명사를 찾으면 바로 정답을 찾을 수 있다.

어휘 外国旅行(がいこくりょこう) 외국 여행 | わくわく 두근두근, 울렁울렁 | 期待(きたい) 기대 | 出張(しゅっちょう) 출장 | 交流(こうりゅう) 교류 | 感想(かんそう) 감상

---

21 적절한 い형용사 넣기 ★★☆ | 정답 4

해석 이제 잘 알았으니까, 몇 번이고 **집요하게** 말하지 마.

해설 빈칸 앞의 何度(なんど)も와 호응하는 형용사를 찾는다. 각 형용사의 의미를 숙지해 두도록 하자.

어휘 もう 이미, 벌써, 이제, 더 | 何度(なんど)も 몇 번이나 | 賢(かしこ)い 현명하다, 영리하다 | 悔(くや)しい 분하다, 억울하다 | 等(ひと)しい 같다, 동등하다 | しつこい 집요하다, 끈질기다

---

22 적절한 외래어 넣기 ★☆☆ | 정답 2

해석 몇 번이나 **힌트**를 줬는데도 그에게는 통하지 않았다.

해설 적절한 외래어를 찾아 넣는 문제는 한 문제 이상 반드시 출제된다. 빈칸 뒤 문장 내용을 살펴보고 동사 与(あた)える와 어울리는 외래어를 찾도록 한다.

어휘 与(あた)える 주다 | 通(つう)じる 통하다 | バランス 밸런스, 균형 | ヒント 힌트 | イメージ 이미지 | テーマ 테마, 주제

---

23 적절한 い형용사 넣기 ★★☆ | 정답 3

해석 그 이야기는 내 마음에 **그리운** 사람들의 얼굴을 생각나게 했다.

해설 각각의 い형용사의 의미를 알면 빈칸 뒤의 내용인 人々(ひとびと)를 수식해 줄 적절한 형용사를 쉽게 찾을 수 있다.

어휘 心(こころ) 마음 | 思(おも)い起(お)こす 생각해 내다, 상기하다 | 新(あたら)しい 새롭다 | 等(ひと)しい 같다 | 懐(なつ)かしい 그립다 | 激(はげ)しい 심하다, 격하다

---

24 적절한 명사 넣기 ★★☆ | 정답 4

해석 만족해 주시지 않는다면 **대금**은 되돌려 드리겠습니다.

해설 빈칸 앞뒤의 '만족하지 않으면 돌려드린다'는 내용에 어울리는 적절한 어휘를 찾는다.

어휘 満足(まんぞく) 만족 | ご+한자어+いただく ~해 주시다 | 返(かえ)す 돌려주다, 되돌려 놓다 | お+ます형+いたす (제가) ~하다, ~해 드리다 | 価格(かかく) 가격 | 会計(かいけい) 계산 | 借金(しゃっきん) 빚 | 代金(だいきん) 대금

---

25 적절한 동사 넣기 ★★★ | 정답 3

해석 비가 내리지 않았기 때문에 정원의 꽃이 **시들어** 버렸다.

해설 花(はな)が枯(か)れる(꽃이 시들다)는 관용어처럼 하나로 기억해 두도록 하자.

어휘 雨(あめ)が降(ふ)る 비가 내리다 | ~ために ~때문에, ~위해서 | 庭(にわ) 정원 | 生(う)まれる 태어나다 | 遅(おく)れる 늦다 | 枯(か)れる 마르다, 시들다 | 壊(こわ)れる 깨지다, 고장 나다

> **문제 4** 유의표현 문제
>
> 제시어와 바꿔 사용할 수 있는 유의어를 고르는 문제이다. 제시된 문장을 읽고 제시어의 의미를 파악한 후 유의어를 찾는다. 평소 단어나 표현을 공부할 때 단어의 여러 가지 의미나 유사 표현, 반의 표현을 함께 외워두면 도움이 된다.

26 ～ 30 ＿＿＿ 부분과 의미가 가장 가까운 것을 1·2·3·4 중에서 하나 고르시오.

---

26 동사의 유의어 찾기 ★★☆ | 정답 2

해석 그녀는 결혼 때문에 일을 **그만두는** 짓은 하지 않는다.

해설 유의어 찾기 문제는 제시된 단어를 몰라도 보기의 단어를 밑줄 부분에 넣어 전체 문장을 해석해 보면 정답을 찾을 수 있는 경우가 많으므로 문제의 단어를 모르더라도 포기하지 말자. 仕事(しごと)をあきらめる와 仕事(しごと)をやめる는 유의어로 함께 묶어 기억해 두자.

어휘 結婚(けっこん) 결혼 | ～ために ~ 때문에, ~위해서 | 仕事(しごと) 일 | 諦(あきら)める 단념하다, 체념하다 | 始(はじ)める 시작하다 | やめる 그만두다, 끊다 | 休(やす)む 쉬다 | 終(お)わる 끝나다

27 부사의 유의어 찾기 ★★☆ | 정답 4

해석 **조용히** 걸어 나가지 않으면 아기가 깨요.

해설 そっとは '살그머니, 살짝, 조용히, 가만히, 몰래'의 의미로도 쓰이지만 そっとしておく의 형태로 '(상대편의 기분을 거스리지 않게) 가만히 그대로 두다'는 의미로 사용된다.

어휘 そっと 살짝, 조용히, 몰래 | 歩(ある)く 걷다 | 出(で)る 나가(오)다 | 赤(あか)ん坊(ぼう) 아기 | 目(め)を覚(さ)ます 잠을 깨다, 눈을 뜨다

28 い형용사의 유의어 찾기 ★★☆ | 정답 1

해석 밖이 너무 **눈부셨기** 때문에 나는 선글라스를 쓰지 않을 수 없었다.

해설 まぶしい는 '눈시다'는 뜻으로 明(あか)るすぎる와 뜻이 비슷하다. ～すぎる는 '너무(지나치게) ～하(이)다'는 의미로 동사의 ます형, い·な형용사의 어간에 접속한다.

어휘 外(そと) 밖 | 非常(ひじょう)に 매우, 몹시 | 眩(まぶ)しい 눈부시다 | サングラスをかける 선글라스를 쓰다 | 明(あか)るすぎる 너무 밝다 | 暗(くら)い 어둡다 | 爽快(そうかい) 상쾌함 | 素晴(すば)らしい 매우 훌륭하다, 굉장하다

29 명사의 유의어 찾기 ★★☆ | 정답 3

해석 여기서는 **일년 내내** 스키를 즐길 수 있습니다.

해설 中(가운데 중)은 じゅう로 읽으면 '그동안 줄곧, 그 범위 전체에 걸침'의 의미를 나타내고, ちゅう로 읽으면 '시·공간적으로 그 범위 안에 있음, 진행 중임, 범주 안에 속함'의 의미를 나타낸다.

어휘 年中(ねんじゅう) 언제나, 일년 내내, 항상 | スキー 스키 | 楽(たの)しむ 즐기다 | いつのまにか 어느 샌가 | 半年(はんとし) 반년 | いつも 언제나, 항상 | 夏(なつ) 여름 | ～だけ ～만, ～뿐, ～만큼

30 동사의 유의어 찾기 ★★★ | 정답 1

해석 그는 그녀의 아름다움에 마음을 **빼앗기고** 있었다.

해설 奪(うば)う는 '빼앗다'는 의미와 '(마음·눈 등을) 사로잡다, 끌다'는 의미이다. 수동형인 제시 문장의 心(こころ)를 奪(うば)われる는 '마음이 홀리다'로 해석하면 된다.

어휘 美(うつく)しさ 아름다움 | 心(こころ) 마음 | 奪(うば)う 빼앗다, 사로잡다, 끌다 | 取(と)る 집다, 잡다, 취하다, 빼앗다, 얻다 | 忘(わす)れる 잊다 | 叱(しか)る 혼내다, 꾸짖다 | 分(わ)かれる 갈리다, 나뉘다

문제 5 용법 문제

제시어가 문장 안에서 올바른 의미로 쓰이고 있는지를 묻는 문제이다. 단순히 단어를 우리말 의미로 해석해 문장에 대입해 해석하면 안 된다. 제시어의 의미와 품사, 또 어떤 품사를 수식하고 어떤 말과 접속되는지, 문법적으로 어떤 기능을 하는지를 주의 깊게 살펴 본 후 정답을 고르도록 한다.

31 ～ 35 다음 단어의 사용법으로 가장 알맞은 것을 1·2·3·4 중에서 하나 고르시오.

31 한 글자 명사의 용법 찾기 ★★★ | 정답 3

해석 1 맑았던 날이라 하늘에는 구름 한 점 없었다.
　　2 앞의 구름이 맑게 개어 여름의 파란 하늘이 나타났다.
　　3 등산길에 **빈** 캔이나 쓰레기를 버리지 말길 바란다.
　　4 어제의 폭풍우로 하늘은 온통 활짝 개어 있었다.

해설 空(빌 공)은 음으로는 空気(くうき: 공기)와 같이 くう로 읽히지만, 훈으로는 空(から: (속이) 빔), 空(そら: 하늘), 空(あ)く(시간이) 나다·(공간이) 비다·(구멍이) 나다), 空(あ)ける(떼어놓다, 비우다), 空(むな)しい(공허하다) 등과 같이 다양하게 사용된다. 1, 2, 4번은 모두 '하늘'의 의미로 쓰였다.

어휘 空(から) (속이) 빔, 아무것도 지니지 않음 | 晴(は)れる 날씨가 개다 | 空(そら) 하늘 | 雲(くも) 구름 | 晴(は)れ上(あ)がる 맑게 개다 | 夏(なつ) 여름 | 青(あお)い 푸르다 | 現(あらわ)れる 나타나다 | 登山道(とざんどう) 등산길 | 缶(かん) 캔 | ゴミ 쓰레기 | 捨(す)てる 버리다 | やめる 그만두다, 중지하다 | ～てほしい ～하길 바란다, ~해 주었으면 좋겠다 | 嵐(あらし) 폭풍우 | すっかり 완전히, 아주, 몽땅 | 晴(は)れ渡(わた)る (하늘이) 활짝 개다

32 명사의 용법 찾기 ★★☆ | 정답 1

해석 1 우리 농구부는 키 큰 남자를 **모집**하고 있다.
　　2 왜 그 사고가 일어났는지를 **모집**하다.
　　3 그녀의 **모집**은 천천히, 그러나 착실히 진전되고 있다.
　　4 **모집**이 정말 잘돼서 그는 그 일에 취업했다.

해설 2번은 調査(ちょうさ: 조사), 3번은 研究(けんきゅう: 연구), 4번은 面接(めんせつ: 면접)로 바꿔 넣어야 자연스러운 문장이 된다.

어휘 募集(ぼしゅう) 모집 | バスケット部(ぶ) 농구부 | 背(せ)の高(たか)い 키가 크다 | 男子(だんし) 남자 | どうして 왜, 어째서 | 事故(じこ) 사고 | 起(お)こる 일어나다 | ゆっくり 천천히, 느긋하게 | しかし 그러나, 하지만 | 着実(ちゃくじつ) 착실 | 進展(しんてん) 진전 | うまくいく 잘되어 가다 | 仕事(しごと)につく 취업하다

33 명사의 용법 찾기 ★★☆ | 정답 4

해석 1 안전하지 않은 장소에서 안전한 곳으로 **경유**하다.
　　2 그 학교로의 **경유**는 버스로 꽤 시간이 걸린다.
　　3 이 길은 아침 8시부터 10시까지 자동차는 **경유** 금지입니다.
　　4 우리는 일본을 **경유**하여 하와이로 여행을 갈 예정이다.

해설 1번은 移動(いどう: 이동), 2번은 往復(おうふく: 왕복), 3번은 通行(つうこう: 통행)로 바꿔 넣어야 자연스러운 문장이 된다.

어휘 経由(けいゆ) 경유 | 安全(あんぜん) 안전 | 場所(ばしょ) 장소 | かなり 상당히, 꽤 | 時間(じかん)がかかる 시간이 걸린다 | 通(とお)り 길, 도로 | 自動車(じどうしゃ) 자동차 | 旅(たび)する 여행하다 | 予定(よてい) 예정

---

[34] 훈독 명사의 용법 찾기 ★★☆ | 정답 3

해석 1 행선지 불명자를 찾으려고 최대한의 노력을 했다.
2 시간은 어쩜 그리 빨리 지나 행선지인 것일까?
3 혼자서 여행 갈 때에는 반드시 행선지를 가르쳐 주세요.
4 이런 아침 시간에 다른 사람 집에 행선지인 겁니까?

해설 1번은 行方(ゆくえ: 행방), 2번과 4번은 行(い)く(가다)로 바꿔 넣어야 자연스러운 문장이 된다.

어휘 行(ゆ)き先(さき) 행선지, 목적지 | 不明者(ふめいしゃ) 불명자 | 探(さが)す 찾다 | できるだけ 가능한 만큼, 가능한 한 | 努力(どりょく) 노력 | なんて 어쩌면 그렇게 | 早(はや)く 빨리 | 過(す)ぎる 지나다 | 旅行(りょこう) 여행 | 必(かなら)ず 반드시, 꼭 | 教(おし)える 가르치다 | 朝(あさ) 아침 | 時間(じかん) 시간

---

[35] 명사의 용법 찾기 ★★☆ | 정답 1

해석 1 자원봉사활동을 계속하는 것은 간단한 일이 아니다.
2 시간은 귀중한 것이기 때문에 가능한 한 활동해야 한다.
3 그는 영화 스타로서 크게 활동하여 많은 유명 작품의 출연자가 되어 갔다.
4 공부할 때는 항상 최대한 사전을 활동하세요.

해설 2번과 4번은 活用(かつよう: 활용), 3번은 活躍(かつやく: 활약)로 바꿔 넣어야 자연스러운 문장이 된다.

어휘 活動(かつどう) 활동 | ボランティア 자원봉사자 | 続(つづ)ける 계속하다 | 簡単(かんたん) 간단 | 貴重(きちょう) 귀중 | ~べきだ 마땅히 ~해야 한다 | 映画(えいが) 영화 | スター 스타 | 有名(ゆうめい) 유명 | 作品(さくひん) 작품 | 出演者(しゅつえんしゃ) 출연자 | 勉強(べんきょう) 공부 | 最大限(さいだいげん) 최대한 | 辞書(じしょ) 사전

： 언어지식(문법) ：

문제1　문법형식판단 문제

빈칸에 들어갈 문법적인 의미와 기능을 가진 말을 고르는 문제이다. 문어체보다는 수동, 사역, 조건, 추량, 경어 등과 같은 중요한 기초 문형·문법과 회화체에서 많이 쓰일 수 있는 기능어를 의미적, 문법적으로 나누어 공부하는 것이 바람직하다.

[1] ~ [13] 다음 문장의 ( )에 들어갈 가장 알맞은 것을 1·2·3·4 중에서 하나 고르시오.

---

[1] 의미적 호응관계 파악하기 ★☆☆ | 정답 4

해석 그 남자가 말한 것은 어디까지 믿어야 **좋을지** 모르겠다.

해설 먼저 빈칸이 있는 상태로 문장을 읽고 전체적으로 어떤 내용인지를 파악한다. 그 다음 빈칸 앞뒤에 오는 내용과의 의미적 호응관계를 따져 보면 쉽게 정답을 고를 수 있다.

어휘 信(しん)じる 믿다 | いいので 좋아서 | いいのに 좋은데도 | いいのが 좋은 것이 | いいのか 좋은 것인지

---

[2] 의미적·문법적 호응관계 파악하기 ★☆☆ | 정답 2

해석 여러분에게는 자신의 꿈을 실현하기 위해 노력해 **주기를** 바랍니다.

해설 ~てほしい는 '(다른 사람이) ~하길 바란다, ~해 주었으면 좋겠다'는 의미이고, ~たい는 '(내가) ~하고 싶다'는 뜻이다.

어휘 自分(じぶん) 자기 자신 | 夢(ゆめ) 꿈 | 実現(じつげん) 실현 | ~ために ~위해서, ~ 때문에 | 努力(どりょく) 노력

---

[3] 의미적 호응관계 파악하기 ★★☆ | 정답 1

해석 가능한 **한** 빨리 대답을 주신다면 도움이 됩니다.

해설 ~だけ는 '~만, ~만큼', ~ほどは '~정도, ~만큼, ~수록', ~ばかりは '정도, 쯤, ~한 지 얼마 안 되는', ~よりは '~부터, ~보다' 등의 의미를 갖는다. 시험에 자주 출제되는 표현들이니 전부 기억해 두자. 제시된 문제에서의 できるだけ는 하나의 단어로 기억해 두는 것이 좋다.

어휘 できるだけ 최대한, 가능한 한 | 早(はや)く 빨리 | 返事(へんじ) 대답, 답장 | いただく 받다 | 助(たす)かる 살아나다, 도움이 되다

---

[4] 문법적 호응관계 파악하기 ★★☆ | 정답 3

해석 세상은 너를 중심**으로** 돌아가는 것은 아니야.

해설 ~を中心(ちゅうしん)に(~을 중심으로)는 하나의 기능으로 외워 두어야 할 표현이다. ~を中心(ちゅうしん)にして・~을 中心(ちゅうしん)として의 형태로도 사용된다.

어휘 世界(せかい) 세계 | 中心(ちゅうしん) 중심 | 回(まわ)る 돌다 | ~わけではない ~것은 아니다

---

[5] 경어 이해하기 ★★☆ | 정답 1

해석 티켓은 소중히 보관**해 주시도록** 부탁드리겠습니다.

해설 ~ていただく는 '~해 받다' 즉 '(다른 사람이) ~해 주시다', ~てあげる는 '(다른 사람에게) ~해 주다', ~させてもらう는 '시켜 받다' 즉 '(내가) ~하다'는 의미이고, ~させてさしあげる는 '(윗사람에게) 시켜드리다'는 의미가 되지만 사용하지 않는 것이 좋다.

어휘 チケット 티켓 | 大切(たいせつ)に 소중히, 중요하게 | 保管(ほかん) 보관 | ~よう ~(하)도록 | 願(ねが)う 바라다, 원하다, 부탁하다 | お+ます형+いたす (제가) ~하다, ~해 드리다

---

[6] 의미적·문법적 호응관계 파악하기 ★★☆ | 정답 2

해석 이 컴퓨터 1년 전에 **산 지 얼마 안 됐는데**, 벌써 완전히 시대에 뒤떨어진 것이 되었어.

해설　〜だけでは '〜만으로', 〜たばかりなのには '〜한 지 얼마 안 되었는데', 〜ことなら '〜것이라면', 〜つもりだから는 '〜할 생각이니까'라는 의미로 사용되는 문형이다.

어휘　コンピューター 컴퓨터 | 買(か)う 사다 | もう 이미, 벌써, 이제, 더 | すっかり 완전히, 매우, 아주, 몽땅 | 時代遅(じだいおく)れ 시대에 뒤떨어짐

7 　의미적 호응관계 파악하기 ★☆☆　|정답 3

해석　**틀림없이** 어디선가 만났던 사람인데, 누구인지 생각나지 않는다.

해설　문맥상 확신을 나타내는 말이 와야 하므로 3번 たしか가 정답이다. たしか는 '(절대적이지는 않으나) 분명히, 확실히, 틀림없이, 아마'라는 뜻이다. どんなに는 '얼마나, 아무리'라는 의미로 どんなに〜ても(아무리 〜해도)의 형태로 기억하자. たとえ는 '비록, 가령, 설령'의 의미로 どんなに와 마찬가지로 たとえ〜ても(비록 〜해(여)도)의 형태로 외워 두자. 必(かなら)ず는 '반드시, 꼭, 틀림없이'라는 의미로 강한 의지, 확신을 나타낸다.

어휘　どこかで 어딘가에서 | 思(おも)い出(だ)す 생각나다

8 　경어 이해하기 ★★☆　|정답 4

해석　아무쪼록 이 작문을 **보시고** 고쳐 주시지 않겠습니까?

해설　특별한 형태의 경어는 따로 외워 두어야 한다. 拝見(はいけん)する(삼가 보다)는 見(み)る의 겸양동사, お目(め)にかかる(만나 뵙다)는 会(あ)う의 겸양동사, 召(め)し上(あ)がる(드시다)는 食(た)べる・飲(の)む의 존경동사, ご覧(らん)になる(보시다)는 見(み)る의 존경동사이다.

어휘　どうか 아무쪼록, 부디, 제발 | 作文(さくぶん) 작문 | 直(なお)す 고치다

9 　적절한 기능어 찾기 ★★☆　|정답 3

해석　너는 건강을 **위해서** 좀 더 운동을 해야 한다.

해설　〜ように는 '〜하도록', 〜とともには '〜와 함께, 〜하면서', 〜ためには '〜위해서, 〜때문에', 〜としては '〜로서'의 의미이다. 각 기능어의 의미를 정확히 기억한다면 어렵지 않게 빈칸을 채워 문장을 완성할 수 있다.

어휘　健康(けんこう) 건강 | もっと 더, 더욱, 좀더 | 運動(うんどう) 운동 | 〜べきだ 〜해야 한다

10 　의미적 · 문법적 호응관계 파악하기 ★★☆　|정답 1

해석　이 이야기는 믿을 수 없다고 **생각될지도 모르지**만, 진실이다.

해설　思(おも)われる(생각되다)는 思(おも)う의 수동형이고, 〜かもしれない는 '〜할(일)지도 모른다', 〜はずがない와 〜わけがない는 '〜할(일) 리가 없다', 〜ことはない는 '〜할 필요는 없다'는 뜻의 기능어이다.

어휘　話(はなし) 이야기 | 信(しん)じる 믿다 | 本当(ほんとう) 사실, 진실, 정말임 | 思(おも)う 생각하다

11 　의미적 · 문법적 호응관계 파악하기 ★★☆　|정답 2

해석　제 전화번호를 어디서 아셨어요? 전화번호부에는 **분명 안 나와 있**을 텐데요.

해설　〜ないかぎりは '〜하지 않는 한', 〜はずは '(틀림없이) 〜할(일) 것이다', 〜にちがいない는 '〜임에 틀림없다, 틀림없이 〜것이다', 〜ことにする는 '〜(하)기로 하다'는 의미의 기능어이다.

어휘　電話番号(でんわばんごう) 전화번호 | 教(おそ)わる 배우다 | 電話帳(でんわちょう) 전화번호부 | 出(で)ている 나와 있다

12 　동사의 시제 찾기 ★☆☆　|정답 3

해석　침대에서 **자고 있는** 아기는 마치 천사처럼 보였다.

해설　지금 보이는 모습을 이야기하고 있으므로 현재 진행형인 〜ている의 형태를 사용해야 한다.

어휘　ベット 침대 | 赤(あか)ちゃん 아기 | まるで〜ように 마치〜같이(처럼) | 天使(てんし) 천사 | 寝(ね)る 자다 | 見(み)える 보이다

13 　경어 이해하기 ★★☆　|정답 2

해석　중요한 이야기를 하고 있으니까 잠시만 **기다려 주시지 않겠습니까?**

해설　1번과 4번은 비문법적, 2번 〜てもらえませんか는 '〜해 주실 수 없겠습니까?', 3번 〜(さ)せていただけませんか는 '〜해도 되겠습니까?'라는 뜻이다. 〜てもらえませんか는 〜ていただけませんか의 형태로도 쓰이며 좀 더 공손한 느낌을 준다.

어휘　大切(たいせつ)な 중요한, 소중한 | 少(すこ)しだけ 잠시만, 조금만 | 待(ま)つ 기다리다

> **문제 2 　문장만들기 문제**
>
> 제시된 4개의 선택지를 문맥에 맞게 알맞게 나열한 후 ★ 부분에 들어갈 말을 고르는 문제이다. 각 품사의 문장 속에서의 위치 등을 숙지하고 전체 문장이 의미적, 문법적으로 자연스럽게 완성될 수 있도록 4개의 선택지를 순서대로 조합한다.

14 ～ 18　다음 문장의 ___★___ 에 들어갈 가장 알맞은 것을 1·2·3·4 중에서 하나 고르시오.

14 　단어 바르게 배열하기 ★★☆　|정답 2

완성문　私はただ何もしないで座っているより**一生懸命働く方**が好きだ。

해석　나는 그저 아무것도 하지 않고 앉아 있는 것보다 열심히 일하는 것을 좋아한다.

해설　제시된 보기의 단어들을 보고 〜ないで〜ているより〜方が好きだ의 형태로 문장을 구성한다. 바른 배열 순서는 4-1-2-3이다.

어휘　ただ 오직, 그저, 단지, 겨우 | 好(す)き 좋아함 | 座(すわ)る 앉다

| 一生懸命(いっしょうけんめい) 열심히 | 働(はたら)く 일하다

---

15 단어 바르게 배열하기 ★★☆　　　│ 정답 4

완성문 みなさんも自分だけでなく人のために行動してみてはどうでしょうか。

해석 여러분도 자신만이 아니라 다른 사람을 위해서 행동해 보는 것은 어떠십니까?

해설 ～てみてはどうですか(～해 보는 게 어떻습니까?)는 ～てみてはいかがですか로도 사용되며 좀 더 공손한 느낌을 준다. 바른 배열 순서는 3-2-4-1이다.

어휘 ～ために ～위해, ～때문에 │ 自分(じぶん) 자기 자신 │ ～だけでなく ～뿐만 아니라 │ 行動(こうどう) 행동

---

16 단어 바르게 배열하기 ★★☆　　　│ 정답 2

완성문 いいね、あ、私、そこの割引券を持ってるよ。それ一枚で4人まで3割引してもらえるんだ。

해석 A: 저기, 이번 주 토요일에 시립미술관에 같이 안 갈래?
B: 좋아, 아, 나, 거기 할인권 갖고 있어. 그거 한 장으로 네 명까지 30% 할인 받을 수 있어.

해설 ～てもらえる는 '～해 받을 수 있다'는 뜻이다. 바른 배열 순서는 1-4-2-3이다.

어휘 今度(こんど) 이번, 금번 │ 市立(しりつ) 시립 │ 美術館(びじゅつかん) 미술관 │ 一緒(いっしょ)に 같이, 함께 │ 割引券(わりびきけん) 할인권 │ 持(も)つ 갖다, 들다

---

17 단어 바르게 배열하기 ★★☆　　　│ 정답 3

완성문 どうも人は「するな」といわれると逆にしてみたくなるもののようです。

해석 아무래도 사람은 '하지 마'라는 말을 들으면 반대로 해 보고 싶어지는 존재인 것 같습니다.

해설 3번 逆に(ぎゃくに: 반대로)를 중심으로 앞뒤 문장을 구성한다. ～てみたくなる는 '～해 보고 싶어지다'는 의미이다. 올바른 배열 순서는 2-4-3-1이다.

어휘 どうも 아무리 해도, 어쩐지, 아무래도 │ ～な ～하지 마라 │ 逆(ぎゃく)に 반대로, 역으로

---

18 단어 바르게 배열하기 ★★☆　　　│ 정답 1

완성문 私は今日やるべきことは必ず今日中にやってしまうことにしています。

해석 저는 오늘 해야 할 일은 반드시 오늘 중으로 하기로 하고 있습니다.

해설 ～べきことは '～해야만 하는 일(것)', ～ことにしている는 '～하기로 하고 있다'는 기능어이다. 올바른 배열 순서는 4-3-1-2이다.

어휘 今日(きょう) 오늘 │ 必(かなら)ず 반드시, 꼭 │ やる 하다, 주다

문제 3 글의 문법 문제

독해 문제처럼 보이지만 문법에 관한 문제이다. 원칙적으로는 전체 문장을 읽고 답을 찾아야 하지만, 시간이 부족할 때에는 빈칸 부분의 앞뒤 문장의 내용을 정확하게 해석하고 이해하여 빈칸에 들어갈 표현을 찾는 것도 문제를 푸는 하나의 요령이다.

19 ～ 23 다음 글을 읽고 글 전체의 내용을 생각해서 **19** 부터 **23** 에 들어갈 가장 알맞은 것을 1·2·3·4 중에서 하나 고르시오.

"안녕하세요"라고 인사하는 것에도 큰 목소리로 힘차게 말하는 경우와, 작은 목소리로 속삭이듯이 말하는 경우는 인사를 받는 쪽의 이해가 다르다.

말에 의한 전달은 말의 의미 그 자체 **19** 만이 아니라, 그것이 어떤 어조로 들렸는지가 메시지로서 전해진다. 후자 가운데, 특히 언어의 음성표현에 관련된 요소를 패러랭귀지(파라언어)라고 한다. 파라언어에는 음의 고저, 리듬, 이야기할 때의 속도, 강약, 인토네이션 등이 포함된다. **20** 예를 들면, "뭐 하고 있어?"라는 표현도 평범하게 말하면 단순한 의문이지만, 말투 **21** 에 따라서는 비난과 꾸중을 나타낼 수도 있다. 이 '말투' 부분이 파라언어라는 **22** 것이다. 파라언어의 해석은 문화마다 다르다. **20** 예를 들면, 일본인이 말하는 영어는 강약이 없이 단조롭게 들리는 경우가 있어, 그것은 미국인에게 있어서 불친절하다든가 관심이 **23** 없어 보인다 고 오해받는 경우도 있다.

또한 일본어와 영어는 구조가 다르기 때문에, 일본어의 발상대로 이야기하면 미국인은 이해할 수 없는 경우가 많다고 한다.

어휘 あいさつ 인사 │ 声(こえ) 목소리, 소리 │ 場合(ばあい) 경우 │ ささやく 속삭이다 │ 受(う)け取(と)る 받다 │ 理解(りかい) 이해 │ 異(こと)なる 다르다 │ 言葉(ことば) 말, 언어 │ ～による ～에 의한, ～에 따른 │ 伝達(でんたつ) 전달 │ 意味(いみ) 의미 │ 調子(ちょうし) 상태, 컨디션, 말투, 논조 │ メッセージ 메시지 │ 伝(つた)わる 전해지다 │ 後者(こうしゃ) 후자 │ とくに 특히, 특별히 │ 言語(げんご) 언어 │ 音声(おんせい) 음성 │ 表現(ひょうげん) 표현 │ 関連(かんれん) 관련 │ 要素(ようそ) 요소 │ パラ言語(げんご) 몸짓이나 표정에 의한 의사 전달 │ 高低(こうてい) 고저 │ リズム 리듬 │ 速度(そくど) 속도 │ 強弱(きょうじゃく) 강약 │ 幅(はば) 폭 │ イントネーション 인토네이션, 억양 │ 含(ふく)まれる 포함되다 │ 普通(ふつう) 보통 │ 単(たん)なる 단순한 │ 疑問(ぎもん) 의문 │ 非難(ひなん) 비난 │ 叱(しか)る 꾸짖다, 나무라다 │ 表(あらわ)す 나타내다 │ 部分(ぶぶん) 부분 │ 解釈(かいしゃく) 해석 │ 文化(ぶんか) 문화 │ ～ごと ～마다 │ 単調(たんちょう) 단조로움 │ 聞(き)こえる 들리다 │ ～にとって ～에게 있어서 │ 不親切(ふしんせつ) 불친절 │ 興味(きょうみ) 흥미 │ 勘違(かんちが)い 착각, 오해 │ しくみ 구조, 방법 │ 違(ちが)う 다르다 │ 発想(はっそう) 발상

---

19 알맞은 기능어 찾기 ★★☆　　　│ 정답 3

해설 말에 의한 전달을 말의 의미에 의한 전달, 이어서 어조에 의한 전달에 대해서도 서술하고 있으므로 빈칸에는 3번 ～だけでなく(～뿐(만) 아니라)가 들어가는 것이 자연스럽다. 1번 ～ばかりでは '～만으로', 2번 ～ことでは '～의 건으로, ～일로', 4번 ～というよりは '～라기보다'는 뜻이다.

20 알맞은 접속사 찾기 ★☆☆ | 정답 2

해설 앞에서 설명한 것들에 대한 예시를 제시하고 있으므로 2번 たとえば(예를 들면)가 들어가야 자연스러운 문장이 된다. 1번 なぜならば는 '왜냐하면', 3번 したがって는 '따라서, 그러므로', 4번 それから는 '그리고, 그 다음에, 그러고 나서'라는 의미의 접속사이다.

21 알맞은 기능어 찾기 ★★☆ | 정답 1

해설 같은 말도 '말투'의 변화로 전혀 다른 상황이 된다는 내용이므로 문맥상 1번 ～によって(～에 따라, ～에 의해)가 자연스럽다. 2번 ～について는 '～에 대해서, ～에 관해서', 3번 ～に対(たい)して는 '～에게, ～에 대해서', 4번 ～にかけては '～에 걸쳐서'라는 의미의 기능어이다.

22 알맞은 기능어 찾기 ★☆☆ | 정답 4

해설 단정을 나타내고 있으므로 문맥상 부드러운 단정을 나타내는 4번 ～わけだ(～인 셈이다, ～것이다, ～게 당연하다, ～할 만하다)가 들어가는 것이 자연스럽다. 1번 ～ものだ는 '～하는(인) 법이다', 2번 ～はずだ는 '～할(일) 것이다', 3번 ～ことだ는 '～해야 한다, ～할 필요가 있다'는 의미의 기능어이다.

23 알맞은 조동사의 활용 찾기 ★★☆ | 정답 2

해설 ～そうだ는 접속 형태에 따라 의미가 달라진다. 1번, 3번과 같이 각 품사의 보통형에 접속하는 そうだ는 '～라고 한다'는 전문의 의미가 되고, 2번, 4번과 같이 동사의 ます형·형용사의 어간에 접속하면 '～것 같다, ～해 보인다'는 양태·추량의 의미가 된다.

: 독해 :

문제4 단문이해 문제

생활, 업무, 학습 등을 주제로 한 150~200자 내외의 설명문이나 지시문을 읽고 글 전체의 주제나 필자의 의도, 본문의 내용과 일치하는 내용을 고르는 문제가 주로 출제된다. 단락이 하나인 경우에는 주로 첫문장과 마지막 문장에, 두 개 이상인 경우에는 마지막 단락에 정답의 키워드가 있는 경우가 많다.

24 ~ 27 다음 (1)에서 (4)의 글을 읽고 질문에 답하시오. 답은 1·2·3·4 중에서 가장 알맞은 것을 하나 고르시오.

24 본문과 일치하는 내용 찾기 ★★☆ | 정답 4

(1)
일본인은 예전에 '물은 아무리 사용해도 공짜'라는 인식을 갖고 있었다. 하지만 용기에 들어 있는 유료 미네랄워터가 대량으로 유통되는 것으로도 알 수 있듯이, 물은 이제 이미 돈을 내고 사는 시대에 돌입한 것이다.

애초에 물은 매우 한정된 자원이다. 지표에 있는 70%의 물 가운데, 담수^(주)가 차지하는 비율은 2.5%에 불과하다. 그 대부분은 남·북극이나 지하에 있어 인간이 사용하기 쉬운 담수는 불과 0.3%이다.

(주) 담수 : 염분을 포함하지 않은 물. 마실 수 있는 물

해석 글의 내용과 일치하는 것은 어느 것인가?
1 현재 일본에서는 물은 이미 사서 마시지 않으면 안 되는 것이 되었다.
2 일본인에게는 원래 물은 절약해서 사용해야 한다는 인식이 있었다.
3 미네랄워터를 사서 마시는 사람은 지표에 있는 물은 오염되었다고 생각하고 있다.
4 물은 한정된 자원이므로 낭비하지 말고 소중히 사용하지 않으면 안 된다.

해설 글 전체의 내용을 읽어 가면서 そもそも水はひじょうに限られた資源である 부분을 통해 글에서 말하고자 하는 내용을 유추해 낼 수 있다.

어휘 かつて 일찍이, 이전에, 옛날에 | 水(みず) 물 | いくら～ても 아무리 ～(해)도 | 使(つか)う 쓰다, 사용하다 | ただ 공짜, 무료 | 認識(にんしき) 인식 | 持(も)つ 갖다, 들다 | だが 그러나, 그렇지만, 하지만 | 容器(ようき) 용기 | 入(はい)る 들어가(오)다 | 有料(ゆうりょう) 유료 | ミネラルウォーター 미네랄워터 | 大量(たいりょう) 대량 | 流通(りゅうつう) 유통 | すでに 이미, 벌써 | 料金(りょうきん) 요금 | 払(はら)う 돈을 치르다, 지불하다 | 買(か)う 사다 | 時代(じだい) 시대 | 突入(とつにゅう) 돌입 | そもそも 처음, 애초 | ひじょうに 매우, 대단히, 몹시 | 限(かぎ)られる 제한되다, 한정되다 | 資源(しげん) 자원 | 地表(ちひょう) 지표 | 淡水(たんすい) 담수 | 占(し)める 차지하다 | 割合(わりあい) 비율 | ～にすぎない ～에 지나지 않다, ～에 불과하다 | 大部分(だいぶぶん) 대부분 | 極地(きょくち) 극지, 남·북극 지방 | 地下(ちか) 지하 | 人間(にんげん) 인간 | ～やすい ～(하)기 쉽다 | わずか 불과, 약간 | 現在(げんざい) 현재 | もともと 원래 | 節約(せつやく) 절약 | ～べきだ (마땅히) ～해야 한다 | 汚染(おせん) 오염 | 無駄使(むだづか)い 낭비, 허비 | ～ずに ～(하)지 않고 | 大切(たいせつ)に 소중히, 중요하게

25 제시어가 가리키는 내용 찾기 ★★☆ | 정답 1

(2)
영국에서 가장 인기 높은 음료의 하나가 홍차이다. 영국인은 일하는 중에 짧은 휴식을 취할 때는, 홍차 마시는 것을 좋아한다. 이것은 '티 브레이크'라고 불리고 있다. 프랑스 등 다른 유럽나라에서는 사람들은 홍차보다도 커피를 많이 마신다.
당신이 영국에서 친구 집을 방문하면 그 친구는 항상 당신에게 홍차를 내 줄 것이다. 영국에서는 '오후의 홍차'는 상당히 유명한 습관이었다. 오후 늦게, 영국인은 홍차를 마시며 작은 샌드위치나 과자를 먹는 것을 좋아했다. 그러나 이 습관은 지금은 그다지 볼 수 없다. 대부분의 사람들은 요즘은 너무 바빠서 '오후의 홍차'를 즐길 여유가 없다. 대신에 사람들은 하루 중 여러 시간에 홍차를 마시고 있다.

해석 '티 브레이크'라는 것은 영국에서 어떤 것인가?

1 한 잔의 홍차를 곁들인 짧은 휴식
2 커피를 즐기는 습관
3 밤늦게 차를 마시는 습관
4 과자와 홍차를 곁들인 가벼운 점심 식사

해설 밑줄이나 제시어의 의미·이유 또는 그것이 가리키는 것이 무엇인지를 묻는 문제는 대부분 밑줄 앞뒤 두 문장 안에 정답에 해당하는 내용이나 힌트가 제시되어 있는 경우가 많다. 첫 번째 문장에서 일을 하다 짧은 휴식을 취할 때 홍차를 마신다고 했으므로 정답은 1번이다.

어휘 最(もっと)も 가장, 제일 | 人気(にんき) 인기 | 高(たか)い 높다, 비싸다 | 飲(の)み物(もの) 음료, 마실 것 | 紅茶(こうちゃ) 홍차 | 仕事(しごと) 일 | 短(みじか)い 짧다 | 休憩(きゅうけい)を取(と)る 휴식을 취하다 | 呼(よ)ばれる 불리다 | 訪(たず)ねる 방문하다 | 出(だ)す 내다, 내놓다 | 午後(ごご) 오후 | 大変(たいへん) 대단히, 굉장히 | 有名(ゆうめい) 유명 | 習慣(しゅうかん) 습관 | 遅(おそ)く 늦게 | 小(ちい)さな 작은 | お菓子(かし) 과자 | しかし 그러나 | 見(み)られる 볼 수 있다 | たいてい 대개, 대부분 | 最近(さいきん) 최근 | 忙(いそが)しい 바쁘다 | 余裕(よゆう) 여유 | 代(か)わりに 대신에

---

26 본문과 일치하는 내용 찾기 ★☆☆ | 정답 3

(3)

농구 공지
봄철 농구 신청 접수

접수 일시: 2월 15일 월요일~2월 17일 수요일까지
접수 시간: 오후 5시~8시까지
장소: 학교 사무실

1학년부터 4학년까지의 여자라면 누구나 참가 자격 있음.
뭔가 질문이 있으시면 123-4567번의 다나카에게 연락 주세요.
서둘러서 신청해 주세요.

※작년에 사용했던 유니폼을 아직 갖고 계신 분은 세탁 후, 이름을 쓴 비닐봉지에 넣어서 학교 사무실로 반납해 주세요.

해석 봄철 농구에 신청할 수 있는 사람은 다음 중 누구인가?
1 모든 남학생
2 모든 여학생
3 1학년부터 4학년까지의 여자라면 누구나
4 1학년부터 4학년까지의 남자라면 누구나

해설 1年生から4年生までの女子ならだれでも参加資格あり 부분을 정확하게 해석한다면 어렵지 않게 정답을 고를 수 있다.

어휘 バスケットボール 농구 | お知(し)らせ 알림, 통지 | 春期(しゅんき) 춘기, 봄철 | 申(もう)し込(こ)み 신청 | 受付(うけつけ) 접수 | 日時(にちじ) 일시 | 場所(ばしょ) 장소 | 事務室(じむしつ) 사무실 | 女子(じょし) 여자 | 参加(さんか) 참가 | 資格(しかく) 자격 | 質問(しつもん) 질문 | 連絡(れんらく) 연락 | 早(はや)めに 조금 빨리, 일찌감치 | 昨年(さくねん) 작년 | 使用(しよう) 사용 | ユニフォーム 유니폼 | お持(も)ちの方(かた) 갖고 계신 분 | 洗濯(せんたく) 세탁 | 名前(なまえ) 이름 | ビニール袋(ぶくろ) 비닐봉지 | 入(い)れる 넣다 | 返(かえ)す 돌려

주다, 되돌려 놓다 | 男子(だんし) 남자

---

27 본문과 일치하는 내용 찾기 ★★☆ | 정답 2

(4)

히로시마고등학교에서는, 지금 가정에 있는 사용하지 않게 된 휴대전화와 카메라를 모으고 있습니다. 만약 집에 그러한 물품들이 있으면, 학교 사무실로 가져와 주세요. 1,000엔에서 5,000엔 사이로 재활용 회사에 그것들을 팔 수 있습니다.

그 돈은 도서관의 책을 구입하는 데 쓰일 예정입니다. 재활용은 지구 환경에도 좋은 것입니다. 보다 자세한 것은 사무실로 전화해 주세요.

해석 왜 학교는 다 쓴 휴대전화와 카메라를 모으고 있는 것인가?
1 새로운 도서관을 짓기 위해
2 서적을 사기 위해
3 많은 아이들을 돕기 위해
4 학교 사무실의 보수를 위해

해설 두 번째 단락에 정답의 포인트가 되는 そのお金は図書館の本の購入にあてられる予定です를 해석할 수 있다면 바로 정답을 찾을 수 있다.

어휘 家庭(かてい) 가정 | 使(つか)う 쓰다, 사용하다 | 携帯電話(けいたいでんわ) 휴대전화 | カメラ 카메라 | 集(あつ)める 모으다 | もし 만약 | 品々(しなじな) 여러 가지 물건 | 事務室(じむしつ) 사무실 | 持(も)ってくる 갖고 오다 | 間(あいだ) 사이 | リサイクル 재활용 | 引(ひ)き取(と)る 인수하다, 떠맡다 | 図書館(としょかん) 도서관 | 購入(こうにゅう) 구입 | あてる 용도로 쓰다, 충당하다 | 予定(よてい) 예정 | 地球(ちきゅう) 지구 | 優(やさ)しい 친절하고 다정하다, 상냥하다 | 詳(くわ)しい 자세하다, 정통하다 | 電話(でんわ) 전화 | 使用(しよう) 사용 | ～済(ず)み ～끝남 | 新(あたら)しい 새롭다 | 建(た)てる 세우다, 짓다 | 書籍(しょせき) 서적 | 救(すく)う 구하다, 도와주다 | 補修(ほしゅう) 보수

문제5 중문이해 문제

주로 설명문, 수필, 논평, 에세이 등 350자 정도의 지문을 읽고 개요나 인과관계, 이유, 필자의 생각 등을 묻는 문제가 출제된다. 질문을 읽고 질문 내용에 유의하며 지문을 읽어 내려간다. 평소 글을 읽을 때 필자의 의견 및 생각을 찾는 연습을 하는 것도 좋다.

28 ~ **33** 다음 (1)과 (2)의 글을 읽고 질문에 답하시오. 답은 1·2·3·4 중에서 가장 알맞은 것을 하나 고르시오.

28 ~ **30**

(1)

플라스틱은 인간이 만들어 낸 재료입니다. 플라스틱이 발명되고 나서 우리들의 생활은 정말 변해 왔습니다. 지금은 플라스틱 제품이 넘치고 있어 어디를 봐도 플라스틱이 눈에 들어오지 않는 경우는 없습니다. 플라스틱이 상당히 인기가 있는 이유는 싸다는 것과 여러 가지 많은 방법으로 사용할 수 있기 때문입니다.

일상생활에서 우리들은 먹다 남긴 음식도 포함해서 음식물을 보존하는 데에 비닐봉지를 사용합니다. 플라스틱은 공기를 차단하기 때문에 음식이 신선하고 오래가는 것입니다.

플라스틱은 투명하게 만들 수도 있어서 겉에서 그 내용물이 보입니다. 점주가 이러한 봉지에 상품을 넣으면 손님은 봉지를 열지 않아도 어떠한 물건을 팔고 있는 것인지 알 수 있습니다. 플라스틱의 하나 더 좋은 점은 열에 견딜 수 있다는 것입니다. 냄비의 손잡이를 플라스틱으로 하면 화상을 입지 않고 냄비를 들 수 있습니다. 이처럼 오늘날 플라스틱에는 매우 유용한 많은 용도가 있는 것입니다.

어휘 プラスチック 플라스틱 | 人間(にんげん) 인간 | 作(つく)り出(だ)す 만들어 내다 | 材料(ざいりょう) 재료 | 発明(はつめい) 발명 | 生活(せいかつ) 생활 | 変(か)わる 바뀌다, 변하다 | 製品(せいひん) 제품 | あふれる 가득 차서 넘치다 | 目(め)に入(はい)る 보이다, 눈에 들어오다 | 大変(たいへん) 대단히, 매우, 몹시 | 人気(にんき) 인기 | 理由(りゆう) 이유 | 使(つか)い方(かた) 사용 방법 | 日常生活(にちじょうせいかつ) 일상생활 | 食(た)べ残(のこ)す 먹다 남기다 | 含(ふく)める 포함하다 | 食物(しょくもつ) 식품, 음식물 | 保存(ほぞん) 보존 | ビニール袋(ぶくろ) 비닐봉지 | 用(もち)いる 쓰다, 사용하다 | 空気(くうき) 공기 | 遮断(しゃだん) 차단 | 新鮮(しんせん) 신선 | 長持(ながも)ち 오래감, 오래 씀 | 透明(とうめい) 투명 | 作(つく)る 만들다 | 外側(そとがわ) 바깥쪽, 겉면 | 中身(なかみ) 내용물, 알맹이 | 見(み)える 보이다 | 店主(てんしゅ) 점주, 가게 주인 | 商品(しょうひん) 상품 | 客(きゃく) 손님 | 開(あ)ける 열다 | 売(う)る 팔다 | 熱(ねつ) 열 | 耐(た)える 견디다, 참다 | 鍋(なべ) 냄비 | 取(と)っ手(て) 손잡이 | やけど 화상 | 持(も)つ 갖다, 들다 | 役立(やくだ)つ 도움이 되다, 유용하다 | 使(つか)い道(みち) 쓸모, 용도

---

28 본문 내용 파악하기 ★★☆ | 정답 3

해석 플라스틱이 인기가 있는 이유의 하나는 무엇인가?
1 색의 종류가 많은 점
2 어디에도 있어 바로 눈에 들어오는 점
3 가격이 싸다는 점
4 인간이 만든 소재인 점

해설 첫 번째 단락 마지막 부분의 プラスチックが大変に人気がある理由は、安いということと、いろいろ多くの使い方ができるからです를 보면 정답을 찾을 수 있다.

어휘 色(いろ) 색 | 種類(しゅるい) 종류 | 値段(ねだん) 가격 | 素材(そざい) 소재

---

29 본문 내용 파악하기 ★★☆ | 정답 2

해석 플라스틱은 어떻게 음식을 신선하게 유지하는가?
1 사이즈가 풍부하기 때문에 내용물에 따라서 보존한다.
2 공기를 차단하기 때문에 오래 유지한다.
3 음식에서 수분을 흡수하여 보존한다.
4 음식을 차게 해 놓을 수 있다.

해설 두 번째 단락에서 プラスチックは空気を遮断するので食べ物は新鮮で長持ちするのです라고 했으므로 정답은 2번이다.

어휘 保(たも)つ 유지하다, 지키다 | 豊富(ほうふ) 풍부 | 水分(すいぶん) 수분 | 吸収(きゅうしゅう) 흡수 | 冷(ひ)やす 식히다, 차게 하다

---

30 본문 내용 파악하기 ★★☆ | 정답 4

해석 왜 플라스틱 손잡이는 유용한 것인가?
1 플라스틱은 싸고 튼튼하니까
2 플라스틱은 절대 부서지지 않으니까
3 아름다운 손잡이를 만들 수 있으니까
4 플라스틱은 바로는 뜨거워지지 않으니까

해설 세 번째 단락의 プラスチックのもう一つのよい点は、熱に耐えられるということです 부분을 읽어 보면 어렵지 않게 정답을 찾을 수 있다.

어휘 有用(ゆうよう) 유용 | 丈夫(じょうぶ) 튼튼함 | 絶対(ぜったい) 절대 | 壊(こわ)れる 부서지다, 고장 나다 | 美(うつく)しい 아름답다 | 熱(あつ)い 뜨겁다

---

31 ~ 33

(2)
당신은 매년 어느 정도의 종이를 사용하고 있습니까? 아마 그 질문에 바로는 대답할 수 없겠지요. 그중에는 1년에 1명 당 50킬로그램이나 되는 종이를 사용하는 나라들도 있습니다. 미국과 일본 같은 나라는 다른 나라들보다도 종이를 많이 사용하고 있습니다.

종이는 목재로 만들어집니다. 그래서 캐나다와 핀란드, 미국과 같은 대삼림 지대를 가진 나라는 제지산업이 가장 중요한 나라로 되어 있습니다. 핀란드는 세계에서 가장 우수한 종이를 생산하고 있다고 일컬어지고 있습니다.

종이에 관해서 생각할 때에는 신문과 책, 편지, 그리고 무엇을 적을 종이를 떠올립니다. 그러나 실제는 그 외에도 많은 용도가 있습니다. 책이나 신문에 사용되고 있는 것은 제조되는 종이의 절반밖에 지나지 않습니다. 예를 들면, 종이로 따뜻하게 할 수 있습니다. 핀란드의 추운 겨울에, 농민은 종이로 만든 장화를 신고 눈 위를 걷습니다. 그들은 종이 장화가 가장 따뜻하다고 믿고 있기 때문입니다.

매년 많은 물건이 점점 더 종이로 만들어지고 있습니다. 종이의 다양한 이용법을 아는 것은 상당히 재미있는 일입니다.

어휘 毎年(まいとし) 매년, 해마다 | 紙(かみ) 종이 | 恐(おそ)らく 아마, 어쩌면, 필시 | 質問(しつもん) 질문 | すぐ 바로, 곧, 즉시 | 答(こた)える 대답하다 | ~あたり ~당, ~평균 | 使用(しよう) 사용 | 木材(もくざい) 목재 | 大森林(だいしんりん) 대삼림 | 地帯(ちたい) 지대 | 持(も)つ 갖다, 들다 | 製紙(せいし) 제지 | 産業(さんぎょう) 산업 | 重要(じゅうよう) 중요 | 要因(よういん) 요인 | 世界(せかい) 세계 | 最(もっと)も 가장, 제일 | 優秀(ゆうしゅう) 우수 | 生産(せいさん) 생산 | 新聞(しんぶん) 신문 | 思(おも)い浮(う)かべる 회상하다, 마음속에 그려 보다 | 実際(じっさい) 실제 | 用途(ようと) 용도 | 製造(せいぞう) 제조 | 半分(はんぶん) 반, 절반 | 例(たと)えば 예를 들면 | 暖(あたた)かい 따뜻하다 | 寒(さむ)い 춥다 | 冬(ふゆ) 겨울 | 農民(のうみん) 농민 | 長靴(ながぐつ) 장화 | はく 신다 | 雪(ゆき) 눈 | 歩(ある)く 걷다 | 一番(いちばん) 가장, 제일 | 信(しん)じる 믿다 | ますます 더욱더, 점점 더 | 様々(さまざま) 다양함, 여러

가지 | 利用法(りようほう) 이용법 | 知(し)る 알다 | 大変(たいへん) 매우, 대단히 | 面白(おもしろ)い 재미있다

---

31 본문 내용 파악하기 ★★☆ | 정답 1

해석 대삼림을 가진 나라들에서 종이 제조가 중요해진 것은 왜인가?

　1 종이는 목재로 만들어지니까
　2 그곳에서는 사람들이 많은 종이를 사용하니까
　3 그들은 다양한 종이의 사용법을 알고 있으니까
　4 그들은 많은 뛰어난 제지기계를 가지고 있으니까

해설 두 번째 단락 처음의 紙は木材から作られます 부분에서 정답을 찾을 수 있다.

어휘 優(すぐ)れる 뛰어나다, 훌륭하다 | 機械(きかい) 기계

---

32 본문 내용 파악하기 ★★☆ | 정답 1

해석 책과 신문에는 어느 정도의 종이가 사용되고 있다고 말하는가?

　1 종이의 절반만
　2 종이의 절반보다 많이
　3 종이의 아주 소량 부분
　4 거의 모든 종이

해설 세 번째 단락의 紙の半分にしかすぎません 부분에서 정답을 찾을 수 있다.

어휘 ほんの 그저, 단지 그 정도에 불과한 | 少量(しょうりょう) 소량 | 部分(ぶぶん) 부분 | ほとんど 거의, 대부분 | すべて 모두

---

33 본문 내용 파악하기 ★★☆ | 정답 3

해석 핀란드에서 농민이 눈 속에서 종이 장화를 신는 것은 왜인가?

　1 참을 수 없을 정도로 추운 겨울 때문에
　2 다른 장화를 살 만큼 돈을 갖고 있지 않아서
　3 종이 장화는 다른 무엇보다도 따뜻하니까
　4 종이 장화는 가볍고 튼튼하니까

해설 세 번째 단락의 紙の長靴が一番暖かいと信じているからです 부분에서 정답을 찾을 수 있다.

어휘 我慢(がまん) 참음, 견딤 | 軽(かる)い 가볍다 | 丈夫(じょうぶ) 튼튼함

문제6 장문이해 문제

해설, 수필, 편지, 에세이, 소설 등 550자 정도의 지문을 읽고 필자의 주장이나 의견, 본문의 개요나 논리의 전개 등을 묻는 문제이다. 본문 내용을 읽기 전에 먼저 4개의 질문을 읽으면서 어떠한 부분과 내용에 주의하면서 읽어야 하는지, 무엇을 묻고 있는지를 파악한 후 본문을 읽어 내려가는 게 좋다.

34 ~ 37 다음 글을 읽고 질문에 답하시오. 답은 1·2·3·4 중에서 가장 알맞은 것을 하나 고르시오.

　이전에는 여성은 남성보다도 심장병에 걸릴 확률이 낮다고 생각되었지만, 현재는 남성보다도 심장병에 의해 사망할 가능성이 높다고 일컬어지고 있다.

　놀랄 만한 획기적인 연구에서, 국내에 있는 약 500개 병원의 의사들이 입증한 것은 심장에 관련된 병에 의한 사망자 수는 현재, 남성보다도 여성 쪽이 많다고 한다.

　연구 결과가 나타내는 사실은 심장 발작에 관해 잘 알려져 있는, 가슴 부분의 통증과 호흡이 심하게 고통스러운 것, 마치 가슴을 찌르는 듯한 통증 같은 증상은 대부분 남성에게 일어나는 것으로, 여성에게 일어나는 증상은 그것들과 다르고, 별로 알려져 있지 않다. 따라서 여성은 심장병에 걸렸을 때 그것은 다른 병이라고 믿어 버린다는 것이다.

　의사가 새로이 지적하고 있는 것은 라이프 스타일과 관련된 요인이다. 식사와 운동 부족 등이 그것에 해당한다. "우리는 오랜 세월, 남성에게 식사와 운동에 주의하도록 말해 왔습니다"라고 어느 의사는 말한다. "그러나 우리는 여성에게 똑같은 지침에 따를 필요가 있다고는 말해 오지 않았습니다"라고.

　의사들이 주장하고 있는 것은 같은 상식적인 충고로 관상동맥의 상태에 관한 것이 남녀 모두에게 동일하게 적용된다는 것이다.

　매일, 유산소운동을 하고, 포화지방이 적은 음식을 섭취하고, 스트레스를 줄이는 것이 남성이나 여성 모두에게 가장 중요하다고 한다.

어휘 以前(いぜん) 이전 | 女性(じょせい) 여성 | 男性(だんせい) 남성 | 心臓病(しんぞうびょう) 심장병 | 確率(かくりつ) 확률 | 低(ひく)い 낮다 | 現在(げんざい) 현재 | ~によって ~에 의해서, ~에 따라서 | 死亡(しぼう) 사망 | 可能性(かのうせい) 가능성 | 驚(おどろ)く 놀라다 | 画期的(かっきてき) 획기적 | 研究(けんきゅう) 연구 | ~において ~에서, ~에 있어서 | 国内(こくない) 국내 | 病院(びょういん) 병원 | 医師(いし) 의사 | 立証(りっしょう) 입증 | 関連(かんれん) 관련 | 病気(びょうき) 병 | 数(かず) 수 | ~ということだ ~라고 한다 | 結果(けっか) 결과 | 示(しめ)す 나타내다, 보이다 | 事実(じじつ) 사실 | 発作(ほっさ) 발작 | ~に関(かん)して ~에 관해서 | 胸(むね) 가슴 | 痛(いた)み 통증 | 呼吸(こきゅう) 호흡 | はげしい 심하다, 격하다 | 苦(くる)しい 괴롭다, 답답하다 | まるで 마치 | 刺(さ)す 찌르다 | 症状(しょうじょう) 증상 | だいたい 대개, 대부분 | 起(お)こる 일어나다 | 異(こと)なる 다르다 | したがって 따라서 | 別(べつ) 다름 | 思(おも)い込(こ)む 굳게 믿다, 믿어 버리다 | さらに 더욱더, 보다 더, 거듭 | 指摘(してき) 지적 | ライフスタイル 라이프 스타일 | かかわる 관계되다 | 要因(よういん) 요인 | 食事(しょくじ) 식사 | 運動不足(うんどうぶそく) 운동부족 | 当(あ)たる 맞다, 들어맞다, 해당하다 | 長年(ながねん) 오

랜 세월 | 気(き)をつける 조심하다, 주의하다 | しかし 그러나 | 指針(ししん) 지침 | したがう 따르다 | 必要(ひつよう) 필요 | 主張(しゅちょう) 주장 | 常識的(じょうしきてき) 상식적 | 忠告(ちゅうこく) 충고 | 冠状動脈(かんじょうどうみゃく) 관상동맥 | 状態(じょうたい) 상태 | ~とともに ~모두, ~전부 | 等(ひと)しい 같다 | 当(あ)てはまる 들어맞다, 적합하다 | 毎日(まいにち) 매일 | 有酸素運動(ゆうさんそううんどう) 유산소운동 | 飽和脂肪(ほうわしぼう) 포화지방 | 取(と)る 취하다, 잡다, 받다, 훔치다 | ストレス 스트레스 | 減(へ)らす 줄이다 | 最(もっと)も 가장 | 大切(たいせつ) 중요함, 소중함

---

34 **문맥 파악하기** ★★☆ | 정답 4

해석 왜 이 연구 결과는 놀랄 만한 것인가?
1 최근 심장병으로 사망하는 사람이 남녀 모두 상당히 늘었기 때문에
2 지금까지 알려져 있던 심장병의 예방법이 틀렸다는 것이 분명해졌기 때문에
3 잘 알려져 있는 심장병 증상은 남성에게만 일어나는 것이기 때문에
4 이전에는 남성 쪽이 심장병에 의해 사망할 가능성이 높다고 생각되었기 때문에

해설 밑줄과 관련된 문제는 밑줄 친 부분의 전후 문맥을 살펴보면 쉽게 정답을 찾을 수 있다. 따라서 이 문제는 바로 앞 단락인 以前は 女性は、男性よりも心臓病になる確率が低いと考えられていたが、現在では、男性よりも心臓病によって死亡する可能性が高いと言われている 부분에서 정답을 찾을 수 있다.

어휘 非常(ひじょう)に 상당히, 매우 | 増(ふ)える 늘다, 증가하다 | 予防法(よぼうほう) 예방법 | 間違(まちが)う 틀리다, 잘못되다 | 明(あき)らか 분명함, 명백함

---

35 **본문 내용 파악하기** ★★☆ | 정답 2

해석 이 글에 의하면, 여성은 어떻게 심장병 증상에 반응하는가?
1 식사와 운동에 주의하려고 한다.
2 증상을 다른 병이라고 생각하는 경향이 많다.
3 바로 병원에 가서 의사의 지시에 따라 치료를 받는다.
4 여성은 심장병 증상이 없기 때문에 아무것도 느끼지 못한다.

해설 두 번째 단락의 마지막 문장인 したがって、女性は心臓病になったときに、それは別の病気だと思い込んでしまうのである 부분에서 정답을 찾을 수 있다.

어휘 反応(はんのう) 반응 | ~がち ~하는 일이 많음, ~는 경향이 많음 | 指示(しじ) 지시 | 治療(ちりょう) 치료 | 感(かん)じる 느끼다

---

36 **본문 내용 파악하기** ★★☆ | 정답 2

해석 이 글에서는 어떻게 심장병의 발증율을 줄일 수 있다고 말하는가?
1 자주 다이어트를 하는 것에 의해
2 건강한 식사를 하고 스트레스 정도를 낮추는 것에 의해
3 매년 잊지 않고 정기건강진단을 받는 것에 의해
4 의학기술의 발달에 의해

해설 마지막 단락의 毎日、有酸素運動をして、飽和脂肪の少ない食品を取り、ストレスを減らすことが、男性にも女性にも最も大切だという 부분에서 정답을 찾을 수 있다.

어휘 しばしば 자주, 여러 차례 | 健康的(けんこうてき) 건강적 | 程度(ていど) 정도 | 下(さ)げる 낮추다, 떨어뜨리다 | 忘(わす)れる 잊다 | 定期(ていき) 정기 | 診断(しんだん) 진단 | 受(う)ける 받다 | 医学(いがく) 의학 | 技術(ぎじゅつ) 기술 | 発達(はったつ) 발달

---

37 **본문과 일치하는 내용 찾기** ★★☆ | 정답 3

해석 본문의 내용과 맞는 것은 어느 것인가?
1 여성은 남성보다도 심장병에 걸릴 확률이 낮고, 사망 가능성도 낮다.
2 가슴 부분의 통증이나 호흡이 심하게 고통스러운 것 등의 증상은 여성에게밖에 일어나지 않는다.
3 심장병에 걸리지 않기 위해서는 건강한 생활과 좋은 식사를 하는 것이 남녀 모두에게 중요하다.
4 심장병이 원인으로 사망하는 사람의 수는 점점 늘고 있다.

해설 여성이 남성보다 심장병에 걸려 사망할 확률이 높으며 일반적으로 알려져 있는 가슴 통증과 호흡 곤란 등의 증상은 대부분 남성에게 일어나는 것이며 심장병을 예방하기 위해서는 유산소운동을 하고 포화지방이 적은 음식을 섭취하고 스트레스를 줄여야 한다고 설명하고 있다. 따라서 정답은 3번이다. 심장병으로 사망하는 사람이 점점 증가 추세라는 것에 대해서는 언급하고 있지 않다.

어휘 生活(せいかつ) 생활 | 原因(げんいん) 원인 | だんだん 점점, 차차

문제7 **정보검색 문제**

안내문이나 광고문 등 여러 가지 정보 소재 안에서 필요한 정보를 찾아내는 문제이다. 먼저 질문과 선택지를 읽고 질문의 키워드가 무엇인지, 어떠한 정보를 요구하는 문제인지 파악한다. 그 다음에 2개의 질문에서 제시하는 조건이나 요구하는 정보를 염두에 두고 본문의 내용과 대조해 가며 조건에 맞지 않거나 필요 없는 정보를 제외시켜 나가면 어렵지 않게 정답을 찾을 수 있다.

---

38 ~ 39 오른쪽 페이지는 '재활용 가게의 광고'이다. 이것을 읽고 아래 질문에 답하시오. 정답은 1·2·3·4 중에서 가장 알맞은 것을 하나 고르시오.

그것은 정말 쓰레기입니까?

이사와 이전으로 필요 없게 된 물건이나 처분이 곤란한 사용하지 않는 상품을 매입합니다. 매입할 수 없는 물품은 유료 처분도 실시하고 있습니다.

＊기본적인 매입 품목
1. 가전·전기제품 전반 : 냉장고·세탁기·텔레비전·전자레인지·에어컨 등

2. 가구 전반 : 일반 가구 · 찬장 · 부엌 세트 · 정리 서랍장 · 사무용
　　　　 가구 등

*매입이 어려운 상품
1. 오염 · 흠집이 심한 물건
2. 상당히 세월이 경과한 물건
3. 다시 팔 수 없는 물건(장물 · 고장 등)
4. 가전제품의 경우, 동작 확인을 할 수 없는 것은 매입할 수 없다.

*고가 매입 기준
1. 리모컨이나 설명서 등의 부속품이 갖추어져 있다.
2. 더러움을 깨끗이 닦아 내었다.
3. 가전제품의 경우, 제조가 5년 이내이다.
※책장, 찬장, 사무용품 등에서 떼어 둔 선반, 사용하지 않은 열쇠는
함께 준비해 두세요. 선반이 부족하거나, 실제로 열쇠를 잠가 사용할
수 없으면 매입할 수 없는 경우도 있습니다.
※취급설명서 · 리모컨 등의 부속품이 있는 경우는 잊지 말고 함께
챙겨 두세요. 제품에 따라서는 설명서와 부속품이 없으면 사용이
곤란한 경우가 있습니다.

매입 전용 다이얼　0120-934-537
우선은 전화로 상담해 주십시오! (접수 시간 9:30~18:50)
부담 없이 문의해 주십시오!

어휘　ゴミ 쓰레기 | 引(ひ)っ越(こ)し 이사 | 移転(いてん) 이전 | 不
要(ふよう) 쓰지 않음, 소용이 없음 | 処分(しょぶん) 처분 | 困(こ
ま)る 곤란하다, 난처하다 | 商品(しょうひん) 상품 | 買取(かい
と)り 매입 | 有料(ゆうりょう) 유료 | 行(おこな)う 하다, 실시
하다 | 基本的(きほんてき) 기본적 | 品目(ひんもく) 품목 | 家
電(かでん) 가전 | 電化製品(でんかせいひん) 전기제품 | 全般
(ぜんぱん) 전반 | 冷蔵庫(れいぞうこ) 냉장고 | 洗濯機(せん
たくき) 세탁기 | テレビ 텔레비전 | 電子(でんし)レンジ 전자
레인지 | エアコン 에어컨 | 家具(かぐ) 가구 | 一般(いっぱん)
일반 | 食器棚(しょっきだな) 찬장 | ダイニングセット 부엌
세트 | 整理(せいり)ダンス 정리 서랍장 | オフィス 오피스 | 汚
(よご)れ 오염 | 傷(きず) 상처, 흠집 | ひどい 심하다 | かなり
상당히, 꽤 | 年数(ねんすう) 연수, 햇수 | 経過(けいか) 경과 | 再
販(さいはん) 다시 판매함 | 盗品(とうひん) 훔친 물건, 장물 | 故
障(こしょう) 고장 | 場合(ばあい) 경우 | 動作(どうさ) 동작 |
確認(かくにん) 확인 | 高価(こうか) 고가 | 基準(きじゅん) 기
준 | リモコン 리모컨 | 説明書(せつめいしょ) 설명서 | 付属
品(ふぞくひん) 부속품 | 揃(そろ)う 갖추어지다, 구비되다 | ふ
き取(と)る 닦아 내다 | 製造(せいぞう) 제조 | 以内(いない) 이
내 | 本棚(ほんだな) 책장 | 事務用品(じむようひん) 사무용
품 | はずす 떼다, 떼어내다, 빼다, 벗다 | 棚板(たないた) 선반, 판
자 | カギ 열쇠 | 用意(ようい) 준비 | 足(た)りない 모자라다, 부
족하다 | 実際(じっさい) 실제 | 取扱(とりあつかい) 취급 | 忘
(わす)れる 잊다 | 困難(こんなん) 곤란 | 専用(せんよう) 전용
| まず 우선, 먼저 | 相談(そうだん) 상담 | 受付(うけつけ) 접수
| 気軽(きがる)に 가볍게, 어렵게 생각하지 말고 | 問(と)い合(あ)
わせる 조회하다, 문의하다

38　필요한 정보 찾기 ★★☆　　　　| 정답 2

해석　다음 중, 팔릴 가능성이 없는 것은 어느 것인가?
　　1　약간 더러움은 있지만 깨끗하게 닦아 낸 냉장고
　　2　길에서 주운 인기 브랜드 지갑
　　3　열쇠는 없지만 사용에는 문제 없는 찬장
　　4　5년 전에 친구에게 결혼 축하 선물로 받은 전자레인지

해설　기본적으로 매입이 가능한 품목은 가전과 가구류이므로 정답은 2
　　번이다.

어휘　売(う)れる 팔리다 | 可能性(かのうせい) 가능성 | 道(みち) 길
　　| 拾(ひろ)う 줍다 | 人気(にんき)ブランド 인기 브랜드 | 財布
　　(さいふ) 지갑 | 問題(もんだい) 문제 | 結婚祝(けっこんいわ)
　　い 결혼 축하 선물

39　필요한 정보 찾기 ★★☆　　　　| 정답 3

해석　이 재활용 가게에서 물건을 팔려면, 먼저 무엇을 해야 하는가?
　　1　리모컨과 설명서 등의 부속품을 같이 챙겨 둔다.
　　2　인터넷으로 좋은 재활용 가게 리스트를 검색해 본다.
　　3　접수 시간 내에 문의 전화를 걸어 상담해 본다.
　　4　팔 물건의 더러움을 깨끗이 닦아 둔다.

해설　광고 마지막 부분의 まずは、お電話にてご相談ください를
　　보면 정답이 3번임을 알 수 있다.

어휘　売(う)る 팔다 | 検索(けんさく) 검색

: 청해 :

〔문제1〕　과제이해 문제

대화를 듣고 구체적인 문제 해결에 필요한 정보를 찾아내 이후에 무
엇을 해야 하는지를 알아내는 문제이다. 먼저 질문의 내용을 정확히
이해하여 과제를 수행해야 하는 사람이 누구인지, 어떠한 상황인지
를 파악하고, 그 후 포인트가 되는 부분을 메모해 가며 체크해 두도
록 한다.

☐ 1 ～ 6 ☐　문제 1에서는 먼저 질문을 들으세요. 그러고 나서 이
야기를 듣고 문제용지의 1부터 4 중에서 가장 알맞은 것을 하나 고르
세요.

예)　　　　　　　　　　　　　　　　　　| 정답 4

`1-1-01.mp3`

男の人がシティーエアーターミナルの女の人と電話で話
しています。男の人はこのあと、どうしますか。

男：あのう、リムジンバスの予約をしたいのですが……。
女：申し訳ございませんが、旅行代理店で、チケットを
　　お買い求めいただくことになっております。
男：電話で予約はできませんか。
女：電話予約はいたしておりません。

男：では、どうしたらいいですか。
女：旅行代理店でお求めください。
男：シティーエアーターミナルの中に旅行社がありますか。
女：はい、ございます。
男：今から行っても買えるでしょうか。
女：満席ということはございませんが、出発のお時間より少し早めにいらっしゃっていただいて、チケットをお求めください。
男：少し早めに行けば、買えるのですね。
女：はい、大丈夫でございます。
男：わかりました。ありがとうございます。

男の人はこのあと、どうしますか。
1 旅行代理店に電話で予約する
2 シティーエアーターミナルに電話で予約する
3 前の日に旅行代理店に行って買っておく
4 出発の前に、旅行代理店で買う

해석　남자가 시티에어터미널의 여자와 전화로 이야기하고 있습니다. 남자는 이후에 어떻게 합니까?
남 : 저기, 리무진버스 예약을 하고 싶은데요…….
여 : 죄송합니다만, 여행대리점에서 티켓을 사셔야 합니다.
남 : 전화로 예약은 할 수 없습니까?
여 : 전화 예약은 받고 있지 않습니다.
남 : 그러면, 어떻게 하면 됩니까?
여 : 여행대리점에서 사시기 바랍니다.
남 : 시티에어터미널 안에 여행사가 있습니까?
여 : 네, 있습니다.
남 : 지금부터 가도 살 수 있을까요?
여 : 만석이 되는 일은 없습니다만, 출발 시간보다 조금 일찍 와 주셔서 티켓을 사시기 바랍니다.
남 : 조금 일찍 가면 살 수 있는 거네요.
여 : 네, 그렇습니다.
남 : 알겠습니다. 감사합니다.

남자는 이후에 어떻게 합니까?
1 여행대리점에 전화로 예약한다.
2 시티에어터미널에 전화로 예약한다.
3 전날에 여행대리점에 가서 사 둔다.
4 출발 전에 여행대리점에서 산다.

해설　남자는 리무진버스의 티켓을 예약하려고 시티에어터미널에 전화를 걸었다. 하지만 담당자가 전화 예약은 불가능하며, 여행대리점에서 직접 사야 한다고 말하고 있다. 따라서 티켓은 전화 예약이 불가능하며, 또한 중반부 남자의 대사 今から行っても買えるでしょうか를 통해 티켓이 필요한 날은 당일임을 알 수 있다. 따라서 정답은 4번이다.

어휘　シティーエアーターミナル 시티에어터미널 | リムジンバス 리무진버스 | 予約(よやく) 예약 | 申(もう)し訳(わけ)ございません 죄송합니다 | 旅行代理店(りょこうだいりてん) 여행대리점 | チケット 티켓 | お+동사 ます형+いただく ~해 받다, ~해 주시다 | 買(か)い求(もと)める 사다, 사다 | ~こと

になっている ~하게 되어 있다 | ~ておる ~하고 있다, ~해(져) 있다 | 致(いた)す 하다 | お+동사 ます형+ください ~해 주십시오 | 求(もと)める 구하다, 요구하다, 사다, 구입하다 | 旅行社(りょこうしゃ) 여행사 | ござる 있다 | 買(か)える 살 수 있다 | 満席(まんせき) 만석 | 出発(しゅっぱつ) 출발 | お時間(じかん) 시간 | ~より ~부터, ~보다 | 少(すこ)し 조금, 약간 | 早(はや)めに 일찌감치, 일찍 | いらっしゃる 오시다, 가시다, 계시다 | ~ていただく ~해 받다, ~해 주시다 | 大丈夫(だいじょうぶ) 괜찮음, 안전함 | 前(まえ)の日(ひ) 전날 | ~ておく ~해 놓다, ~해 두다

1 　필요한 정보를 토대로 과제 수행하기 ★★☆　　|정답 4

`1-1-02.mp3`

女の人が駅の忘れ物センターで駅員と話しています。女の人はこのあと、どうしますか。

女：すみません。今朝、袋を山の手線の車内に置き忘れてしまったのですが。新宿行きの8時の急行列車で、私が座っていたのは5号車でした、たしか。
男：こちらにはたくさんの袋が届いておりますが、どのような袋でしょうか。
女：緑色の紙袋で持ち手が付いている、東京デパートのものです。
男：中には何が入っていましたか。
女：新聞と本が1冊ずつ、また会議の資料が中に入っていました。その資料、明日の会議に使うものなので、ここにないと本当に困ってしまうんです。
男：申し訳ありません、該当する袋は今、こちらにはございません。5時以降に再びご確認いただけますでしょうか。
女：わかりました。そうします。

女の人はこのあと、どうしますか。
1 新宿行きの5号車に乗る
2 駅員といっしょに袋をさがす
3 会議の資料を作り直す
4 あとでまた戻ってくる

해석　여자가 역 분실물센터에서 역무원과 이야기하고 있습니다. 여자는 이후에 어떻게 합니까?
여 : 실례합니다. 오늘 아침, 봉투를 야마노테선 차 안에 놓고 내려 버렸는데요. 신주쿠행 8시 급행열차로, 제가 앉았던 것은 5호차였어요. 아마도.
남 : 여기에는 많은 봉투가 도착해 있습니다만, 어떤 봉투인가요?
여 : 녹색 종이봉투로 손잡이가 달려 있는, 도쿄백화점 것이에요.
남 : 안에는 뭐가 들어 있었습니까?
여 : 신문과 책이 한 권씩, 또 회의 자료가 안에 들어 있었어요. 그 자료, 내일 회의에 쓸 거라서 여기에 없으면 정말 곤란해져 버립니다.
남 : 죄송합니다. 해당하는 봉투는 지금, 여기에는 없습니다. 5시 이후에 다시 확인해 주시겠습니까?
여 : 알겠습니다. 그렇게 하겠습니다.

여자는 이후에 어떻게 합니까?
1 신주쿠행 5호차를 탄다.
2 역무원과 함께 봉투를 찾는다.
3 회의 자료를 다시 만든다.
4 나중에 다시 되돌아온다.

해설　마지막 남녀의 대사 5時以降に再びご確認いただけますで
しょうか와 わかりました를 통해 여자가 이
후 다시 종이봉투를 찾으러 올 것임을 알 수 있다.

어휘　駅(えき) 역 ｜ 忘(わす)れ物(もの)センター 분실물 센터 ｜ 駅員
(えきいん) 역무원 ｜ 今朝(けさ) 오늘 아침 ｜ 袋(ふくろ) 주머니,
자루, 봉지 ｜ 置(お)き忘(わす)れる 둔 곳을 잊다, 잊어버리고 두고
오다 ｜ ~行(ゆ)き ~행 ｜ 座(すわ)る 앉다 ｜ 急行(きゅうこう)
급행 ｜ 列車(れっしゃ) 열차 ｜ たしか 확실히, 틀림없이, 아마 ｜ 届
(とど)く 도착하다, 닿다 ｜ 緑色(みどりいろ) 녹색 ｜ 紙袋(かみぶ
くろ) 종이봉투 ｜ 持(も)ち手(て) 손잡이 ｜ 付(つ)く 붙다, 달리다,
따르다 ｜ 新聞(しんぶん) 신문 ｜ ~冊(さつ) ~권 ｜ 会議(かいぎ)
회의 ｜ 資料(しりょう) 자료 ｜ 困(こま)る 곤란하다, 난처하다 ｜ 申
(もう)し訳(わけ)ない 면목 없다, 미안하다 ｜ 該当(がいとう) 해
당 ｜ 以降(いこう) 이후 ｜ 再(ふたた)び 두 번, 다시, 재차 ｜ 確認
(かくにん) 확인 ｜ 乗(の)る 타다 ｜ さがす 찾다 ｜ 作(つく)り直
(なお)す 다시 만들다 ｜ 戻(もど)る 되돌아가(오)다

---

[2] **필요한 정보를 토대로 과제 수행하기** ★★☆　　정답 2

1-1-03.mp3

男の人と女の人が話しています。このあと、男の人は何
をしますか。

男：ねえ、今週の日曜日にゴッホの展覧会にいっしょに
　　行かない？その日で終わりなんだよ、展覧会が。
女：あら、やだ。展覧会には行きたいんだけど、母に約
　　束しちゃったのよ、日曜日にいっしょに買い物に行
　　くって。土曜日はどう？
男：うーん、土曜日にはほかの予定があるんだ。なんと
　　かお母さんとの予定を変えられないかい？今電話し
　　て聞いてみてよ。
女：残念ながらできないの。日曜日は母の唯一の休日な
　　のよ。
男：じゃあ、しかたがないね。だったら、その日、僕一
　　人でも行ってみようかな。
女：ゆきこを誘ってみたらどう？彼女、絵を見るのが好
　　きだから……。
男：まあ、そうしようか。今電話してみよう。

このあと、男の人は何をしますか。
1 自分の予定を変える
2 友だちに電話する
3 一人で展示会に行く
4 女の人と買い物に行く

해석　남자와 여자가 이야기하고 있습니다. 이후에 남자는 무엇을 합니까?
　　남：저기, 이번 주 일요일에 고흐 전람회에 같이 가지 않을래? 그

날로 끝이야, 전람회가.
여：어머, 정말? 전람회에는 가고 싶은데, 엄마에게 약속을 해 버
　렸어, 일요일에 같이 쇼핑 가기로. 토요일은 어때?
남：음~, 토요일에는 다른 예정이 있어. 어떻게 좀 어머님과의 예
　정을 바꿀 수 없을까? 지금 전화해서 물어 봐.
여：아쉽지만 안 돼. 일요일은 엄마가 유일하게 쉬는 날이거든.
남：그럼, 어쩔 수가 없네. 그러면 그날 나 혼자라도 가 볼까?
여：유키코에게 가자고 해 보는 건 어때? 그녀 그림 보는 거 좋아
　하잖아.
남：그럼, 그렇게 할까? 지금 전화해 봐야겠다.

이후에 남자는 무엇을 합니까?
1 자신의 예정을 바꾼다.
2 친구에게 전화한다.
3 혼자서 전시회에 간다.
4 여자와 쇼핑하러 간다.

해설　남자가 마지막 대사에서 今電話してみよう라고 말하고 있으므
로 남자는 유키코에게 전화를 걸어 함께 가자고 청할 것임을 알 수
있다. 따라서 정답은 2번이다.

어휘　今週(こんしゅう) 이번 주 ｜ ゴッホ 고흐 ｜ 展覧会(てんらんか
い) 전람회 ｜ 一緒(いっしょ)に 같이, 함께 ｜ 終(お)わる 끝나다
｜ 約束(やくそく) 약속 ｜ 買(か)い物(もの) 쇼핑, 장을 봄 ｜ 予定
(よてい) 예정 ｜ なんとか 어떻게 좀, 어떻게든 ｜ 変(か)える 바꾸
다, 변경하다 ｜ 残念(ざんねん) 유감스러움 ｜ 唯一(ゆいいつ) 유일
｜ 休日(きゅうじつ) 휴일 ｜ しかたがない 어쩔 수 없다 ｜ 誘(さ
そ)う 권하다, 꾀다, 불러내다 ｜ ~たらどう？ ~하는 게 어때？ ｜ 絵
(え) 그림 ｜ 展示会(てんじかい) 전시회

---

[3] **필요한 정보를 토대로 과제 수행하기** ★★☆　　정답 1

1-1-04.mp3

女子学生と男子学生が話しています。男子学生はこのあ
と、まず何をしなければなりませんか。

男：レポート、もう書いた？
女：うん。書き始めたら、夢中になっちゃって。
男：えーっ、そうなんだ。僕は何だかやる気が出なくてさ。
女：とりあえず、机に向かってみたら。
男：でも、何をどう書くか、まだ計画も立ててないし。
女：じゃあ、まずノートを見直すとか、疑問に思う点を
　　書き出すとか……。もう始めないと締め切りに間に
　　合わないよ。
男：それはそうなんだけど……。
女：心理学の授業でも習ったじゃない。気分が乗らなくて
　　も、実際に体を動かしてるとその気になってくるって。
男：そうだね。じゃあ、図書館に行ってみるか。

男子学生はこのあと、まず何をしなければなりませんか。
1 図書館に行く
2 最初からレポートを書き直す
3 先生に相談に行く
4 心理学の授業のノートを見る

해석 여학생과 남학생이 이야기하고 있습니다. 남학생은 이후에 우선 무엇을 해야 합니까?

남 : 리포트, 벌써 썼어?

여 : 응. 쓰기 시작했더니 집중하게 돼서.

남 : 어, 그렇구나. 나는 어쩐지 할 맘이 안 생겨서 말이야.

여 : 우선, 책상 앞에 앉아 보는 게 어때?

남 : 하지만 무엇을 어떻게 쓸지, 아직 계획도 세우지 않았고.

여 : 그럼, 우선 노트를 다시 보던가, 의문스럽게 생각하는 점을 쓰기 시작하던가……. 이제 시작하지 않으면 마감에 못 맞춰.

남 : 그건 그렇지만…….

여 : 심리학 수업에서도 배웠잖아. 할 마음이 생기지 않더라도 실제로 몸을 움직이면 그런 마음이 생겨난다고.

남 : 그래. 그럼, 도서관에 가 볼까?

남학생은 이후에 우선 무엇을 해야 합니까?

1 도서관에 간다.
2 처음부터 리포트를 다시 쓴다.
3 선생님에게 상담하러 간다.
4 심리학 수업 노트를 본다.

해설 남학생의 마지막 대사 じゃあ、図書館に行ってみるか가 포인트이다. 정답은 1번이다.

어휘 レポート 리포트 | 書(か)き始(はじ)める 쓰기 시작하다 | 夢中(むちゅう)になる 열중하다 | 何(なん)だか 뭔지, 어쩐지, 웬일인지 | やる気(き) 할 마음, 하고 싶은 기분 | 出(で)る 나가(오)다 | とりあえず 우선, 먼저, 일단 | 机(つくえ)に向(む)かう 책상 앞에 앉다 | まだ 아직(도) | 計画(けいかく) 계획 | 立(た)てる 세우다 | 見直(みなお)す 다시 보다 | 疑問(ぎもん) 의문 | 点(てん) 점 | 書(か)き出(だ)す 쓰기 시작하다 | 締(し)め切(き)り 마감 | 間(ま)に合(あ)う 시간에 늦지 않게 대다 | 心理学(しんりがく) 심리학 | 授業(じゅぎょう) 수업 | 習(なら)う 배우다 | 気分(きぶん)が乗(の)る 기분이 생기다, 마음이 내키다, 할 의욕이 생기다 | 実際(じっさい) 실제 | 体(からだ)を動(うご)かす 몸을 움직이다 | 図書館(としょかん) 도서관 | 最初(さいしょ) 최초, 처음 | 書(か)き直(なお)す 다시 쓰다 | 相談(そうだん) 상담

---

4 필요한 정보를 토대로 과제 수행하기 ★★★　　｜정답 3

[1-1-05.mp3]

次は電話メッセージです。伝言を残したい場合、何をしなければなりませんか。

女 : おかけになっているのは、山田法律事務所です。申し訳ございませんが、当事務所は本日と20日は休業しております。当事務所の職員に直接連絡をご希望の方は、21日以降におかけ直しください。当事務所の通常営業時間は、月曜日から金曜日の午前９時から午後６時までです。また、伝言をご希望の方は、次の録音メッセージをお待ちになり、連絡を希望される職員の番号を押してください。当事務所の法律関連サービスの全般的な情報だけをご希望の方は、今すぐ「1」番を押してください。

伝言を残したい場合、何をしなければなりませんか。

1 21日以降にかけ直す
2 事務所の人からの連絡を待つ
3 録音メッセージを待つ
4 すぐに1を押す

해석 다음은 전화 메시지입니다. 전언을 남기고 싶은 경우, 무엇을 해야 합니까?

여 : 지금 거신 곳은 야마다 법률사무소입니다. 죄송합니다. 당 사무소는 오늘과 20일은 휴업입니다. 당 사무소의 직원에게 직접 연락을 희망하시는 분은 21일 이후에 다시 걸어 주십시오. 당 사무소의 통상 영업시간은 월요일부터 금요일의 오전 9시부터 오후 6시까지입니다. 또한, 전언을 희망하시는 분은 다음 녹음 메시지를 기다리시고, 연락을 희망하시는 직원의 번호를 눌러 주십시오. 당 사무소의 법률 관련 서비스의 전반적인 정보만을 희망하시는 분은 지금 바로 1번을 눌러 주십시오.

전언을 남기고 싶은 경우, 무엇을 해야 합니까?

1 21일 이후에 다시 건다.
2 사무소 사람으로부터의 연락을 기다린다.
3 녹음 메시지를 기다린다.
4 바로 1을 누른다.

해설 메시지 후반부의 伝言をご希望の方は、次の録音メッセージをお待ちになり、連絡を希望される職員の番号を押してください 부분을 들으면 녹음 메시지를 기다리라고 하는 것을 알 수 있다. 정답은 3번이다.

어휘 次(つぎ) 다음 | メッセージ 메시지 | 伝言(でんごん) 전언 | 残(のこ)す 남기다 | かける 걸다 | 法律(ほうりつ) 법률 | 事務所(じむしょ) 사무소 | 申(もう)し訳(わけ)ない 면목 없다, 미안하다 | 当(とう) 당, 거기에 직접 해당되는 일, 또는 사람 | 本日(ほんじつ) 오늘 | 休業(きゅうぎょう) 휴업 | 職員(しょくいん) 직원 | 直接(ちょくせつ) 직접 | 連絡(れんらく) 연락 | 希望(きぼう) 희망 | 以降(いこう) 이후 | かけ直(なお)す 다시 걸다 | 通常(つうじょう) 통상, 보통(의 경우) | 営業(えいぎょう) 영업 | 時間(じかん) 시간 | 希望(きぼう) 희망 | 録音(ろくおん) 녹음 | 番号(ばんごう) 번호 | 押(お)す 누르다, 밀다 | 関連(かんれん) 관련 | サービス 서비스 | 全般的(ぜんぱんてき)な 전반적인 | 情報(じょうほう) 정보 | 今(いま)すぐ 지금 바로

---

5 필요한 정보를 토대로 과제 수행하기 ★☆☆　　｜정답 4

[1-1-06.mp3]

女の人と男の人が待ち合わせについて話しています。二人はこれからどうしますか。

女 : 田中さんに電話した？
男 : うん。
女 : 何だって？
男 : 急用ができて、ちょっと遅れるって。待ってるって言ったんだけど、先に行ってくれって。

女：じゃ、そうする？でも、田中さん、飲み会の場所、
　　知ってるのかな。
男：どうだろう。
女：また電話してみたら？
男：いや、大丈夫だよ。先にどうぞって言ったんだか
　　ら。
女：そう言ったのなら、大丈夫ね。

二人はこれからどうしますか。
1 田中さんを待ってから行く
2 田中さんに先に行ってもらう
3 田中さんに電話をする
4 田中さんより先に行く

해석　여자와 남자가 만나기로 한 약속에 관해서 이야기하고 있습니다.
　　두 사람은 지금부터 어떻게 합니까?
　　여 : 다나카 씨에게 전화했어?
　　남 : 응.
　　여 : 뭐래?
　　남 : 급한 일이 생겨서 좀 늦는대. 기다리겠다고 했는데, 먼저 가
　　　　달래.
　　여 : 그럼 그렇게 할까? 근데 다나카 씨, 회식 장소 알고 있을까?
　　남 : 어떨까?
　　여 : 다시 전화해 보는 게 어때?
　　남 : 아니야, 괜찮아. 먼저 가라고 했으니까.
　　여 : 그렇게 말했다면 괜찮겠지.

　　두 사람은 지금부터 어떻게 합니까?
　　1 다나카 씨를 기다리고 나서 간다.
　　2 다나카 씨가 먼저 간다.
　　3 다나카 씨에게 전화를 한다.
　　4 다나카 씨보다 먼저 간다.

해설　남자의 대사 중반부와 후반부의 先に行ってくれって와 先に
　　どうぞって言ったんだから를 통해 다나카가 먼저 가라고 했
　　다는 것을 알 수 있으므로 두 사람이 약속장소에 먼저 간다는 것을
　　추측할 수 있다. 따라서 정답은 4번이다.

어휘　待(ま)ち合(あ)わせ (시일·장소를 정해 놓고) 만나기로 함 | 急用
　　(きゅうよう) 급한 용무 | 遅(おく)れる 늦다 | 先(さき)に 먼저,
　　앞서 | 飲(の)み会(かい) 술자리, 회식 | 場所(ばしょ) 장소 | 大
　　丈夫(だいじょうぶ) 괜찮음, 걱정 없음

6　필요한 정보를 토대로 과제 수행하기 ★★★　　정답 2

1-1-07.mp3

女子留学生が先生に将来の進路について相談していま
す。女子学生はまず何をしなければなりませんか。

女：先生、私、将来は日本のアニメを自分の国に紹介す
　　る仕事をしたいと思っているんですが……。
男：コンテンツ産業ですね。
女：コンテンツ産業？

男：物ではなくて情報の内容を売るビジネスと言えばわ
　　かるかな。例えば、映画や音楽、ゲームもそうです
　　ね。日本の市場の伸びはもう頭打ちだと言われてい
　　ますが、それでも自動車産業の半分ぐらいはあるか
　　ら、まだまだ結構な規模ですね。
女：頭打ちですか……。アニメ産業もそうなんでしょう
　　か。
男：どうでしょうね。コンテンツ産業全体の伸びはよく
　　なくても、分野によっては伸びているかもしれませ
　　んよ。興味のある分野について日本での実情から調
　　べてみてはどうですか。
女：そうですね。そうしてみます。

女子学生はまず何をしなければなりませんか。
1 日本のコンテンツ産業全体の実情を調べる
2 日本のアニメ産業の実情を調べる
3 自分の国のコンテンツ産業全体の実情を調べる
4 自分の国のアニメ産業の実情を調べる

해석　여자 유학생이 선생님에게 장래의 진로에 관해서 상담하고 있습니
　　다. 여학생은 우선 무엇을 해야 합니까?
　　여 : 선생님, 저, 장래에는 일본 애니메이션을 우리나라에 소개하는
　　　　일을 하고 싶은데요.
　　남 : 콘텐츠 산업 말이군요.
　　여 : 콘텐츠 산업이요?
　　남 : 물건이 아니라 정보의 내용을 파는 비즈니스라고 말하면 이해
　　　　가 될까? 예를 들면, 영화나 음악, 게임도 그렇지요. 일본 시장
　　　　의 성장은 이미 한계점에 이르렀다고 얘기되고는 있지만, 그
　　　　래도 자동차 산업의 절반 정도는 있으니까, 아직은 괜찮은 규
　　　　모지요.
　　여 : 한계에 이르렀어요……? 애니메이션 산업도 그런가요?
　　남 : 어떨까요. 콘텐츠 산업 전체의 성장은 좋지 않더라도 분야에
　　　　따라서는 성장하고 있을지도 몰라요. 흥미가 있는 분야에 관
　　　　해서 일본에서의 실정부터 조사해 보는 게 어때요?
　　여 : 그렇군요. 그렇게 해 보겠습니다.

　　여학생은 우선 무엇을 해야 합니까?
　　1 일본 콘텐츠 산업 전체의 실정을 조사한다.
　　2 일본 애니메이션 산업의 실정을 조사한다.
　　3 자국의 콘텐츠 산업 전체의 실정을 조사한다.
　　4 자국의 애니메이션 산업의 실정을 조사한다.

해설　남자가 마지막 대사에서 興味のある分野について日本での
　　実情から調べてみてはどうですか라고 조언하고 여학생이
　　이에 동의하고 있으므로 정답은 2번이 된다.

어휘　留学生(りゅうがくせい) 유학생 | 将来(しょうらい) 장래 | 進
　　路(しんろ) 진로 | 相談(そうだん) 상담 | アニメ 애니메이션 |
　　国(くに) 나라 | 紹介(しょうかい) 소개 | 仕事(しごと) 직업, 일
　　| コンテンツ 콘텐츠 | 産業(さんぎょう) 산업 | 物(もの) 물건,
　　것 | 情報(じょうほう) 정보 | 内容(ないよう) 내용 | 売(う)る
　　팔다 | ビジネス 비즈니스 | 言(い)う 말하다 | 例(たと)えば 예
　　를 들면 | 映画(えいが) 영화 | 音楽(おんがく) 음악 | ゲーム 게
　　임 | 市場(しじょう) 시장 | 伸(の)び 성장, 신장, 자람 | 頭打(あ

たまう)ち 시세가 더 이상 오를 가망이 없는 상태, 한계 | 自動車(じ どうしゃ) 자동차 | 半分(はんぶん) 절반 | まだまだ 아직 | 結構(けっこう) 훌륭함, 좋음, 충분함 | 規模(きぼ) 규모 | 全体(ぜんたい) 전체 | 分野(ぶんや) 분야 | 〜によって 〜에 따라서, 〜에 의해서 | 興味(きょうみ) 흥미 | 実情(じつじょう) 실정 | 調(しら)べる 조사하다

문제2 포인트이해 문제

대화를 듣고 질문에서 요구하는 핵심 포인트를 정확히 이해하고 파악하는 문제이다. 본문 내용을 들을 때에는 항상 질문을 염두에 두고 질문 내용에서 요구하는 포인트를 좁혀 나가야 한다.

1 ~ 6 문제 2에서는 먼저 질문을 들으세요. 그 다음 문제용지를 보세요. 읽는 시간이 있습니다. 그리고 나서 이야기를 듣고 문제용지의 1부터 4 중에서 가장 알맞은 것을 하나 고르세요.

예) | 정답 4

`1-2-01.mp3`

女の人と男の人が話しています。男の人はどうして遅れましたか。

女：どうしてこんなに遅れたの？かなり待ちましたよ。
男：すみません。もともと列車は3時30分に到着する予定だったけど、信号の故障で20分間停車したせいで遅れました。
女：でも、すぐ直ってよかったですね。私は、それも知らずに何か事故でも起きたのかと思って心配しました。
男：ところが、到着して降りようとしたら、今度は切符が見つからないんですよ。
女：え？それでどうしたんですか。切符は見つかったんですか。
男：慌てて探してみたら、列車の中で読んでいた本の中に入っていたんです。
女：本当、いろいろありましたね。

男の人は、どうして遅れましたか。
1 切符がなくなったから
2 事故で列車が20分間停車したから
3 列車の中で本を読んでいたから
4 信号が故障したから

해석 여자와 남자가 이야기하고 있습니다. 남자는 왜 늦었습니까?
여：왜 이렇게 늦었어요? 많이 기다렸잖아요.
남：미안해요. 원래는 열차가 3시 30분에 도착할 예정이었는데, 신호 고장으로 20분 동안 정차한 바람에 늦었어요.
여：그래도 바로 수리가 되어 다행이네요. 저는 그것도 모르고 뭔가 사고라도 났나 하고 걱정했어요.
남：그런데 도착해서 내리려고 했더니, 이번에는 표가 보이지 않

는 거예요.
여：네? 그래서 어떻게 했어요? 표는 찾았어요?
남：당황해서 허둥대며 찾아봤더니, 열차 안에서 읽고 있던 책 안에 들어 있었어요.
여：정말 여러 가지 일들이 있었네요.

남자는 왜 늦었습니까?
1 표가 없어졌기 때문에
2 사고로 열차가 20분 동안 정차했기 때문에
3 열차 안에서 책을 읽고 있었기 때문에
4 신호가 고장 났기 때문에

해설 남자의 첫 번째 대사를 들었으면 정답이 4번임을 알 수 있다. 열차가 20분 동안 정차한 것은 사고가 아니라 신호 고장 때문이었으므로 2번으로 착각하지 않도록 주의해야 한다.

어휘 どうして 왜, 어째서 | 遅(おく)れる 늦다 | かなり 꽤, 상당히 | 待(ま)つ 기다리다 | もともと 원래 | 列車(れっしゃ) 열차 | 到着(とうちゃく) 도착 | 予定(よてい) 예정 | 信号(しんごう) 신호(등) | 故障(こしょう) 고장 | 停車(ていしゃ) 정차 | 〜せいで 〜탓에, 〜때문에 | すぐ 바로, 곧, 금방 | 直(なお)る 고쳐지다 | 〜てよかった 〜해서 다행이다 | 知(し)る 알다 | 〜ずに 〜(하)지 않고, 〜(하)지 말고 | 事故(じこ) 사고 | 起(お)きる 일어나다 | 心配(しんぱい) 걱정, 근심 | ところが 그런데, 그러나 | 降(お)りる 내리다 | 〜(よ)うとしたら 〜(하)려고 했더니 | 今度(こんど) 이번, 이다음 | 切符(きっぷ) 표 | 見(み)つかる 들키다, 찾게 되다, 발견되다 | 慌(あわ)てる 당황하다, 허둥거리다 | 探(さが)す 찾다 | 無(な)くなる 없어지다

---

1 핵심 포인트 파악하기 ★★☆ | 정답 1

`1-2-02.mp3`

男の人と女の人が電話で話しています。男の人が電話したのはなぜですか。

男：もしもし、日本商事の高橋です。お電話しているのは、来週に予定している会議の件なんですが、用事ができてしまい、時間を午後に変更しなければならないんです。ご迷惑でないといいのですが。
女：ご心配なく。水曜日の午後はほぼ空いています。昼食を兼ねた会議の予定が12時半にありますが、事務所には2時までに戻れると思います。2時半に会議を始めるということでいかがですか。
男：ぜひそれでお願いします。普段は会議の予定変更などしないのですが、今回は二度もしてしまいましたね。本当に申し訳ありません。
女：謝らなくても大丈夫ですよ。それでは来週の会議の時、お会いしましょう。

男の人が電話したのはなぜですか。
1 会議の時間を変更するため
2 女の人の来週の日程を確認するため
3 会議の資料を女の人に送るため
4 来週の会議を取り消すため

039

해석 남자와 여자가 전화로 이야기하고 있습니다. 남자가 전화한 것은 왜입니까?

남 : 여보세요, 일본상사의 다카하시입니다. 전화드린 것은 다음 주로 예정되어 있는 회의 건 때문인데요, 용무가 생겨서 시간을 오후로 변경해야 합니다. 폐가 안 된다면 좋겠습니다만.

여 : 걱정하지 마세요. 수요일 오후는 거의 비어 있습니다. 점심 식사를 겸한 회의가 12시 반에 있습니다만, 사무소에는 2시까지는 돌아올 수 있을 것이라 생각합니다. 2시 반에 회의를 시작하는 것으로 하면 어떠십니까?

남 : 꼭 그렇게 부탁드리겠습니다. 평소에는 회의 예정 변경 같은 건 하지 않습니다만, 이번에는 두 번이나 해 버렸네요. 정말 죄송합니다.

여 : 사과하지 않으셔도 돼요. 그럼 다음 주 회의 때 뵙겠습니다.

남자가 전화한 것은 왜입니까?
1 회의 시간을 변경하기 위해서
2 여자의 다음 주 일정을 확인하기 위해서
3 회의 자료를 여자에게 보내기 위해서
4 다음 주 회의를 취소하기 위해서

해설 男子が一番目の台詞でお電話しているのは、来週に予定している会議の件なんですが、用事ができてしまい、時間を午後に変更しなければならないんですと言っているので正答は1番だ。

어휘 商事(しょうじ) 상사 | 来週(らいしゅう) 다음 주 | 予定(よてい) 예정 | 会議(かいぎ) 회의 | ～件(けん) ～건, ～사항 | 用事(ようじ) 볼일, 용무, 용건 | 変更(へんこう) 변경 | 迷惑(めいわく) 폐, 귀찮음, 성가심, 불쾌함 | 心配(しんぱい) 걱정 | ほぼ 거의, 대강, 대략 | 空(あ)く 나다, 비다 | 昼食(ちゅうしょく) 중식, 점심 | 兼(か)ねる 겸하다 | 事務所(じむしょ) 사무소 | 戻(もど)る 되돌아오다, 되돌아가다 | 始(はじ)める 시작하다 | ぜひ 꼭 | 普段(ふだん) 평소, 일상 | 今回(こんかい) 이번, 금번 | 二度(にど)も 두 번이나 | 謝(あやま)る 사과하다 | 日程(にってい) 일정 | 確認(かくにん) 확인 | 資料(しりょう) 자료 | 送(おく)る 보내다 | 取(と)り消(け)す 취소하다

2 핵심 포인트 파악하기 ★★☆ |정답 3

`1-2-03.mp3`

男の人と女の人が会社で話しています。女の人は自分の夫についてどんなことを話していますか。

男：ねえ、山口さん。部の予定表で見たんだけど、君、来週夏休みを取るんだね。家族でどこかへ行くのかい？

女：うん、そうよ。夫の両親といっしょに海に行くの。2人とも、長いこと、うちの子供たちに会っていないから。

男：それはいいね。きっとお子さんたちは水泳を楽しんだり、海辺で遊んだりできるんだろうね。

女：そうね。でも夫は山のほうがいいみたいなの。彼が言うには、この時期の海辺は暑すぎるんですって。

男：だったら、山に行けばいいじゃない。

女の人は自分の夫についてどんなことを話していますか。
1 いま休暇が取れない
2 子供たちと海辺で遊ぶのが好きだ
3 海に行きたがらない
4 最近子供たちを自分の両親に会わせた

해석 남자와 여자가 회사에서 이야기하고 있습니다. 여자는 자신의 남편에 대해서 어떤 것을 이야기하고 있습니까?

남 : 저기, 야마구치 씨. 부서 예정표에서 봤는데, 너 다음 주에 휴가 얻었더라. 가족끼리 어딘가로 가는 거야?

여 : 응, 그래. 남편 부모님과 같이 바다에 가. 두 분 모두 오랫동안 우리 아이들과 만나지 않아서.

남 : 그거 좋겠네. 분명 아이들은 수영을 즐기기도 하고, 바닷가에서 놀기도 할 수 있겠네.

여 : 응. 하지만 남편은 산에 가는 쪽이 더 좋은 것 같아. 그가 말하기로는, 이 시기의 바닷가는 너무 덥대.

남 : 그럼 산으로 가면 되잖아.

여자는 자신의 남편에 대해서 어떤 것을 이야기하고 있습니까?
1 지금 휴가를 얻을 수 없다.
2 아이들과 바닷가에서 노는 것을 좋아한다.
3 바다에 가고 싶어 하지 않는다.
4 최근에 아이들을 자신의 부모님과 만나게 했다.

해설 여자가 마지막 대사에서 でも夫は山のほうがいいみたいなの라고 말하고 있으므로 남편은 바다에 가고 싶어 하지 않는다는 것을 알 수 있다. 정답은 3번이다.

어휘 夫(おっと) 남편 | 部(ぶ) 부, 부서 | 予定表(よていひょう) 예정표 | 夏休(なつやす)み 여름 방학, 여름휴가 | 家族(かぞく) 가족 | 両親(りょうしん) 부모 | 海(うみ) 바다 | ～とも ～다, ～모두 | 長(なが)い 길다, 오래다 | きっと 꼭, 틀림없이 | 水泳(すいえい) 수영 | 楽(たの)しむ 즐기다 | 海辺(うみべ) 해변, 바닷가 | 遊(あそ)ぶ 놀다 | 山(やま) 산 | 時期(じき) 시기 | 暑(あつ)い 덥다 | 休暇(きゅうか) 휴가

3 핵심 포인트 파악하기 ★★☆ |정답 2

`1-2-04.mp3`

男の人が中古自転車屋の人と電話で話しています。男の人はなぜ電話しているのですか。

男：もしもし。ちょっと伺いたいのですが、売りに出されている自転車はまだ買えるでしょうか。新聞の広告に載っていたものです。

女：それは、お客さんがどちらの自転車に興味を持たれているかによりますね。2台の自転車を広告に出したのですが、マウンテンバイクはすでに売れてしまい、競技用自転車がまだあります。

男：そうですか。それは残念だな。でも、競技用自転車にも興味があります。値段はどのくらいですか。1万円くらいで買えたらいいんですが。

女：うーん、まあ、いいでしょう。いつ引き取ってもら
　　えますか。営業時間は夜７時までなんですが。
男：はい、午前中に行きますので、よろしくお願いしま
　　す。

男の人はなぜ電話しているのですか。
1 自転車を修理してもらいたいから
2 広告に出ている自転車を買いたいから
3 自転車が盗まれたから
4 自分の自転車を売りたいから

해석　남자가 중고 자전거 가게 주인과 전화로 이야기하고 있습니다. 남
　　자는 왜 전화하고 있는 것입니까?
　　남 : 여보세요. 좀 여쭤 보고 싶은데요, 팔려고 내 놓으신 자전거는
　　　　아직 살 수 있을까요? 신문 광고에 실렸던 것입니다.
　　여 : 그건, 손님이 어느 자전거에 흥미를 갖고 계신가에 따라 다릅
　　　　니다. 2대의 자전거를 광고에 냈습니다만, 마운틴 바이크는
　　　　이미 팔려 버렸고, 경기용 자전거가 아직 있습니다.
　　남 : 그래요? 그거 아쉽네요. 하지만 경기용 자전거에도 흥미가 있
　　　　습니다. 가격은 어느 정도인가요? 만 엔 정도로 살 수 있으면
　　　　좋겠는데요.
　　여 : 음, 뭐, 좋습니다. 언제 가지러 오실 수 있습니까? 영업시간은
　　　　저녁 7시까지입니다만.
　　남 : 네, 오전 중에 갈 테니까, 잘 부탁드리겠습니다.

　　남자는 왜 전화하고 있는 것입니까?
　　1 자전거 수리를 받고 싶어서
　　2 광고에 나와 있는 자전거를 사고 싶어서
　　3 자전거를 도둑맞아서
　　4 자신의 자전거를 팔고 싶어서

해설　남자가 첫 번째 대사에서 売りに出されている自転車はま
　　だ買えるでしょうか라고 전화를 건 용건을 말하고 있으므로
　　정답은 2번이다.

어휘　中古(ちゅうこ) 중고 | 自転車(じてんしゃ) 자전거 | 伺(うか
　　が)う 묻다·듣다·방문하다의 겸양어 | 売(う)る 팔다 | 出(だ)す 내
　　다 | 新聞(しんぶん) 신문 | 広告(こうこく) 광고 | 載(の)る 위에
　　놓이다, 실리다, 게재되다 | お客(きゃく)さん 손님 | 興味(きょう
　　み) 흥미 | 持(も)つ 갖다, 들다 | すでに 이미, 벌써 | 売(う)れる
　　팔리다 | 競技用(きょうぎよう) 경기용 | 値段(ねだん) 가격 | 引
　　(ひ)き取(と)る 인수하다, 떠맡다 | 営業(えいぎょう) 영업 | 修理
　　(しゅうり) 수리 | 盗(ぬす)む 훔치다, 도둑질하다

| 4 | 핵심 포인트 파악하기 ★★★ | 정답 2

[1-2-05.mp3]

**男の人が話しています。この研修会から何を学べると思
いますか。**

男：さて、本日の研修会で行う予定なのは、職場内での
　　「意思の疎通」と「協力」の改善です。これを行うため
　　に、特別な課題を用意しました。では、まず皆さん

をいくつかのチームに分けたいと思います。また、
皆さんを混ぜ合わせて、同じ部署の人が同じグルー
プにならないようにしたいと思います。そのあと
で、自由に討論してください。討論する内容は私か
ら各グループに渡します。他の人の意見を聞くこと
を忘れないでください。競争はこの研修の目的では
ありません。われわれが見出そうとしているのは、
より良い解決策を、幅広い意見を集めて得ることな
のです。

この研修会から何を学べると思いますか。
1 討論に勝つ方法
2 多くの意見を集め、良い結果を得る方法
3 より社交的な人物になる方法
4 外国語で自分の考えを伝える方法

해석　남자가 이야기하고 있습니다. 이 연수회에서 무엇을 배울 수 있다
　　고 생각합니까?
　　남 : 자, 오늘 연수회에서 실시할 예정인 것은, 직장 내에서의 '의사
　　　　소통'과 '협력'의 개선입니다. 이것을 실시하기 위해서 특별한
　　　　과제를 준비했습니다. 그럼 우선 여러분들을 몇 개의 팀으로
　　　　나누고 싶습니다. 또한, 여러분을 섞어서 같은 부서의 사람이
　　　　같은 그룹이 되지 않도록 하고 싶습니다. 그 후 자유롭게 토론
　　　　해 주세요. 토론할 내용은 제가 각 그룹에게 건네주겠습니다.
　　　　다른 사람의 의견을 듣는 것을 잊지 마세요. 경쟁은 이 연수의
　　　　목적이 아닙니다. 우리가 찾으려는 것은 보다 좋은 해결책을
　　　　폭넓은 의견을 모아 얻는 것입니다.

　　이 연수회에서 무엇을 배울 수 있다고 생각합니까?
　　1 토론에 이기는 방법
　　2 많은 의견을 모으고, 좋은 결과를 얻는 방법
　　3 보다 사교적인 인물이 되는 방법
　　4 외국어로 자신의 생각을 전하는 방법

해설　남자가 마지막에 われわれが見出そうとしているのは、
　　より良い解決策を、幅広い意見を集めて得ることなの
　　です라고 말하고 있으므로 정답은 2번이다.

어휘　研修会(けんしゅうかい) 연수회 | 学(まな)ぶ 배우다 | 本日(ほ
　　んじつ) 오늘 | 行(おこな)う 하다, 실시하다 | 職場(しょくば) 직
　　장 | 意思(いし) 의사 | 疎通(そつう) 소통 | 協力(きょうりょ
　　く) 협력 | 改善(かいぜん) 개선 | 特別(とくべつ) 특별 | 課題
　　(かだい) 과제 | 用意(ようい) 준비 | 分(わ)ける 나누다 | 混(ま)
　　ぜ合(あ)わせる 섞어 합치다, 혼합하다 | 部署(ぶしょ) 부서 | 自
　　由(じゆう)に 자유롭게 | 討論(とうろん) 토론 | 内容(ないよ
　　う) 내용 | 渡(わた)す 건네다, 넘기다 | 他(ほか) 다른 | 意見(い
　　けん) 의견 | 忘(わす)れる 잊다 | 競争(きょうそう) 경쟁 | 目
　　的(もくてき) 목적 | 見出(みいだ)す 찾아내다, 발견하다 | 解決
　　策(かいけつさく) 해결책 | 幅広(はばひろ)い 폭넓다, 광범위하
　　다 | 集(あつ)める 모으다 | 得(え)る 얻다 | 討論(とうろん) 토
　　론 | 勝(か)つ 이기다 | 方法(ほうほう) 방법 | 結果(けっか) 결
　　과 | 社交的(しゃこうてき) 사적 | 人物(じんぶつ) 인물 | 伝
　　(つた)える 전하다

`1-2-06.mp3`

女の人が話しています。このデパートで商品の値下げを
しているのはなぜですか。

女：皆さんが待ちに待っていた日がついに来ました。9
月10日、日本デパートでは全店でこれまでになく大
幅な値下げをいたします。当社の秋冬物商品を展示
するスペースを確保するため、男性用・女性用・子供
用の夏物衣料を最大50パーセントまで値下げしま
した。これには夏物の靴やアクセサリーも含まれま
す。家庭用品売り場では、バーベキューセットやピ
クニック用品の在庫をなくす必要があるため、75パ
ーセントの値引きをいたしました。お手持ちのポイ
ントカードをお持ちの方には9月10日にお買い上げ
いただいた商品のポイントが2倍になりますので、忘
れずにポイントカードをご利用になってください。

このデパートで商品の値下げをしているのはなぜですか。
1 いくつかの商品が在庫過剰になっているから
2 夏物商品の在庫をなくすために
3 廃業しようとしているから
4 傷物になっている商品を早く売るために

해석　여자가 이야기하고 있습니다. 이 백화점에서 상품의 가격 인하를
하고 있는 것은 왜입니까?
여 : 여러분이 기다리고 기다리셨던 날이 드디어 왔습니다. 9월 10
일, 일본백화점에서는 전점에서 지금까지 없던 대폭적인 가격
인하를 합니다. 당사의 가을·겨울용 상품을 전시할 공간을
확보하기 위하여, 남성용·여성용·어린이용의 여름용 의류를
최대 50%까지 가격 인하했습니다. 여기에는 여름 신발과 액
세서리도 포함됩니다. 가정용품 매장에서는 바비큐 세트와 피
크닉 용품의 재고를 없앨 필요가 있어서, 75%의 가격 인하를
했습니다. 현재 포인트카드를 가지고 계신 분께는 9월 10일에
구매하신 상품의 포인트가 2배가 되므로 잊지 마시고 포인트
카드를 이용해 주시기 바랍니다.

이 백화점에서 상품의 가격 인하를 하고 있는 것은 왜입니까?
1 몇 가지 상품이 재고 과잉이 되어 있기 때문에
2 여름용 상품의 재고를 없애기 위해서
3 폐업하려고 하고 있기 때문에
4 흠집이 나 있는 상품을 빨리 팔기 위해서

해설　본문 내용에 秋冬物商品を展示するスペースを確保する
ため와 在庫をなくす必要があるため라는 두 번의 힌트가
나온다. 가을·겨울용 상품들을 전시해 판매하기 위해 여름용 상
품들의 재고를 없애려고 세일을 한다는 의미이므로 정답은 2번
이다.

어휘　商品(しょうひん) 상품 | 値下(ねさ)げ 가격 인하 | ついに 마침
내, 드디어 | 全店(ぜんてん) 전점 | 大幅(おおはば) 대폭 | 当社
(とうしゃ) 당사 | 秋冬物(あきふゆもの) 가을·겨울 용품 | 展
示(てんじ) 전시 | スペース 스페이스, 공간 | 確保(かくほ) 확
보 | 夏物(なつもの) 여름 용품 | 衣料(いりょう) 의료, 옷과 옷감

最大(さいだい) 최대 | 靴(くつ) 신발 | アクセサリー 액세서
리 | 含(ふく)まれる 포함되다 | 家庭(かてい) 가정 | 用品(よう
ひん) 용품 | 売(う)り場(ば) 매장 | バーベキューセット 바비
큐 세트 | ピクニック 피크닉 | 在庫(ざいこ) 재고 | なくす 없
애다, 잃다 | 必要(ひつよう) 필요 | 値引(ねび)き 값을 깎음 | 手
持(ても)ち 현재 수중에 가지고 있음. 또 그 물건 | 買(か)い上(あ)
げる 사들이다 | 利用(りよう) 이용 | 過剰(かじょう) 과잉 | 廃
業(はいぎょう) 폐업 | 傷物(きずもの) 흠집 있는 물건

`1-2-07.mp3`

男の人と女の人が話しています。女の人はどうして、留
学に行けなくなったのですか。

男：やあ、けいこ！3週間の短期留学プログラムの良い
のを見つけたんだ。この間話したように春休みにい
っしょに行くのはどう？
女：それが……。実はね、そのことについて話さなきゃ
って思ってたんだけど、私、もう行けなくなっちゃ
ったの。
男：何だって！？まさか、いきなり結婚するなんて言う
なよ。
女：それが、タイスケが来月アメリカに転勤になっちゃ
って、私、結婚して海外に住むことになったの。実
は私たち、先週、婚約したばかりなのよ。まだ結婚
式の日取りは決めていないけど、引っ越しの準備で
とても忙しいの。
男：そんなことだと思っていたよ！だから、ずっと君を
見かけなかったんだな。

女の人はどうして、留学に行けなくなったのですか。
1 お父さんが転勤することになったから
2 引っ越しの準備で忙しいから
3 就職が決まったから
4 結婚するから

해석　남자와 여자가 이야기하고 있습니다. 여자는 왜 유학을 갈 수 없게
된 것입니까?
남 : 야, 게이코! 3주간의 단기 유학 프로그램 좋은 것을 찾았어. 지
난번에 얘기한 것처럼 봄방학에 같이 가는 거 어때?
여 : 그게……. 사실은 말야, 그 일에 관해서 얘기해야 하는데라고
생각했었는데, 나, 이제 못 가게 되어 버렸어.
남 : 뭐라고!? 설마, 느닷없이 결혼한다느니 그런 소리 하지 마.
여 : 그게, 다이스케가 다음 달에 미국으로 전근가게 되어 버려서
나, 결혼하고 해외에 살게 됐어. 사실은 우리, 지난주에 막 약
혼했거든. 아직 결혼식 날짜는 정해지지 않았지만, 이사 준비
로 너무 바빠.
남 : 그럴 거라고 생각했어! 그래서 줄곧 널 볼 수가 없었구나.

여자는 왜 유학을 갈 수 없게 된 것입니까?
1 아버지가 전근가게 되었기 때문에
2 이사 준비로 바쁘기 때문에

3 취직이 정해졌기 때문에
4 결혼하기 때문에

해설 여자가 마지막 대사에서 タイスケが来月アメリカに転勤になっちゃって、私、結婚して海外に住むことになったの라고 말하는 것으로 보아 약혼자의 전근이 정해져 결혼과 함께 해외로 가게 될 것을 알 수 있다. 따라서 정답은 4번이다.

어휘 海外(かいがい) 해외 | 短期(たんき) 단기 | 留学(りゅうがく) 유학 | プログラム 프로그램 | 見(み)つける 발견하다, 찾다 | この間(あいだ) 지난번, 요전 | 春休(はるやす)み 봄방학 | 実(じつ)は 사실은, 실은 | まさか 설마 | いきなり 갑자기, 느닷없이 | 結婚(けっこん) 결혼 | 転勤(てんきん) 전근 | 先週(せんしゅう) 지난주 | 婚約(こんやく) 약혼 | 日取(ひど)り 날짜를 정함, 택일 | 決(き)める 정하다, 결정하다 | 引(ひ)っ越(こ)し 이사 | 準備(じゅんび) 준비 | 忙(いそが)しい 바쁘다 | ずっと 줄곧, 쭉, 훨씬 | 見掛(みか)ける 눈에 띄다, 보다 | 就職(しゅうしょく) 취직 | 決(き)まる 정해지다

【 문제3 】 **개요이해 문제**

내용을 듣고 화자의 의도나 주장 등을 이해할 수 있는지를 묻는 문제이다. 문제를 보다 쉽게 풀기 위해서는 평소에 문장을 요약하는 연습과 신문 기사나 사설, 뉴스 등을 많이 읽고 듣는 연습을 통해 본문 전체를 파악하는 힘을 기르는 것이 좋다.

1 ~ 3 문제 3번에서는 문제용지에 아무것도 인쇄되어 있지 않습니다. 이 문제는 전체적으로 어떤 내용인가를 묻는 문제입니다. 이야기 전에 질문은 없습니다. 먼저 이야기를 들으세요. 그리고 나서 질문과 선택지를 듣고 1부터 4 중에서 가장 알맞은 것을 하나 고르세요.

예) | 정답 3

`1-3-01.mp3`

男の人が女の人にインタビューしています。

男 : このごろ、周りの人とうまく付き合えずに悩んでいる人が多いようです。今日はどうすれば他の人とうまくやっていけるのかについて、一言アドバイスをいただきたいんですが。
女 : そうですねえ。人と付き合う時には、初めのうちはうまくいかなくて当然だと思ったほうがいいですね。
男 : え、それじゃ、失敗してもいいんですか。
女 : そうです。初めからうまくできる人なんていませんよ。こうやってみてだめだったら、じゃ次はどうしようかと考え、工夫します。
男 : はい。
女 : その繰り返しの中で、相手と自分との距離のとり方、というかバランスがわかってくるもんなんですよ。

女の人は人と付き合う時に何が一番大切だと言っていますか。

1 だれとでも同じように親しくすること
2 自分の思っていることを繰り返し、正直に言うこと
3 いろいろやってみてうまくいかなかったらやり方を変えること
4 失敗してもすぐ新しい人と付き合うこと

해석 남자가 여자를 인터뷰하고 있습니다.
남 : 요즘, 주변 사람들과 잘 사귀지 못해서 고민하고 있는 사람이 많은 것 같습니다. 오늘은 어떻게 하면 다른 사람과 잘 지낼 수 있는가에 관해서, 한마디 조언을 듣고 싶습니다만.
여 : 글쎄요. 다른 사람과 사귈 때, 처음에는 잘 안 되는 게 당연하다고 생각하는 편이 좋습니다.
남 : 네? 그럼, 실패를 해도 되는 건가요?
여 : 그렇습니다. 처음부터 잘할 수 있는 사람은 없습니다. 이렇게 해 보고 잘 안 되면 그럼 다음에는 어떻게 하자라고 생각하고 궁리합니다.
남 : 네.
여 : 그렇게 되풀이하는 가운데, 상대방과 자신과의 거리를 취하는 법이라고 할까 밸런스를 알게 되는 법이에요.

여자는 다른 사람과 사귈 때 무엇이 가장 중요하다고 말합니까?
1 누구와라도 똑같이 친하게 지내는 것
2 자신이 생각하고 있는 것을 되풀이하여 정직하게 말하는 것
3 여러 가지 해 보고 잘되지 않으면 방법을 바꾸는 것
4 실패해도 바로 새로운 사람과 사귀는 것

해설 여자는 다른 사람과 사귈 때 처음부터 잘되는 것은 아니며, 실패할 때마다 다음에는 어떻게 할까 생각하고 궁리하다 보면 상대방과의 밸런스를 알게 된다고 말하고 있다. 따라서 정답은 3번이다.

어휘 インタビュー 인터뷰 | このごろ 요즘, 최근 | 周(まわ)り 주위, 주변, 근처 | うまく 훌륭하게, 잘 | 付(つ)き合(あ)う 사귀다, 교제하다 | ～ずに ～하지 않고, ～하지 않아서 | 悩(なや)む 고민하다, 고생하다 | 多(おお)い 많다 | 他(ほか) 이 외, 그 밖 | やっていく 일·교제 등을 계속해 가다 | ～について ～에 관해서 | 一言(ひとこと) 한마디 | アドバイス 어드바이스, 조언 | いただく 먹다, 마시다, 받다 | うまくいく 잘되다 | 当然(とうぜん) 당연 | ～ほうがいい ～하는 편이 좋다 | 失敗(しっぱい) 실패 | ～てもいい ～해도 좋다 | すべて 모두 | ～なんて ～같은 것, ～등, ～따위 | だめ 소용없음, 못쓰게 됨, 불가능함, 해서는 안 됨 | 次(つぎ) 다음 | 工夫(くふう) 궁리, 고안 | 繰(く)り返(かえ)し 되풀이함, 반복함 | 相手(あいて) 상대(방) | 自分(じぶん) 자기 자신 | 距離(きょり) 거리 | 取(と)り方(かた) 취하는 방법 | ～というか ～이라고 할지 | バランス 밸런스, 균형 | ～ものだ ～것이다, ～하는 법이다 | 大切(たいせつ) 소중함, 중요함 | 親(した)しい 친하다 | 正直(しょうじき)に 정직하게, 솔직하게 | やり方(かた) (하는) 방법 | 変(か)える 바꾸다 | すぐ 곧, 바로 | 新(あたら)しい 새롭다, 새것이다

043

1-3-02.mp3

次はマラソン大会での案内放送です。

男：ランナーの皆さま、ただいまレース開始10分前です。少しの間、重要な注意事項をお聞きください。本日はひじょうに蒸し暑くなっております。そこでお知らせします。道路に沿って立っている明るいオレンジ色のTシャツを着ているのはレース関係者で、コップ入りの水をお渡しします。ランナーは平均して30分間にコップ1杯分の水分を失います。ですから、忘れずに水分補給を行ってください。また、レース中にめまいがしたり吐気がしたりしたときはすぐ医療スタッフに助けを求めてください。頑張って、そして楽しんでください。

この案内放送で男の人が一番言いたいことは何ですか。
1 レースに参加する前に注意すること
2 一番近くにある病院の位置
3 もうすぐレースが始まること
4 レース中に水を飲むことの重要性

해석　다음은 마라톤 대회에서의 안내 방송입니다.
　　　남 : 선수 여러분, 지금 경주 개시 10분 전입니다. 잠깐 동안, 중요한 주의사항을 들어 주십시오. 오늘은 상당히 무덥습니다. 그래서 알려 드립니다. 도로를 따라 서 있는 밝은 오렌지색의 티셔츠를 입고 있는 것은 경주 관계자로, 컵에 들어 있는 물을 건네드립니다. 선수는 평균적으로 30분에 1잔 정도의 수분을 잃습니다. 따라서 잊지 말고 수분 보충을 해 주세요. 또한 경주 중에 현기증이 나거나 구토가 나거나 했을 때는 바로 의료 스태프에게 도움을 요청해 주세요. 열심히, 그리고 즐겨 주십시오.

이 안내 방송에서 남자가 가장 하고 싶은 말은 무엇입니까?
1 경주에 참가하기 전에 주의할 것
2 가장 근처에 있는 병원의 위치
3 이제 곧 경주가 시작되는 것
4 경주 중에 물을 마시는 것의 중요성

해설　안내 방송 내용 중 가장 중심이 되는 것은 ランナーは平均して30分間にコップ1杯分の水分を失います。ですから、忘れずに水分補給を行ってください 부분이다. 따라서 정답은 4번이 된다.

어휘　マラソン 마라톤 | 大会(たいかい) 대회 | 案内(あんない) 안내 | 放送(ほうそう) 방송 | ランナー 러너, 경주 종목의 선수 | ただいま 지금, 현재 | レース 레이스, 경주 | 開始(かいし) 개시 | 少(すこ)しの間(あいだ) 잠깐 동안 | 注意(ちゅうい) 주의 | 事項(じこう) 사항 | 蒸(む)し暑(あつ)い 무덥다 | 知(し)らせる 알리다 | 道路(どうろ) 도로 | 沿(そ)う 따르다 | 立(た)つ 서다 | 明(あか)るい 밝다 | 着(き)る 입다 | 関係者(かんけいしゃ) 관계자 | コップ 컵 | 渡(わた)す 건네다, 넘기다 | 平均(へいきん) 평균 | 水分(すいぶん) 수분 | 失(うしな)う 잃다 | 忘(わす)れる 잊다 | 補給(ほきゅう) 보급 | 行(おこな)う 행하다, 실시하다 | め

まいがする 현기증이 나다 | 吐気(はきけ)がする 구역질이 나다 | 医療(いりょう) 의료 | 助(たす)け 도움, 구조, 구원 | 求(もと)める 구하다, 청하다, 찾다 | 楽(たの)しむ 즐기다 | 参加(さんか) 참가 | 近(ちか)く 근처 | 病院(びょういん) 병원 | 位置(いち) 위치 | もうすぐ 이제 곧 | 始(はじ)める 시작하다

1-3-03.mp3

男の人が会議で話しています。

男：この秋に実施する予定の新たな販売計画の概要を説明します。皆さんご存じのように、当社の新しいビジネスシューズの発売は8月30日に設定されています。ちょうど2ヶ月後です。この新しい靴の販売促進を支援するために、われわれはDVDを製作しています。これは、新製品のユニークな特長を強調するものです。販売部員の皆さんにはこのDVDを新製品発売の前にお客さまのもとに送っていただきたいのです。DVDはまだ制作中ですので、何か入れればいいと思われるアイデアがあれば、ファックスかメールでマーケティング部の佐藤あてに送ってください。

この話を聞いたあと、販売部員がしなければならないことはどのようなことですか。
1 新商品の販売企画を立てる
2 新しい靴を買う
3 お客さんに販売促進用DVDを送る
4 お客さんに新商品紹介のメールを送る

해석　남자가 회의에서 이야기하고 있습니다.
　　　남 : 올 가을에 실시할 예정인 새로운 판매 계획의 개요를 설명하겠습니다. 여러분들이 알고 계시듯이, 당사의 새로운 비즈니스 슈즈의 발매는 8월 30일로 설정되어 있습니다. 딱 2개월 후입니다. 이 새로운 신발의 판매 촉진을 지원하기 위해서 우리들은 DVD를 제작하고 있습니다. 이것은 신제품의 독특한 장점을 강조한 것입니다. 판매부원인 여러분들은 이 DVD를 신제품 발매 전에 손님들에게 보내 주셨으면 좋겠습니다. DVD는 아직 제작 중이므로 뭔가 들어가면 좋겠다고 생각하시는 아이디어가 있으면 팩스나 메일로 마케팅부의 사토 앞으로 보내 주십시오.

이 이야기를 들은 후에 판매부원이 해야 하는 것은 어떤 것입니까?
1 신상품의 판매계획을 세운다.
2 새로운 신발을 산다.
3 손님에게 판매촉진용 DVD를 보낸다.
4 손님에게 신상품 소개 메일을 보낸다.

해설　남자의 대사 중 販売部員の皆さんにはこのDVDを新製品発売の前にお客さまのもとに送っていただきたいのです가 포인트이므로 정답은 3번이 된다.

어휘　実施(じっし) 실시 | 新(あたら)しい 새롭다, 새것이다 | 販売(はんばい) 판매 | 計画(けいかく) 계획 | 概要(がいよう) 개요 |

說明(せつめい) 설명 | 当社(とうしゃ) 당사 | 発売(はつばい) 발매 | 設定(せってい) 설정 | ちょうど 꼭, 정확히, 마침, 알맞게 | 靴(くつ) 신발 | 促進(そくしん) 촉진 | 支援(しえん) 지원 | 製作(せいさく) 제작 | 新製品(しんせいひん) 신제품 | ユニーク 유니크, 독특 | 特長(とくちょう) 특장, 장점 | 強調(きょうちょう) 강조 | 〜あて 〜앞 | 立(た)てる 세우다 | 紹介(しょうかい) 소개

が)しい 바쁘다 | 生活習慣(せいかつしゅうかん) 생활습관 | 適切(てきせつ) 적절 | 十分(じゅうぶん) 충분 | ほとんど 거의, 대부분 | 不可能(ふかのう) 불가능 | 理由(りゆう) 이유 | 総合(そうごう) 종합 | 鉄分(てつぶん) 철분 | 含(ふく)む 포함하다 | 栄養素(えいようそ) 영양소 | 供給(きょうきゅう) 공급 | 朝食(ちょうしょく) 조식, 아침 식사 | たった 단, 단지, 겨우, 오직 | 〜錠(じょう) 〜정, 〜알 | 本製品(ほんせいひん) 본 제품 | 全国(ぜんこく) 전국 | ドラッグストア 약국 | 健康(けんこう) 건강 | 食品店(しょくひんてん) 식품점 | 販売(はんばい) 판매 | 新(あたら)しい 새롭다 | 薬(くすり) 약 | 正(ただ)しい 바르다, 옳다 | 摂取(せっしゅ) 섭취 | 種類(しゅるい) 종류 | 方法(ほうほう) 방법 | 発売(はつばい) 발매

---

3 이야기의 주제 파악하기 ★★★　　　　│ 정답 4

`1-3-04.mp3`

ラジオで女の人が話しています。

女 : 私たちの中で毎日の食事で必要なビタミンとミネラルをすべて体内に取り入れている人はいるでしょうか。現代の忙しい生活習慣の中で、適切な食べ物を十分にとることはほとんど不可能です。それが私たちがこれを作った理由です。これは総合ビタミン剤で、鉄分・カリウム・ビタミンA・ビタミンC・そしてビタミンC12を含み、あなたの必要とする栄養素を供給してくれるのです。朝食後にたった1錠飲むだけで、一日に必要なビタミンをとることになるのです。本製品は全国のドラッグストアや健康食品店のほとんどで販売されています。

女の人は何について話していますか。
1 新しい薬の正しい飲み方
2 健康のために必ず摂取しなければならない栄養素の種類
3 毎日の食事で必要なビタミンをとる方法
4 新しく発売された薬

해석　라디오에서 여자가 이야기하고 있습니다.
여 : 우리들 중에서 매일 식사로 필요한 비타민과 미네랄을 모두 체내로 섭취하고 있는 사람이 있을까요? 현대의 바쁜 생활 습관 속에서, 적절한 음식을 충분히 먹는 것은 거의 불가능합니다. 그것이 우리들이 이것을 만든 이유입니다. 이것은 종합비타민제로, 철분 · 칼륨 · 비타민A · 비타민C · 그리고 비타민C12를 포함하여, 당신이 필요로 하는 영양소를 공급해 주는 것입니다. 아침 식사 후 단 1알 먹는 것만으로, 하루에 필요한 비타민을 섭취하게 되는 것입니다. 본 제품은 전국의 약국과 건강 식품점 대부분에서 판매되고 있습니다.

여자는 무엇에 관해서 이야기하고 있습니까?
1 새로운 약의 올바른 복용법
2 건강을 위해 반드시 섭취해야 하는 영양소의 종류
3 매일 하는 식사에서 필요한 비타민을 섭취하는 방법
4 새로 발매된 약

해설　이야기 중후반부터 계속 새로 발매된 약에 대한 설명을 하고 있으므로 정답은 4번이 된다.

어휘　ラジオ 라디오 | 食事(しょくじ) 식사 | ビタミン 비타민 | ミネラル 미네랄 | 全(すべ)て 모두 | 体内(たいない) 체내 | 取(と)り入(い)れる 받아들이다 | 現代(げんだい) 현대 | 忙(いそ

문제 4 발화표현 문제

짧은 발화를 듣고 그림 상황에 적절한 응답을 고르는 문제이다. 주로 일상생활에서 사용되는 인사말이나 의뢰, 허가, 요구 등 실용적인 내용이 많으므로 일상생활에서 자주 쓰이는 인사말이나 회화 표현, 관용 표현, 경어 표현 등을 숙지해 두면 쉽게 풀 수 있다.

1 〜 **4** 문제 4에서는 그림을 보면서 질문을 들으세요. 화살표(➡)의 사람은 뭐라고 말합니까? 1부터 3 중에서 가장 알맞은 것을 하나 고르세요.

예)　　　　　　　　　　│ 정답 3

`1-4-01.mp3`

女1 : 受付に、社員と約束のあるお客様が来ました。受付の女性は何と言いますか。
女2 : 1 田中様ですね。お待たせいたしました。
　　　2 田中様ですね。いかがなさいますか。
　　　3 田中様ですね。お待ちしておりました。

해석　여1 : 접수처에 사원과 약속이 있는 손님이 왔습니다. 접수처의 여성은 뭐라고 말합니까?
　　　여2 : 1 다나카 씨죠. 오래 기다리셨습니다.
　　　　　　2 다나카 씨죠. 어떻게 하시겠습니까?
　　　　　　3 다나카 씨죠. 기다리고 있었습니다.

해설　사원과 이미 약속이 되어 있는 손님이 온 것이므로 접수처 직원은 3번과 같이 말해야 한다.

어휘　受付(うけつけ) 접수(처) | 社員(しゃいん) 사원 | 約束(やくそく) 약속 | お客様(きゃくさま) 손님 | 女性(じょせい) 여성 | お+동사 ます형+する(いたす) (제가) 〜하다, 〜해 드리다 | 待(ま)たせる 기다리게 하다 | いかが 어떻게 | なさる 하시다 | 待(ま)つ 기다리다 | 〜ておる (〜ている의 겸양) 〜하고 있다, 〜해 있다

1 상황에 맞게 말하기 ★☆☆　　　　　　│ 정답 3

1-4-02.mp3

女：友だちが本を読んでいます。どんな本を読んでいる
　　のか知りたいです。何と言いますか。
男：1 それ、どこで買ったの？私もほしいんだけど。
　　2 飲み終わったら、ちゃんとゴミ箱に捨てて。
　　3 今読んでるの何？

해석　여 : 친구가 책을 읽고 있습니다. 어떤 책을 읽고 있는지 알고 싶습
　　　　니다. 뭐라고 말합니까?
　　남 : 1 그거 어디서 샀어? 나도 갖고 싶은데.
　　　　2 다 마시면 제대로 쓰레기통에 버려.
　　　　3 지금 읽고 있는 거 뭐야?

해설　무슨 책을 읽고 있냐고 물어야 하므로 정답은 3번이 된다. 飲(の)
　　　み終(お)わる(다 마시다)와 読(よ)み終(お)わる(다 읽다)는 눈
　　　으로 보면 쉽게 구별할 수 있지만 귀로 들을 때는 혼동할 수 있으
　　　므로 발음에 주의한다.

어휘　ほしい 갖고 싶다│飲(の)み終(お)わる 다 마시다│ちゃんと
　　　틀림없이, 분명하게, 바르게│ゴミ箱(ばこ) 쓰레기통│捨(す)てる
　　　버리다

---

2 상황에 맞게 말하기 ★★☆　　　　　　│ 정답 2

1-4-03.mp3

女：会議の前に部長に資料を見てもらいたいです。何と
　　言いますか。
男：1 部長、会議が始まる前に資料を見せてください
　　　ませんか。
　　2 部長、明日の会議の資料をご覧いただきたいで
　　　すが。
　　3 部長、会議の資料を拝見させていただいてもよ
　　　ろしいでしょうか。

해석　여 : 회의 전에 부장님이 자료를 봐 주길 바랍니다. 뭐라고 말합니
　　　　까?
　　남 : 1 부장님, 회의가 시작되기 전에 자료를 보여주시지 않겠습
　　　　　니까?
　　　　2 부장님, 내일 회의 자료를 봐 주셨으면 하는데요.
　　　　3 부장님, 회의 자료를 제가 봐도 되겠습니까?

해설　각 문장에 나오는 문형의 의미를 정확히 알고 활용할 수 있어야 한
　　　다. ～てもらう(～해 받다, (～가) ～해 주다), ～てくださいま
　　　せんか(～해 주시지 않겠습니까?), お(ご)～いただく(～해 받
　　　다, (～가) ～해 주시다), ～させていただく((제가) ～하다)의 의
　　　미를 정확히 외워 두자. 시험뿐 아니라 생활 속에서도 자주 쓰는
　　　표현으로, 특히 문법과 청해 파트에서 자주 등장하는 문형이다.

어휘　会議(かいぎ) 회의│部長(ぶちょう) 부장님│資料(しりょう)
　　　자료│始(はじ)まる 시작되다│見(み)せる 보이다, 내보이다│ご
　　　覧(らん) 보심│拝見(はいけん)する 삼가 보다

---

3 상황에 맞게 말하기 ★★☆　　　　　　│ 정답 1

1-4-04.mp3

女：トイレに行きたくなりました。何と言いますか。
男：1 お手洗いをお借りしてもよろしいでしょうか。
　　2 トイレはあちらにあります。
　　3 他にだれかトイレに行きたい人はいますか。

해석　여 : 화장실에 가고 싶어졌습니다. 뭐라고 말합니까?
　　남 : 1 화장실을 빌려도 되겠습니까?
　　　　2 화장실은 저쪽에 있습니다.
　　　　3 그 밖에 누구 화장실에 가고 싶은 사람 있습니까?

해설　トイレ와 お手洗(てあら)い는 같은 의미이므로 함께 기억해
　　　둔다. 화장실에 가고 싶을 때 사용하는 표현으로 1번 문장을 통째
　　　로 기억해 두어도 좋다.

어휘　トイレ 화장실│お手洗(てあら)い 화장실│借(か)りる 빌리다

---

4 상황에 맞게 말하기 ★★☆　　　　　　│ 정답 3

1-4-05.mp3

女1：待ち合わせ時間より早く着いたので、本屋に行っ
　　　て待っていたいです。何と言いますか。
女2：1 まだ時間残っているから、近くの本屋でも行っ
　　　　てみたら？
　　　2 ごめん。待ち合わせした時間を忘れてしまった。
　　　3 ちょっと早く着いちゃったから、近くの本屋で
　　　　待ってるよ。

해석　여1 : 약속시간보다 일찍 도착해서, 서점에 가서 기다리고 있고 싶
　　　　　습니다. 뭐라고 말합니까?
　　여2 : 1 아직 시간 남아 있으니까, 근처 서점에라도 가 보는 게 어
　　　　　때?
　　　　2 미안. 약속했던 시간을 잊어버렸어.
　　　　3 좀 일찍 도착해 버려서, 근처 서점에서 기다리고 있을게.

해설　본인이 서점에 가서 기다리겠다는 상황이므로 정답은 3번이 된다.
　　　1번의 ～でも～てみたら(どうですか)는 다른 사람에게 '～
　　　라도 ～해 보는 게 어때?'라는 권유 표현이다.

어휘　着(つ)く 도착하다│本屋(ほんや) 서점│まだ 아직│残(のこ)
　　　る 남다│忘(わす)れる 잊다

문제 5 즉시응답 문제

실생활에서 자주 주고받을 수 있는 내용을 짧은 1대 1 대화 형식을 취해 상대방의 말을 듣고 그에 적절한 응답을 즉각적으로 고르는 문제이다. 따라서 인사말과 같은 실생활에서 자주 쓰이는 표현들이나 경어 표현, 관용 표현 등을 많이 외워 두면 도움이 된다.

1 ~ 9 문제 5에서는 문제용지에 아무것도 인쇄되어 있지 않습니다. 먼저 문장을 들으세요. 그리고 나서 그 대답을 듣고 1부터 3 중에서 가장 알맞은 것을 하나 고르세요.

예) | 정답 2

1-5-01.mp3

男：おかげさまで、大学に受かりました。
女：1 それは、ありがとう。
　　2 それは、おめでとう。
　　3 それは、大変ですね。

해석　남 : 덕분에 대학에 합격했습니다.
　　　여 : 1 정말 고마워요.
　　　　　2 정말 축하해요.
　　　　　3 정말 힘들겠네요.

해설　요점은 대학에 합격한 것이므로 축하 인사를 건네야 한다. 따라서 정답은 2번이다.

어휘　おかげさまで 덕분에, 덕택에 | 大学(だいがく) 대학 | 受(う)かる (시험에) 합격하다 | それは 정말, 참으로, 매우 | ありがとう 고맙다 | おめでとう 축하합니다 | 大変(たいへん) 대단함, 큰일임, 힘듦, 고생스러움

1 적절하게 응답하기 ★★☆ | 정답 3

1-5-02.mp3

男：お仕事はどうですか。
女：1 私は銀行で働いています。
　　2 私は買い物をして回るのが好きです。
　　3 まあ何とか。

해석　남 : 일은 어떠세요?
　　　여 : 1 저는 은행에서 일하고 있습니다.
　　　　　2 저는 쇼핑을 하며 도는 것을 좋아합니다.
　　　　　3 뭐 그럭저럭.

해설　요즘 일은 잘되어 가냐는 안부를 묻는 말에 대한 대답으로 그냥 특별한 일이 없을 때는 3번처럼 대답하는 경우가 많다. 세트 대화문으로 기억해 두자.

어휘　仕事(しごと) 일 | 銀行(ぎんこう) 은행 | 働(はたら)く 일하다 | 回(まわ)る 돌다 | 何(なん)とか 이럭저럭, 어떻게

2 적절하게 응답하기 ★★☆ | 정답 3

1-5-03.mp3

男：今回は忘れずに予約を入れましたか。
女：1 4人分の席をお願いします。
　　2 はい、6時に再会の約束をしてあります。
　　3 あなたがしてくれると思っていたんですが。

해석　남 : 이번에는 잊지 않고 예약을 했어요?
　　　여 : 1 네 명 자리를 부탁드립니다.
　　　　　2 네, 6시에 다시 만날 약속을 했습니다.
　　　　　3 당신이 해 줄 거라고 생각하고 있었는데요.

해설　예약을 했는지 안 했는지에 대한 대답이 나와야 하므로 상대방이 할 것이라고 생각해 하지 않았다는 의미의 3번이 정답이 된다. 予約(よやく : 예약)와 約束(やくそく : 약속)를 혼동하지 않도록 하자.

어휘　今回(こんかい) 이번, 금번 | 予約(よやく) 예약 | 席(せき) 자리 | ~人分(にんぶん) ~인분 | 再会(さいかい) 재회 | 約束(やくそく) 약속 | つもり 생각, 작정, 의도

3 적절하게 응답하기 ★★☆ | 정답 2

1-5-04.mp3

女：駅まで車で送ってもらえませんか。
男：1 もちろんいいですよ。一日中ここにいなければならないので。
　　2 かまいませんよ。ちょうどそっちの方向へ行くところですから。
　　3 それは困ります。いつ出発しましょうか。

해석　여 : 역까지 차로 데려다 주실 수 없겠습니까?
　　　남 : 1 물론 좋아요. 하루 종일 여기에 있지 않으면 안 돼서.
　　　　　2 상관없어요. 마침 그쪽 방향으로 가려는 참이니까.
　　　　　3 그건 곤란합니다. 언제 출발할까요?

해설　~てもらえませんか는 '~해 주실 수 없겠습니까?'라는 부탁·의뢰의 표현이다. 이에 대한 가장 적절한 대답은 흔쾌히 수락하는 2번이다. 2번의 동사 기본형＋ところだ(~하려는 참이다)도 기억해 두자.

어휘　送(おく)る 보내다, 배웅하다 | もちろん 물론 | かまわない 상관없다 | ちょうど 꼭, 정확히, 마침, 알맞게 | 方向(ほうこう) 방향 | 困(こま)る 곤란하다, 난처하다 | 出発(しゅっぱつ) 출발

4 적절하게 응답하기 ★★☆ | 정답 1

1-5-05.mp3

男：お料理といっしょに何かお飲み物はいかがですか。
女：1 ええ。ワインリストを見せていただけますか。
　　2 いいえ、結構です。ビールだけいただきます。
　　3 そのケーキがおいしそうですね。

해석　남 : 요리와 함께 뭔가 마실 것은 어떠십니까?
　　　여 : 1 네, 와인 리스트를 보여 주실 수 있습니까?
　　　　　2 아니요, 괜찮습니다. 맥주만 마시겠습니다.

3 その ケーキが おいしそうに 見えますね。

해설　いかがですか(어떻습니까?)는 상대에게 의향을 물을 때 쓰는 표현으로, 마실 것을 권하는 질문에 대해 가장 적절한 대답은 1번이다. 2번은 다른 음료를 권했을 때 할 수 있는 대답이다.

어휘　料理(りょうり) 요리 ｜ 飲(の)み物(もの) 음료수, 마실 것 ｜ 見(み)せる 보이다, 내보이다 ｜ 結構(けっこう) 훌륭함, 좋음, 충분함, 만족스러움, 다행임 ｜ いただく 받다, 마시다, 먹다

5 　적절하게 응답하기 　★★☆　　　　｜ 정답 2

`1-5-06.mp3`

> 男：いつならお話しするのにご都合がよろしいですか。
> 女：1 昨日の夜です。
> 　　2 私の秘書に電話して、時間を決めてください。
> 　　3 そこまで楽しめるとは思いません。

해석　남 : 언제라면 말씀드리는데 사정이 괜찮으시겠습니까?
　　여 : 1 어젯밤입니다.
　　　　2 제 비서에게 전화해서 시간을 정해 주세요.
　　　　3 그렇게까지 즐길 수 있으리라고는 생각하지 않습니다.

해설　상대방이 언제가 사정이 괜찮은지를 묻고 있으므로 그에 대한 대답으로는 2번이 적절하다.

어휘　都合(つごう)がいい 형편이 좋다, 사정이 좋다 ｜ 昨日(きのう) 어제 ｜ 夜(よる) 밤 ｜ 秘書(ひしょ) 비서 ｜ 決(き)める 정하다 ｜ 楽(たの)しめる 즐길 수 있다

6 　적절하게 응답하기 　★☆☆　　　　｜ 정답 1

`1-5-07.mp3`

> 男：会議のためにこの報告書をコピーしてくれない？
> 女：1 いいわよ。何部？
> 　　2 ええ。全部でいくらですか。
> 　　3 ごめん。今日はちょっと……。

해석　남 : 회의를 위해서 이 보고서를 복사해 주지 않을래?
　　여 : 1 좋아. 몇 부?
　　　　2 네. 전부해서 얼마입니까?
　　　　3 미안해. 오늘은 좀…….

해설　보고서의 복사를 의뢰하는 상황이므로 대답으로는 몇 부를 복사해야 하는지 묻는 1번이 적절하다. 〜部(ぶ)는 부서나 구성 부분의 하나를 나타내는 의미로도 쓰이지만 조수사로서 책이나 문서를 세는 말로도 쓰인다. 3번은 권유에 대해 거절할 때 쓰는 표현이다.

어휘　会議(かいぎ) 회의 ｜ 報告書(ほうこくしょ) 보고서 ｜ コピー 복사 ｜ 全部(ぜんぶ)で 전부 다 해서

7 　적절하게 응답하기 　★☆☆　　　　｜ 정답 3

`1-5-08.mp3`

> 男：どうぞ、お入りください。
> 女：1 どうぞ、おかまいなく。

> 　　2 ご迷惑をおかけします。
> 　　3 おじゃまします。

해석　남 : 자, 들어오십시오.
　　여 : 1 자, 개의치 마세요.
　　　　2 제가 폐를 끼치네요.
　　　　3 실례하겠습니다.

해설　お上(あ)がりください, お入(はい)りください와 같이 안으로 들어오라는 말에는 失礼(しつれい)します나 お邪魔(じゃま)します라고 대답한다. 1번은 방문처에서 상대방이 마실 것 등을 준비하려고 할 때나, 반대로 손님에게 신경 쓰지 말고 자유롭게 행동해도 된다고 할 때 자주 쓰는 표현이다.

어휘　おかまいなく 개의치 않고, 아랑곳 하지 않고 ｜ 迷惑(めいわく)をかける 폐를 끼치다 ｜ お邪魔(じゃま)する (남의 집) 방문하다, 찾아뵙다

8 　적절하게 응답하기 　★★☆　　　　｜ 정답 2

`1-5-09.mp3`

> 男：ご無沙汰しております。お元気ですか。
> 女：1 ええ、おかげさまでずいぶんよくなりました。
> 　　2 いいえ、こちらこそ。お変わりありませんか。
> 　　3 いつも心配してくれてありがとうございます。

해석　남 : 그동안 격조했습니다. 잘 지내십니까?
　　여 : 1 네, 덕분에 상당히 좋아졌습니다.
　　　　2 아니요, 저야말로 격조했습니다. 별일 없으시죠?
　　　　3 항상 걱정해 주셔서 감사합니다.

해설　오랜만에 만나 안부를 물을 때는 상대방도 함께 안부를 묻는 것이 자연스럽다. ご無沙汰(ぶさた: 격조)는 久しぶり의 문어체적 표현이다.

어휘　ご無沙汰(ぶさた) 소식을 전하지 않음, 격조 ｜ おかげさまで 덕분에 ｜ ずいぶん 몹시, 아주, 대단히 ｜ 変(か)わる 변하다, 바뀌다 ｜ 心配(しんぱい) 걱정

9 　적절하게 응답하기 　★★☆　　　　｜ 정답 1

`1-5-10.mp3`

> 女：あなたには今晩の試合を見に行く時間はありませんよね。
> 男：1 冗談でしょう。僕、すでにチケットも持っていますよ。
> 　　2 野球を見るのが好きなんです。
> 　　3 時間はありますよ。私には残業があります。

해석　남 : 당신은 오늘 밤 시합을 보러 갈 시간은 없겠네요.
　　여 : 1 농담이지요? 저 이미 티켓도 가지고 있어요.
　　　　2 야구를 보는 것을 좋아합니다.
　　　　3 시간은 있어요. 저에게는 잔업이 있습니다.

해설　우리말과 일본어는 미묘하게 다른 부분이 상당히 있어, 때에 따라서는 문제를 듣고 우리말로 해석을 해 보면 상대방의 질문에 대한

응답으로 생각되지만 오답인 경우들이 있다. 이러한 경우에는 문제의 정답을 너무 쉽게 예측해서는 안 되며, 상대방의 이야기나 질문이 어떤 상황이나 장소에서 무엇에 대해 또는 어떠한 의도로 이루어지는지를 정확히 파악하여 정답을 선택해야 한다. 시합을 보러 갈 시간이 없지 않냐고 묻는 질문이므로 1번의 이미 티켓도 준비했다는 대답이 가장 적절하다.

어휘 今晩(こんばん) 오늘밤 | 試合(しあい) 시합 | 冗談(じょうだん) 농담 | すでに 이미, 벌써 | チケット 티켓 | 持(も)つ 갖다, 들다 | 野球(やきゅう) 야구 | 残業(ざんぎょう) 잔업

실전 모의고사 2회

: 언어지식(문자·어휘) :

문제1 한자읽기 문제

한자를 히라가나로 어떻게 읽는지 고르는 문제이다. 평소 일본어 한자를 공부할 때 음독한자인지 훈독한자인지, 장음인지 단음인지, 탁음인지 청음인지, 촉음이 있는지 등에 유의하며, 문제를 풀 때도 이 점에 유의한다.

1 ~ 8 ＿＿＿ 단어의 읽는 방법으로 가장 알맞은 것을 1·2·3·4 중에서 하나 고르시오.

---

1 **훈독 명사 읽기** ★★☆ | 정답 4

해석 이렇게 아름다운 **경치**를 지금까지 본 적이 없습니다.

해설 景(볕 경)은 景気(けいき: 경기), 景品(けいひん: 경품)과 같이 일반적으로는 けい로 읽지만 景色(けしき)는 특별히 け로 읽는 것에 주의한다.

어휘 美(うつく)しい 아름답다 | 景色(けしき) 경치

---

2 **훈독 명사 읽기** ★★☆ | 정답 2

해석 당신 작품의 **견본**을 몇 개 보여 주지 않겠습니까?

해설 見(볼 견)은 음으로는 けん, 훈으로는 見(み)る(보다), 見(み)える(보이다), 見(み)せる(보여주다)로 읽는다. 見本(みほん)은 훈독 명사임을 주의해서 기억하고, 유의어로 サンプル를 함께 외워 둔다.

어휘 作品(さくひん) 작품 | 見本(みほん) 견본 | 見(み)せる 내보이다, 보여주다

---

3 **음독 명사 읽기** ★★☆ | 정답 1

해석 **계획**을 세우는 것은 쉽지만, 실행하는 것은 어렵다.

해설 計(꾀 계)는 計算(けいさん: 계산), 計画(けいかく: 계획)와 같이 음으로는 けい, 훈으로는 計(はか)る로 읽는다. 画(그림 화)는 計画(けいかく)와 같이 かく와 映画(えいが: 영화)와 같이 が로 읽는 방법이 두 가지이니 주의한다. 計画의 유의어로 プラン을 함께 외워 두자.

어휘 計画(けいかく) 계획 | 立(た)てる 세우다 | 易(やさ)しい 쉽다 | 実行(じっこう) 실행 | 難(むずか)しい 어렵다

---

4 **음독 명사 읽기** ★★☆ | 정답 3

해석 지구는 일 년에 한 번 태양의 **주위**를 돈다.

해설 周(두루 주)는 周辺(しゅうへん: 주변), 周囲(しゅうい: 주위)와 같이 음으로는 しゅう, 훈으로는 回(まわ)り(주위, 근처)로 읽고, 囲(둘레 위)는 음으로는 い, 훈으로는 囲(かこ)む(둘러싸다)로 읽는다.

어휘 地球(ちきゅう) 지구 | 一回(いっかい) 한 번 | 太陽(たいよう) 태양 | 周囲(しゅうい) 주위 | 回(まわ)る 돌다

---

5 동사 읽기 ★★☆ | 정답 1

해석 그를 **구하기** 위해서 우리들은 할 수 있는 모든 것을 했다.

해설 救(건질 구)는 救急(きゅうきゅう: 구급), 救助(きゅうじょ: 구조)와 같이 음으로는 きゅう, 훈으로는 救(すく)う(구하다, 돕다)로 읽는다.

어휘 救(すく)う 구하다 | できるかぎりのこと 가능한 한 것 | 迷(まよ)う 길을 잃다, 헤매다, 망설이다 | 構(かま)う 상관하다, 개의하다 | 誘(さそ)う 권하다, 꾀다

---

6 음독 명사 읽기 ★★☆ | 정답 3

해석 시민은 누구라도 시의 도서관을 **이용**할 수 있다.

해설 利(날카로울 리)는 利用(りよう: 이용), 利益(りえき: 이익), 利害(りがい: 이해)와 같이 음으로는 り, 훈으로는 利(き)く(듣다, 효력이 있다)로 읽고, 用(쓸 용)은 用事(ようじ: 볼일), 用意(ようい: 준비, 채비)와 같이 음으로는 よう, 훈으로는 用(もち)いる(사용하다, 이용하다)로 읽는다.

어휘 市民(しみん) 시민 | 誰(だれ) 누구 | 図書館(としょかん) 도서관 | 利用(りよう) 이용 | 使用(しよう) 사용 | 費用(ひよう) 비용 | 移用(いよう) 이용

---

7 동사 읽기 ★☆☆ | 정답 4

해석 그녀는 좀처럼 약속에 **늦는** 일이 없다.

해설 遅(늦을 지)는 遅刻(ちこく: 지각)와 같이 음으로는 ち, 훈으로는 遅(おく)れる(늦다), 遅(おそ)い(느리다, 늦다)로 읽는다.

어휘 めったに 좀처럼, 거의 | 約束(やくそく) 약속 | 遅(おく)れる 늦다 | 忘(わす)れる 잊다 | 恐(おそ)れる 무서워하다 | 離(はな)れる 떨어지다

---

8 い형용사 읽기 ★☆☆ | 정답 2

해석 그 영화는 나에게 **깊은** 감동을 주었습니다.

해설 深(깊을 심)은 深刻(しんこく: 심각), 深夜(しんや: 심야)와 같이 음으로는 しん, 훈으로는 深(ふか)い(깊다), 深(ふか)まる(깊어지다), 深(ふか)める(깊게 하다)로 읽는다.

어휘 映画(えいが) 영화 | 深(ふか)い 깊다 | 感動(かんどう) 감동 | 与(あた)える 주다 | 長(なが)い 길다 | 薄(うす)い 얇다, 연하다, 싱겁다 | 暑(あつ)い 덥다 | 熱(あつ)い 뜨겁다 | 厚(あつ)い 두껍다

문제2 한자표기 문제

히라가나를 한자로 어떻게 표기하는지 고르는 문제이다. 제시된 단어가 여러 가지 한자로 쓰일 수도 있으므로 반드시 문장 전체를 읽고 문맥에 맞게 사용된 한자를 고르도록 한다.

9 ~ **14** _____ 단어를 한자로 쓸 때 가장 알맞은 것을 1·2·3·4 중에서 하나 고르시오.

---

9 비슷한 한자 구별하기 ★★☆ | 정답 3

해석 이 문제를 **해결**하려면 아직 시간이 걸릴 것 같다.

해설 解(풀 해)는 解答(かいとう: 해답), 解説(かいせつ: 해설)와 같이 음으로는 かい, 훈으로는 解(と)く(풀다), 解(と)かす(벗다), 解(と)ける(풀리다)로 읽는다. かいけつ의 한자가 解結가 아니라는 것에 주의한다.

어휘 問題(もんだい) 문제 | 解決(かいけつ) 해결 | まだ 아직 | 時間(じかん)がかかる 시간이 걸리다

---

10 한 글자 한자 읽기 ★★☆ | 정답 2

해석 그 **건**에 관해서 둘만이 이야기하고 싶습니다만.

해설 件(사건 건)은 事件(じけん: 사건), 物件(ぶっけん: 물건)과 같이 음으로는 けん으로 읽고, 한 글자 한자로 쓰일 때는 '건, 사항, 사건', 또는 그것을 세는 말로 사용된다.

어휘 件(けん) 건, 사항, 사건 | 県(けん) 현, 일본 지방 행정 구역의 하나 | 券(けん) 권, 표

---

11 비슷한 한자 구별하기 ★★☆ | 정답 3

해석 **건강**한 사람은 그 소중함을 모른다.

해설 建(세울 건)과 健(튼튼할 건)의 부수 구별을 확실히 해 둔다. 建(세울 건)은 建設(けんせつ: 건설)와 같이 음은 けん이고, 훈으로는 建(た)つ(건립되다), 建(た)てる(짓다), 建物(たてもの: 건물)와 같이 읽는다. 健(튼튼할 건)은 健康(けんこう)와 같이 음으로는 けん, 훈으로는 健(すこ)やか(튼튼함, 건강함)로 읽는다.

어휘 健康(けんこう) 건강 | 大切(たいせつ)さ 소중함

---

12 비슷한 한자 구별 ★★☆ | 정답 4

해석 그의 생각은 내 **관점**에서 보면, 매우 좋은 것처럼 보인다.

해설 見方(みかた)는 '견해, 관점'의 뜻 외에도 '보는 방법'이라는 의미가 있다. 味方·身方(みかた: 아군, 내 편)의 반의어인 敵(てき: 적)도 함께 기억해 두자.

어휘 案(あん) 안, 생각, 계획 | 見方(みかた) 견해, 관점 | 味方·身方(みかた) 내 편, 아군

---

13 동사의 한자 찾기 ★★☆ | 정답 1

해석 길을 **잃어**버렸습니다. 역으로 가는 길을 가르쳐 주시지 않겠습니까?

해설 | 迷(미혹할 미)는 迷惑(めいわく: 폐, 귀찮음, 성가심)와 같이 음으로는 めい, 훈으로는 迷(まよ)う(헤매다)로 읽는다. 또 迷子(まいご: 미아)와 같이 특별하게 읽는 경우도 있으므로 함께 외워 둔다.

어휘 | 道(みち)に迷(まよ)う 길을 잃다 | 駅(えき) 역 | 教(おし)える 가르치다 | 余(あま)る 남다 | 扱(あつか)う 취급하다

14　동음이자어 구별하기 ★☆☆　　　| 정답 2

해석 | 그녀는 친절하게도 나에게 역까지의 길을 **안내**해 주었다.

해설 | 案(책상 안)은 한 글자 한자로 案(あん: 안, 생각, 의견, 계획, 구상)으로도 사용되므로 기억해 둔다.

어휘 | 親切(しんせつ) 친절 | 案内(あんない) 안내 | 案外(あんがい) 뜻밖, 예상 외

문제 3　문맥규정 문제

빈칸에 들어갈 문맥에 어울리는 어휘를 고르는 문제이다. 전체적인 흐름을 파악하고 빈칸 앞뒤에 오는 단어와의 조합을 파악한다. 단어를 외울 때 하나의 개별 단어로 외우기보다 어구나 숙어의 형태로 익혀 두면 문제를 풀 때 도움이 된다.

15 ～ 25　(　　)에 들어갈 가장 알맞은 것을 1·2·3·4 중에서 하나 고르시오.

15　적절한 명사 넣기 ★★☆　　　| 정답 4

해석 | 선생님의 말은 학생들에게 장래에 대한 **희망**을 주었다.

해설 | 빈칸 앞에 있는 将来와 与えられた에 어울리는 적절한 어휘를 찾으면 쉽게 정답을 고를 수 있다.

어휘 | 言葉(ことば) 말, 언어 | 生徒(せいと) 생도, 특히 중·고등학생 | 将来(しょうらい) 장래 | 与(あた)える 주다 | 応援(おうえん) 응원 | 習慣(しゅうかん) 습관 | 記憶(きおく) 기억 | 希望(きぼう) 희망

16　적절한 명사 넣기 ★★☆　　　| 정답 3

해석 | 일에 대한 **불만**으로 그는 회사를 그만두기로 했다.

해설 | 회사를 그만둘 만한 이유에 적합한 어휘를 찾으면 된다.

어휘 | 仕事(しごと) 일, 직업 | やめる 그만두다 | 効果(こうか) 효과 | 成功(せいこう) 성공 | 不満(ふまん) 불만 | 能力(のうりょく) 능력

17　적절한 동사 넣기 ★★☆　　　| 정답 1

해석 | 경찰은 그의 죽음을 살인사건으로 **다루고** 있다.

해설 | 빈칸 앞의 殺人事件으로서가 경찰의 입장을 나타내고 있다. 따라서 문맥상 경찰이 살인사건으로 취급하고 있다고 보는 것이 맞다.

어휘 | 警察(けいさつ) 경찰 | 死(し) 죽음 | 殺人(さつじん) 살인 | 事件(じけん) 사건 | 扱(あつか)う 다루다, 취급하다 | 迷(まよ)う

길을 잃다, 헤매다, 망설이다 | 打(う)つ 치다, 때리다 | 誘(さそ)う 권유하다, 꾀다

18　적절한 접두어 넣기 ★★★　　　| 정답 2

해석 | 학교에서 영어 예문 50개 정도를 **통째로** 암기하는 테스트가 매주 있습니다.

해설 | 丸(まる)는 '둥근 것, 동그라미'를 나타내는 명사이지만, 접두어로 사용되는 경우에는 수사나 명사 앞에 붙여 '전부, 전체, 완전, 만(満)'의 의미로 사용된다.

어휘 | 例文(れいぶん) 예문 | ～ほど ～정도, ～만큼 | 暗記(あんき) 암기 | 毎週(まいしゅう) 매주 | 全(ぜん) 전, 모든 | 丸(まる) 동그라미, 둥근 것, 전부, 전체 | 毎(まい)～ 매～ | 数(すう) 수

19　적절한 명사 넣기 ★★★　　　| 정답 3

해석 | 그의 무례한 태도를 보면 **화**가 나게 되어 점점 짜증이 난다.

해설 | 腹(はら)는 '배, 복부, 마음' 등의 의미를 가진 명사이지만, 腹(はら)が立(た)つ라고 하면 '화가 난다'는 의미이다.

어휘 | 失礼(しつれい) 실례, 무례, 예의 없음 | 態度(たいど) 태도 | 腹(はら)が立(た)つ 화가 나다 | ますます 더욱더, 점점 더 | いらいら 안절부절못하는 모양, 조바심 나는 모양, 짜증스러운 모양 | 肩(かた) 어깨 | 熱(ねつ) 열 | 頭(あたま) 머리

20　적절한 명사 넣기 ★★☆　　　| 정답 1

해석 | 아침 식사 **준비**를 하는 데에 그녀는 상당한 시간이 걸렸다.

해설 | 빈칸 앞뒤의 朝食の와 ～をする를 보면 이에 어울리는 명사는 用意(よう)밖에 없음을 알 수 있다.

어휘 | 朝食(ちょうしょく) 아침밥 | 用意(よう) 준비, 대비 | ～のに ～하는 데도, ～을 하는 데 | ずいぶん 몹시, 매우 | 時間(じかん)がかかる 시간이 걸리다 | 材料(ざいりょう) 재료 | 味方(みかた) 내 편, 아군 | 作物(さくもつ) 작물, 농작물

21　적절한 외래어 넣기 ★☆☆　　　| 정답 4

해석 | 나는 자고 있었기 때문에 그가 문을 **노크**하는 것이 들리지 않았다.

해설 | 제시된 선택지 가운데 빈칸 앞의 ドア에 어울리는 단어는 ノック임을 어렵지 않게 고를 수 있다.

어휘 | 眠(ねむ)る 자다, 잠들다 | ドア 도어, 문 | ノック 노크 | 聞(き)こえる 들리다 | サイン 사인, 신호 | カット 컷, 끊음, 자름, 삭제함 | セット 세트

22　적절한 부사 넣기 ★★☆　　　| 정답 2

해석 | 서비스가 개시될 때까지 **잠시** 기다려 주십시오.

해설 | 빈칸 앞의 まで와 뒤의 お待ちください를 보면 '잠시, 잠깐'이라는 의미의 부사를 찾게 된다. しばらく 외에도 少(すこ)し, 少々(しょうしょう), ちょっと를 사용할 수도 있다.

어휘 | サービス 서비스 | 開始(かいし) 개시 | 待(ま)つ 기다리다 | すでに 이미, 벌써 | しばらく 잠깐, 잠시, 당분간 | 少(すこ)しも 조금도, 전혀 | しばしば 자주, 여러 차례

23 적절한 명사 넣기 ★★☆ | 정답 3

해석 말은 자신의 **의사**를 전하는 가장 중요한 방법의 하나이다.

해설 言葉(ことば)의 역할을 찾으면 정답을 쉽게 고를 수 있다. 4번의 入場(にゅうじょう)는 우리말 음독으로 읽으면 '입장'이 되므로 立場(たちば: 입장)와 혼동하지 않도록 한다.

어휘 言葉(ことば) 말, 언어 | 自分(じぶん) 자기 자신 | 伝(つた)える 전하다 | 最(もっと)も 가장, 제일 | 重要(じゅうよう) 중요 | 方法(ほうほう) 방법 | 外見(がいけん) 외견, 겉보기 | 関係(かんけい) 관계 | 意思(いし) 의사 | 入場(にゅうじょう) 입장

24 적절한 동사 넣기 ★★☆ | 정답 1

해석 세계여행을 할 목적으로 그녀는 돈을 **모으고** 있다.

해설 お金(かね)を貯(た)める(저금하다)는 관용적으로 외워 둔다. 貯金(ちょきん)する(저금하다)도 함께 기억해 둔다.

어휘 世界(せかい) 세계 | 旅行(りょこう) 여행 | 目的(もくてき) 목적 | お金(かね)をためる 돈을 모으다 | 作(つく)る 만들다 | 取(と)る 손에 가지다. 취하다, 잡다, 받다 | 置(お)く 놓다. 두다

25 적절한 부사 넣기 ★★☆ | 정답 2

해석 그녀는 가슴이 **두근거려서** 편지를 열 수도 없었다.

해설 '두근두근'이라는 의미로는 どきどき와 わくわく가 있다. どきどき는 운동·흥분·공포·불안 등으로 심장이 두근거리는 것이고, わくわく는 기쁨·기대 등으로 마음이 설레는 모양을 나타낸다.

어휘 胸(むね) 가슴 | 手紙(てがみ) 편지 | 開(あ)ける 열다 | じめじめ 구질구질, 눅눅히, 축축이 | どきどき 두근두근 | ごろごろ 데굴데굴, 빈둥빈둥 | いきいき 생기가 넘치는 모양

문제4 유의표현 문제

제시어와 바꿔 사용할 수 있는 유의어를 고르는 문제이다. 제시된 문장을 읽고 제시어의 의미를 파악한 후 유의어를 찾는다. 평소 단어나 표현을 공부할 때 단어의 여러 가지 의미나 유사 표현, 반의 표현을 함께 외워 두면 도움이 된다.

26 ~ 30 ＿＿＿ 부분과 의미가 가장 가까운 것을 1·2·3·4 중에서 하나 고르시오.

26 동사의 유의어 찾기 ★★☆ | 정답 3

해석 그녀는 어떻게 하면 남자에게 **인기가 있을지** 가르쳐 달라고 그에게 부탁했다.

해설 持(も)てる는 持(も)つ의 가능형으로 '들 수 있다, 유지할 수 있다'는 의미 외에 '인기가 있다'는 뜻도 있다.

어휘 男子(だんし) 남자 | もてる 인기가 있다 | 教(おし)える 가르치다 | ～てほしい ～해 주었으면 좋겠다, ～해 주길 바라다 | 頼(たの)む 부탁하다, 의뢰하다 | 興味(きょうみ) 흥미 | 嫌(いや)になる 싫어지다 | 人気(にんき) 인기 | 嫌(きら)われる 미움 받다

27 い형용사의 유의어 찾기 ★★☆ | 정답 1

해석 친구한테 **무서운** 이야기를 들어서 오늘은 잠들 수 없을 것 같다.

해설 유의어는 함께 묶어서 외워 두는 것이 좋다. 怖(こわ)い와 恐(おそ)ろしい, やかましい와 うるさい를 각각 함께 묶어 기억해 둔다.

어휘 怖(こわ)い 무섭다, 두렵다 | 話(はなし) 이야기 | 聞(き)く 듣다, 묻다 | 眠(ねむ)る 자다, 잠들다 | 恐(おそ)ろしい 무섭다, 두렵다, 불안하다 | やかましい 시끄럽다, 성가시다 | 寂(さび)しい 쓸쓸하다 | 詳(くわ)しい 자세하다, 정통하다

28 명사의 유의어 찾기 ★★☆ | 정답 2

해석 이런 **상식** 밖의 시간에 누가 전화를 건 것일까?

해설 밑줄 친 단어의 의미를 찾는 문제이다. 常識의 의미를 알고 있다면 어렵지 않게 답을 찾을 수 있다.

어휘 常識(じょうしき) 상식 | はずれ 빗나감, 어긋남, 벗어남 | 電話(でんわ)をかける 전화를 걸다 | いつでも 언제라도 | 起(お)こる 일어나다 | だれでも 누구라도 | 知(し)る 알다 | 分(わ)かる 알다, 이해하다 | 考(かんが)える 생각하다

29 명사의 유의어 찾기 ★★☆ | 정답 4

해석 왜 그가 저렇게 화내고 있는지 **이유**를 모르겠다.

해설 訳(わけ)는 명사로서 여러 가지 의미를 갖는다. 1번의 '의미'의 뜻도 갖고 있으나 제시된 문장에서는 앞에 なぜ를 힌트로 삼아 '이유'의 의미로 사용되고 있음을 파악할 수 있어야 한다. 또한 ～わけだ(～할 만도 하다), ～わけではない(～한(인) 것은 아니다), ～わけにはいかない(～할 수는 없다) 문형도 함께 기억해 둔다.

어휘 なぜ 왜, 어째서 | 怒(おこ)る 화내다 | 訳(わけ) 도리, 이유, 사정, 뜻, 의미 | 意味(いみ) 의미 | 感覚(かんかく) 감각 | 性格(せいかく) 성격 | 理由(りゆう) 이유

30 な형용사의 유의어 찾기 ★★☆ | 정답 3

해석 나는 그가 그 시험에 합격하는 것은 **당연하다**고 생각했다.

해설 '당연하다'는 의미로 当然(とうぜん)だ와 当(あ)たり前(まえ)だ는 유의어로서 함께 묶어 외워 둔다.

어휘 試験(しけん) 시험 | 合格(ごうかく) 합격 | 当然(とうぜん)だ 당연하다 | 単純(たんじゅん)だ 단순하다 | 適切(てきせつ)だ 적절하다 | 当(あ)たり前(まえ)だ 당연하다 | 簡単(かんたん)だ 간단하다

문제 5 용법 문제

제시어가 문장 안에서 올바른 의미로 쓰이고 있는지를 묻는 문제이다. 단순히 단어를 우리말 의미로 해석해 문장에 대입해 해석하면 안 된다. 제시어의 의미와 품사, 또 어떤 품사를 수식하고 어떤 말과 접속되는지, 문법적으로 어떤 기능을 하는지를 주의 깊게 살펴본 후 정답을 고르도록 한다.

31 ~ 35 다음 단어의 사용법으로 가장 알맞은 것을 1·2·3·4 중에서 하나 고르시오.

---

31 명사의 용법 찾기 ★★☆ | 정답 4

해석 1 "사장님은 언제 돌아오세요?"라고 비서에게 **지시**했다.
2 "그 책, 빌려 주지 않을래?"라고 친구에게 **지시**했다.
3 "도와주러 와 주시겠어요?"라고 선배에게 **지시**했다.
4 "이 서류, 30부 복사해 둬"라고 부하에게 **지시**했다.

해설 1번은 聞(き)く(묻다), 2번과 3번은 頼(たの)む(부탁하다)로 바꿔 넣어야 자연스러운 문장이 된다.

어휘 指示(しじ) 지시 │ 戻(もど)る 되돌아가(오)다 │ 秘書(ひしょ) 비서 │ 貸(か)す 빌려 주다 │ 手伝(てつだ)う 도와주다 │ 先輩(せんぱい) 선배 │ 書類(しょるい) 서류 │ コピー 복사 │ 部下(ぶか) 부하

---

32 동사의 용법 찾기 ★★☆ | 정답 3

해석 1 입에 음식을 **심은** 채로 말하지 마.
2 바다는 지구 표면의 약 4분의 3을 **심고** 있다.
3 그 공원에는 여러 가지 종류의 나무가 **심어져** 있다.
4 피곤했기 때문에 불을 **심은** 채로 잠들어 버렸다.

해설 1번은 入(い)れる(넣다), 2번은 覆(おお)う(덮다), 4번은 つける(켜다)로 바꿔 넣어야 자연스러운 문장이 된다.

어휘 植(う)える 심다 │ 口(くち) 입 │ 食(た)べ物(もの) 음식 │ ~たまま ~한 채, ~한 대로 │ しゃべる 말하다 │ ~な ~하지 마라 │ 海(うみ) 바다 │ 地球(ちきゅう) 지구 │ 表面(ひょうめん) 표면 │ 約(やく) 약 │ 公園(こうえん) 공원 │ いろいろ 여러 가지 │ 種類(しゅるい) 종류 │ 木(き) 나무 │ 疲(つか)れる 지치다, 피로해지다 │ 電灯(でんとう) 전등 │ 眠(ねむ)る 자다, 잠들다

---

33 동사의 용법 찾기 ★★☆ | 정답 1

해석 1 나는 친구를 **배웅하기** 위해 나리타 공항에 갔다.
2 그는 시골에서 행복한 생활을 **배웅하고** 있다.
3 한번 **배웅한** 메일은 절대로 취소를 할 수 없습니다.
4 나는 사람이 웃는 얼굴이 되는 것을 **배웅하는** 것을 좋아합니다.

해설 2번과 3번은 送(おく)る(보내다), 4번은 見(み)る(보다)로 바꿔 넣어야 자연스러운 문장이 된다.

어휘 見送(みおく)る 배웅하다 │ 空港(くうこう) 공항 │ 田舎(いなか) 시골 │ 幸(しあわ)せ 행복 │ 生活(せいかつ) 생활 │ 一度(いちど) 한 번 │ メール 메일 │ 絶対(ぜったい)に 절대로 │ 取(と)り消(け)し 취소 │ 笑顔(えがお) 웃는 얼굴

---

34 명사의 용법 찾기 ★★☆ | 정답 2

해석 1 그는 자신이 얼마나 부자인지 항상 **자신**하고 있다.
2 사람은 칭찬을 받으면 **자신**을 갖는 법이다.
3 이 사실로 보면 그의 이야기는 **자신**할 수 있다.
4 그녀는 솔직한 성격이라서 모두에게 **자신**받고 있다.

해설 1번은 自慢(じまん: 자랑), 3번과 4번은 信頼(しんらい: 신뢰)로 바꿔 넣어야 자연스러운 문장이 된다.

어휘 自信(じしん) 자신 │ 自分(じぶん) 자기 자신 │ どんなに 아무리, 얼마나 │ 金持(かねも)ち 부자 │ ほめる 칭찬하다 │ 持(も)つ 들다, 갖다 │ 事実(じじつ) 사실 │ 素直(すなお) 순진함, 온순함, 솔직함 │ 性格(せいかく) 성격

---

35 な형용사의 용법 찾기 ★★☆ | 정답 4

해석 1 나는 생각을 영어로 **상당히** 표현할 수 없다.
2 내게 있어 이 문제에 대답하는 것은 **상당**합니다.
3 자원봉사 활동을 계속하는 것은 **상당**한 일이 아니다.
4 시험에 합격하기 위해서는 **상당**한 노력이 필요합니다.

해설 1번은 十分に(じゅうぶんに: 충분히) 또는 上手に(じょうずに: 능숙하게), 2번은 簡単(かんたん: 간단) 또는 難(むずか)しい(어렵다), 3번은 簡単(かんたん: 간단)으로 바꿔 넣어야 자연스러운 문장이 된다.

어휘 相当(そうとう) 꽤, 제법, 상당히 │ 考(かんが)え 생각 │ 英語(えいご) 영어 │ 表現(ひょうげん) 표현 │ 問題(もんだい) 문제 │ 答(こた)える 대답하다 │ ボランティア活動(かつどう) 자원봉사 활동 │ 続(つづ)ける 계속하다 │ 試験(しけん) 시험 │ 合格(ごうかく) 합격 │ 努力(どりょく) 노력 │ 必要(ひつよう) 필요

언어지식(문법)

문제 1 문법형식판단 문제

빈칸에 들어갈 문법적인 의미와 기능을 가진 말을 고르는 문제이다. 문어체보다는 수동, 사역, 조건, 추량, 경어 등과 같은 중요한 기초 문형·문법과 회화체에서 많이 쓰일 수 있는 기능어를 의미적, 문법적으로 나누어 공부하는 것이 바람직하다.

1 ~ 13 다음 문장의 (   )에 들어갈 가장 알맞은 것을 1·2·3·4 중에서 하나 고르시오.

---

1 문법적 호응관계 파악하기 ★☆☆ | 정답 1

해석 그는 지금 일에 매우 만족하고 있기 때문에 좀처럼 **그만둘** 것 같지도 않다.

해설 ~そうもない는 양태·추측의 ~そうだ의 부정 표현이다. ~そうだ는 동사 ます형과 형용사의 어간에 접속하기 때문에 우선 3번과 4번은 정답에서 제외시킨다. 그리고 문맥상 2번의 가능형은 적합하지 않다.

어휘 仕事(しごと) 일, 직업 │ 満足(まんぞく) 만족 │ なかなか 꽤, 상당히, 매우, 쉽사리, 좀처럼 │ ~そうもない ~할 것 같지도 않다

2 적절한 기능어 찾기 ★★☆　　　　　　| 정답 **4**

해석　장래 **일로** 선생님께 상담드리고 싶은 것이 있는데요……

해설　~ことでは '~건으로, ~일로'라는 의미로 뒤에 주로 質問(し
　　　つもん)する(질문하다)・相談(そうだん)する(상담하다)・話
　　　(はな)す(이야기하다)・悩(なや)む(고민하다)와 같은 동사가 온다.

어휘　将来(しょうらい) 장래 | 相談(そうだん) 상담 | 場合(ばあい)
　　　경우

---

3 의미적・문법적 호응관계 파악하기 ★★☆　　| 정답 **2**

해석　A: **오세치요리란** 어떤 요리입니까?
　　　B: 설날에 먹는 축하 요리입니다.

해설　~っては '~라고, ~라는, ~이란, ~이라고 하는 것은'이라는 의
　　　미로, ~と・~という・~とは・~というのは의 회화체 표현
　　　으로 사용된다. 또한 문장 끝에 사용되면 '~라고 하다, ~래'와 같
　　　이 전해들은 정보를 전할 때 쓰기도 하고, '~라니? ~라고?'와 같
　　　이 상대방에게 반문할 때 쓰기도 한다.

어휘　おせち料理(りょうり) 명절, 특히 설에 먹는 요리 | お正月(しょ
　　　うがつ) 정월, 설 | お祝(いわ)い 축하, 축하 선물

---

4 의미적 호응관계 파악하기 ★☆☆　　　　　| 정답 **3**

해석　A: 새로운 일은 어때?
　　　B: 전부터 하고 싶었던 일이라서 아주 마음에 들어.
　　　A: 부럽다. 나도 **언젠가** 내가 좋아하는 일을 만날 수 있으면 좋겠어.

해설　1번의 いつなら는 '언제라면', 2번의 いつは '언제', 3번의 いつ
　　　か는 '언젠가', 4번의 いつでもは '언제라도'라는 의미이다. 빈칸
　　　뒤 문장과 의미적 호응관계를 따져보면 쉽게 정답을 고를 수 있다.

어휘　新(あたら)しい 새롭다 | 前(まえ)から 전부터 | やる 하다, 주다
　　　| 気(き)に入(い)る 마음에 들다 | うらやましい 부럽다 | 出会
　　　(であ)う 우연히 만나다, 마주치다

---

5 의미적・문법적 호응관계 파악하기 ★★☆　　| 정답 **4**

해석　(백화점에서)
　　　A: 이런 **거** 어때요? 선배에게 어울릴 것 같아요.
　　　B: 정말? 이번에 도전해 봐야겠다!

해설　~なんかは ~など와 함께 '~등, ~같은 것(일), ~따위'라는 의
　　　미로 여러 가지 중에서 예를 들어 제시하면서 그 외에도 비슷한 종
　　　류의 것이 있음을 표현할 때 쓰고, ~なんては '~(하)다니'라는
　　　의미로 의외・놀람・비난 등의 의미를 주로 나타낸다.

어휘　デパート 백화점 | 先輩(せんぱい) 선배 | 似合(にあ)う 어울리
　　　다 | 今度(こんど) 이번, 금번 | チャレンジ 챌린지, 도전

---

6 문법적 호응관계 파악하기 ★☆☆　　　　　| 정답 **2**

해석　부모는 딸이 무엇을 **갖고 싶어 하**는 것인지 몰랐다.

해설　ほしい는 자기가 갖고 싶은 것을, ほしがる는 다른 사람이 갖고
　　　싶어 하는 것을 나타낸다. ほしがる는 주로 ほしがっている
　　　의 형태로 사용된다.

어휘　両親(りょうしん) 부모 | 娘(むすめ) 딸 | ほしい 갖고 싶다 |
　　　ほしがる 갖고 싶어 하다

---

7 경어 이해하기 ★★☆　　　　　　　　　| 정답 **3**

해석　(전화로)
　　　A: 직접 말씀을 듣기 위해 그쪽으로 **찾아뵈어도** 될까요?
　　　B: 네, 좋습니다.

해설　본인의 행위를 말하고 있으므로 겸양 표현을 사용해야 한다. 1번, 2
　　　번, 4번은 존경의 의미이기 때문에 정답이 될 수 없다. 2번의 行
　　　(い)かれる는 수동과 존경의 의미로, 4번의 来(こ)られる는 수
　　　동, 존경, 가능의 의미로 상황에 따라 적절히 구별하여 사용해야
　　　한다.

어휘　電話(でんわ) 전화 | 直接(ちょくせつ) 직접 | よろしい 좋다,
　　　괜찮다 | いらっしゃる 오시다, 가시다, 계시다 | 伺(うかが)う 묻
　　　다, 듣다, 방문하다의 겸양어

---

8 적절한 기능어 찾기 ★★☆　　　　　　　| 정답 **1**

해석　외국인인 그도 알 수 있**도록** 영어로 이야기하는 편이 좋겠네요.

해설　~ようには '~하게, ~하도록'이라는 목적과 희망・충고・가벼
　　　운 명령을 나타내는 표현이다. ~ことには '~하게도'라는 의미
　　　로 말하는 사람이 어떤 사실에 대해서 느낀 것을 강조해서 말하는
　　　표현이고, ~みたいには '~같이, ~처럼', ~だけには '~인
　　　(한) 만큼'이라는 의미이다.

어휘　外国人(がいこくじん) 외국인 | 英語(えいご) 영어 | 話(はな)
　　　す 이야기하다

---

9 의미적・문법적 호응관계 파악하기 ★★☆　　| 정답 **4**

해석　A: 밤에 잠을 못 잡니다. 어떻게 하면 좋을까요?
　　　B: 따뜻한 우유라도 마셔 **보는 게 어때요?**

해설　~てみる(~해 보다)에 접속된 표현 문형을 찾는 문제이다. ~て
　　　もいいですか는 '~해도 됩니까?', ~させてください는 '~
　　　하게 해 주세요', ~させたいのですが는 '~하게 하고 싶습니
　　　다만', ~たらどうですか는 '~하는 게 어때요?'라는 의미이다.
　　　잠을 못 자는 사람에게 조언을 해 주는 상황이므로 정답은 4번이
　　　된다.

어휘　夜(よる) 밤 | 眠(ねむ)る 자다, 잠들다 | 暖(あたた)かい・温(あた
　　　た)かい 따뜻하다 | 牛乳(ぎゅうにゅう) 우유 | 飲(の)む 마시다

---

10 의미적 호응관계 파악하기 ★☆☆　　　　| 정답 **2**

해석　A: 공항까지 가려면 얼마나 걸립니까?
　　　B: 지금 바로 출발하면 6시**까지는** 도착할 거야.

해설　~まで(~까지)는 계속적으로 이루어지는 동작이나 작용의 범위
　　　를 나타내고, ~までに(~까지는)는 순간적인 동작이나 작용이
　　　이루어지는 순간, 즉 최종적인 기한을 나타낸다.

어휘　空港(くうこう) 공항 | どのくらい 얼마나 | すぐに 곧, 즉시,
　　　바로 | 出発(しゅっぱつ) 출발 | 着(つ)く 닿다, 도착하다

11 **의미적 호응관계 파악하기** ★★☆ | 정답 4

해석 그는 "네가 있는 것**만으로** 나는 행복해질 수 있어."라고 말해 주었다.

해설 〜ほど는 '〜정도, 〜만큼'의 의미로 대략적인 수량을 나타내거나 어떤 상태가 어느 정도 그러한지를 강조해서 말하고 싶을 때 사용하는 표현이고, 〜だけ는 '〜만, 〜뿐'이라는 한정・한도의 의미와 함께 '〜만큼'이라는 정도나 분량의 의미로도 사용된다.

어휘 幸(しあわ)せ 행복, 행운

12 **문법적 호응관계 파악하기** ★★☆ | 정답 3

해석 A: 자료는 회의 3일 전까지 메일로 부탁드립니다.
B: 알겠습니다. 만약 시간에 못 맞출 **것 같으면** 연락드리겠습니다.

해설 빈칸 앞의 もし를 힌트로 하여 정답을 찾으면 된다. '만약 〜하면'의 가정 표현을 만들어 줘야 문장이 자연스러워지므로 정답은 3번이 된다.

어휘 資料(しりょう) 자료 | 会議(かいぎ) 회의 | もし 만약, 만일, 혹시 | 間(ま)に合(あ)う 시간에 늦지 않게 대다 | 連絡(れんらく) 연락

13 **의미적・문법적 호응관계 파악하기** ★★☆ | 정답 1

해석 A: 결혼 준비는 잘되어 가고 있어?
B: 뭐 그냥. 결혼식 사회를 사토 씨에게 부탁하려고 생각하고 있는데, 어떻게 생각해?
A: 사토 씨에게는 **부탁하지 않는 편이 좋을 것 같아.** 요즘 굉장히 바빠 보였거든.

해설 〜ないほうがいい는 '〜하지 않는 편이 좋다', 〜なくてもいい는 '〜하지 않아도 된다', よさそうだ는 '좋을 것 같다, 좋아 보인다', いいそうだ는 '좋다고 한다'는 뜻이다. 각 표현들을 접속하여 문형을 만들고 문장 전체의 의미를 이해하고 각 표현들을 빈칸에 넣어 보면 정답을 찾을 수 있다.

어휘 結婚(けっこん) 결혼 | 準備(じゅんび) 준비 | うまく 잘, 유리하게 | 進(すす)む 나아가다, 진행하다 | 司会(しかい) 사회 | 最近(さいきん) 최근 | すごく 대단히, 무척 | 忙(いそが)しい 바쁘다

문제 2 **문장만들기 문제**

제시된 4개의 선택지를 문맥에 맞게 알맞게 나열한 후 ★ 부분에 들어갈 말을 고르는 문제이다. 각 품사의 문장 속에서의 위치 등을 숙지하고 전체 문장이 의미적, 문법적으로 자연스럽게 완성될 수 있도록 4개의 선택지를 순서대로 조합한다.

14 ~ 18 다음 문장의 **★** 에 들어갈 가장 알맞은 것을 1・2・3・4 중에서 하나 고르시오.

14 **단어 바르게 배열하기** ★★☆ | 정답 3

완성문 家の娘はバレエを習っていますが、子供のときに本人が楽しんでやりたいと思うことはできる限り習わせてあげたいと考えています。

해석 우리 딸은 발레를 배우고 있는데요, 어릴 때 본인이 즐기며 <u>하고 싶다고 생각하는 것</u>은 **가능한 한** 배우게 해 주고 싶다고 생각하고 있습니다.

해설 できる限(かぎ)り와 함께 できるだけ(최대한, 가능한 한)도 함께 기억해 둔다. 또한 〜(さ)せる와 てあげたい가 합쳐져 〜(さ)せてあげたい(〜하게 해 주고 싶다)의 형태로 사용되고 있는 것도 기억해 두자. 올바른 배열 순서는 1-4-3-2이다.

어휘 娘(むすめ) 딸 | バレエ 발레 | 習(なら)う 배우다 | 本人(ほんにん) 본인 | 楽(たの)しむ 즐기다 | できる限(かぎ)り 될 수 있는 대로, 가능한 한 | 考(かんが)える 생각하다

15 **단어 바르게 배열하기** ★★☆ | 정답 2

완성문 郵便料金は地域や荷物の重さによって値段が違う。

해석 우편요금은 지역과 짐의 무게에 따라 가격이 다르다.

해설 〜によっては '〜에 따라, 〜에 의하여'라는 의미로, 원인과 이유, 동작의 주체, 수단과 방법 등의 의미를 갖는다. 이 문제에서는 〜によって〜が違う의 형태로 문장을 완성하면 된다. 올바른 배열 순서는 4-3-2-1이다.

어휘 郵便(ゆうびん) 우편 | 料金(りょうきん) 요금 | 地域(ちいき) 지역 | 荷物(にもつ) 짐 | 重(おも)さ 무게 | 値段(ねだん) 가격 | 違(ちが)う 다르다

16 **단어 바르게 배열하기** ★★☆ | 정답 4

완성문A 私が留守の間あなたのうちに犬の世話をしてほしいですが……。

해석 A: 제가 집을 비우는 동안에 당신 집에서 우리 강아지를 **보살펴** 줬으면 좋겠는데요…….
B: 응, 좋아.

해설 世話(せわ)는 '도와줌, 보살핌, 성가심, 참견, 폐' 등의 의미이다. 世話(せわ)をする는 '보살피다, 돌보다', 世話(せわ)になる는 '신세를 지다, 폐를 끼치다'라는 뜻으로 쓰인다. 또한 〜てほしい는 '〜해 주었으면 좋겠다, 〜하기 바란다'는 의미이다. 올바른 배열 순서는 3-2-4-1이다.

어휘 留守(るす) 집을 비움, 부재중 | 間(あいだ) 사이, 동안 | 世話(せわ)をする 보살피다, 돌보다

17 **단어 바르게 배열하기** ★★☆ | 정답 2

완성문 今度仲の良い友達ができたことは私にとってどんなにうれしいことか分からない。

해석 이번에 사이좋은 친구가 생긴 것은 나에게 있어서 얼마나 **기쁜** 일인지 모른다.

해설 〜にとっては '〜에게 있어서'라는 의미이고, 〜ことかは '〜인가, 〜던가, 〜인(한)지'의 의미로 감탄이나 탄식을 강하게 나타낸다. 〜ことか는 주로 앞에 どんなに(얼마나)・なんと(얼마나)・何度(なんど: 몇 번)・どれほど(얼마나)・いかに(얼마나) 등이 오는 경우가 많으므로 함께 묶어 기억하면 편하다. 올바른 단어 배열 순서는 4-3-2-1이다.

어휘 今度(こんど) 이번, 금번 | 仲(なか)がいい 사이가 좋다 | うれしい 기쁘다

18 단어 바르게 배열하기 ★★☆ | 정답 2

완성문 あの仕事はあなた一人ではとても**無理**ですから**手伝っ**
てあげましょうか。

해석 그 일은 당신 혼자서는 도저히 **무리니까 도와**줄까요?

해설 ～てあげる는 '(남에게) ～해 주다'는 의미이다. 이 문장은 '～하
니까, ～해 주다'는 의미로 만들면 쉽게 조합할 수 있다. 올바른 단
어 배열 순서는 1-4-2-3이다.

어휘 とても 매우, 대단히, 도저히 | 無理(むり) 무리 | 手伝(てつだ)
う 도와주다, 거들다

문제 3 글의 문법 문제

독해 문제처럼 보이지만 문법에 관한 문제이다. 원칙적으로는 전체
문장을 읽고 답을 찾아야 하지만, 시간이 부족할 때에는 빈칸 부분의
앞뒤 문장의 내용을 정확하게 해석하고 이해하여 빈칸에 들어갈 표
현을 찾는 것도 문제를 푸는 하나의 요령이다.

19 ～ **23** 다음 글을 읽고 글 전체의 내용을 생각해서 **19** 부터
23 에 들어갈 가장 알맞은 것을 1·2·3·4 중에서 하나 고르시오.

다음 글은 일본인 여성과 결혼해서 일본에서 생활하고 있는 미국
인 스미스 씨가 쓴 글이다.

미국에도 윗사람에게 이야기할 때의 경어는 있습니다만, 일본어
19 만큼 복잡하지 않습니다. 일본어에는 많은 경어가 너무 많아서,
그것을 상황에 맞추어 바르게 사용하는 것 **20** 이 매우 어렵습니다.
저는 일본에서 일하기 시작하고 처음으로 "항상 신세를 지고 있습니
다"라는 말을 들었습니다. 그것은 매우 예의 바르게 감사의 뜻을 표현
하고 있는 듯이 보였습니다. 왜냐하면 머리 숙여 인사를 했기 때문입
니다. 그래서 "어떤 의미입니까?"라고 물었습니다. 그러자 "항상 자신
과 회사를 위해 힘을 다해 주는 사람에게 감사를 전하는 인사이다"라
고 **21** 가르쳐 주었습니다. 얼마나 멋진 표현인가! 그래서 저는 집에
돌아가서 바로 아내에게 머리를 숙이며 말했습니다. "항상 신세를 지
고 있습니다!" 하지만 기뻐하기 **22** 는커녕 그녀는 매우 난처한 얼굴
을 하며 "그것은 아내에게 사용하는 말이 아니에요"라고 쓴웃음을 지
었습니다. 왜 그녀는 화를 내는 거지? 저는 혼란스러웠습니다. 저는
너무 좋아하는 아내에게 많은 감사의 마음을 전하고 싶었기 때문에,
정중하게 감사 인사를 **23** 하고 싶었을 뿐인데…… 그 후 이것은 비
즈니스용 표현이라고 아내가 가르쳐 주었습니다.

어휘 結婚(けっこん) 결혼 | 生活(せいかつ) 생활 | 目上(めうえ) 윗
사람 | 敬語(けいご) 경어 | 複雑(ふくざつ) 복잡 | 状況(じょう
きょう) 상황 | 合(あ)わせる 합하다, 맞추다 | 正(ただ)しい 바
르다 | 使(つか)う 쓰다, 사용하다 | 難(むずか)しい 어렵다 | 働
(はたら)く 일하다 | 初(はじ)めて 처음으로, 비로소 | お世話(せ
わ)になる 신세를 지다 | 言葉(ことば) 말, 언어 | 礼儀(れいぎ)
예의 | 感謝(かんしゃ) 감사 | 意(い) 생각, 마음, 뜻 | 表現(ひょ
うげん) 표현 | 見(み)える 보이다 | なぜなら 왜냐하면 | おじ
ぎをする 머리 숙여 절(인사)하다 | 意味(いみ) 의미 | たずねる
묻다 | 力(ちから)を尽(つ)くす 힘을 다하다, 진력하다 | 伝(つた)

える 전하다 | あいさつ 인사 | 教(おし)える 가르치다 | なん
て 어쩌면 그렇게 | すてき 훌륭함, 대단함 | 早速(さっそく) 곧,
즉시, 당장 | 喜(よろこ)ぶ 기뻐하다 | 困(こま)る 곤란하다 | 顔
(かお) 얼굴 | 苦笑(にがわら)い 쓴웃음 | 怒(おこ)る 화내다 |
混乱(こんらん) 혼란 | ていねい 정중함, 공손함, 공들임 | お礼
(れい)を言(い)う 감사 인사를 하다

---

19 알맞은 기능어 찾기 ★★☆ | 정답 1

해설 ～ほど는 '～정도, ～만큼'이라는 의미로, ～ほど～ない는 '～
만큼 ～없다(아니다)'는 문형으로 기억해 둔다. ～だけ도 '～만,
～뿐, ～만큼'이라는 의미가 있기 때문에 ほど 자리에 だけ를 넣
는 실수를 해서는 안 된다. 또한 ～こそ는 '～야말로', ～しか는
'～밖에'라는 의미이다.

---

20 알맞은 조사 넣기 ★★☆ | 정답 4

해설 ～で는 '～에서, ～로'의 의미로 장소·주체·수량·수단·방법·
원인·이유 등의 의미를 나타내고, ～를은 '～을/를'의 의미로 동
작·작용의 대상을 나타낸다. 그리고 ～に는 '～에, ～에게, ～하
러'의 의미로 시간·장소·목적·목표나 귀착점 등을 나타내고,
～が는 '～이(가)'의 의미로 동작이나 작용의 주체, 성질·상태의
주체를 나타낸다. 문장을 해석해 나가다 보면 글의 흐름에 맞추어
어렵지 않게 적절한 조사를 찾을 수 있다.

---

21 알맞은 문법 활용 찾기 ★★☆ | 정답 2

해설 수수 표현은 주체와 객체에 따라 사용하는 표현이 다르므로 정확
히 구별하여 기억해야 한다. 문맥상 누군가가 스미스에게 가르쳐
준 것이므로 1, 3, 4번은 주어가 제3자에게 주는 경우에 사용하는
표현이므로 정답이 아니다. 2번의 ～てもらう는 다른 사람이 해
주는 행동을 받는 경우에 사용하는 표현으로, 말하는 사람이 타인
으로부터 도움을 받았거나, 자신이 부탁하여 어떤 혜택을 입었다
는 고마운 마음이 들어 있는 표현이다. 직역하면 '～에게 ～를 ～해
받다'가 되지만, 누가 행동했느냐를 따져서 '행동을 한 사람이 ～를
～해 주다'로 번역해야 자연스럽다. 상대가 윗사람일 때는 겸양 표현
인 ～ていただく를 사용한다.

---

22 알맞은 기능어 찾기 ★★☆ | 정답 2

해설 ～とか는 '～라든지, ～따위', ～どころか는 '～은커녕', ～ば
かりか는 '～뿐만 아니라', ～ことか는 '～인가, ～던가, ～한지'
라는 의미의 기능어이다. 문맥상 2번 ～どころか를 넣는 것이
자연스럽다.

---

23 알맞은 문법 활용 찾기 ★★☆ | 정답 3

해설 ～はず는 '～할(일) 것'이라는 의미이고, ～だけ는 '～만, ～뿐,
～만큼'의 의미이다. はず는 추론을 근거로 '당연히 그렇게 되어야
함', 또는 '그럴 예정'임을 나타내고, だけ는 한정·한도·정도·
분량 등을 나타낸다.

: 독해 :

문제 4 단문이해 문제

생활, 업무, 학습 등을 주제로 한 150~200자 내외의 설명문이나 지시문을 읽고 글 전체의 주제나 필자의 의도, 본문의 내용과 일치하는 내용을 고르는 문제가 주로 출제된다. 단락이 하나인 경우에는 주로 첫문장과 마지막 문장에, 두 개 이상인 경우에는 마지막 단락에 정답의 키워드가 있는 경우가 많다.

24 ~ 27 다음 (1)에서 (4)의 글을 읽고 질문에 답하시오. 답은 1・2・3・4 중에서 가장 알맞은 것을 하나 고르시오.

---

24 본문과 일치하는 내용 찾기 ★★☆ | 정답 4

(1)

　정보화 사회에서는 항상 많은 정보가 넘쳐나고 있습니다만, 모두가 신뢰할 수 있는 정보라고는 할 수 없습니다. 따라서 신문과 텔레비전, 인터넷 등으로부터의 정보를 항상 비판적으로 보는 힘이 필요해집니다. 비판적인 관점을 기르기 위해서는, 한 미디어의 정보만을 보고, 그것을 믿어 버리는 것이 아니라 다각적인 시점을 갖도록 하면 좋을 것입니다. 예를 들면, 신문 보도는, 어느 신문사나 내용이 같지 않습니다. 다루고 있는 화제는 같더라도 신문사마다 각각 다른 시점에서 분석해서 기사를 쓰고 있는 것입니다. 어떤 시점에서 쓰여 진 정보의 한 면만을 보고 납득해 버리는 것이 아닌 여러 시점의 정보를 보고 검토하는 것이 필요한 것입니다.

해석 필자는 미디어로부터의 정보를 받는 사람은 어떻게 해야 한다고 말하고 있는가?
1 미디어가 채택한 내용의 정보원을 조사한다.
2 자신이 납득할 수 있는 미디어로부터 정보를 얻는다.
3 보도하는 측의 시점에 서서 정보를 분석한다.
4 다른 미디어로부터의 정보를 비교한다.

해설 문장 마지막 단락에 정답 힌트가 있다. 필자는 여러 시점의 정보를 보고 검토할 필요가 있다고 말하고 있으므로 정답은 4번이다.

어휘 情報化(じょうほうか) 정보화 | 社会(しゃかい) 사회 | 常(つね)に 항상, 언제나 | あふれる 넘치다, 많다 | 全(すべ)て 모두 | 信頼(しんらい) 신뢰 | ~とは限(かぎ)らない ~라고는 할 수 없다 | 新聞(しんぶん) 신문 | 批判的(ひはんてき) 비판적 | 力(ちから) 힘 | 必要(ひつよう) 필요 | 見方(みかた) 견해, 관점 | 養(やしな)う 기르다 | 信(しん)じる 믿다 | 多角的(たかくてき) 다각적 | 視点(してん) 시점 | 例(たと)えば 예를 들면 | 報道(ほうどう) 보도 | 同(おな)じ 같음, 동일함 | 内容(ないよう) 내용 | 取(と)り上(あ)げる 집어 들다, 받아들이다, 채택하다 | 話題(わだい) 화제 | ~ごとに ~마다 | それぞれ 저마다, 각각 | 違(ちが)う 다르다 | 分析(ぶんせき) 분석 | 記事(きじ) 기사 | 一面(いちめん) 한 면, 일면 | 納得(なっとく) 납득 | 検討(けんとう) 검토 | 受(う)ける 받다 | 調(しら)べる 조사하다 | 得(え)る 얻다 | 異(こと)なる 다르다 | 比較(ひかく) 비교

---

25 본문과 일치하는 내용 찾기 ★★☆ | 정답 3

(2)

　지금까지 목표 달성과 그것에 대한 사고방식의 관계에 관해서, 다양한 조사가 이루어져 왔습니다. 한 조사에 의하면, 목표를 달성한 사람의 사고방식은, 성공해도 실패해도 그 원인을 자신의 노력이나 능력에서 찾는 경우가 많은 것 같습니다. 왜 그러한 사고방식이 목표 달성으로 이어지느냐 하면 실패했을 때 문제를 해결하기 위해서 자신은 어떻게 하면 좋았을지를 생각하기 때문에, 문제 극복을 향해 한층 구체적인 노력을 할 수 있기 때문입니다.

　한편, 목표를 달성할 수 없었던 사람은, 실패의 원인을 외적인 것, 예를 들면 운이 나빴다거나, 목표가 너무 높았다와 같이 생각하기 쉽습니다. 즉, 자신의 노력으로 해결할 수 있다고는 생각하지 않기 때문에 점점 목표를 달성하기 어려워지는 것입니다.

해석 이 글을 쓴 사람은 어떻게 생각하는 사람이 목표를 달성할 수 있다고 말하는가?
1 실패하지 않도록 목표를 약간 낮게 설정하는 사람
2 실패가 일어날 때마다 목표를 바꾸는 사람
3 실패의 원인은 자신에게 있었다고 생각하는 사람
4 실패의 원인은 자신 이외의 곳에 있었다고 생각하는 사람

해설 첫 번째 단락 둘째 줄의 目標を達成できた人の부터 ~できるからです 부분을 통해 문제의 정답을 찾을 수 있다. 목표를 달성하는 사람은 실패했을 때 자신이 어떻게 하면 좋았을지를 생각한다고 쓰고 있으므로 정답은 3번이다.

어휘 目標(もくひょう) 목표 | 達成(たっせい) 달성 | ~に対(たい)する ~에 대한 | 考(かんが)え方(かた) 사고방식 | 関係(かんけい) 관계 | 様々(さまざま)な 여러 가지 | 調査(ちょうさ) 조사 | 行(おこな)う 하다, 실시하다 | 成功(せいこう) 성공 | 失敗(しっぱい) 실패 | 原因(げんいん) 원인 | 努力(どりょく) 노력 | 能力(のうりょく) 능력 | 求(もと)める 구하다, 찾다, 요구하다 | 多(おお)い 많다 | つながる 이어지다, 관련되다 | 問題(もんだい) 문제 | 解決(かいけつ) 해결 | 克服(こくふく) 극복 | 向(む)ける 향하다 | いっそう 더욱, 한층 더 | 具体的(ぐたいてき) 구체적 | 一方(いっぽう) 한편 | 外的(がいてき) 외적 | 例(たと)えば 예를 들면 | 運(うん)が悪(わる)い 운이 나쁘다 | ~がち ~하는 일이 잦다, ~하는 일(경향)이 많다 | つまり 즉 | ~にくい ~하기 어렵다 | 低(ひく)め 약간 낮음, 낮은 듯함 | 設定(せってい) 설정 | 起(お)こる 일어나다 | ~度(たび)に ~때마다 | 変(か)える 바꾸다 | 以外(いがい) 이외

---

26 본문과 일치하는 내용 찾기 ★★☆ | 정답 2

(3)

다카하시 부부
　12월 4일에 올린 저희들의 결혼식에 참가해 주셔서 정말 감사했습니다. 저희들에게 있어 매우 소중한 날에 두 분이 함께 참석해 주신 것을 매우 영광스럽게 생각합니다. 실로 기뻤던 것은, 두 분이 행복해 보이시고, 지금도 즐거운 생활을 보내고 있다는 것을 알게 된 것입니다.

　또한, 멋진 와인 잔을 선물해 주신 것에도 감사의 말씀드립니다. 정말 멋진 잔이네요. 꼭 가까운 시일에, 두 분을 저녁 식사에 초대하고 싶습니다. 이 잔을 사용하기 위해서도.

해석 이 편지를 쓴 사람은 어떻게 하고 싶다고 생각하고 있는가?

1 다카하시 부부의 결혼 축하선물로 와인 잔을 선물한다.
2 다카하시 부부를 식사에 초대한다.
3 다카하시 부부에게 멋진 잔을 권하고 있다.
4 다카하시 부부를 자신의 결혼식에 초대한다.

해설 문장 마지막 단락에서 두 분을 저녁 식사에 초대하고 싶다고 쓰고 있으므로 정답은 2번이다.

어휘 夫妻(ふさい) 부부 | 行(おこな)う 하다, 실시하다 | 結婚式(けっこんしき) 결혼식 | 参加(さんか) 참가 | まことに 참으로, 정말 | 大切(たいせつ)な 중요한, 소중한 | そろう 갖추어지다, 빠짐없이 모이다 | 出席(しゅっせき) 출석 | 光栄(こうえい) 영광 | 実(じつ)に 참으로, 실로, 아주 | 嬉(うれ)しい 기쁘다 | 幸(しあわ)せ 행복 | 楽(たの)しい 즐겁다 | 生活(せいかつ) 생활 | 送(おく)る 보내다 | 素敵(すてき)な 멋진, 근사한 | お礼(れい) 사례, 사례 인사(선물) | 申(もう)し上(あ)げる 말씀드리다 | 近々(ちかぢか) 머잖아, 근간 | 夕食(ゆうしょく) 저녁 식사 | 招(まね)く 부르다, 초대하다 | 食事(しょくじ) 식사 | 招待(しょうたい) 초대 | 勧(すす)める 권하다

---

27 제시어가 가리키는 내용 찾기 ★★☆　　　　정답 1

(4)
　어린 시절, 감기와 배탈이 난 것 중에서는, 감기 쪽이 <u>이득인 기분이 들었다</u>. 둘 다 학교를 쉬는 것은 같으나, 집에서의 요양^(주) 방식이 다르기 때문이다. 중증으로 두통이 심한 감기는 별개로 하고, 경증이라면 식욕도 있다. 잘 먹고, 잘 자는 것이 회복하는 길이기 때문에, 먹는 것은 환영받는다. 엄마가 평소보다 상냥해지고, 좋아하는 요리를 만들어 주고 맛있는 과일도 준비해 준다. 그런데 배탈이 났을 때는 그렇게는 안 된다. 세 끼 식사 모두 죽을 먹게 되거나, 더 물 같은 미음만 먹어야 하는 경우도 있다. 식사에 관해서는 두말없이 감기 쪽이 승리다. 다만, 문제는 주사이다. 감기 쪽이 주사를 맞는 두려움이 강하다. 그것만이 걱정이었다고 말할 수 있다.

(주) 양생 : 병·병후의 처치·치료를 하는 것. 보양

해석 <u>이득인 기분이 들었다</u>라고 되어 있는데, 그것은 왜인가?

1 좋아하는 요리와 과일을 먹을 수 있어서
2 주사를 맞지 않아도 되어서
3 학교를 쉬고 집에 있을 수 있어서
4 식욕이 없어 자연히 다이어트가 되어서

해설 엄마가 좋아하는 요리와 맛있는 과일을 주어 식사에 관해서는 감기 쪽이 승리라고 했으므로 정답은 1번이다. 밑줄이나 제시된 단어의 의미·이유 또는 그것이 가리키는 것이 무엇인지를 찾는 문제는 대부분 밑줄 앞뒤 문장에 정답에 해당하는 내용이나 힌트가 제시되어 있는 경우가 많다는 것을 기억해 두자.

어휘 風邪(かぜ) 감기 | お腹(なか)をこわす 배탈이 나다 | 得(とく) 얻음, 이득, 유리함 | 養生(ようじょう) 양생, 섭생, 병을 고치려고 노력함, 또는 병후의 체력을 도모함, 보양 | 仕方(しかた) 방법, 수단 | 違(ちが)う 다르다 | 重症(じゅうしょう) 중증, 중환 | 頭痛(ずつう) 두통 | ひどい 심하다, 잔인하다, 혹독하다 | 別(べつ) 별도, 따로 | 軽症(けいしょう) 경증 | 食欲(しょくよく) 식욕 | 回復(かいふく) 회복 | 道(みち) 길, 도리 | 歓迎(かんげい) 환영 | 母親

（はは おや) 어머니 | 優(やさ)しい 우아하다, 부드럽다, 상냥하다 | 料理(りょうり) 요리 | 果物(くだもの) 과일 | 用意(ようい) 준비, 채비 | ところが 그런데, 그러나 | 〜とも 〜함께, 〜모두 | おかゆ 죽 | 重湯(おもゆ) 미음 | 文句(もんく) 불평, 트집 | 勝(か)ち 이김, 승리 | ただ 단, 다만 | 注射(ちゅうしゃ)を打(う)つ 주사를 놓다 | 恐(おそ)れ 두려움, 무서움 | 強(つよ)い 세다, 강하다 | 心配(しんぱい) 걱정

문제5 중문이해 문제

주로 설명문, 수필, 논평, 에세이 등 350자 정도의 지문을 읽고 개요나 인과관계, 이유, 필자의 생각 등을 묻는 문제가 출제된다. 질문을 읽고 질문 내용에 유의하며 지문을 읽어 내려간다. 평소 글을 읽을 때 필자의 의견 및 생각을 찾는 연습을 하는 것도 좋다.

28 ~ 33 다음 (1)과 (2)의 글을 읽고 질문에 답하시오. 답은 1·2·3·4 중에서 가장 알맞은 것을 하나 고르시오.

28 ~ 30

(1)
　바쁜 사람일수록 일을 잘한다고 합니다. 바쁘기 때문에 효율적으로 업무를 처리하는 방법이 몸에 배어 있기 때문입니다. 당신은 어떠십니까? 저 자신은 '바쁘다'는 말은 별로 하지 않는 편입니다만, 동료 중에는 입버릇처럼 '바쁘다'는 사람도 있습니다. ①그러한 사람은 확실히 바쁘지만 결코 업무량은 많지 않고, 비효율적인 행동을 하기 때문에 결과적으로 항상 시간이 부족한 것입니다.
　②일은 바쁜 사람 쪽으로 모여듭니다. 또한 일반적으로 '일은 바쁜 사람에게 부탁하라'고도 합니다. 사실, 업무를 처리할 능력이 있기 때문에 일을 맡기게 되는 것이고, 한가한 사람은 남에게 평가받지 못하는 사람이기 때문에 결과적으로 항상 한가한 것입니다.
　설령 당신이 바쁘더라도 '바쁘다, 바쁘다'고 하지 말고, 그 바쁨을 '행동으로만' 나타내세요.
　업무를 처리할 능력이 있기 때문에 일을 잘하는 것이 아니라, 업무를 처리하기 때문에 그 능력이 몸에 배어 가는 것입니다. 바쁘기 때문에 일을 잘할 수 있게 됩니다.
　어떤 업무도 편하지는 않겠지만, 바쁨 속에서 자신을 높일 기회는 있습니다. 착실히 눈앞의 업무를 처리해 나갑시다.

어휘 忙(いそが)しい 바쁘다 | 〜ほど 〜정도, 〜만큼, 〜할(일)수록 | 仕事(しごと) 일, 직업 | 〜からこそ 〜기 때문에 | 効率的(こうりつてき) 효율적 | こなす 소화시키다, 처리하다 | 方法(ほうほう) 방법 | 身(み)につく 몸에 배다 | 自身(じしん) 자기 자신 | せりふ 대사, 상투적인 말 | 口(くち)にする 먹다, 말하다 | 同僚(どうりょう) 동료 | 口癖(くちぐせ) 입버릇 | 確(たし)かに 확실히, 분명히 | 決(けっ)して 결코, 절대로 | 量(りょう) 양 | 行動(こうどう) 행동 | 結果的(けっかてき) 결과적 | 足(た)りない 모자라다 | 集(あつ)まる 모이다 | 一般的(いっぱんてき) 일반적 | 頼(たの)む 부탁하다 | 事実(じじつ) 사실 | 能力(のうりょく) 능력 | 任(まか)す 맡기다 | 暇(ひま)な 한가한 | 評価(ひょうか) 평가 | たとえ〜ても 비록(가령) 〜라(해)도 | のみ 〜만, 〜뿐 | 表

(あらわ)す 나타내다 | 楽(らく) 편안함 | 高(たか)める 높이다 | チャンス 찬스, 기회 | しっかり 단단히, 똑똑히, 확실히, 착실히 | 目(め)の前(まえ) 눈앞

---

28 본문 내용 파악하기 ★★☆ | 정답 3

해석 ①그러한 사람은 어떤 사람인가?
1 업무를 처리할 능력을 갖고 있는 사람
2 업무량은 많고 항상 시간이 부족한 사람
3 '바쁘다'가 입버릇인 사람
4 아무리 바빠도 '바쁘다'고 말하지 않는 사람

해설 밑줄 부분이 こ・そ・あ・ど의 지시어로 질문이 제시된 경우에는 바로 앞 문장에 정답이 있다. 이 문제도 바로 앞 문장에서 입버릇처럼 '바쁘다'고 말하는 사람이라고 말하고 있으므로 정답은 3번이다.

---

29 본문 내용 파악하기 ★★☆ | 정답 1

해석 ②일은 바쁜 사람 쪽으로 모여듭니다라고 쓰여 있는데, 그 이유는 무엇인가?
1 효율적으로 업무를 처리하는 방법이 몸에 배어 있기 때문에
2 어떤 업무라도 맡길 수 있다고 평가받고 있기 때문에
3 가볍게 일을 부탁하기 쉽기 때문에
4 어떻게 하면 일이 편해지는지를 알고 있기 때문에

해설 밑줄과 관련된 문제는 밑줄 친 부분의 전후 문맥을 따져서 보기에서 가장 가까운 것을 고르면 된다. 두 번째 단락에서 일을 처리할 수 있는 능력이 있기 때문에 일을 맡기는 것이라고 말하고 있으므로 정답은 1번이다.

어휘 気軽(きがる)に 가볍게

---

30 글의 주제 파악하기 ★★☆ | 정답 4

해석 이 글에서 가장 하고 싶은 말은 무엇인가?
1 일이 즐거워지도록 일의 즐거움을 찾아봅시다.
2 효율적으로 업무를 진행시킬 수 있도록 자신의 가능성을 믿읍시다.
3 바쁜 가운데 온 기회를 놓치지 않도록 항상 준비를 해 둡시다.
4 자신의 능력을 높이기 위해 눈앞에 있는 일을 착실히 처리해 나갑시다.

해설 필자의 생각이나 의도를 묻는 문제는 대부분 후반부에 명확히 제시되는 경우가 많다. 글의 마지막에 바쁜 중에 자신을 높일 기회가 있으니 눈앞의 업무를 처리해 나가자고 말하고 있으므로 정답은 4번이다.

어휘 見(み)つける 발견하다, 찾다 | 進(すす)める 전진시키다, 진행시키다 | 可能性(かのうせい) 가능성 | 信(しん)じる 믿다 | 逃(のが)す 놓아주다, 놓치다 | 常(つね)に 항상, 늘 | 準備(じゅんび) 준비

---

31 ～ **33**

(2)
　비만인 사람들은 상업 대상으로서 기대할 수 있다. 이것이 일전에 도서판매업자를 위해 열린 회의에서 나왔던 결론이다.
　최근, 다이어트나 운동 프로그램을 다룬 도서의 매출은 급상승하여 성인을 대상으로 판매된 전 도서의 거의 10%를 차지하고 있다.
　미국인은 옛날부터 과도한 비만의 위험성을 깨달아 비만인 성인, 게다가 아이의 수가 계속 증가함에 따라, 보다 많은 사람들이 감량을 위한 방책을 찾고 있다.
　최신 베스트셀러 리스트에는, 상위 25권 중에서 5권이 다이어트와 운동에 관한 것이다. 이 종류의 도서 매출은 각국에서 상승하고 있다. 지금까지 비만이 문제가 되지 않았던 프랑스나 일본과 같은 나라들에서도 같은 실정이다.
　회의에 참석했던 도서 판매업자들의 생각으로는 성장 경향에 있는 다른 것들과 마찬가지로 이것이 가까운 장래 이익의 증대로 이어져 다이어트와 개인의 건강이라는 테마에 관해 쓰여진 책은 팔릴 것이라는 것이다.

어휘 肥満(ひまん) 비만 | 商売(しょうばい) 장사, 상업 | 対象(たいしょう) 대상 | 期待(きたい) 기대 | 先日(せんじつ) 일전, 요전(날) | 図書(としょ) 도서 | 販売業者(はんばいぎょうしゃ) 판매업자 | 開(ひら)く 열리다 | 会議(かいぎ) 회의 | 出(で)る 나가다, 나오다 | 結論(けつろん) 결론 | 最近(さいきん) 최근 | 運動(うんどう) 운동 | 取(と)り扱(あつか)う 다루다, 취급하다 | 売(う)り上(あ)げ 매상, 매출 | 急上昇(きゅうじょうしょう) 급상승 | 成人(せいじん) 성인 | ～向(む)け ~용, ~대상 | ほぼ 거의, 대략, 대강 | 占(し)める 차지하다 | 昔(むかし) 옛날 | 過度(かど) 과도(함) | 危険性(きけんせい) 위험성 | 気(き)づく 깨닫다, 알아차리다 | 大人(おとな) 어른, 성인 | さらに 더욱더, 또 한 번 | 数(かず) 수 | 増加(ぞうか) 증가 | 続(つづ)ける 계속하다 | ～につれ ~(함)에 따라(서) | 減量(げんりょう) 감량 | 方策(ほうさく) 방책 | 探(さが)す 찾다 | 最新(さいしん) 최신 | 上位(じょうい) 상위 | 種(しゅ) 종, 종류 | 各国(かっこく) 각국 | ～といった 와 같은 | 国々(くにぐに) 각국, 여러 나라 | 上昇(じょうしょう) 상승 | 出席(しゅっせき) 출석, 참석 | 成長(せいちょう) 성장 | 傾向(けいこう) 경향 | 同様(どうよう) 같음, 마찬가지임 | 近(ちか)い 가깝다 | 将来(しょうらい) 장래 | 利益(りえき) 이익 | 増大(ぞうだい) 증대 | つながる 이어지다 | 個人(こじん) 개인 | 健康(けんこう) 건강 | 売(う)れる 팔리다

---

31 제시어가 가리키는 내용 파악하기 ★★☆ | 정답 1

해석 이 글에서 말하고 있는 감량을 위한 방책은 예를 들면 어떤 것인가?
1 다이어트나 운동에 관한 책을 사서 해 본다.
2 다이어트나 운동에 관한 책을 쓴다.
3 식사를 건강한 것으로 개선한다.
4 식사의 양을 줄인다.

해설 밑줄이 나타내는 것이 무엇인지를 찾는 문제는 대부분 밑줄 앞뒤의 두 문장 안에 정답에 해당하는 내용이나 힌트가 제시되어 있는 경우가 많다. 이 문제는 그 앞의 문장들을 읽으면 정답을 쉽게 찾을 수 있다. 앞 문장에서 다이어트와 운동 프로그램을 다룬 책의 판매가 급상승했다고 말하고 있으므로 정답은 1번이다.

어휘 　改善(かいぜん) 개선 ｜ 量(りょう) 양 ｜ 減(へ)らす 줄이다

---

32 문맥 파악하기 ★★☆ ｜ 정답 2

해석 　예전에 프랑스나 일본에서 문제가 되지 않았던 것은 무엇인가?
　　1 경제 성장률
　　2 국민의 비만률
　　3 아이의 독서율
　　4 도서의 판매율

해설 　네 번째 단락의 これまで肥満が問題にならなかった, フラ
　　ンスや日本といった国々에서 힌트를 찾을 수 있다. 정답은 2
　　번이다.

어휘 　経済(けいざい) 경제 ｜ 国民(こくみん) 국민 ｜ 読書(どくしょ)
　　독서

---

33 본문과 일치하는 내용 찾기 ★★☆ ｜ 정답 3

해석 　본문의 내용과 맞는 것은 어느 것인가?
　　1 비만인 사람을 대상으로 하는 상품은 뭐든지 잘 팔린다.
　　2 세계의 거의 10%의 사람이 다이어트나 운동에 흥미를 갖고 있다.
　　3 다이어트나 운동에 관한 도서의 매출이 늘고 있다.
　　4 프랑스인은 옛날부터 비만의 위험성을 깨닫고 있었다.

해설 　본문 내용에 부합되는지를 묻는 문제의 경우, 선택지의 내용과 비
　　교하며 본문을 읽어 나가며 정답을 찾아야 한다. 두 번째 단락에서
　　최근 다이어트나 운동 프로그램을 다룬 책의 매출이 급상승하고
　　있다고 했으므로 정답은 3번이다.

어휘 　商品(しょうひん) 상품 ｜ 何(なん)でも 뭐든지 ｜ 世界(せかい)
　　세계 ｜ 興味(きょうみ) 흥미 ｜ 伸(の)びる 자라다, 늘다

문제6 장문이해 문제

해설. 수필, 편지, 에세이, 소설 등 550자 정도의 지문을 읽고 필자의
주장이나 의견, 본문의 개요나 논리의 전개 등을 묻는 문제이다. 본
문 내용을 읽기 전에 먼저 4개의 질문을 읽으면서 어떠한 부분과 내
용에 주의하면서 읽어야 하는지, 무엇을 묻고 있는지를 파악한 후 본
문을 읽어 내려가는 게 좋다.

**34 ~ 37 다음 글을 읽고 질문에 답하시오. 답은 1·2·3·4 중
에서 가장 알맞은 것을 하나 고르시오.**

　　모두가 잘 알고 있는 대로 일본은 옛날부터 쌀을 재배하는 것이 번
성한 나라로, 농업하면 '쌀'. 쌀은 일본인의 생활에 깊게 관여되어 왔
습니다. 예를 들면, 옛날에는 세금을 돈이 아니라 쌀로 지불하거나,
무사의 월급을 쌀로 계산하는 등, 쌀은 주식으로서의 역할 이상의 것
을 다해 왔습니다. 중국에서 전해진 쌀이 일본에서 이 정도로 재배되
게 된 것은 왜인가 하면, 일본의 따뜻하고 비가 많은 기후가 벼의 생
육에 적합했다는 것과 쌀은 맛있고 장기간 보존이 가능하다는 이점
이 있었기 때문입니다.

　　그런데 요즘 일본인은 음식의 서구화가 진행되었기 때문에 이전처
럼 쌀을 많이 먹지 않게 되고 있습니다. 빵이나 면류를 먹는 일이 늘
어 밀가루 소비가 확대되고 있습니다.
　　지금 일본에서는 농지 면적이 계속 줄고, 그것만이 아니라 농업을
하는 사람도 계속 줄고 있습니다. 또한 농가의 젊은 사람들은 농업을
하는 대신에 도시로 나가 버려 농가에는 후계자가 없어지고 있습니
다. 놀랍게도 지금 일본에서 농업을 하고 있는 사람들의 절반 이상이
65세 이상의 고령자입니다. 이것은 심각한 문제입니다.
　　그리고 '식료자급률'의 저하라는 문제도 있습니다. 현재, 일본은
'식료자급률'이 매우 낮으며, 부족한 부분을 외국에서의 수입에 의존
하고 있습니다. 외국에서 들어오는 농작물은 일본에서 키우고 있는
농작물보다 쌉니다. 하지만 싼 수입 농산물이 넘쳐나면, 비싼 국산품
은 팔리지 않게 되고 맙니다. 그렇게 되면 일본의 농업은 계속 약해
지고 맙니다. 그것은 일본 농업의 장래라는 것을 생각하면 정말 곤란
한 문제입니다.

어휘 　知(し)る 알다 ｜ ～とおり ~대로, ~처럼 ｜ 昔(むかし) 옛날 ｜ 米
　　(こめ) 쌀 ｜ 盛(さか)んな 번성한, 왕성한 ｜ 農業(のうぎょう) 농
　　업 ｜ 深(ふか)い 깊다 ｜ 関(かか)わる 관계되다, 관여하다 ｜ 例(た
　　と)えば 예를 들면 ｜ 税金(ぜいきん) 세금 ｜ 払(はら)う 돈을 치
　　르다, 지불하다 ｜ 武士(ぶし) 무사 ｜ 給料(きゅうりょう) 월급 ｜
　　計算(けいさん) 계산 ｜ 主食(しゅしょく) 주식 ｜ 役割(やくわ
　　り) 역할 ｜ 以上(いじょう) 이상 ｜ 果(は)たす 다하다, 이루다, 완수
　　하다 ｜ 伝(つた)わる 전해지다 ｜ 作(つく)る 만들다 ｜ なぜ 왜, 어
　　째서 ｜ 温・暖(あたた)かい 따뜻하다 ｜ 雨(あめ) 비 ｜ 多(おお)い
　　많다 ｜ 気候(きこう) 기후 ｜ 稲(いね) 벼 ｜ 生育(せいいく) 생육
　　｜ 適(てき)する 적합하다, 알맞다 ｜ 長期間(ちょうきかん) 장기
　　간 ｜ 保存(ほぞん) 보존 ｜ きく 효력이 있다, 통하다, 가능하다 ｜ 利
　　点(りてん) 이점 ｜ ところが 그런데 ｜ 近年(きんねん) 최근의 몇
　　년 ｜ 食(しょく) 식사, 음식 ｜ 洋風化(ようふうか) 서양식 ｜ 進(す
　　す)む 나아가다, 발달하다, 진행되다 ｜ 以前(いぜん) 이전 ｜ 麺類
　　(めんるい) 면류 ｜ 増(ふ)える 늘다, 증가하다 ｜ 小麦粉(こむぎ
　　こ) 밀가루 ｜ 消費(しょうひ) 소비 ｜ 拡大(かくだい) 확대 ｜ 農地
　　(のうち) 농지 ｜ 面積(めんせき) 면적 ｜ どんどん 척척, 자꾸자꾸,
　　계속 ｜ 減(へ)る 줄다, 감소하다 ｜ 農家(のうか) 농가 ｜ 若(わか)い
　　젊다 ｜ かわりに 대신에 ｜ 都会(とかい) 도시 ｜ 後継(あとつ)ぎ
　　상속자, 후계자 ｜ なんと 어떻게, 뭐라고, 얼마나 ｜ 半分(はんぶん)
　　반, 절반 ｜ 高齢者(こうれいしゃ) 고령자 ｜ 深刻(しんこく) 심
　　각 ｜ 食料(しょくりょう) 식료 ｜ 自給率(じきゅうりつ) 자급률
　　｜ 低下(ていか) 저하 ｜ 現在(げんざい) 현재 ｜ 低(ひく)い 낮다 ｜
　　足(た)りない 모자라다 ｜ 部分(ぶぶん) 부분 ｜ 輸入(ゆにゅう)
　　수입 ｜ 頼(たよ)る 의지하다 ｜ 外国(がいこく) 외국 ｜ 作物(さく
　　もつ) 농작물 ｜ 安(やす)い 싸다 ｜ 農産物(のうさんぶつ) 농산물
　　｜ あふれる 넘치다 ｜ 高(たか)い 높다, 비싸다 ｜ 国産品(こくさ
　　んひん) 국산품 ｜ 売(う)れる 팔리다 ｜ 弱(よわ)い 약하다 ｜ 将来
　　(しょうらい) 장래 ｜ 困(こま)る 곤란하다, 난처하다

---

34 본문 내용 파악하기 ★★☆ ｜ 정답 2

해석 　옛날의 쌀의 역할로서 맞지 않는 것은 무엇인가?
　　1 주식인 밥
　　2 일본의 주된 수출입품

3 세금 대용
4 무사의 월급

해설　글의 두 번째 줄 例えば、昔は税金をお金でなくお米で払ったり、武士の給料をお米で計算するなど、お米は主食としての役割以上のものを果たしてきました 부분을 통해 정답을 찾을 수 있다.

35　본문과 일치하는 내용 찾기 ★★☆　　|정답 3

해석　지금 일본 농업의 현재 상황으로서 맞는 것은 무엇인가?
　　　1 식료자급률이 매우 높아 남은 부분을 수출하고 있다.
　　　2 점점 농지의 면적과 농업을 하는 사람이 늘고 있다.
　　　3 농업을 하는 사람이 크게 줄어, 절반 이상이 노인이 되고 있다.
　　　4 쌀 재배가 왕성해지고 있다.

해설　글 중반부의 今の日本では農地面積がどんどん減り、それだけなく、農業をする人もどんどん減っています。また、農家の若い人たちは、農業をやる代わりに都会に出てしまい、農家には後継ぎがいなくなっています。なんと今、日本で農業をしている人たちの半分以上が65歳以上の高齢者です를 통해 정답을 찾을 수 있다.

어휘　余(あま)る 남다｜現状(げんじょう) 현재 상황｜輸出(ゆしゅつ) 수출｜年寄(としよ)り 노인

36　본문과 일치하는 내용 찾기 ★★☆　　|정답 1

해석　현재 일본의 '식료자급률'에 관해 바른 것은 무엇인가?
　　　1 식료의 대부분을 외국에서의 수입에 의존하고 있다.
　　　2 외국에서 들어오는 농작물보다 싸기 때문에 잘 팔리고 있다.
　　　3 국내만으로는 소비할 수 없기 때문에 남은 농산물을 수출하고 있다.
　　　4 식료자급률을 높이기 위해 더 많은 농산물을 만들고 있다.

해설　제시된 밑줄 부분 바로 뒤에 現在、日本は「食料自給率」がとても低く、足りない部分を外国からの輸入に頼っています라며 정답의 키워드를 제시하고 있다.

어휘　国内(こくない) 국내

37　글의 주제 파악하기 ★★☆　　|정답 4

해석　이 글의 전체 테마는 무엇인가?
　　　1 앞으로의 농업
　　　2 현대 일본인의 식생활
　　　3 농업의 발달
　　　4 일본 농업의 문제점

해설　글 전체의 테마나 주제, 필자의 생각이나 의도는 대부분 글 후반부에 제시되어 있다. 현재 일본 농업의 상황에 대해 설명하며 문제점을 지적하고 있으므로 정답은 4번이다.

어휘　発達(はったつ) 발달

문제7　정보검색 문제

안내문이나 광고문 등 여러 가지 정보 소재 안에서 필요한 정보를 찾아내는 문제이다. 먼저 질문과 선택지를 읽고 질문의 키워드가 무엇인지, 어떠한 정보를 요구하는 문제인지 파악한다. 그 다음에 2개의 질문에서 제시하는 조건이나 요구하는 정보를 염두에 두고 본문의 내용과 대조해 가며 조건에 맞지 않거나 필요 없는 정보를 제외시켜 나가면 어렵지 않게 정답을 찾을 수 있다.

38 ~ 39　오른쪽 페이지는 '삿포로 눈 축제 자원봉사자 모집' 안내이다. 이것을 읽고 아래 질문에 답하시오. 답은 1·2·3·4 중에서 가장 알맞은 것을 하나 고르시오.

삿포로 눈 축제 자원봉사자 모집

세계적인 이벤트로서, 국내외에서 200만 명 이상이 방문하는 삿포로 눈 축제.
삿포로 눈 축제 실행위원회에서는 많은 분들의 눈 축제 참가를 모집하고 있습니다.
• 활동 내용　눈 축제의 눈 조각상 제작 보조
• 활동 기간　1월 15일(화)부터 2월 2일(토)까지의 기간 중, 희망하는 날
• 활동 시간　오전부: 오전 9시부터 정오
　　　　　　오후부: 오후 1시부터 오후 5시
　　　　　　야간부: 오후 6시부터 오후 8시 (기간 1월 21일~1월 31일)
• 모집 대상　16세 이상(야간부는 20세 이상)으로 기간 중 2회 이상 참가 가능한 분.
　　　　　　외국인은 일상회화 정도의 일본어를 이해할 수 있고, 일본에 주소가 있는 분.
• 정원　　　200명 (응모자가 다수인 경우는 추첨)
• 기타
※작업 시에 사용할 고무장갑과 헬멧은 빌려 드립니다. 방한복·장화는 각자 준비해 주세요. 눈 조각상 제작은 옥외에서 눈을 만지는 작업이므로 방한·방수 대책이 필요합니다.
　상하 스키복 속에 두꺼운 스웨터 등을 착용하고, 더워지면 벗는 등 온도 조절을 할 수 있는 옷차림이 좋습니다. 눈 위 같은 곳에서의 작업이 많으므로 장화는 잊지 말고 반드시 준비해 주세요.
• 신청 기간　2013년 12월 14일(금)까지
• 문의처　　삿포로시 콜센터 (전화·팩스 신청처)
　　　　　　전화: 011-222-4894

어휘　雪(ゆき) 눈｜祭(まつ)り 축제｜ボランティア 자원봉사, 자원봉사자｜募集(ぼしゅう) 모집｜国内外(こくないがい) 국내외｜訪(おとず)れる 방문하다, 찾아오다｜実行(じっこう) 실행｜委員会(いいんかい) 위원회｜参加(さんか) 참가｜活動(かつどう) 활동｜内容(ないよう) 내용｜大雪(おおゆき) 대설｜像(ぞう) 상｜製作(せいさく) 제작｜補助(ほじょ) 보조｜期間(きかん) 기간｜希望(きぼう) 희망｜午前(ごぜん) 오전｜正午(しょうご) 정오｜午後(ごご) 오후｜夜間(やかん) 야간｜対象(たいしょう) 대상｜可能(かのう) 가능｜外国人(がいこくじん) 외국인｜日常会話(にちじょうかいわ) 일상회화｜程度(ていど) 정도｜理解(りかい) 이해｜住所(じゅうしょ) 주소｜定員(ていいん) 정원｜多数(たすう) 다수｜抽選(ちゅうせん) 추첨｜作業(さぎょう) 작업｜ゴム手袋(てぶくろ) 고무장갑｜ヘルメ

ット 헬멧 | 貸(か)す 빌려주다 | 防寒服(ぼうかんふく) 방한복 | 長靴(ながぐつ) 장화 | 各自(かくじ) 각자 | 用意(ようい) 준비 | 屋外(おくがい) 옥외 | 触(さわ)る 닿다, 만지다 | 防水(ぼうすい) 방수 | 対策(たいさく) 대책 | 厚(あつ)い 두껍다 | 着用(ちゃくよう) 착용 | 脱(ぬ)ぐ 벗다 | 温度(おんど) 온도 | 調節(ちょうせつ) 조절 | 格好(かっこう) 모양, 모습 | 忘(わす)れる 잊다 | 必(かなら)ず 반드시, 꼭 | 申(もう)し込(こ)み 신청 | 問(と)い合(あ)わせ先(さき) 문의처

---

[38] **필요한 정보 찾기** ★★☆ | 정답 2

해석 다음 중에서 이 자원봉사에 참가할 수 없는 사람은 누구인가?
1 일본인 여자와 결혼해서 일본에 살고 있는 영국인 스미스 씨
2 초등학생 아이와 함께 좋은 추억을 만들고 싶다고 생각하고 있는 다나카 씨 부부
3 올해 도쿄에서 삿포로 시로 전입한 회사원 사토 씨
4 대학생활 중에 뭔가 보람 있는 일을 하고 싶어 하는 스즈키 군

해설 「募集対象」부분에 정답의 내용이 있다. 모집 대상의 기준을 보고 그 기준에 해당되지 않는 사람을 찾는다. 모집 대상에는 16세 이상이라고 되어 있으므로 초등학생은 참가할 수 없다. 따라서 정답은 2번이다.

어휘 結婚(けっこん) 결혼 | 住(す)む 살다 | 一緒(いっしょ)に 같이, 함께 | 思(おも)い出(で) 추억 | 夫婦(ふうふ) 부부 | 今年(ことし) 올해 | 転入(てんにゅう) 전입 | やりがい 보람

---

[39] **필요한 정보 찾기** ★★☆ | 정답 3

해석 이 자원봉사에 참가하는 사람은 무엇을 준비해야 하는가?
1 고무장갑
2 헬멧
3 장화
4 우비

해설 「その他」내용 중 防寒服・長靴는 각자 でご用意ください 부분을 정확히 해석하면 쉽게 정답을 찾을 수 있다. 고무장갑과 헬멧은 위원회에서 빌려준다고 되어 있으며 마지막에 장화는 잊지 말고 반드시 준비하라고 되어 있으므로 정답은 3번이다.

어휘 レインコート 레인코트, 우비

: 청해 :

문제1 과제이해 문제

대화를 듣고 구체적인 문제 해결에 필요한 정보를 찾아내 이후에 무엇을 해야 하는지를 알아내는 문제이다. 먼저 질문의 내용을 정확히 이해하여 과제를 수행해야 하는 사람이 누구인지, 어떠한 상황인지를 파악하고, 그 후 포인트가 되는 부분을 메모해 가며 체크해 두도록 한다.

1 ~ **6** 문제 1에서는 먼저 질문을 들으세요. 그리고 나서 이야기를 듣고 문제용지의 1부터 4 중에서 가장 알맞은 것을 하나 고르세요.

예) | 정답 4

`2-1-01.mp3`

男の人がシティーエアーターミナルの女の人と電話で話しています。男の人はこの後、どうしますか。

男：あのう、リムジンバスの予約をしたいのですが……。
女：申し訳ございませんが、旅行代理店で、チケットをお買い求めいただくことになっております。
男：電話で予約はできませんか。
女：電話予約はいたしておりません。
男：では、どうしたらいいですか。
女：旅行代理店でお求めください。
男：シティーエアーターミナルの中に旅行社がありますか。
女：はい、ございます。
男：今から行っても買えるでしょうか。
女：満席ということはございませんが、出発のお時間より少し早めにいらっしゃっていただいて、チケットをお求めください。
男：少し早めに行けば、買えるのですね。
女：はい、大丈夫でございます。
男：わかりました。ありがとうございます。

男の人はこの後、どうしますか。
1 旅行代理店に電話で予約する
2 シティーエアーターミナルに電話で予約する
3 前の日に旅行代理店に行って買っておく
4 出発の前に、旅行代理店で買う

해석 남자가 시티에어터미널의 여자와 전화로 이야기하고 있습니다. 남자는 이후에 어떻게 합니까?
남 : 저기, 리무진버스 예약을 하고 싶은데요…….
여 : 죄송합니다만, 여행대리점에서 티켓을 사셔야 합니다.
남 : 전화로 예약은 할 수 없습니까?
여 : 전화 예약은 받고 있지 않습니다.
남 : 그러면, 어떻게 하면 됩니까?
여 : 여행대리점에서 사시기 바랍니다.
남 : 시티에어터미널 안에 여행사가 있습니까?

여 : 네, 있습니다.

남 : 지금부터 가도 살 수 있습니까?

여 : 만석이 되는 일은 없습니다만, 출발 시간보다 조금 일찍 와 주셔서 티켓을 사시기 바랍니다.

남 : 조금 일찍 가면 살 수 있는 거네요.

여 : 네, 그렇습니다.

남 : 알겠습니다. 감사합니다.

남자는 이후에 어떻게 합니까?

1 여행대리점에 전화로 예약한다.

2 시티에어터미널에 전화로 예약한다.

3 전날에 여행대리점에 가서 사 둔다.

4 출발 전에 여행대리점에서 산다.

해설 남자는 리무진버스의 티켓을 예약하려고 시티에어터미널에 전화를 걸었다. 하지만 담당자가 전화 예약은 불가능하며, 여행대리점에서 직접 사야 한다고 말하고 있다. 따라서 티켓은 전화 예약이 불가능하며, 또한 중반부 남자의 대사 今から行っても買えるでしょうか를 통해 티켓이 필요한 날은 당일임을 알 수 있다. 따라서 정답은 4번이다.

어휘 シティーエアーターミナル 시티에어터미널 | リムジンバス 리무진버스 | 予約(よやく) 예약 | 申(もう)し訳(わけ)ございません 죄송합니다 | 旅行代理店(りょこうだいりてん) 여행대리점 | チケット 티켓 | お+동사 ます형+いただく ~해 받다, ~해 주시다 | 買(か)い求(もと)める 사들이다, 사다 | ~ことになっている ~하게 되어 있다 | ~ておる ~하고 있다, ~(저) 있다 | 致(いた)す 하다 | お+동사 ます형+ください ~해 주십시오 | 求(もと)める 구하다, 요구하다, 사다, 구입하다 | 旅行社(りょこうしゃ) 여행사 | ござ い ござ 있다 | 買(か)える 살 수 있다 | 満席(まんせき) 만석 | 出発(しゅっぱつ) 출발 | お時間(じかん) 시간 | ~より ~부터, ~보다 | 少(すこ)し 조금, 약간 | 早(はや)めに 일찌감치, 일찍 | いらっしゃる 오시다, 가시다, 계시다 | ~ていただく ~해 받다, ~해 주시다 | 大丈夫(だいじょうぶ) 괜찮음, 안전함 | 前(まえ)の日(ひ) 전날 | ~ておく ~해 놓다, ~해 두다

---

1 필요한 정보를 토대로 과제 수행하기 ★★☆ 　정답 2

`2-1-02.mp3`

男の人と女の人が話しています。女の人はこのあと、どうしますか。

男 : こんなにたくさんの荷物、飛行機に乗る時、きっと重量オーバーだよ。

女 : じゃあ、どうしたらいい？

男 : 郵便局で送るのは料金が高すぎるだけじゃなくて、こんな大きな荷物は送れないし。船便なら大丈夫だと思うよ。

女 : 船便だと、どのくらいかかるかな。

男 : はっきり覚えていないから、明日、託送会社に一緒に聞きに行こう。

女 : あ、思い出した。去年竹内さんも船便で荷物を送ったことがあるの。

男 : じゃあ、よかった。竹内さんにちょっと電話で聞いてみたら？

女 : うん。今すぐしてみるね。

女の人はこの後、どうしますか。

1 郵便局に行って料金を聞いてみる

2 竹内さんに電話する

3 男の人と一緒に託送会社に行く

4 船便で荷物を送る

해석 남자와 여자가 이야기하고 있습니다. 여자는 이후에 어떻게 합니까?

남 : 이렇게 많은 짐, 비행기 탈 때, 분명 중량 오버야.

여 : 그럼, 어떻게 하면 될까？

남 : 우체국에서 보내는 것은 요금이 너무 비쌀 뿐만 아니라, 이런 큰 짐은 보낼 수도 없고, 배편이라 괜찮을 것 같아.

여 : 배편이라면, 어느 정도 걸릴까？

남 : 확실히 기억하고 있지 않으니깐, 내일, 탁송 회사에 같이 물어보러 가자.

여 : 아, 생각났어. 작년에 다케우치 씨도 배편으로 짐을 보낸 적이 있어.

남 : 그럼, 잘됐네. 다케우치 씨한테 좀 전화해서 물어보는 게 어때？

여 : 응. 지금 바로 해 볼게.

여자는 이후에 어떻게 합니까?

1 우체국에 가서 요금을 물어본다.

2 다케우치 씨에게 전화한다.

3 남자와 함께 탁송 회사에 간다.

4 배편으로 짐을 보낸다.

해설 남녀의 마지막 대사 「竹内さんにちょっと聞きに電話でもしてみたら」와 「うん。今すぐしてみるね」에서 여자가 이후 다케우치 씨에게 전화를 걸 것임을 알 수 있다.

어휘 荷物(にもつ) 짐 | 飛行機(ひこうき) 비행기 | 乗(の)る 타다 | きっと 꼭, 틀림없이 | 重量(じゅうりょう) 중량 | 郵便局(ゆうびんきょく) 우체국 | 送(おく)る 보내다 | 料金(りょうきん) 요금 | 高(たか)すぎる 너무 비싸다 | 船便(ふなびん) 배편 | 大丈夫(だいじょうぶ)だ 괜찮다 | はっきり 분명히, 똑똑히, 확실히 | 覚(おぼ)える 기억하다 | 託送会社(たくそうがいしゃ) 탁송 회사 | 一緒(いっしょ)に 같이, 함께 | 去年(きょねん) 작년 | すぐ 곧, 바로

---

2 필요한 정보를 토대로 과제 수행하기 ★★☆ 　정답 3

`2-1-03.mp3`

男の人と女の人が電話で話しています。このあと、男の人は何をしますか。

女 : もしもし、日本大学の経済学部ですか。

男 : はい、こちらは経済学部です。どなたにおかけですか。

女：吉田先生はいらっしゃいますか。
男：おりません。今授業中です。どのようなご用件ですか。
女：お戻りになりましたら、私にお電話いただけるよう先生にお伝えください。私は渡辺と申します。
男：かしこまりました。必ず先生にお伝えします。先生はお電話番号を存じ上げていますか。
女：はい、ご存じです。ありがとうございます。
男：どういたしまして。

このあと、男の人は何をしますか。
1 資料をコピーして先生に渡す
2 渡辺さんに先生の電話番号を教える
3 渡辺さんに電話するよう、先生に伝える
4 先生に早く戻るように電話をかける

해석　남자와 여자가 전화로 이야기하고 있습니다. 이후에 남자는 무엇을 합니까?
여 : 여보세요, 일본대학 경제학부입니까?
남 : 네, 여기는 경제학부입니다. 어느 분에게 전화 거셨습니까?
여 : 요시다 선생님은 계십니까?
남 : 안 계십니다. 지금 수업 중입니다. 어떤 용건이십니까?
여 : 돌아오시면, 저에게 전화 주시도록 선생님께 전해 주십시오. 저는 와타나베라고 합니다.
남 : 알겠습니다. 꼭 선생님께 전해드리겠습니다. 선생님은 전화번호를 알고 있습니까?
여 : 네, 알고 계십니다. 고맙습니다.
남 : 천만에요.

이후에 남자는 무엇을 합니까?
1 자료를 복사해서 선생님에게 건넨다.
2 와타나베 씨에게 선생님의 전화번호를 가르쳐 준다.
3 와타나베 씨에게 전화하도록 선생님에게 전한다.
4 선생님에게 빨리 돌아오도록 전화를 건다.

해설　여자의 대사 お戻りになりましたら、私にお電話いただけるよう先生にお伝えください와 남자의 대사 かしこまりました。必ず先生にお伝えします를 통해 정답이 3번임을 알 수 있다.

어휘　経済(けいざい) 경제 | 学部(がくぶ) 학부 | かける 걸다 | いらっしゃる 行く・来る・いる의 존경어 | おる いる의 겸양어 | 授業(じゅぎょう) 수업 | 用件(ようけん) 용건 | 戻(もど)る 되돌아가(오)다 | いただく もらう・食(た)べる・飲(の)む의 겸양어 | 伝(つた)える 전하다 | 申(もう)す 言(い)う의 겸양어 | かしこまる わかる의 겸양어 | 必(かなら)ず 반드시, 꼭 | 電話番号(でんわばんごう) 전화번호 | 存(ぞん)じ上(あ)げる 알다 | ご存(ぞん)じだ 아시다 | 資料(しりょう) 자료 | 渡(わた)す 건네다, 넘기다 | 早(はや)く 빨리, 일찍

---

3 **필요한 정보를 토대로 과제 수행하기** ★★☆　　|정답 1

2-1-04.mp3

先生が人との交流について話しています。この先生はまず何をするように言っていますか。

女：今、私たちはいろいろな人々、たとえば年齢や職業の異なる人たちと交流を持つことがとても大切です。「年齢や職業の異なる人と知り合う機会なんてない」と思うかもしれませんが、そんなに難しいことではありません。いつも買い物をする店の店員や通学途中で時々見かける人に「今日はいい天気ですね」と言ってみてはどうでしょう。続けて何度も会ううちに、会話をかわすようになるかもしれません。そのようにしてできた交流は、きっと、みなさんの将来を豊かにしてくれるはずです。

この先生はまず何をするように言っていますか。
1 自分の周りにいる人にあいさつをしてみる
2 知らない人となるべく会うようにする
3 買い物に出かけることを増やす
4 いろいろな年齢の人たちと深く付き合う

해석　선생님이 사람과의 교류에 관해서 이야기하고 있습니다. 이 선생님은 우선 무엇을 하도록 말하고 있습니까?
여 : 지금, 우리들은 여러 사람들, 예를 들면 연령과 직업이 다른 사람들과 교류를 갖는 것이 매우 중요합니다. '연령과 직업이 다른 사람과 서로 알게 될 기회 같은 건 없어'라고 생각할지도 모르겠습니다만, 그렇게 어려운 일은 아닙니다. 항상 장을 보는 가게의 점원이나 통학 도중에 가끔 보는 사람에게 "오늘 날씨가 좋네요"라고 말해 보면 어떨까요? 계속해서 몇 번이나 만나는 동안에 대화를 나누게 될지도 모릅니다. 그렇게 해서 생긴 교류는 틀림없이 여러분의 장래를 풍요롭게 해 줄 것입니다.

이 선생님은 우선 무엇을 하도록 말하고 있습니까?
1 자기 주변에 있는 사람에게 인사를 해 본다.
2 모르는 사람과 가능한 한 만나도록 한다.
3 장을 보러 나가는 것을 늘린다.
4 다양한 연령의 사람들과 깊이 사귄다.

해설　중반부의 いつも買い物をする店の店員や通学途中で時々見かける人に「今日はいい天気ですね」と言ってみてはどうでしょう 부분을 들었다면 정답을 찾을 수 있다.

어휘　交流(こうりゅう) 교류 | まず 우선, 먼저 | 例(たと)えば 예를 들면 | 年齢(ねんれい) 연령 | 職業(しょくぎょう) 직업 | 異(こと)なる 다르다 | 持(も)つ 갖다, 들다 | 大切(たいせつ) 소중함, 중요함 | 知(し)り合(あ)う 서로 알다, 아는 사이가 되다 | 機会(きかい) 기회 | 思(おも)う 생각하다 | 難(むずか)しい 어렵다 | 買(か)い物(もの) 쇼핑, 장보기 | 店(みせ) 가게 | 店員(てんいん) 점원 | 通学(つうがく) 통학 | 途中(とちゅう) 도중 | 時々(ときどき) 가끔, 때때로 | 見(み)かける 눈에 띄다, (언뜻) 보다 | 天気(てんき) 날씨 | 続(つづ)ける 계속하다 | 何度(なんど)も 몇 번이나 | 会話(かいわ) 회화, 대화 | かわす 주고받다, 나누다 | きっ

と 꼭, 틀림없이 | 将来(しょうらい) 장래 | 豊(ゆた)か 풍족함, 풍부함 | 周(まわ)り 주위, 주변 | なるべく 가능한 한 | 出(で)かける 나가다, 외출하다 | 増(ふ)やす 늘리다, 불리다 | 付(つ)き合(あ)う 사귀다, 교제하다

---

4 필요한 정보를 토대로 과제 수행하기 ★★☆ | 정답 2

2-1-05.mp3

男の人と女の人が話しています。男の人は明日、何を使って友だちを迎えに行きますか。

男：明日、友だちがオーストラリアから遊びに来るんだけど、どうやって迎えに行こうかな。

女：そうね。電車がいいんじゃない？時間は正確だし、成田行きの特急に乗れば絶対に間違いはないよ。それか……高速バスでも行けるよ。

男：ん……でも家から駅までは遠いんだ。それに友人は荷物も多いだろうし、高速バスのバス停は近くにあるんだけど、値段が高いし……。

女：じゃあ……車で行けばいいんじゃない？あなた、車を持っていたでしょ。

男：そうだな……。でも成田空港まで車で行ったことがないから不安なんだ。

女：じゃあ、私が車で駅まで送り迎えしてあげるわ。だったら歩かなくていいでしょ。

男：いいのかい。

女：ええ、いいわよ。そのかわり、来週、私も成田空港へ母を迎えに行くんだけど、その時は駅まで送り迎えよろしくね。

男の人は明日、何を使って友だちを迎えに行きますか。
1 家の前から高速バスに乗る
2 特急電車で行く
3 友だちに車で空港まで送り迎えしてもらう
4 自分で車を運転していく

해석 남자와 여자가 이야기하고 있습니다. 남자는 내일, 무엇을 사용해서 친구를 마중하러 갑니까?
남：내일, 친구가 호주에서 놀러 오는데, 어떻게 마중하러 갈까?
여：글쎄. 전철이 좋지 않을까? 시간은 정확하고, 나리타행 특급을 타면 절대로 늦는 일은 없을 거야. 아니면…… 고속버스로도 갈 수 있어.
남：음…… 하지만 집에서 역까지는 멀단 말이야. 게다가 친구는 짐도 많을 것이고, 고속버스 정류장은 근처에 있지만 가격이 비싸고…….
여：그럼…… 차로 가면 되잖아. 너, 차 있잖아.
남：그럴까……. 하지만 나리타 공항까지 차로 간 적이 없어서 불안하단 말이지.
여：그럼, 내가 차로 역까지 데려다 주고 데리러 가 줄게. 그럼 걷지 않아도 되잖아.
남：괜찮겠어?
여：응, 괜찮아. 그 대신, 다음 주에 나도 나리타공항에 엄마를 마중하러 가는데, 그때는 네가 역까지 데려다 주고 데리러 와 주

길 부탁할게.

남자는 내일, 무엇을 사용해서 친구를 마중하러 갑니까?
1 집 앞에서부터 고속버스를 탄다.
2 특급전철로 간다.
3 친구가 자동차로 공항까지 데려다 주고 데리러 와 준다.
4 직접 자동차를 운전해서 간다.

해설 전체 내용을 들으면서 3번이나 4번 선택지를 고르지 않도록 주의한다. 여자의 차로 역까지 송영해 주겠다는 대사를 통해여자가 남자를 역까지 데려다 주면 남자는 특급전철을 타고 갔다가 돌아오고 여자가 다시 역까지 데리러 올 것임을 알 수 있다.

어휘 迎(むか)えに行(い)く 마중하러 가다 | 遊(あそ)ぶ 놀다 | どうやって 어떻게 | 電車(でんしゃ) 전철 | 正確(せいかく) 정확함 | ～行(ゆき) ～행 | 特急(とっきゅう) 특급 | 乗(の)る 타다 | 絶対(ぜったい)に 절대로 | 間違(まちが)い 틀림, 잘못됨 | 高速(こうそく)バス 고속버스 | 駅(えき) 역 | 遠(とお)い 멀다 | 友人(ゆうじん) 친구 | バス停(てい) 버스 정류장 | 近(ちか)く 근처 | 値段(ねだん) 가격 | 車(くるま) 자동차 | 空港(くうこう) 공항 | 不安(ふあん) 불안 | 送(おく)り迎(むか)え 전송과 마중 | 歩(ある)く 걷다

---

5 필요한 정보를 토대로 과제 수행하기 ★☆☆ | 정답 1

2-1-06.mp3

男の学生と女の学生が話しています。二人はこれから、どうしますか。

男：どんなスポーツが好き？

女：野球も、スキーも、水泳も全部好き。田中君は？

男：僕はしょっちゅうバスケットボールや野球をしてるんだ。スキーも好きだな。

女：スキーは上手？

男：上手じゃない。今年から始めたばかりの初心者なんだから。ところで、明日、バスケットボールの試合があるけど、見に行く？

女：どことどこが試合をするの？

男：東京チーム対大阪チーム。

女：じゃあ、きっと面白いよね。すごく見たい。チケットを買うのは難しいだろうね？

男：今買いに行けば、買えるかも。

二人はこれから、どうしますか。
1 チケットを買いに行く
2 バスケットボールの試合を見に行く
3 スキーをしに行く
4 テレビでバスケットボールの試合を見る

해석 남학생과 여학생이 이야기하고 있습니다. 두 사람은 이제부터 어떻게 합니까?
남：어떤 스포츠를 좋아해?
여：야구도 스키도 수영도 전부 좋아해. 다나카 군은?
남：나는 항상 농구랑 야구를 하고 있어. 스키도 좋아해.
여：스키는 잘 타?

남 : 잘 못 타. 올해 막 시작한 초심자거든. 그런데 내일 농구 경기
가 있는데, 보러 갈래?

여 : 어디랑 어디가 경기하는데?

남 : 도쿄 팀 대 오사카 팀.

여 : 그럼, 분명 재미있겠다. 엄청 보고 싶어. 티켓을 사는 건 어렵
겠지?

남 : 지금 사러 가면 살 수 있을지도 몰라.

두 사람은 이제부터 어떻게 합니까?

1 티켓을 사러 간다.
2 농구 경기를 보러 간다.
3 스키를 타러 간다.
4 텔레비전으로 농구 경기를 본다.

해설 남자의 마지막 대사 今買いに行けば、買えるかもに 힌트가
있다. 선택지 2번을 고르지 않도록 주의한다.

어휘 野球(やきゅう) 야구 | スキー 스키 | 水泳(すいえい) 수영 | 全
部(ぜんぶ) 전부 | しょっちゅう 항상, 언제나, 노상 | 泳(およ)
ぐ 헤엄치다 | 上手(じょうず) 잘함, 능숙함 | ところで 그런데 |
試合(しあい) 시합, 경기 | ～対(たい) ～대 | きっと 꼭, 틀림없
이 | 面白(おもしろ)い 재미있다 | チケット 티켓

남 : 응, 오늘 점심은 내가 만들 거야. 음, 오믈렛이랑 샐러드.

여 : 그럼, 이 달걀을 사용하면 되겠네.

남 : 햄도 있는데, 좀 적으려나.

여 : 그럼, 지금 사 올게. 샐러드용 채소는 충분하지? 그거랑 갓 구
운 빵이 먹고 싶다. 과일도 사 올까?

남 : 응, 맥주도 부탁해.

여 : 낮인데 맥주 마셔?

남 : 쉬는 날이니까 괜찮잖아.

여 : 뭐 괜찮지, 그럼 다녀올게.

여자는 이후 무엇을 합니까?

1 점심밥을 만든다.
2 케이크를 먹는다.
3 슈퍼에 간다.
4 맥주를 마신다.

해설 대화 중반부 じゃあ、今から買ってくる를 통해 부족한 햄과
빵, 과일, 맥주 등을 사 올 것임을 알 수 있다. 따라서 정답은 3번이다.

어휘 食後(しょくご) 식후 | 卵(たまご) 달걀 | 少(すく)ない 적다 |
野菜(やさい) 채소 | 焼(や)きたて 갓 구운 | 果物(くだもの)
과일

---

6 필요한 정보를 토대로 과제 수행하기 ★★☆　　│ 정답 3

2-1-07.mp3

男の人と女の人が話しています。女の人はこのあと、何
をしますか。

女 : あ、ケーキがある。食べようっと。

男 : だめだめ。それは、食後のデザート。

女 : え、何か作ってくれるの？

男 : うん、今日の昼は僕が作るよ。うーん、オムレツと
サラダかな。

女 : じゃあ、この卵を使えばいいね。

男 : ハムもあるんだけど、ちょっと少ないかな。

女 : じゃあ、今から買ってくる。サラダ用の野菜は十分
だよね。それと、焼きたてのパンが食べたいな。果
物も買ってこようか。

男 : うん、ビールもお願い。

女 : 昼なのに、ビール飲むの？

男 : 休みなんだから、いいじゃない。

女 : まあいいか。じゃ、行ってくるね。

女の人はこのあと、何をしますか。

1 昼ごはんを作る
2 ケーキを食べる
3 スーパーに行く
4 ビールを飲む

해석 남자와 여자가 이야기하고 있습니다. 여자는 이후에 무엇을 합니
까?

여 : 아, 케이크가 있네. 먹어야지.

남 : 안 돼 안 돼. 그건 식후 디저트야.

여 : 어, 뭔가 만들어 주는 거야?

문제 2 포인트이해 문제

대화를 듣고 질문에서 요구하는 핵심 포인트를 정확히 이해하고 파
악하는 문제이다. 본문 내용을 들을 때에는 항상 질문을 염두에 두고
질문 내용에서 요구하는 포인트를 좁혀 나가야 한다.

1 ～ **6** 문제 2에서는 먼저 질문을 들으세요. 그 다음 문제용
지를 보세요. 읽는 시간이 있습니다. 그러고 나서 이야기를 듣고 문
제용지의 1부터 4 중에서 가장 알맞은 것을 하나 고르세요.

예)　　　　　　　　　　　　　　│ 정답 4

2-2-01.mp3

女の人と男の人が話しています。男の人は、どうして遅
れましたか。

女 : どうしてこんなに遅れたの？ かなり待ちましたよ。

男 : すみません。もともと列車は３時30分に到着する
予定だったけど、信号の故障で20分間停車したせ
いで遅れました。

女 : でも、すぐ直ってよかったですね。私は、それも知
らずに何か事故でも起きたのかと思って心配しまし
た。

男 : ところが、到着して降りようとしたら、今度は切符
が見つからないんですよ。

女 : え？それでどうしたんですか。切符は見つかったん
ですか。

男 : 慌てて探してみたら、列車の中で読んでいた本の中
に入っていたんです。

女 : 本当、いろいろありましたね。

男の人は、どうして遅れましたか。
1 切符がなくなったから
2 事故で列車が20分間停車したから
3 列車の中で本を読んでいたから
4 信号が故障したから

해석 　여자와 남자가 이야기하고 있습니다. 남자는 왜 늦었습니까?
여 : 왜 이렇게 늦었어요? 많이 기다렸잖아요.
남 : 미안해요. 원래는 열차가 3시 30분에 도착할 예정이었는데, 신호 고장으로 20분 동안 정차한 바람에 늦었어요.
여 : 그래도 바로 수리가 되어 다행이네요. 저는 그것도 모르고 뭔가 사고라도 났나 하고 걱정했어요.
남 : 그런데 도착해서 내리려고 했더니, 이번에는 표가 보이지 않는 거예요.
여 : 네? 그래서 어떻게 했어요? 표는 찾았어요?
남 : 당황해서 허둥대며 찾아봤더니, 열차 안에서 읽고 있던 책 안에 들어 있었어요.
여 : 정말 여러 가지 일들이 있었네요.

남자는 왜 늦었습니까?
1 표가 없어졌기 때문에
2 사고로 열차가 20분 동안 정차했기 때문에
3 열차 안에서 책을 읽고 있었기 때문에
4 신호가 고장 났기 때문에

해설 　남자의 첫 번째 대사를 들었으면 정답이 4번임을 알 수 있다. 열차가 20분 동안 정차한 것은 사고가 아니라 신호 고장 때문이었으므로 2번으로 착각하지 않도록 주의해야 한다.

어휘 　どうして 왜, 어째서 | 遅(おく)れる 늦다 | かなり 꽤, 상당히 | 待(ま)つ 기다리다 | もともと 원래 | 列車(れっしゃ) 열차 | 到着(とうちゃく) 도착 | 予定(よてい) 예정 | 信号(しんごう) 신호(등) | 故障(こしょう) 고장 | 停車(ていしゃ) 정차 | 〜せいで 〜탓에, 〜때문에 | すぐ 바로, 곧, 금방 | 直(なお)る 고쳐지다 | 〜てよかった 〜해서 다행이다 | 知(し)る 알다 | 〜ずに 〜(하)지 않고, 〜(하)지 말고 | 事故(じこ) 사고 | 起(お)きる 일어나다 | 心配(しんぱい) 걱정, 근심 | ところが 그런데, 그러나 | 降(お)りる 내리다 | 〜(よ)うとしたら 〜(하)려고 했더니 | 今度(こんど) 이번, 이다음 | 切符(きっぷ) 표 | 見(み)つかる 들키다, 찾게 되다, 발견되다 | 慌(あわ)てる 당황하다, 허둥거리다 | 探(さが)す 찾다 | 無(な)くなる 없어지다

---

1 핵심 포인트 파악하기 ★★☆ 　　　정답 1

2-2-02.mp3

男の人と女の人が話しています。なぜ男の人は大学の近くに引っ越さないのですか。

女 : どうしたの？疲れてるみたいだけど。
男 : アパートを見つけるのに苦労しているんだ。見た所はどこも狭すぎるか家賃が高すぎてさ。
女 : どこに住みたいとか、どんな部屋が良いとか、希望条件はあるの？

男 : そうだね。僕は駅からは少し遠くてもいいから、広い部屋に住みたい。もちろん家賃は安ければ安いほどいいしね。
女 : じゃ、大学の近くは見て回ってみた？あの辺りなら家賃がかなり手ごろだし、とてもすてきなアパートがあるよ。
男 : 見てみたけど、あそこはどこも夏まで空かないらしいんだ。

なぜ男の人は大学の近くに引っ越さないのですか。
1 全然空きがないから
2 家賃が高すぎるから
3 部屋が狭すぎるから
4 駅から遠くて不便だから

해석 　남자와 여자가 이야기하고 있습니다. 왜 남자는 대학 근처로 이사하지 않는 것입니까?
여 : 무슨 일이야? 피곤해 보이는데.
남 : 아파트를 찾는데 고생하고 있어. 본 곳은 어디나 너무 좁던지 집세가 너무 비싸서 말이야.
여 : 어디에 살고 싶다거나, 어떤 방이 좋다거나, 희망 조건은 있어?
남 : 글쎄. 나는 역에서 좀 멀어도 좋으니까 넓은 방에서 살고 싶어. 물론 집세는 싸면 쌀수록 좋고.
여 : 그럼, 대학 근처는 돌아다녀 봤어? 그 주변이라면 집세가 꽤 적당하고, 아주 멋진 아파트가 있어.
남 : 봐 봤는데, 거기는 어디나 여름까지 방이 비지 않는 것 같아.

왜 남자는 대학 근처로 이사하지 않는 것입니까?
1 전혀 빈 방이 없어서
2 집세가 너무 비싸서
3 방이 너무 좁아서
4 역에서 멀고 불편해서

해설 　남자의 마지막 대사 あそこはどこも夏まで空かないらしいんだ 부분에 정답의 힌트가 있다. 정답은 1번이다.

어휘 　近(ちか)く 근처 | 引(ひ)っ越(こ)す 이사하다 | 疲(つか)れる 지치다, 피곤하다 | 見(み)つける 발견하다, 찾다 | 苦労(くろう) 고생 | 狭(せま)い 좁다 | 家賃(やちん) 집세 | 高(たか)い 높다, 비싸다 | 住(す)む 살다 | 部屋(へや) 방 | 希望(きぼう) 희망 | 条件(じょうけん) 조건 | 駅(えき) 역 | 遠(とお)い 멀다 | 広(ひろ)い 넓다 | 安(やす)い 싸다 | 回(まわ)る 돌다 | 辺(あた)り 근처, 주위, 주변 | 手(て)ごろ 알맞은, 적합함, 걸맞음, 어울림 | すてき 멋짐, 대단함 | 夏(なつ) 여름 | 空(あ)く (시간이) 나다, (공간이) 비다 | 全然(ぜんぜん) 전혀 | 不便(ふべん) 불편

---

2 핵심 포인트 파악하기 ★☆☆ 　　　정답 3

2-2-03.mp3

女の人と男の人が話しています。女の人は、どうして来ましたか。

女：こんにちは、山本さん！

男：ああ、イさん、お久しぶりですね。今日はどうして ここに来る暇があったのですか。

女：お別れのあいさつをしに来たんです。

男：どちらへ行くんですか。

女：もうすぐ帰国します。

男：時が経つのは本当に早いですね。イさんが東京に来 てもう１年になりますね。

女：いつもお邪魔ばかりして、本当にすみませんでした。

男：とんでもないです。忙しくてあまりお世話をしてあ げられなかったじゃないですか。

女：そんなことありません。

男：いつ発つのですか。見送りに行きます。

女：お忙しいのですから、見送りは結構です。

女の人は、どうして来ましたか。

1 邪魔したのを謝りに来た

2 久しぶりに暇だったので遊びに来た

3 お別れのあいさつをしに来た

4 男の人を見送りに来た

해석 여자와 남자가 이야기하고 있습니다. 여자는 왜 왔습니까?

여 : 안녕하세요. 야마모토 씨!

남 : 아, 이 씨, 오래간만이네요. 오늘은 어떻게 여기에 올 시간이 있었던 거예요?

여 : 작별 인사를 하러 왔습니다.

남 : 어디로 갑니까?

여 : 이제 곧 귀국합니다.

남 : 시간이 지나는 것은 정말 빠르네요. 이 씨가 도쿄에 와서 벌써 1년이 되네요.

여 : 항상 폐만 끼치고, 정말 죄송했습니다.

남 : 당치 않습니다. 바빠서 별로 돌봐 드리지도 못했잖아요.

여 : 그렇지 않습니다.

남 : 언제 떠나는 것입니까? 배웅하러 가겠습니다.

여 : 바쁘시니까 배웅은 괜찮습니다.

여자는 왜 왔습니까?

1 폐를 끼친 것을 사과하러 왔다.

2 오래간만에 짬이 나서 놀러 왔다.

3 작별 인사를 하러 왔다.

4 남자를 배웅하러 왔다.

해설 대화 초반부에 여자가 お別れのあいさつをしに来たんです 라고 말하고 있으므로 정답은 3번이다.

어휘 久(ひさ)しぶり 오래간만 | 暇(ひま) 한가함, 틈, 짬 | 別(わか)れ 헤어짐, 이별 | もうすぐ 이제 곧 | 帰国(きこく) 귀국 | 時(とき) 때, 시간 | 経(た)つ 지나다, 경과하다 | 早(はや)い 빠르다, 이르다 | 邪魔(じゃま) 방해, 훼방 | 忙(いそが)しい 바쁘다 | 発(た)つ 출발하다, 떠나다 | 見送(みおく)り 전송, 배웅 | 結構(けっこう) 훌륭함, 충분함 | 謝(あやま)る 사과하다

---

3 핵심 포인트 파악하기 ★☆☆ | 정답 2

2-2-04.mp3

男の人と女の人が話しています。女の人はなぜ、展覧会 に行けないのですか。

男：ピカソの展覧会の入場券が2枚あるんだけど、明日 一緒に行かない？

女：すごく行きたいんだけど、行けないの。

男：どうして？デートでもするの？

女：いいえ、あさって試験があるので、明日は一日中勉 強しなければならないの。

男：じゃあ、週末はどう？時間ある？

女：ごめん、今度の週末はすっかり予定が入ってしまっ ているんだ。展覧会には来週行かない？食事は私が おごるから。

男：わかった。来週にしよう。

女の人はなぜ、展覧会に行けないのですか。

1 あまり行きたくないから

2 テストがあるから

3 もう先約があるから

4 恋人とデートするから

해석 남자와 여자가 이야기하고 있습니다. 여자는 왜 전람회에 갈 수 없 는 것입니까?

남 : 피카소 전람회 입장권이 2장 있는데, 내일 같이 가지 않을래?

여 : 정말 가고 싶은데 갈 수 없어.

남 : 왜? 데이트라도 하는 거야?

여 : 아니야, 모레 시험이 있어서, 내일은 하루 종일 공부해야만 해.

남 : 그럼, 주말은 어때? 시간 있어?

여 : 미안, 이번 주말은 몽땅 일정이 잡혀 있어서. 전람회는 다음 주에 가지 않을래? 식사는 내가 낼 테니까.

남 : 알았어. 다음 주로 하자.

여자는 왜 전람회에 갈 수 없는 것입니까?

1 별로 가고 싶지 않기 때문에

2 시험이 있기 때문에

3 이미 선약이 있기 때문에

4 애인과 데이트하기 때문에

해설 대화 중반에 여자가 あさって試験があるので、明日は一 日中勉強しなければならないの라고 말하는 부분을 놓치지 않으면 정답을 정확히 고를 수 있다.

어휘 展覧会(てんらんかい) 전람회 | 入場券(にゅうじょうけん) 입장권 | 一緒(いっしょ)に 같이, 함께 | 試験(しけん) 시험 | 一 日中(いちにちじゅう) 하루 종일 | 勉強(べんきょう) 공부 | 週 末(しゅうまつ) 주말 | 今度(こんど) 이번, 다음 | すっかり 완 전히, 몽땅 | 予定(よてい) 예정 | 入(はい)る 들어가(오)다 | 来週 (らいしゅう) 다음 주 | 食事(しょくじ) 식사 | おごる 한턱내다 | 先約(せんやく) 선약 | 恋人(こいびと) 애인

4 핵심 포인트 파악하기 ★★☆ | 정답 4

`2-2-05.mp3`

スポーツセンターで男の人が話しています。プールの見学が最後なのはなぜですか。

男：新宿スポーツセンターへようこそ。今日は新しいメンバーを対象にした説明会を行います。最初に、当センターを選んでいただいたことに感謝いたします。当センターには、最高級、最新の装置が設置されており、係員もいつも待機して、ご質問にお答えしたり、必要なアドバイスをさせていただきます。それでは、施設を見て回りましょう。まず、ウエートルーム、ラケットボールコート、トラックを見て回ります。プールを見るのは最後になります。というのは、いま子供の水泳教室が開かれており、人に見られていると子供たちの気が散るからです。

プールの見学が最後なのはなぜですか。

1 そこが出発点から一番遠いから
2 人々がプールに気を取られるから
3 男性と女性を分ける必要があるから
4 教室が終わるまで待たないといけないから

해석　스포츠센터에서 남자가 이야기하고 있습니다. 수영장 견학이 마지막인 것은 왜입니까?

남：신주쿠 스포츠센터에 어서 오세요. 오늘은 새로운 회원을 대상으로 한 설명회를 합니다. 우선 저희 센터를 선택해 주신 것에 감사드립니다. 저희 센터에는 최고급, 최신 장비가 설치되어 있고, 담당자도 항상 대기하여 질문에 대답해 드리거나 필요한 조언을 해 드립니다. 그러면, 시설을 보며 돌아봅시다. 우선, 웨이트룸, 라켓볼 코트, 트랙을 보며 돕니다. 수영장을 보는 것은 마지막이 되겠습니다. 왜냐하면, 지금 아이들의 수영 교실이 진행되고 있어 다른 사람이 보고 있으면 아이들이 수업에 집중하기 어렵기 때문입니다.

수영장 견학이 마지막인 것은 왜입니까?
1 그곳이 출발점에서 가장 멀기 때문에
2 사람들이 수영장에 정신을 빼앗기기 때문에
3 남성과 여성을 나눌 필요가 있기 때문에
4 수업이 끝날 때까지 기다리지 않으면 안 되기 때문에

해설　남자의 마지막 대사 いま子供の水泳教室が開かれており、人に見られていると子供たちの気が散るからです를 통해 정답이 4번임을 알 수 있다.

어휘　見学(けんがく) 견학 | 最後(さいご) 최후, 마지막 | 新(あたら)しい 새롭다 | 対象(たいしょう) 대상 | 説明会(せつめいかい) 설명회 | 行(おこな)う 하다, 실시하다 | 最初(さいしょ) 최초, 처음 | 選(えら)ぶ 고르다, 선택하다 | 感謝(かんしゃ) 감사 | 最高級(さいこうきゅう) 최고급 | 最新(さいしん) 최신 | 装置(そうち) 장치 | 設置(せっち) 설치 | 係員(かかりいん) 담당자 | 待機(たいき) 대기 | 質問(しつもん) 질문 | 答(こた)える 대답하다 | 必要(ひつよう) 필요 | アドバイス 어드바이스 | 施設(しせつ) 시설 | 回(まわ)る 돌다 | 開(ひら)く 열리다 | 気(き)が散(ち)

る 정신이 흐트러지다, 주의가 집중되지 않다 | 出発点(しゅっぱつてん) 출발점 | 一番(いちばん) 가장, 제일 | 遠(とお)い 멀다 | 気(き)を取(と)られる 다른 데 정신을 뺏기다 | 男性(だんせい) 남성 | 女性(じょせい) 여성 | 分(わ)ける 나누다 | 教室(きょうしつ) 교실 | 終(お)わる 끝나다

5 핵심 포인트 파악하기 ★★☆ | 정답 3

`2-2-06.mp3`

次は留守番電話のメッセージです。男の人が電話した理由は何ですか。

男：お疲れさまです、田中さん。この間お頼みになった新入社員オリエンテーションのことなんですが、私はその日、都合が付かなくなってしまいました。たしかに、その日は会社の歴史について話すことができるとあなたに申し上げましたが、ある重要なお客さまがこの町をたった1日の予定で訪れ、その人と昼食を兼ねて会わなければならなくなったのです。それで私が話す時間を2時に変えられたらと思うのですが。もしくは、小林さんが私の代わりに話してくださってもかまいません。オリエンテーションを準備するのは大変でしょう。仕事を増やしてしまって、申し訳ありません。私にどうしてほしいか連絡してください。

男の人が電話した理由は何ですか。

1 新入社員オリエンテーションを準備するために
2 お客さんとの会議を延期するために
3 オリエンテーションスケジュールを変更するために
4 会社の歴史を説明するために

해석　다음은 자동응답전화의 메시지입니다. 남자가 전화한 이유는 무엇입니까?

남：수고하십니다. 다나카 씨. 지난번에 부탁하신 신입사원 오리엔테이션 건입니다만, 저는 그날 사정이 안 되게 되어 버렸습니다. 분명히 그날은 회사의 역사에 관해서 이야기할 수 있다고 당신에게 말씀드렸습니다만, 어떤 중요한 손님이 이 도시를 단 하루 일정으로 방문하셔서, 그분과 점심 식사를 겸해 만나지 않으면 안 되게 된 것입니다. 그래서 제가 이야기하는 시간을 2시로 바꿀 수 있으면 좋겠다고 생각합니다만. 아니면, 고바야시 씨가 제 대신에 해 주셔도 상관없습니다. 오리엔테이션을 준비하느라 힘드시지요? 일을 늘려 버려서 죄송합니다. 제가 어떻게 하면 좋은지 연락해 주십시오.

남자가 전화한 이유는 무엇입니까?
1 신입사원 오리엔테이션을 준비하기 위해서
2 손님과의 회의를 연기하기 위해서
3 오리엔테이션 스케줄을 변경하기 위해서
4 회사의 역사를 설명하기 위해서

해설　메시지 내용의 중후반부에 それで私が話す時間を2時に変えられたらと思うのですが라며 전화한 구체적인 이유를 말하고 있다. 따라서 정답은 3번이다.

어휘 次(つぎ) 다음 | 留守番電話(るすばんでんわ) 자동응답전화 | メッセージ 메시지 | 理由(りゆう) 이유 | この間(あいだ) 지난번, 요전 | 頼(たの)む 부탁하다 | 新入社員(しんにゅうしゃいん) 신입사원 | オリエンテーション 오리엔테이션 | 都合(つごう)が付(つ)かない 형편·사정이 되지 않다 | 確(たし)かに 확실히, 틀림없이 | 歴史(れきし) 역사 | ある 어떤 | 重要(じゅうよう) 중요 | 町(まち) 시내, 도시, 거리 | たった 단지, 겨우 | 予定(よてい) 예정 | 訪(おとず)れる 방문하다 | 昼食(ちゅうしょく) 점심 식사 | 兼(か)ねる 겸하다 | 変(か)える 바꾸다 | もしくは 혹은, 또는, 그렇지 않으면 | 代(か)わり 대신 | 準備(じゅんび) 준비 | 大変(たいへん) 힘듦, 고생스러움 | 増(ふ)やす 늘리다 | 申(もう)し訳(わけ)ない 죄송하다, 면목 없다 | 連絡(れんらく) 연락 | 会議(かいぎ) 회의 | 延期(えんき) 연기 | 変更(へんこう) 변경 | 説明(せつめい) 설명

---

6 핵심 포인트 파악하기 ★★☆ |정답 2

2-2-07.mp3

サッカーの試合のあとの優勝インタビューです。チームの監督は、どうして優勝できたと言っていますか。

女：監督、優勝おめでとうございます。
男：ありがとうございます。
女：勝利の一番の原因は何だったとお考えでしょうか。
男：ええ、うちが勝てたのは……。
女：やはり、ブラジルから強力な選手が入ったからでしょうか。
男：いや、それよりも、一人一人がですね、自分の仕事をしっかりやってくれたからだと思います。
女：相手のチームに怪我人が多かったということはないでしょうか。
男：いやあ、それはないと思いますよ。うちも怪我人があったし、戦う条件は同じだったと思います。
女：日本での決勝戦と言うことが有利に働いたと言うことは？
男：いや、日本だろうと外国だろうと同じです。
女：そうですか。どうもありがとうございました。

チームの監督は、どうして優勝できたと言っていますか。
1 ブラジルから強力な選手が入ったから
2 選手一人一人が自分の役割を果たしたから
3 相手のチームに怪我人が多かったから
4 日本での試合だったから

해석 축구 시합 후의 우승 인터뷰입니다. 팀의 감독은 왜 우승할 수 있었다고 말합니까?
여 : 감독님, 우승 축하드립니다.
남 : 감사합니다.
여 : 승리의 가장 큰 원인은 무엇이었다고 생각하십니까?
남 : 네, 우리가 이길 수 있었던 것은…….
여 : 역시, 브라질에서 강력한 선수가 들어왔기 때문일까요?
남 : 아니요, 그것보다도 한 사람 한 사람이, 자신의 역할을 확실히 해 주었기 때문이라고 생각합니다.

여 : 상대 팀에 부상자가 많았던 것은 아닐까요?
남 : 아니요, 그건 아니라고 생각합니다. 우리도 부상자가 있었고, 싸우는 조건은 같았다고 생각합니다.
여 : 일본에서의 결승전이라는 것이 유리하게 작용했다는 것은?
남 : 아니요, 일본에서나 외국에서나 마찬가지입니다.
여 : 그렇습니까? 정말 감사했습니다.

팀의 감독은 왜 우승할 수 있었다고 말합니까?
1 브라질에서 강력한 선수가 들어왔기 때문에
2 선수 한 사람 한 사람이 자신의 역할을 다했기 때문에
3 상대 팀에 부상자가 많았기 때문에
4 일본에서의 시합이었기 때문에

해설 이런 문제의 경우 대화 내용이 전개되어 갈 때 선택지와 비교해 가며 오답을 제외시켜 나가는 것도 좋은 방법 중 하나이다. 감독은 승리의 요인을 一人一人がですね、自分の仕事をしっかりやってくれたからだと思います라고 말하고 있으므로 정답은 2번이다.

어휘 サッカー 축구 | 試合(しあい) 시합 | 優勝(ゆうしょう) 우승 | インタビュー 인터뷰 | チーム 팀 | 監督(かんとく) 감독 | 勝利(しょうり) 승리 | 原因(げんいん) 원인 | 勝(か)つ 이기다 | やはり 역시 | 強力(きょうりょく) 강력 | 選手(せんしゅ) 선수 | しっかり 단단히, 꽉, 확실히, 똑똑히 | 相手(あいて) 상대방 | 怪我人(けがにん) 부상자 | 戦(たたか)う 싸우다 | 条件(じょうけん) 조건 | 決勝戦(けっしょうせん) 결승전 | 有利(ゆうり) 유리 | 働(はたら)く 일하다, 작용하다 | 外国(がいこく) 외국 | 役割(やくわり) 역할 | 果(は)たす 다하다, 이루다, 완수하다

문제3 개요이해 문제

내용을 듣고 화자의 의도나 주장 등을 이해할 수 있는지를 묻는 문제이다. 문제를 보다 쉽게 풀기 위해서는 평소에 문장을 요약하는 연습과 신문 기사나 사설, 뉴스 등을 많이 읽고 듣는 연습을 통해 본문 전체를 파악하는 힘을 기르는 것이 좋다.

1 ~ 3 문제 3에서는 문제용지에 아무것도 인쇄되어 있지 않습니다. 이 문제는 전체적으로 어떤 내용인가를 묻는 문제입니다. 이야기 전에 질문은 없습니다. 먼저 이야기를 들으세요. 그리고 나서 질문과 선택지를 듣고 문제용지의 1부터 4 중에서 가장 알맞은 것을 하나 고르세요.

예) |정답 3

2-3-01.mp3

男の人が女の人にインタビューしています。

男：このごろ、周りの人とうまく付き合えずに悩んでいる人が多いようです。今日はどうすれば他の人とうまくやっていけるのかについて、一言アドバイスをいただきたいんですが。

女：そうですねえ。人と付き合う時には、初めのうちは
うまくいかなくて当然だと思ったほうがいいです
ね。

男：え、それじゃ、失敗してもいいんですか。

女：そうです。初めからうまくできる人なんていません
よ。こうやってみてだめだったら、じゃ次はどうし
ようかと考え、工夫します。

男：はい。

女：その繰り返しの中で、相手と自分との距離のとり方、
というかバランスがわかってくるもんなんですよ。

**女の人は人と付き合う時に何が一番大切だと言っていま
すか。**

1 だれとでも同じように親しくすること
2 自分の思っていることを繰り返し、正直に言うこと
3 いろいろやってみてうまくいかなかったらやり方を
変えること
4 失敗してもすぐ新しい人と付き合うこと

해석   **남자가 여자를 인터뷰하고 있습니다.**

남 : 요즘, 주변 사람들과 잘 사귀지 못해서 고민하고 있는 사람이
많은 것 같습니다. 오늘은 어떻게 하면 다른 사람과 잘 지낼
수 있는가에 관해서, 한마디 조언을 듣고 싶습니다만.

여 : 글쎄요. 다른 사람과 사귈 때, 처음에는 잘 안 되는 게 당연하
다고 생각하는 편이 좋습니다.

남 : 네? 그럼, 실패를 해도 되는 건가요?

여 : 그렇습니다. 처음부터 잘할 수 있는 사람은 없습니다. 이렇게
해 보고 잘 안 되면 그럼 다음에는 어떻게 할까라고 생각하고
궁리합니다.

남 : 네.

여 : 그렇게 되풀이하는 가운데, 상대방과 자신과의 거리를 취하는
법이라고 할까 밸런스를 알게 되는 법이에요.

여자는 다른 사람과 사귈 때 무엇이 가장 중요하다고 말합니까?

1 누구와라도 똑같이 친하게 지내는 것
2 자신이 생각하고 있는 것을 되풀이하여 정직하게 말하는 것
3 여러 가지 해 보고 잘되지 않으면 방법을 바꾸는 것
4 실패해도 바로 새로운 사람과 사귀는 것

해설   여자는 다른 사람과 사귈 때 처음부터 잘되는 것은 아니며, 실패할
때마다 다음에는 어떻게 할까 생각하고 궁리하다 보면 상대방과의
밸런스를 알게 된다고 말하고 있다. 따라서 정답은 3번이다.

어휘   インタビュー 인터뷰 | このごろ 요즘, 최근 | 周(まわ)り 주
위, 주변, 근처 | うまく 훌륭하게, 잘 | 付(つ)き合(あ)う 사귀다,
교제하다 | ～ずに ～하지 않고, ～하지 않아서 | 悩(なや)む 고민하
다, 고생하다 | 多(おお)い 많다 | 他(ほか) 이 외, 그 밖 | やって
いく 일·교제 등을 계속해 가다 | ～について ～에 관해서 | 一言
(ひとこと) 한마디 | アドバイス 어드바이스, 조언 | いただく
먹다, 마시다, 받다 | うまくいく 잘되다 | 当然(とうぜん) 당연 |
～ほうがいい ～하는 편이 좋다 | 失敗(しっぱい) 실패 | ～て
もいい ～해도 좋다 | すべて 모두 | ～なんて ～같은 것, ～등,
～따위 | だめ 소용없음, 못쓰게 됨, 불가능함, 해서는 안 됨 | 次(つ
ぎ) 다음 | 工夫(くふう) 궁리, 고안 | 繰(く)り返(かえ)し 되풀이

함, 반복함 | 相手(あいて) 상대(방) | 自分(じぶん) 자기 자신 | 距
離(きょり) 거리 | 取(と)り方(かた) 취하는 방법 | ～というか
～이라고 할지 | バランス 밸런스, 균형 | ～ものだ ～것이다, ～하
는 법이다 | 大切(たいせつ) 소중함, 중요함 | 親(した)しい 친하
다 | 正直(しょうじき)に 정직하게, 솔직하게 | やり方(かた) (하
는) 방법 | 変(か)える 바꾸다 | すぐ 곧, 바로 | 新(あたら)しい
새롭다, 새것이다

---

1   **화자의 주장 파악하기** ★★☆ | 정답 3

2-3-02.mp3

先生が授業で睡眠について話しています。

女：みなさんは、毎日一定の時間、同じ量の睡眠を取る
べきだと考えていませんか。実はこのような考え方
は、一部の限られた社会で働いたり生活したりして
いる人々が実行しているというだけのものであっ
て、これが正しいという根拠はありません。一般
的に言われている一日8時間という睡眠時間は、そ
れぐらい寝る人が最も多いというだけのものです。
もともと人は睡眠に関して適応力があるので、睡眠
時間が短くてもあまり神経質に考える必要はないの
です。特に若い人はぐっすり眠ることができますか
ら、時間的不足を深い眠り、つまり、睡眠の質で補
うことができます。

先生は睡眠について何と言っていますか。

1 睡眠時間は8時間が理想的だ
2 いつも同じ時間に睡眠を取ったほうがいい
3 睡眠時間の長さを決める必要はない
4 睡眠時間は社会の習慣に合わせたほうがいい

해석   **선생님이 수업에서 수면에 관해서 이야기하고 있습니다.**

여 : 여러분은, 매일 일정한 시간, 같은 양의 수면을 취해야만 한다
고 생각하고 있지 않습니까? 사실은 이러한 사고방식은, 일부
의 한정된 사회에서 일하거나 생활하고 있는 사람들이 실행하
고 있는 것일 뿐으로, 이것이 옳다는 근거는 없습니다. 일반적
으로 말하여지고 있는 하루 8시간이라는 수면시간은, 그 정도
자는 사람이 가장 많다는 것일 뿐입니다. 원래 사람은 수면에
관해서 적응력이 있기 때문에, 수면시간이 짧아도 너무 예민
하게 생각할 필요는 없는 것입니다. 특히 젊은 사람은 깊이 잠
들 수 있기 때문에 시간적인 부족을 숙면 즉, 수면의 질로 메
울 수 있습니다.

선생님은 수면에 관해서 뭐라고 말합니까?

1 수면시간은 8시간이 이상적이다.
2 항상 같은 시간에 수면을 취하는 편이 좋다.
3 수면시간의 길이를 정할 필요는 없다.
4 수면시간은 사회의 습관에 맞추는 편이 좋다.

해설   도입부에서 毎日一定の時間、同じ量の睡眠を取るべき
だと考えていませんか라고 화제를 제시하고, 이후 후반부에
서 もともと人は睡眠に関して適応力があるので、睡眠
時間が短くてもあまり神経質に考える必要はないので

す라며 그것이 옳지 않다고 말하고 있다. 따라서 정답은 3번이다. 질문이나 선택지가 먼저 제시되지 않기 때문에 이야기 내용을 메모해 가면서 듣고 정답을 고른다.

어휘 授業(じゅぎょう) 수업 | 睡眠(すいみん) 수면 | 毎日(まいにち) 매일 | 一定(いってい) 일정 | 量(りょう) 양 | 取(と)る 취하다 | 実(じつ)は 사실은 | 考(かんが)え方(かた) 사고방식 | 一部(いちぶ) 일부 | 限(かぎ)る 한하다, 한정(제한)하다 | 社会(しゃかい) 사회 | 働(はたら)く 일하다, 작용하다 | 実行(じっこう) 실행 | 正(ただ)しい 바르다, 옳다 | 根拠(こんきょ) 근거 | 一般的(いっぱんてき) 일반적 | 寝(ね)る 자다 | 最(もっと)も 가장, 제일 | もともと 원래, 본디 | 適応力(てきおうりょく) 적응력 | 短(みじか)い 짧다 | 神経質(しんけいしつ) 신경질 | 必要(ひつよう) 필요 | 特(とく)に 특히 | 若(わか)い 젊다 | ぐっすり 깊이, 푹 | 眠(ねむ)る 자다, 잠들다 | 不足(ふそく) 부족 | 深(ふか)い 깊다 | つまり 즉 | 質(しつ) 질 | 補(おぎな)う 메우다, 보충하다 | 理想的(りそうてき) 이상적 | 長(なが)さ 길이 | 決(き)める 정하다 | 習慣(しゅうかん) 습관 | 合(あ)わせる 합하다, 맞추다

---

2 화자의 생각 파악하기 ★★☆　　　　정답 4

2-3-03.mp3

男子学生と女子学生が一人暮らしについて話しています。

男 : 君って、一人暮らしなんだよね。いいなあ、自由で。うらやましいよ。

女 : うん、確かに自由だけど、自分でやることがたくさんあって大変。朝起こしてくれる人もいないし……。

男 : そうか。病気になったときなんかは心細いかもね。それに食事とか掃除、洗濯とか……。

女 : ああ、そういうことは誰でも自分でやることでしょ。それよりも今は、いろいろ売りに来るのを断るのが大変。

男 : ああ。訪問販売ね。そんなにたくさん来るの？

女 : たくさんっていうより、しつこいのよね。少しでも話を聞いてしまったら、いろいろ言ってきて。だから、要らないものは要らないって、勇気を持って言わないとね。

女子学生が今一番大変だと言っていることは何ですか。
1 食事や掃除、洗濯をすること
2 毎朝、自分で起きること
3 病気のときに周りに人がいないこと
4 訪問販売を断ること

해석 남학생과 여학생이 독신생활에 대해서 이야기하고 있습니다.

남 : 너, 혼자 살지. 좋겠다, 자유롭고. 부러워.

여 : 응, 확실히 자유롭긴 한데, 직접 해야 하는 일이 많이 있어서 힘들어. 아침에 깨워 주는 사람도 없고…….

남 : 그런가? 아플 때 같은 때는 외로울지도 모르겠네. 게다가 식사라든지 청소, 세탁이라든지…….

여 : 아, 그런 것은 누구나 스스로 하는 거잖아. 그것보다도 요즘은

여러 가지 팔러 오는 것을 거절하는 것이 힘들어.

남 : 아. 방문판매. 그렇게 많이 와?

여 : 많다기보다 집요해. 조금이라도 이야기를 들으면 이것저것 말해 와서. 그래서 필요 없는 것은 필요 없다고 용기를 갖고 말하지 않으면 안 되거든.

여학생이 지금 가장 힘들다고 말하고 있는 것은 무엇입니까?
1 식사나 청소, 세탁을 하는 것
2 매일 아침 스스로 일어나는 것
3 아플 때 주위에 사람이 없는 것
4 방문판매를 거절하는 것

해설 대화 중후반부 여학생의 대사 それよりも今は、いろいろ売りに来るのを断るのが大変 부분이 정답의 포인트이다. 정답은 4번이다.

어휘 一人暮(ひとりぐ)らし 독신생활 | 自由(じゆう) 자유 | うらやましい 부럽다 | 確(たし)かに 확실히, 분명히, 틀림없이 | 自分(じぶん)で 스스로 | 起(お)こす 일으키다, (잠을) 깨우다 | 病気(びょうき)になる 병이 들다 | 心細(こころぼそ)い (의지할 데가 없어) 불안하다, 마음이 안 놓이다, 허전하다 | 掃除(そうじ) 청소 | 洗濯(せんたく) 세탁 | 誰(だれ)でも 누구라도 | 売(う)る 팔다 | 断(ことわ)る 거절하다 | 訪問(ほうもん) 방문 | 販売(はんばい) 판매 | しつこい 집요하다 | 要(い)る 필요하다 | 勇気(ゆうき) 용기 | 毎朝(まいあさ) 매일 아침 | 起(お)きる 일어나다 | 周(まわ)り 주위, 주변

---

3 화자의 주장 파악하기 ★★☆　　　　정답 2

2-3-04.mp3

女の人が話しています。

女 : ここに新しいカメラがあります。でも、あなたは使い方がわかりません。これを使って写真を撮ってくださいと言われたらどうしますか。説明書を読みますか。確かに説明書を読めばわかった気になるかもしれませんが、それですぐに使えるとは限りません。新しいカメラを使いこなそうと思ったら、説明書を読むよりいろいろな操作を試しながら、実際に撮ってみることが一番です。頭で理解するだけでは本当の意味でわかったとは言えません。現物にあたってみてはじめて使いこなせるようになるのです。つまり、これが「わかる」ということです。

女の人は「わかる」ために一番必要なことは何だと言っていますか。
1 説明書を読むこと
2 実際にやってみること
3 人に聞いてみること
4 カメラの操作方法を理解すること

해석 여자가 이야기하고 있습니다.

여 : 여기에 새 카메라가 있습니다. 하지만 당신은 사용법을 모릅니다. 이것을 사용해서 사진을 찍어 주세요라는 말을 듣는다

면 어떻게 하겠습니까? 설명서를 읽습니까? 분명 설명서를 읽으면 알겠다는 느낌이 들지도 모르겠습니다만, 그래서 바로 사용할 수 있는 것은 아닙니다. 새로운 카메라를 능숙하게 사용하려고 생각한다면, 설명서를 읽기보다 여러 조작을 해 보면서 실제로 찍어 보는 것이 제일입니다. 머리로 이해하는 것만으로는 진짜 의미로 알았다고는 말할 수 없습니다. 실물을 부딪쳐 보고 나서야 비로소 능숙하게 사용할 수 있게 되는 것입니다. 즉, 이것이 '알다'라는 것입니다.

여자는 '알기' 위해서 가장 필요한 것은 무엇이라고 말합니까?
1 설명서를 읽는 것
2 실제로 해 보는 것
3 남에게 물어보는 것
4 카메라 조작 방법을 이해하는 것

해설 　마지막 부분의 現物에 あたってみてはじめて 使いこなせるようになるのです。 つまり、これが「わかるということです가 결정적인 힌트이다. 따라서 정답은 2번이다.

어휘 　使(つか)い方(かた) 사용법 | 写真(しゃしん)を撮(と)る 사진을 찍다 | 説明書(せつめいしょ) 설명서 | すぐに 바로, 곧 | 〜とは限(かぎ)らない 〜한 것은 아니다 | 使(つか)いこなす 자유자재로 구사하다, 잘 다루다 | 操作(そうさ) 조작 | 試(ため)す 시험해 보다 | 実際(じっさい)に 실제로 | 一番(いちばん) 가장, 제일 | 頭(あたま) 머리 | 理解(りかい) 이해 | 意味(いみ) 의미 | 現物(げんぶつ) 현물, 실물 | あたる 맞다, 부딪히다, 적합하다 | つまり 즉 | 方法(ほうほう) 방법

문제 4 발화표현 문제

짧은 발화를 듣고 그림 상황에 적절한 응답을 고르는 문제이다. 주로 일상생활에서 사용되는 인사말이나 의뢰, 허가, 요구 등 실용적인 내용이 많으므로 일상생활에서 자주 쓰이는 인사말이나 회화 표현, 관용 표현, 경어 표현 등을 숙지해 두면 쉽게 풀 수 있다.

1 ~ 4 문제 4에서는 그림을 보면서 질문을 들으세요. 화살표(→)의 사람은 뭐라고 말합니까? 1부터 3 중에서 가장 알맞은 것을 하나 고르세요.

예) | 정답 3

2-4-01.mp3

女1：受付に、社員と約束のあるお客様が来ました。受付の女性は何と言いますか。
女2：1 田中様ですね。お待たせいたしました。
　　　2 田中様ですね。いかがなさいますか。
　　　3 田中様ですね。お待ちしておりました。

해석 　여1 : 접수처에 사원과 약속이 있는 손님이 왔습니다. 접수처의 여성은 뭐라고 말합니까?
　　　여2 : 1 다나카 씨죠. 오래 기다리셨습니다.
　　　　　　2 다나카 씨죠. 어떻게 하시겠습니까?
　　　　　　3 다나카 씨죠. 기다리고 있었습니다.

해설 　사원과 이미 약속이 되어 있는 손님이 온 것이므로 접수처 직원은 3번과 같이 말해야 한다.

어휘 　受付(うけつけ) 접수(처) | 社員(しゃいん) 사원 | 約束(やくそく) 약속 | お客様(きゃくさま) 손님 | 女性(じょせい) 여성 | お+동사 ます형+する(いたす) (제가) 〜하다, 〜해 드리다 | 待(ま)たせる 기다리게 하다 | いかが 어떻게 | なさる 하시다 | 待(ま)つ 기다리다 | 〜ておる (〜ている의 겸양) 〜하고 있다, 〜해 있다

---

1 상황에 맞게 말하기 ★☆☆ | 정답 2

2-4-02.mp3

女1：友だちが試験に合格しました。何と言いますか。
女2：1 おかげさまで、試験に受かりました。
　　　2 合格おめでとう。よく頑張ったね。
　　　3 今回の試験は思ったより難しくなかった。

해석 　여1 : 친구가 시험에 합격했습니다. 뭐라고 말합니까?
　　　여2 : 1 덕분에 시험에 합격했습니다.
　　　　　　2 합격 축하해. 잘 해냈어.
　　　　　　3 이번 시험은 생각했던 것보다 어렵지 않았어.

해설 　합격을 축하해 주는 말이 와야 하므로 정답은 2번이다. '시험에 합격하다'는 試験(しけん)に受(う)かる, '시험을 치다'는 試験(しけん)を受(う)ける라고 확실히 기억해 두자.

어휘 　試験(しけん) 시험 | 合格(ごうかく) 합격 | 受(う)かる (시험에) 합격하다 | 頑張(がんば)る 끝까지 노력하다 | 今回(こんかい) 이번, 금번 | 難(むずか)しい 어렵다

---

2 상황에 맞게 말하기 ★★☆ | 정답 3

2-4-03.mp3

女：忙しくて誰かに手伝ってもらいたいです。何と言いますか。
男：1 誰に手伝ってもらいましたか。
　　2 私がお手伝いしましょうか。
　　3 誰か手伝ってくれる人はいませんか。

해석 　여 : 바빠서 누군가가 도와주었으면 좋겠습니다. 뭐라고 말합니까?
　　　남 : 1 누가 도와줬습니까?
　　　　　2 제가 도와드릴까요?
　　　　　3 누군가 도와줄 사람은 없습니까?

해설 　〜てもらう를 직역하면 '〜에게 〜를 〜해 받다'지만, 누가 행동했느냐를 따져서 거꾸로 '행동을 한 사람이 〜를 〜해 주다'로 번역해야 자연스럽다.

어휘 　手伝(てつだ)う 도와주다, 거들다

---

3 상황에 맞게 말하기 ★★☆ | 정답 1

2-4-04.mp3

女：明日、会社を休みたいです。何と言いますか。

073

男：1 明日、休ませていただきたいのですが。
　　2 明日、休まれていただけませんか。
　　3 明日、休まされていただきますか。

해석　여：내일, 회사를 쉬고 싶습니다. 뭐라고 말합니까?
　　　남：1 내일, 쉬고 싶습니다만.
　　　　　2 내일, 쉬어 주실 수 없겠습니까?
　　　　　3 내일, 쉬어 주십니까?

해설　~させていただく는 '~하게 해 받다', 즉 '(제가) ~하다'라는 겸양 표현이다. 2번과 3번은 문법적으로 맞지 않다.

어휘　明日(あした) 내일 ｜ 休(やす)む 쉬다

4　상황에 맞게 말하기　★☆☆　　　　｜정답 2

2-4-05.mp3

女：入院中の友だちのお見舞いに行きました。帰る時に、何と言いますか。
男：1 じゃあ、お先にどうぞ。
　　2 じゃあ、お大事に。
　　3 じゃあ、お疲れさま。

해석　여：입원 중인 친구의 병문안을 갔습니다. 집에 돌아올 때 뭐라고 말합니까?
　　　남：1 그럼, 먼저 가세요.
　　　　　2 그럼, 몸조리 잘해.
　　　　　2 그럼, 수고해.

해설　お大事(だいじ)に는 아픈 사람에게 몸조리 잘하라는 뜻으로 많이 사용하는 표현이다.

어휘　入院中(にゅういんちゅう) 입원 중 ｜ お見舞(みま)い 병문안 ｜ 帰(かえ)る 돌아가(오)다

문제5　즉시응답 문제

실생활에서 자주 주고받을 수 있는 내용을 짧은 1대 1 대화 형식을 취해 상대방의 말을 듣고 그에 적절한 응답을 즉각적으로 고르는 문제이다. 따라서 인사말과 같은 실생활에서 자주 쓰이는 표현들이나 경어 표현, 관용 표현 등을 많이 외워 두면 도움이 된다.

1 ~ **9**　문제 5에서는 문제용지에 아무것도 인쇄되어 있지 않습니다. 먼저 문장을 들으세요. 그러고 나서 그 대답을 듣고 1부터 3중에서 가장 알맞은 것을 하나 고르세요.

예)　　　　　　　　　　　　　　　　　　｜정답 2

2-5-01.mp3

男：おかげさまで、大学に受かりました。
女：1 それは、ありがとう。
　　2 それは、おめでとう。
　　3 それは、大変ですね。

해석　남：덕분에 대학에 합격했습니다.
　　　여：1 정말 고마워요.
　　　　　2 정말 축하해요.
　　　　　3 정말 힘들겠네요.

해설　요점은 대학에 합격한 것이므로 축하 인사를 건네야 한다. 따라서 정답은 2번이다.

어휘　おかげさまで 덕분에, 덕택에 ｜ 大学(だいがく) 대학 ｜ 受(う)かる (시험에) 합격하다 ｜ それは 정말, 참으로, 매우 ｜ ありがとう 고맙다 ｜ おめでとう 축하합니다 ｜ 大変(たいへん) 대단함, 큰일임, 힘듦, 고생스러움

1　적절하게 응답하기　★☆☆　　　　｜정답 2

2-5-02.mp3

男：すみません、次の列車はいつ出発する予定ですか。
女：1 急行は渋谷駅に停車します。
　　2 6時30分です。
　　3 その向こうに駅があります。

해석　남：저기요, 다음 열차는 언제 출발할 예정입니까?
　　　여：1 급행은 시부야 역에 정차합니다.
　　　　　2 6시 30분입니다.
　　　　　3 그 건너편에 역이 있습니다.

해설　문제의 포인트가 いつ이므로 언제 출발하는지에 대한 대답을 하고 있는 2번이 정답이다.

어휘　列車(れっしゃ) 열차 ｜ 出発(しゅっぱつ) 출발 ｜ 予定(よてい) 예정 ｜ 急行(きゅうこう) 급행 ｜ 駅(えき) 역 ｜ 停車(ていしゃ) 정차 ｜ 向(む)こう 맞은편, 건너편, 저쪽, 상대편

2　적절하게 응답하기　★☆☆　　　　｜정답 1

2-5-03.mp3

男：どこにサインをすればいいですか。
女：1 一番下の欄に、サインの欄があります。
　　2 そのサインは曲がれということです。
　　3 必要なのはあなたのサインだけです。

해석　남：어디에 사인을 하면 됩니까?
　　　여：1 제일 아래 칸에 사인 칸이 있습니다.
　　　　　2 그 사인은 돌라는 것입니다.
　　　　　3 필요한 것은 당신의 사인뿐입니다.

해설　문제의 포인트는 どこ이다. 따라서 위치를 알려 주고 있는 1번이 정답이 된다.

어휘　サイン 사인, 신호, 서명 ｜ 欄(らん) 칸 ｜ 曲(ま)がる 구부러지다, 돌다

---

3 적절하게 응답하기 ★☆☆ | 정답 3

`2-5-04.mp3`

女：外出中に佐藤さんから電話がありましたよ。
男：1 電話があったとは思いません。
　　2 お電話ありがとうございます。
　　3 伝言は残してありますか。

해석　여 : 외출 중에 사토 씨에게서 전화가 왔습니다.
　　　남 : 1 전화가 왔다고는 생각하지 않습니다.
　　　　　2 전화 주셔서 감사합니다.
　　　　　3 전하는 말은 남겼습니까?

해설　전화가 왔다는 이야기를 듣고 응답하는 것이므로 정답은 3번이다.

어휘　外出中(がいしゅつちゅう) 외출 중 | 電話(でんわ) 전화 | 伝言(でんごん) 전언 | 残(のこ)す 남기다

---

4 적절하게 응답하기 ★★☆ | 정답 2

`2-5-05.mp3`

男：午後はずっとどこにいたのですか。
女：1 以前、そこに行ったことがあります。
　　2 お客さんと打ち合わせをしていました。
　　3 午前のほうが私には都合がいいのです。

해석　남 : 오후에는 계속 어디에 있었던 겁니까?
　　　여 : 1 예전에 그곳에 간 적이 있습니다.
　　　　　2 손님과 사전 미팅을 하고 있었습니다.
　　　　　3 오전 쪽이 저에게는 사정이 좋습니다.

해설　어디에 있었느냐는 질문이기 때문에 손님과 미팅을 하고 있었다는 대답인 2번이 정답이다.

어휘　午後(ごご) 오후 | ずっと 쭉, 계속, 훨씬 | 以前(いぜん) 이전 | 打(う)ち合(あ)わせ 사전 협의 | 午前(ごぜん) 오전 | 都合(つごう)がいい 사정(형편)이 좋다

---

5 적절하게 응답하기 ★★☆ | 정답 1

`2-5-06.mp3`

男：だれかこのコンピューターを使っているんですか。
女：1 はい、代わりにこちらのを使ってください。
　　2 いいえ。あなたは使っていません。
　　3 いつもではありません。

해석　남 : 누군가 이 컴퓨터를 사용하고 있나요?
　　　여 : 1 네, 대신에 이쪽 것을 사용하세요.
　　　　　2 아니요. 당신은 사용하고 있지 않습니다.
　　　　　3 항상은 아닙니다.

해설　문제가 사용하고 있는 사람이 있느냐이므로 누군가의 사용 유무를 알려 주는 1번이 정답이다.

어휘　代(か)わりに 대신에 | 使(つか)う 쓰다, 사용하다

---

6 적절하게 응답하기 ★★☆ | 정답 3

`2-5-07.mp3`

男：デザートのお代わりが欲しい人はいますか。
女：1 クリームと砂糖を加えてください。
　　2 木村君が最初に行きたがっています。
　　3 ありがとう。でも、もうお腹いっぱいです。

해석　남 : 디저트를 더 드실 분 있습니까?
　　　여 : 1 크림과 설탕을 넣어 주세요.
　　　　　2 기무라 군이 처음으로 가고 싶어 하고 있습니다.
　　　　　3 고마워요. 그런데 이미 배가 부릅니다.

해설　추가로 음식을 더 먹을지에 대한 여부를 대답해야 하므로 정답은 3번이 된다. 이와 같은 상황은 자주 나올 수 있으므로 문장으로 기억해 두어도 좋다.

어휘　お代(か)わり 같은 음식을 더 먹음, 또는 그 음식 | 欲(ほ)しい 갖고 싶다, 필요하다 | 砂糖(さとう) 설탕 | 加(くわ)える 보태다, 더하다, 늘리다 | 最初(さいしょ)に 최초, 맨 처음 | お腹(なか)がいっぱいだ 배가 부르다

---

7 적절하게 응답하기 ★★☆ | 정답 1

`2-5-08.mp3`

男：お客さま、こちらでお召し上がりですか、それともお持ち帰りですか。
女：1 ここで食べます。
　　2 いいえ、持っていますよ。
　　3 はい、大丈夫です。

해석　남 : 손님, 여기에서 드시겠습니까, 아니면 가져가시겠습니까?
　　　여 : 1 여기에서 먹겠습니다.
　　　　　2 아니요, 갖고 있어요.
　　　　　3 네, 괜찮습니다.

해설　생활 속에서 많이 쓰이는 대화문이다. 질문과 대답을 같이 묶어 기억해 두자. 가져갈 경우에는 持(も)って帰(かえ)ります라고 대답하면 된다.

어휘　召(め)し上(あ)がる 드시다, 食(た)べる・飲(の)む의 존경어 | 持(も)ち帰(かえ)り 가지고 돌아감, 테이크아웃

---

8 적절하게 응답하기 ★★☆ | 정답 2

`2-5-09.mp3`

女：彼はふだん、そんなに遅くまで働くのですか。
男：1 彼はいつも一度に2週間の休みを取ります。
　　2 締め切りまで余裕がないときだけです。
　　3 彼は最近、働き始めたばかりです。

해석　여 : 그는 평소에 그렇게 늦게까지 일하는 것입니까?
　　　남 : 1 그는 항상 한 번에 2주일의 휴가를 받습니다.
　　　　　2 마감까지 여유가 없을 때뿐입니다.
　　　　　3 그는 최근, 막 일하기 시작했습니다.

해설 ~だけは '~만, ~뿐'이라는 한정과 한도의 의미와, '~만큼, ~까지'라는 정도의 의미, 그리고 '~만큼만, ~씩'의 한정된 분량의 의미 등 다양한 의미를 갖고 있다.

어휘 普段(ふだん) 일상, 평소 | 遅(おそ)く 늦게 | 一度(いちど)に 한 번에 | 休(やす)みを取(と)る 휴가를 받다 | 締(し)め切(き)り 마감 | 余裕(よゆう) 여유 | 最近(さいきん) 최근 | 働(はたら)き始(はじ)める 일하기 시작하다

---

9 적절하게 응답하기 ★★★ 　　　　　　　| 정답 1

2-5-10.mp3

男：今晩、外で夕食を取りませんか。
女：1 すしを注文しようと思っていたのですが。
　　2 なぜなら、近くにおいしい中華料理店があるからです。
　　3 はい、それはおいしいものでした。

해석 남 : 오늘밤, 밖에서 저녁 식사를 하지 않겠습니까?
여 : 1 초밥을 주문하려고 생각했었는데.
　　2 왜냐하면, 근처에 맛있는 중국 음식점이 있기 때문입니다.
　　3 네, 그것은 맛있었습니다.

해설 언뜻 들었을 때는 정답을 고르기 힘들 수 있다. 1번은 밖에서 식사를 하자는 제안에 초밥을 주문하려고 하니 안에서 먹자는 간접적인 대답이 된다. 따라서 1번이 정답이다.

어휘 今晩(こんばん) 오늘밤 | 外(そと) 밖 | 夕食(ゆうしょく) 저녁 식사 | 寿司(すし) 초밥 | 注文(ちゅうもん) 주문 | なぜなら 왜 냐하면 | 近(ちか)く 근처 | 中華料理店(ちゅうかりょうりてん) 중국 음식점

실전 모의고사 3회

: 언어지식(문자·어휘) :

문제1 한자읽기 문제

한자를 히라가나로 어떻게 읽는지 고르는 문제이다. 평소 일본어 한자를 공부할 때 음독한자인지 훈독한자인지, 장음인지 단음인지, 탁음인지 청음인지, 촉음이 있는지 등에 유의하며, 문제를 풀 때도 이점에 유의한다.

1 ～ **8** ＿＿＿ 단어의 읽는 방법으로 가장 알맞은 것을 1·2·3·4 중에서 하나 고르시오.

1 음독 명사 읽기 ★★☆ 　　　　　　　| 정답 3

해석 **지구**는 태양의 주위를 돌고 있다.

해설 地(땅 지)는 地図(ちず: 지도), 土地(とち: 토지), 地面(じめん: 지면)과 같이 음으로는 ち·じ로 읽고, 훈으로는 つち라고 읽는다. 그리고 球(공 구)는 野球(やきゅう: 야구)와 같이 음으로는 きゅう, 훈으로는 한 글자 한자로 たま라고 읽는다.

어휘 地球(ちきゅう) 지구 | 太陽(たいよう) 태양 | 周(まわ)り 주위, 주변 | 回(まわ)る 돌다

---

2 음독 명사 읽기 ★★☆ 　　　　　　　| 정답 1

해석 나는 회사에 자동차로 **통근**하고 있다.

해설 通(통할 통)은 交通(こうつう: 교통), 通知(つうち: 통지)와 같이 음으로는 つう로 읽고, 훈으로는 通(かよ)う(다니다), 通(とお)す(통하게 하다), 通(とお)る(지나가다)와 같이 다양하게 읽히므로 특히 주의해서 기억한다.

어휘 自動車(じどうしゃ) 자동차 | 通勤(つうきん) 통근

---

3 음독 명사 읽기 ★★☆ 　　　　　　　| 정답 3

해석 그녀는 지금까지 어떤 **고생**도 하지 않고 살아왔다.

해설 苦(쓸 고)는 苦心(くしん: 고심), 苦情(くじょう: 불만, 고충)와 같이 음으로는 く로 읽고, 훈으로는 苦(にが)い(쓰다), 苦(くる)しい(괴롭다), 苦(くる)しむ(괴로워하다), 苦(くる)しめる(괴롭히다) 등과 같이 다양하게 읽히므로 주의해서 외워 둔다.

어휘 苦労(くろう) 고생, 수고 | 生(い)きる 살다 | 黒(くろ) 검정 | 愚弄(ぐろう) 우롱

---

4 い형용사 읽기 ★☆☆ 　　　　　　　| 정답 2

해석 친구들은 제가 힘들 때나 **슬플** 때에 도와줍니다.

해설 悲(슬플 비)는 음으로는 ひ, 훈으로는 悲(かな)しい(슬프다), 悲(かな)しむ(슬퍼하다)로 읽는다.

어휘 困(こま)る 곤란하다 | 悲(かな)しい 슬프다 | 助(たす)ける 구하다, 돕다 | おかしい 우습다, 이상하다 | 厳(きび)しい 엄하다, 험하다, 혹독하다 | 寂(さび)しい 외롭다, 쓸쓸하다

5　음독 명사 읽기 ★★☆　　　　　　　| 정답 4

해석　요즘 어떤 것에 **흥미**를 갖고 있습니까?

해설　興(일 흥)은 興奮(こうふん: 흥분), 興味(きょうみ: 흥미)와 같이 음으로는 こう·きょう로 읽고, 훈으로는 興(おこ)す(일으키다), 興(おこ)る(일어나다)로 읽는다. 또한 味(맛 미)는 味方(みかた: 자기 편, 아군), 味覚(みかく: 미각)와 같이 음으로는 み, 훈으로는 味(あじ: 맛), 味(あじ)わい(풍미), 味(あじ)わう(맛보다)와 같이 읽는다.

어휘　最近(さいきん) 최근, 요즘 | 興味(きょうみ) 흥미 | 持(も)つ 갖다, 들다

6　음독 명사 읽기 ★★☆　　　　　　　| 정답 3

해석　버스에는 **빈자리**가 없었기 때문에 나는 쭉 계속 서 있었다.

해설　空(빌 공)은 특히 읽는 방법에 주의한다. 空気(くうき: 공기), 空港(くうこう: 공항)와 같이 음으로는 くう로 읽고, 훈으로는 空(から: (속이) 빔), 空(そら: 하늘), 空(あ)く(비다), 空(す)く(비다), 空(むな)しい(허무하다) 등과 같이 다양하게 읽는다. 그리고 席(자리 석)은 음으로 せき로 읽는다.

어휘　空席(くうせき) 공석, 빈자리 | ずっと 쭉, 계속, 훨씬 | 立(た)ち続(つづ)ける 계속 서 있다 | 功績(こうせき) 공적

7　동사 읽기 ★★☆　　　　　　　| 정답 4

해석　이 숫자는 무엇을 **나타내고** 있을까요?

해설　表(겉 표)는 表現(ひょうげん: 표현), 表情(ひょうじょう: 표정)와 같이 음으로는 ひょう, 훈으로는 表(おもて: 겉, 표면), 表(あらわ)す(나타내다, 표현하다), 表(あらわ)れる(드러나다)로 읽는다.

어휘　数字(すうじ) 숫자 | 表(あらわ)す 나타내다, 표현하다 | 起(お)こす 일으키다 | 隠(かく)す 감추다, 숨기다 | 過(す)ごす 보내다, 지내다

8　훈독 명사 읽기 ★★☆　　　　　　　| 정답 1

해석　나는 아파트 **집세**로 매월 10만 엔씩 내고 있다.

해설　家(집 가)는 家庭(かてい: 가정), 家族(かぞく: 가족)와 같이 음으로는 か, 훈으로는 家(いえ/うち: 집), 그리고 家賃(やちん: 집세)처럼 や로 읽는다.

어휘　家賃(やちん) 집세 | ～ずつ ～씩 | 支払(しはら)う 지급하다, 지불하다

문제2　한자표기 문제

히라가나를 한자로 어떻게 표기하는지 고르는 문제이다. 제시된 단어가 여러 가지 한자로 쓰일 수도 있으므로 반드시 문장 전체를 읽고 문맥에 맞게 사용된 한자를 고르도록 한다.

9 ~ **14**　＿＿＿＿ 단어를 한자로 쓸 때 가장 알맞은 것을 1·2·3·4 중에서 하나 고르시오.

9　동사의 올바른 한자표기 찾기 ★★☆　　　| 정답 1

해석　사진을 찍을 테니까 거기에 **줄 서** 주세요. 작은 사람이 앞에, 큰 사람은 뒤에.

해설　並(なら)ぶ(줄을 서다, 늘어서다, 나란히 서다)와 並(なら)べる(줄지어 놓다, 나란히 놓다, 죽 늘어놓다)는 자동사와 타동사로 함께 묶어 외우자.

어휘　写真(しゃしん)をとる 사진을 찍다 | 並(なら)ぶ 줄을 서다, 늘어서다, 나란히 서다 | 小(ちい)さい 작다 | 前(まえ) 앞 | 大(おお)きい 크다 | 後(うし)ろ 뒤

10　비슷한 한자 구별하기 ★★☆　　　　| 정답 4

해석　**컨디션**이 안 좋아 보이네요. 어떻게 된 거예요?

해설　家具(かぐ: 가구), 具体的(ぐたいてき: 구체적)와 같이 ぐ로 읽는 '갖출 구'와 貝(かい: 조개)로 읽는 '조개 패'는 모양이 비슷하므로 구별해 두어야 한다. 또한 会(あい)와 合(あい)도 둘 다 훈으로는 あい로 읽으므로 구별에 유의하자!

어휘　具合(ぐあい)が悪(わる)い 상태가 나쁘다 | い형용사 어간+そうだ ~할 것 같다 | なさる 하시다

11　동음이자어 구별하기 ★★☆　　　　| 정답 2

해석　이것은 좀 **복잡한** 이야기입니다만, 얘기해도 되겠습니까?

해설　服(옷 복)과 複(겹옷 복), 復(돌아올 복/부), 腹(배 복)은 전부 음으로 ふく로 읽는 한자이므로 주의가 필요하다.

어휘　少(すこ)し 조금, 잠시 | 複雑(ふくざつ) 복잡

12　い형용사의 한자 찾기 ★★☆　　　　| 정답 3

해석　이 **두꺼운** 책은 일주일 안에는 다 읽을 수 없다.

해설　あつい는 동음이자어 형용사 읽기 문제로 자주 출제될 수 있는 단어이다. 厚(あつ)い·熱(あつ)い·暑(あつ)い의 각각의 의미를 구별하며 한자를 구별해 둔다.

어휘　厚(あつ)い 두껍다 | 読(よ)み終(お)える 다 읽다 | 荒(あら)い 거칠다, 난폭하다 | 熱(あつ)い 뜨겁다 | 暑(あつ)い 덥다

13　비슷한 한자 구별하기 ★★☆　　　　| 정답 1

해석　연령에 관계없이 누구나 그것에 **응모**할 수 있다.

해설　応(당할 응)은 応用(おうよう: 응용), 応援(おうえん: 응원)과 같이 음으로 おう로 읽고, 募(모을 모)는 음으로 ぼ로 읽는다. 応은 庄(농막 장), 募는 暮(저물 모)와 모양이 비슷하므로 주의하자.

어휘 | 年齢(ねんれい) 연령 | 〜に関(かか)わらず 〜에 관계없이 | 応募(おうぼ) 응모

---

14 한 글자 한자 찾기 ★★☆ | 정답 2

해석 | 외출할 때 **창문**을 닫는 것을 잊지 마세요.

해설 | 究(궁구할 구)와 窓(창 창), 空(빌 공), 突(갑자기 돌)의 한자 모두 언뜻 보면 비슷해 보여 혼동하기 쉽다. 부수가 비슷한 한자들은 정확히 구별해 두어야 할 필요가 있다.

어휘 | 出(で)かける 나가다, 외출하다 | 窓(まど) 창문 | 閉(し)める 닫다 | 忘(わす)れる 잊다

문제 3 문맥규정 문제

빈칸에 들어갈 문맥에 어울리는 어휘를 고르는 문제이다. 전체적인 흐름을 파악하고 빈칸 앞뒤에 오는 단어와의 조합을 파악한다. 단어를 외울 때 하나의 개별 단어로 외우기보다 어구나 숙어의 형태로 익혀 두면 문제를 풀 때 도움이 된다.

15 ~ **25** ( )에 들어갈 가장 알맞은 것을 1·2·3·4 중에서 하나 고르시오.

---

15 적절한 명사 넣기 ★★☆ | 정답 4

해석 | 항공기의 **발달** 덕분에 세계는 훨씬 좁아졌다.

해설 | 같은 한자로 시작되는 단어들이 나열되어 있다. 이러한 단어들은 읽는 방법과 함께 의미를 구별하여 외워 둔다. 추가로 発売(はつばい: 발매), 発生(はっせい: 발생), 発信(はっしん: 발신), 発音(はつおん: 발음) 등도 함께 기억해 두면 좋다.

어휘 | 航空機(こうくうき) 항공기 | おかげ 덕택, 덕분 | 世界(せかい) 세계 | 狭(せま)い 좁다 | 発見(はっけん) 발견 | 発進(はっしん) 발진 | 発明(はつめい) 발명 | 発達(はったつ) 발달

---

16 적절한 명사 넣기 ★★☆ | 정답 3

해석 | A : 어디에 다녀왔습니까?
B : 친구를 **배웅**하러 역에 다녀왔습니다.

해설 | 見送(みおく)り의 반대어는 出迎え(でむかえ: 마중)이다. 반대어와 함께 외워 둔다.

어휘 | 友人(ゆうじん) 친구 | 駅(えき) 역 | 見回(みまわ)り 돌아봄, 순찰 | 見(み)かけ 겉보기, 외관 | 見送(みおく)り 전송, 배웅 | 見渡(みわた)し 전망, 조망

---

17 적절한 부사 넣기 ★★☆ | 정답 2

해석 | 자신이 하고 싶은 말이 상대에게 전해지지 않을 때에 **안절부절못합니다.**

해설 | いらいら는 '안절부절못하는 상태, 조바심'이라는 의미의 명사로도, いらいらしい의 형태로 형용사로 '초조하다, 짜증스럽다'는 의미의 い형용사로도 사용된다.

어휘 | 自分(じぶん) 자기 자신 | 相手(あいて) 상대방 | 伝(つた)わる 전해지다 | うろうろ 어슬렁어슬렁, 허둥지둥 | いらいら 안절부절 못하는 모양, 초조해하는 모양 | ごろごろ 데굴데굴, 빈둥빈둥 | そろそろ 슬슬, 이제 곧

---

18 적절한 명사 넣기 ★★☆ | 정답 1

해석 | 실업자의 수가 최근 **증가**하고 있다고 한다.

해설 | 増(불을 증)은 음으로는 ぞう, 훈으로는 増(ふ)える(늘다), 増(ま)す(불어나다, 늘리다), 増(ふ)やす(늘리다, 불리다) 등으로 읽힌다. 또한 増加(ぞうか)의 반대어인 減少(げんしょう: 감소)도 함께 기억해 두자.

어휘 | 失業者(しつぎょうしゃ) 실업자 | 数(かず) 수 | 最近(さいきん) 최근, 요즘 | 増加(ぞうか) 증가 | 増減(ぞうげん) 증감 | 増大(ぞうだい) 증대 | 増進(ぞうしん) 증진

---

19 적절한 명사 넣기 ★★☆ | 정답 2

해석 | 저 도서관은 몇 년 전에 **건설**된 것입니까?

해설 | 빈칸 앞의 주어인 図書館과 빈칸 뒤의 された 사이에 어울리는 단어는 建設(けんせつ: 건설)밖에 없다.

어휘 | 図書館(としょかん) 도서관 | 作業(さぎょう) 작업 | 建設(けんせつ) 건설 | 開店(かいてん) 개점 | 製作(せいさく) 제작

---

20 적절한 동사 넣기 ★★☆ | 정답 3

해석 | 매스컴은 여론에 큰 영향을 **주고** 여론을 형성한다.

해설 | 빈칸 앞의 影響와 어울리는 동사를 찾는다. 의미상 あげる와 혼동하지 않아야 한다. あげる는 주어가 다른 사람에게 구체적인 무언가를 준다는 의미이고, 어떤 행위나 동작을 해 줄 때는 〜てあげる를 사용한다.

어휘 | マスコミ 매스컴 | 世論(よろん) 여론 | 大(おお)きな 큰 | 影響(えいきょう) 영향 | 形成(けいせい) 형성 | かける 걸다 | 送(おく)る 보내다 | 与(あた)える 주다, 가하다 | あげる 주다

---

21 적절한 명사 넣기 ★★☆ | 정답 4

해석 | 성공하려면 서로 **협력**해 나가지 않으면 안 된다.

해설 | 빈칸 앞에 제시된 お互(たが)いに와 어울리는 명사를 찾아 넣는다.

어휘 | 成功(せいこう) 성공 | お互(たが)いに 서로, 상호간 | 全力(ぜんりょく) 전력 | 能力(のうりょく) 능력 | 効力(こうりょく) 효력 | 協力(きょうりょく) 협력

---

22 적절한 い형용사 넣기 ★★☆ | 정답 1

해석 | 인생이 즐거운 사람도 있고 **괴로운** 사람도 있다.

해설 | 〜も〜ば、〜も〜는 '〜도 〜(하)고, 〜도 〜(하)다'는 의미이다.

어휘 | 人生(じんせい) 인생 | 楽(たの)しい 즐겁다 | 苦(くる)しい 괴롭다 | 親(した)しい 친하다 | 痛(いた)い 아프다 | 優(やさ)しい 우아하다, 부드럽다, 상냥하다 | 易(やさ)しい 쉽다, 용이하다

23	적절한 외래어 넣기 ★★☆	정답 2

해석　<u>취소</u> 대기인 방이 비는 것을 기다리고 있다.

해설　待(ま)ち는 흔히 다른 말에 붙어 '기다림, 대기(상태)'를 나타낸다.

어휘　待(ま)ち 기다림, 대기 | 部屋(へや) 방 | 空(あ)く 나다, 비다 | 待(ま)つ 기다리다 | ストップ 스톱, 정지 | キャンセル 캔슬, 취소 | サンプル 샘플, 견본 | ボーナス 보너스

24	적절한 명사 넣기 ★★☆	정답 1

해석　JR 정기권을 역의 녹색 <u>창구</u>에서 샀습니다.

해설　緑(みどり)の窓口(まどぐち)는 일본철도(JR)의 주요 역에 설치된 온라인 시스템에 의한 특급권, 좌석권 등의 발매 창구를 가리키는 말이다. 하나의 단어로 기억해 두자.

어휘　定期券(ていきけん) 정기권 | 駅(えき) 역 | 緑(みどり)の窓口(まどぐち) 녹색 창구 | 出口(でぐち) 출구 | 玄関(げんかん) 현관 | 入(い)り口(ぐち) 입구

25	적절한 접미어 넣기 ★★☆	정답 3

해석　어떻게 모터쇼 입장<u>권</u>을 무료로 손에 넣었습니까?

해설　4개의 선택지 모두 음으로 けん으로 읽는 한자들이다. 1번의 権(けん)은 접미어로서 권리를 나타내고, 2번의 兼(けん)은 접속사적으로 '~겸'이라는 의미, 3번의 券(けん)은 접미어로서 그것이 가치·자격 등을 나타내는 쪽지임을 나타내는 '~권'이라는 의미, 4번의 件(けん)은 사항, 사건, 건을 나타내는 명사이고 조수사로서는 어떤 사항이나 사건 등의 수를 세는 말, 건으로 사용된다.

어휘　入場券(にゅうじょうけん) 입장권 | 無料(むりょう) 무료 | 手(て)に入(い)れる 입수하다, 손에 넣다

> **문제 4**　유의표현 문제
>
> 제시어와 바꿔 사용할 수 있는 유의어를 고르는 문제이다. 제시된 문장을 읽고 제시어의 의미를 파악한 후 유의어를 찾는다. 평소 단어나 표현을 공부할 때 단어의 여러 가지 의미나 유사 표현, 반의 표현을 함께 외워 두면 도움이 된다.

> 26 ~ 30 　밑줄 친 부분과 의미가 가장 가까운 것을 1·2·3·4 중에서 하나 고르시오.

26	동사의 유의어 찾기 ★★☆	정답 4

해석　요즘 일본에서는 로봇청소기가 <u>유행하고 있는</u> 것 같다.

해설　流行(はや)る는 流行(りゅうこう)する와 같이 '유행하다'는 의미이다. 추가적으로 '(병 등이) 널리 퍼지다, 만연하다, (인기가 있어) 번창하다, 번성하다' 등의 의미도 갖는다.

어휘　お掃除(そうじ)ロボット 로봇청소기 | 流行(はや)る 유행하다 | ~らしい ~인 것 같다 | 使(つか)う 쓰다, 사용하다 | 売(う)る 팔다 | 増(ふ)える 늘다, 증가하다 | 人気(にんき) 인기

27	명사의 유의어 찾기 ★★☆	정답 3

해석　수업은 클래스마다 하는 것이 아니라 두 개의 클래스가 <u>합동</u>으로 하고 있습니다.

해설　合同(ごうどう)는 하나로 합함을 나타내므로 정답은 3번이 된다. 4번의 同(おな)じ와 혼동하지 않도록 한다.

어휘　授業(じゅぎょう) 수업 | クラス 클래스, 학급, 등급 | ~ごと ~째, ~마다 | 合同(ごうどう) 합동 | 行(おこな)う 하다, 실시하다 | 特別(とくべつ)に 특별히 | 自由(じゆう) 자유 | 一緒(いっしょ)に 같이, 함께 | 同(おな)じ 동일함, 같음

28	명사의 유의어 찾기 ★★☆	정답 2

해석　아이들이 <u>재이용</u> 가능한 물건을 쓰레기 속에서 찾고 있다.

해설　접두어 再(さい)는 주로 한자어에 붙어 '재~, 재차, 다시 한번'의 의미를 만든다.

어휘　再利用(さいりよう) 재이용 | 可能(かのう) 가능 | 物(もの) 물건, 것 | ごみ 쓰레기 | 探(さが)す 찾다 | チェック 체크 | リサイクル 리사이클, 재활용 | イメージ 이미지 | カット 컷

29	い형용사의 유의어 찾기 ★★☆	정답 1

해석　그는 평소에는 <u>얌전</u>한데, 술을 마시면 사람이 변해서 굉장히 말을 많이 한다.

해설　い형용사 おとなしい를 大人(おとな: 어른, 성인)라는 명사를 떠올려 의미를 '어른스럽다'로 착각하는 경우가 많으므로 주의하기 바란다.

어휘　普段(ふだん) 평소, 일상 | おとなしい 얌전하다, 온순하다 | 変(か)わる 변하다, 바뀌다 | しゃべる 수다 떨다, 말하다 | 静(しず)かだ 조용하다 | 年(とし) 해, 나이 | 上(うえ) 위 | 性格(せいかく) 성격 | 明(あか)るい 밝다 | 親切(しんせつ) 친절

30	な형용사의 유의어 찾기 ★★☆	정답 3

해석　그녀는 그 일에 가장 <u>적당한</u> 사람이라고 한다.

해설　適当(てきとう)는 '적합함, 적절함'의 의미로는 妥当(だとう: 타당)와 適切(てきせつ: 적절)로, 그리고 '알맞음'의 의미로는 適度(てきど)와 바꿔 사용할 수도 있다.

어휘　仕事(しごと) 일, 업무 | いちばん 가장, 제일 | 適当(てきとう)な 적당한 | 熱心(ねっしん) 열심 | 詳(くわ)しい 자세하다, 상세하다, 정통하다 | ちょうどいい 딱 맞다, 마침 알맞다 | 頭(あたま)がいい 머리가 좋다

제시어가 문장 안에서 올바른 의미로 쓰이고 있는지를 묻는 문제이다. 단순히 단어를 우리말 의미로 해석해 문장에 대입해 해석하면 안 된다. 제시어의 의미와 품사, 또 어떤 품사를 수식하고 어떤 말과 접속되는지, 문법적으로 어떤 기능을 하는지를 주의 깊게 살펴본 후 정답을 고르도록 한다.

31 ~ 35 다음 단어의 사용법으로 가장 알맞은 것을 1·2·3·4 중에서 하나 고르시오.

31 명사의 용법 찾기 ★★☆ | 정답 4

해석
1 선생님은 콜럼버스가 미국을 발명했다고 가르쳐 주었다.
2 그는 시험에서 커닝하는 것을 발명되었다.
3 사태는 예상대로는 발명하지 않았다.
4 에디슨의 누구나 알고 있는 가장 유명한 **발명**이라고 하면 전구일 것이다.

해설 1번은 発見(はっけん: 발견), 2번은 発覚(はっかく: 발각), 3번은 発展(はってん: 발전)으로 바꿔 넣어야 자연스러운 문장이 된다.

어휘 **発明(はつめい)** 발명 │ コロンブス 콜럼버스 │ 教(おし)える 가르치다 │ 試験(しけん) 시험 │ **カンニング** 커닝 │ 事態(じたい) 사태 │ 予想(よそう)どおり 예상대로 │ エジソン 에디슨 │ 知(し)る 알다 │ もっとも 가장, 제일 │ 有名(ゆうめい) 유명 │ 電球(でんきゅう) 전구

32 동사의 용법 찾기 ★★☆ | 정답 2

해석
1 그녀는 그가 자신을 사랑해 주지 않는다고 떠올리고 있다.
2 이 사진을 보면 난 꼭 어린 시절을 **떠올린다**.
3 부모님은 내가 의사가 되었으면 좋겠다고 떠올리고 있다.
4 나는 그의 기분을 바꿀 수 있을지도 모른다는 생각을 **떠올렸다**.

해설 1번과 3번은 思(おも)う(생각하다)로, 4번은 思(おも)いつく(생각이 떠오르다)로 바꿔 넣어야 자연스러운 문장이 된다.

어휘 **思(おも)い出(だ)す** 떠올리다, 생각해 내다 │ 愛(あい)する 사랑하다 │ 必(かなら)ず 반드시, 꼭 │ 両親(りょうしん) 부모 │ 医者(いしゃ) 의사 │ 気持(きも)ち 기분, 마음 │ 変(か)える 바꾸다 │ 考(かんが)え 생각

33 부사의 용법 찾기 ★★☆ | 정답 3

해석
1 나는 시끄러운 음악은 좋아하지 않는다. 설령 록 같은.
2 당신은 **가령** 그림을 그리는 것 같은 취미가 있습니까?
3 **설령** 바쁘더라도 너는 약속을 지켜야만 한다.
4 **설령** 아침 9시로, 마침 수업이 시작되는 시간이다.

해설 たとえ는 주로 뒤에 ~とも, ~ても, ~しょうが 등이 따르며, '가령~할지라도, 설령~그럴지라도, 비록~하여도'라는 의미로 어떤 조건을 가정하고 그 조건 아래에서도 결과가 변하지 않음을 나타낸다.

어휘 **たとえ** 비록, 가령, 설령 │ うるさい 시끄럽다, 번거롭다 │ 音楽(おんがく) 음악 │ ロック 록 │ 絵(え) 그림 │ 描(えが)く 그리다 │ 興味(きょうみ) 흥미 │ 忙(いそが)しい 바쁘다 │ 約束(やくそく)

약속 │ 守(まも)る 지키다 │ ~べきだ ~해야 한다 │ 授業(じゅぎょう) 수업 │ 始(はじ)まる 시작되다 │ 時間(じかん) 시간

34 명사의 용법 찾기 ★★☆ | 정답 1

해석
1 프린터가 고장 났기 때문에 **수리**를 맡기기로 했다.
2 그 서류를 **수리**하고 나서 나에게 보내 줍니까?
3 만약 제 영어에 실수가 있으면 **수리**해 주세요.
4 이 책상은 아이들에게 맞춰서 높이를 **수리**할 수 있다.

해설 2번과 3번은 修正(しゅうせい: 수정) 또는 直(なお)す(고치다)로, 4번은 調節(ちょうせつ: 조절)로 바꿔 넣어야 문장이 자연스러워진다.

어휘 **修理(しゅうり)** 수리 │ プリンター 프린터 │ 壊(こわ)れる 깨지다, 고장 나다 │ 書類(しょるい) 서류 │ 送(おく)る 보내다 │ もし 만약, 만일 │ 英語(えいご) 영어 │ 間違(まちが)い 틀림, 잘못됨 │ 机(つくえ) 책상 │ 合(あ)わせる 합치다, 맞추다 │ 高(たか)さ 높이

35 부사의 용법 찾기 ★★☆ | 정답 4

해석
1 저는 당장에라도 집 청소를 하고 한 번 더 쇼핑하러 갑니다.
2 그 문제에 관해서는 과학자 사이에서 당장에라도 논쟁이 되고 있다.
3 분명히 할 만한 가치가 있는 일이었다고 당장에라도 그렇게 생각하고 있다.
4 뭔가 무서운 일이 **당장에라도** 일어날 것 같은 느낌이 들었다.

해설 1번은 これから(앞으로, 이제부터), 2번과 3번은 今(いま)でも(지금도)로 바꿔 넣어야 자연스러운 문장이 된다.

어휘 **今(いま)にも** 당장에라도, 이내, 곧 │ 掃除(そうじ) 청소 │ 買(か)い物(もの) 쇼핑, 장보기 │ 問題(もんだい) 문제 │ ~については ~에 대해서는 │ 科学者(かがくしゃ) 과학자 │ 間(あいだ) 사이, 동안 │ 論争(ろんそう) 논쟁 │ 行(おこな)う 하다, 실시하다 │ 確(たし)かに 확실히, 정확히, 분명히 │ 価値(かち) 가치 │ 恐(おそ)ろしい 무섭다, 두렵다 │ 起(お)こる 일어나다 │ 気(き)がする 느낌이 들다

: 언어지식(문법) :

문제1 문법형식판단 문제

빈칸에 들어갈 문법적인 의미와 기능을 가진 말을 고르는 문제이다. 문어체보다는 수동, 사역, 조건, 추량, 경어 등과 같은 중요한 기초 문형·문법과 회화체에서 많이 쓰일 수 있는 기능어를 의미적, 문법적으로 나누어 공부하는 것이 바람직하다.

1 ~ 13 다음 문장의 ( )에 들어갈 가장 알맞은 것을 1·2·3·4 중에서 하나 고르시오.

---

1 적절한 기능어 찾기 ★★☆ | 정답 4

해석 아침에 일어났던 지하철 사고 **탓에**, 많은 사람들이 회사에 늦었다.

해설 2번의 ~おかげで와 4번의 せいで는 선택지에 같이 출제되는 경우가 많으므로 확실히 뜻을 알아 두자! ~おかげで는 '~덕분에, 덕택에'라는 의미로 좋은 결과가 된 원인이나 이유를 말할 때 사용하는 표현이고, ~せいで는 '~탓에, ~때문에'라는 의미로 원인이나 책임의 소재를 나타내는 표현으로, 대부분 뒷 문장에 부정적 의미의 단어나 문장이 온다.

어휘 朝(あさ) 아침 | 起(お)きる 일어나다 | 地下鉄(ちかてつ) 지하철 | 事故(じこ) 사고 | 多(おお)く 많음, 다수, 대부분 | 仕事(しごと) 직업, 일 | 遅(おく)れる 늦다, 지각하다

---

2 적절한 기능어 찾기 ★★☆ | 정답 2

해석 A : 설 연휴는 어땠어요?
B : 연말부터 엄마가 입원해서 설을 즐길 **상황이 아니**었어요.

해설 ~どころではない는 '~할 상황이 아니다'는 의미로 명사와 동사의 보통형에 접속하여 '~할 여유가 없다, ~할 상황·형편이 아니다'는 강한 부정을 나타낸다.

어휘 お正月(しょうがつ) 정월, 설 | 年末(ねんまつ) 연말 | 入院(にゅういん) 입원 | ~つもりではない ~작정(예정)이 아니다 | ~ばかりではない ~뿐만 아니다 | ~ほどではない ~정도는 아니다

---

3 적절한 기능어 찾기 ★★☆ | 정답 3

해석 이렇게 더운 날에 뛰다니, 누구**라도** 힘들다.

해설 1번의 ~だっけ는 '~었지?, ~었나?'라는 의미로 상대방에게 자신의 기억을 확인하거나, 잊었던 일이 떠오르거나 과거를 회상할 때 사용하는 표현이고, 2번의 ~なんて는 '~(하)다니'라는 의미로 의외·놀람·비난 등을 주로 나타낸다. 3번의 ~だって는 '~라도, ~역시'라는 의미로 ~も, ~でも의 회화체 표현이고, 4번의 なんか는 '~등, ~같은 것(일), ~따위'라는 의미로 여러 가지 중에서 예를 들어 제시하면서 그 외에도 비슷한 종류의 것이 있음을 나타낸다.

어휘 暑(あつ)い 덥다 | 走(はし)る 뛰다, 달리다 | つらい 괴롭다, 고통스럽다

---

4 적절한 기능어 찾기 ★★☆ | 정답 1

해석 A : 무슨 일이야? 몸 상태 안 좋아 보이는데?
B : 그래? 아니야, **그렇지** 않아. 평소랑 같아.

해설 そんなことはない는 통문장으로 '그렇지 않다, 그런 일 없다'는 의미로 외워 둔다. 2번의 そんなはずはない와 そんなわけはない는 '그럴 리는 없다'는 의미이다.

어휘 具合(ぐあい)が悪(わる)い 상태가 좋지 않다 | 普通(ふつう) 보통

---

5 의미적·문법적 호응관계 파악하기 ★★☆ | 정답 2

해석 A : 너, 이 테이블을 옮기는 것을 도와**주지** 않을래?
B : 좋아, 어디로 옮기면 돼?

해설 수수표현은 시험에 자주 나오므로 의미적으로 구별하여 정확히 기억해 두어야 한다. 주어가 다른 사람에게 무언가를 해 주는 경우는 ~てあげる, 상대방이 내 쪽 사람에게 무언가를 해 주는 경우는 ~てくれる, 누군가가 어떤 행동을 해 주는 것을 받는 경우에는 ~てもらう를 사용한다.

어휘 運(はこ)ぶ 옮기다, 운반하다 | 手伝(てつだ)う 도와주다, 거들다

---

6 적절한 기능어 찾기 ★☆☆ | 정답 4

해석 이제 와서 후회할 **거라면**, 왜 그때 나의 충고를 들으려고 하지 않았나?

해설 ~くらいならは '~할 정도라면, ~할 거라면'이라는 의미로, 이 때 ~くらい는 ほど와 바꿔 사용할 수 없다.

어휘 今頃(いまごろ) 지금쯤, 이맘때, 이제 와서, 이 시간 | 後悔(こうかい) 후회 | アドバイス 어드바이스 | 聞(き)く 듣다, 묻다

---

7 적절한 기능어 찾기 ★★☆ | 정답 3

해석 A : 식으면 맛이 없으니까 따뜻할 **때** 드세요.
B : 네, 알겠습니다.

해설 ~うちに는 '~사이에, ~동안에'라는 의미로 그 상태가 계속되는 사이에, 그 시간 이내에 하지 않으면 나중에는 하기 어려워지거나 불가능해진다는 걱정이 있을 때 주로 사용하고, ~あいだは '~동안 계속, 처음부터 끝까지 내내'라는 의미로 뒤에 주로 계속 동사나 상태를 나타내는 말이 온다.

어휘 冷(さ)める 식다 | おいしい 맛있다 | 温(あたた)かい 따뜻하다 | 召(め)し上(あ)がる 食べる·飲む의 존경어, 드시다

---

8 적절한 기능어 찾기 ★★☆ | 정답 1

해석 그는 나이를 먹음에 **따라** 다른 사람의 마음을 생각하게 되었다.

해설 ~につれて는 '~(함)에 따라'라는 의미로, 한쪽의 상황이나 정도가 변하면 그것이 이유가 되어 다른 한쪽도 변함을 나타낸다. 비슷한 의미로 ~にしたがって(~에 따라)·~にともなって(~에 따라서)·~とともに(~와 함께)가 있다.

어휘 年(とし)をとる 나이를 먹다 | 他人(たにん) 타인, 남 | 気持(きも)ち 기분, 마음 | 考(かんが)える 생각하다

| 9 | 문법적 호응관계 파악하기 ★☆☆ | 정답 2 |

해석 A : 댁으로 이 짐을 <u>보내</u>라고 들었습니다만……

　　 B : 누가 보낸 것입니까?

해설 ～ようには 동사의 기본형에 접속하여 '～하도록', ない형에 접속하여 '～하지 않도록'이라는 의미로 목적과 희망, 충고, 가벼운 명령을 나타낸다.

어휘 お宅(たく) 집, 댁 │ 荷物(にもつ) 짐 │ 届(とど)ける 보내어 주다, 신고하다

| 10 | 의미적·문법적 호응관계 파악하기 ★★☆ | 정답 4 |

해석 A : 혹시 괜찮으시면, 스피치를 맡아 <u>주시지 않겠</u>습니까?

　　 B : 죄송합니다. 그건 좀…….

해설 ～ていただけますか·～ていただけません(でしょう)か는 직역하면 '～해 받을 수 있습니까?'이지만, 우리말로는 '～해 주실 수 있습니까?, ～해 주십시오'로 이해하고 사용하면 된다.

어휘 スピーチ 스피치, 연설 │ 引(ひ)き受(う)ける 맡다, 담당하다

| 11 | 적절한 기능어 찾기 ★★☆ | 정답 3 |

해석 올해는 <u>일은 물론</u> 일본어능력시험 준비도 열심히 하려고 생각하고 있습니다.

해설 ～はもちろんは '～은 물론, ～은 말할 것도 없이'라는 뜻으로, 비슷한 표현으로 ～はもとより가 있다. 1번의 ～を中心(ちゅうしん)には '～을 중심으로', 2번의 ～においては '～에 있어서', 4번의 ～というよりは '～라기 보다'라는 의미이다.

어휘 今年(ことし) 올해, 금년 │ 日本語能力試験(にほんごのうりょくしけん) 일본어능력시험 │ 準備(じゅんび) 준비 │ 一生懸命(いっしょうけんめい) 열심히

| 12 | 경어 이해하기 ★★☆ | 정답 2 |

해석 A : 오늘 아침 뉴스를 <u>보셨</u>습니까?

　　 B : 네, 봤습니다.

해설 B의 대답이 見(み)ました이므로 질문은 見(み)る의 존경 표현이었음을 알 수 있다. 따라서 정답은 2번이다.

어휘 今朝(けさ) 오늘 아침 │ ニュース 뉴스 │ おっしゃる 言(い)う의 존경어, 말씀하시다 │ ご覧(らん)になる 見(み)る의 존경어 │ 伺(うかが)う 聞(き)く·訪問(ほうもん)する의 겸양어, 여쭙다, 방문하다 │ お目(め)にかかる 会(あ)う의 겸양어, 만나 뵙다

| 13 | 의미적·문법적 호응관계 파악하기 ★★☆ | 정답 1 |

해석 A : 죄송하지만, 열이 있어서 일찍 <u>돌아가도 되겠</u>습니까?

　　 B : 알겠습니다. 몸조리 잘하세요.

해설 ～(さ)せてもらえますか(ませんか)·～(さ)せていただけますか(ませんか)는 매우 공손한 표현으로 '～해도 되겠습니까?'라는 의미이다. 2번의 ～ていただけませんか는 '～해 주실 수 있습니까?', 3번의 お+ます형+になる(～하시다)는 동사의 존경 표현, 4번의 お+ます형+する/いたす〈제가〉 ～하다, ～해 드리다)는 동사의 겸양 표현이다.

어휘 熱(ねつ) 열 │ 早(はや)く 빨리, 일찍 │ 帰(かえ)る 돌아가(오)다 │ お大事(だいじ)に 몸조리 잘하세요

문제2 문장만들기 문제

제시된 4개의 선택지를 문맥에 맞게 알맞게 나열한 후 ★ 부분에 들어갈 말을 고르는 문제이다. 각 품사의 문장 속에서의 위치 등을 숙지하고 전체 문장이 의미적, 문법적으로 자연스럽게 완성될 수 있도록 4개의 선택지를 순서대로 조합한다.

14 ~ 18 다음 문장의 ___★___ 에 들어갈 가장 알맞은 것을 1·2·3·4 중에서 하나 고르시오.

| 14 | 단어 바르게 배열하기 ★★☆ | 정답 3 |

완성문 いいえ、今日は試験があるから<u>熱</u>があっても<u>休むわけ</u>にはいかないです。

해석 A : 이렇게 열이 나는데……. 오늘은 학교 쉬는 게 좋지 않겠어?

　　 B : 아니에요, 오늘은 시험이 있어서 열이 있어도 쉴 수는 없어요.

해설 동사기본형+わけにはいかない는 '～할 수는 없다'는 의미로 사회적·법률적·도덕적·심리적 이유 등으로 방해 받을 때나 생각대로 일이 처리되지 않을 때 사용한다. 이와 함께 ～ないわけにはいかない(～하지 않을 수 없다)도 묶어 기억하면 좋다. 올바른 배열 순서는 4-1-3-2이다.

어휘 熱(ねつ)が出(で)る 열이 나다 │ 休(やす)む 쉬다 │ 試験(しけん) 시험

| 15 | 단어 바르게 배열하기 ★★☆ | 정답 4 |

완성문 高橋さんは<u>不親切</u>そうに<u>見える</u>が、実際はとてもやさしい。

해석 다카하시 씨는 <u>불친절한 듯이 보이</u>지만, 실제는 매우 자상하다.

해설 양태·추량의 そうだ는 동사 ます형, 형용사의 어간에 접속하여 '～것 같다, ～해 보인다'는 의미로 사용된다. 동사에 접속하면 눈앞에 있는 상태나 사건을 보고 곧 일어날 일을 판단해서 '～할 것 같다'고 추측할 때 사용하고, 형용사에 접속하면 아직 확인해 보지 않아서 실제로는 어떨지 모르지만 겉으로 보기에는 '～것 같다, ～해 보인다'는 의미로 사용된다. 올바른 배열 순서는 2-1-4-3이다.

어휘 不親切(ふしんせつ) 불친절 │ 見(み)える 보이다 │ 実際(じっさい) 실제 │ 優(やさ)しい 우아하다, 부드럽다, 상냥하다

| 16 | 단어 바르게 배열하기 ★★☆ | 정답 2 |

완성문 残業をすればするほど収入は<u>増える</u>がその<u>反面</u>、自由な時間が減る。

해석 잔업을 하면 할수록 수입은 늘지만 그 반면, 자유로운 시간이 줄어든다.

해설 ～ば～ほどは '～하면 ～할수록'이라는 의미이고, ～反面(はんめん)은 '～인 반면'이라는 의미로 어떤 사항에 대해 반대되는 두 가지 경향이나 성격을 말할 때 사용하는 표현이다. 올바른 배열 순

서는 1-3-2-4이다.

어휘 残業(ざんぎょう) 잔업 | 収入(しゅうにゅう) 수입 | 増(ふ)える 늘다, 증가하다 | 反面(はんめん) 반면 | 自由(じゆう) 자유 | 減(へ)る 줄다, 감소하다

---

17 단어 바르게 배열하기 ★★☆ | 정답 1

완성문 いいえ、勉強ばかりしていたわけではありません。よく旅行もしました。

해석 A : 학창시절은 공부만 하느라 거의 놀지 못했죠?
B : 아니요, 공부만 했던 것은 아닙니다. 자주 여행도 갔습니다.

해설 ～だけ는 '～만, ～뿐'의 한정·한도의 의미와 '～만큼'의 정도·한정된 분량 등의 의미를 나타내고, ～ばかり는 '～만, ～뿐'이라는 뜻의 범위 한정과 '～가량, 정도, ～쯤'의 수량·시간 등의 의미를 갖는다. 그리고 ～わけではない는 '～ 것은 아니다'라는 부분부정을 나타내는 표현이다. 추가로 ～ないわけではない가 되면 '～지 않는 것은 아니다'로 부분적으로 긍정하는 의미가 된다. 올바른 배열 순서는 3-2-1-4이다.

어휘 学生時代(がくせいじだい) 학창시절 | 勉強(べんきょう) 공부 | ほとんど 거의, 대부분 | 遊(あそ)ぶ 놀다 | 旅行(りょこう) 여행

---

18 단어 바르게 배열하기 ★★☆ | 정답 3

완성문 山本さんも参加するつもりだったのですが、都合で来られなくなってしまいました。

해석 야마모토 씨도 참가할 예정이었습니다만, 사정이 있어서 올 수 없게 되어 버렸습니다.

해설 つもり는 '(미리 품고 있는) 생각·작정·의도'와 '(실제로는 그렇지 않으나) 그렇게 된 것으로 가정하는 마음, ～한 셈'의 의미로 주로 많이 사용된다. 올바른 배열 순서는 4-1-3-2이다.

어휘 参加(さんか) 참가 | 都合(つごう) 형편, 사정

문제 3 글의 문법 문제

독해 문제처럼 보이지만 문법에 관한 문제이다. 원칙적으로는 전체 문장을 읽고 답을 찾아야 하지만, 시간이 부족할 때에는 빈칸 부분의 앞뒤 문장의 내용을 정확하게 해석하고 이해하여 빈칸에 들어갈 표현을 찾는 것도 문제를 푸는 하나의 요령이다.

19 ～ **23** 다음 글을 읽고 글 전체의 내용을 생각해서 **19** 부터 **23** 에 들어갈 가장 알맞은 것을 1·2·3·4 중에서 하나 고르시오.

아래 글은, 미국에서 유학하고 있는 아야코 씨가 친구인 미카 씨에게 보낸 메일이다.

안녕, 미카.
메일 고마워요. 바로 답장을 못해서 미안해요. 나는 로스앤젤레스 생활에 익숙해 **19** 지느라 매우 바빴어요.

학교는 즐겁습니다. 우리 클래스에는 14명의 학생이 있습니다. 중국인도 몇 명인가 있고, 일본인도 나 말고 한 사람 더 있습니다. 그녀의 이름은 메구미라고 합니다. 나는 그녀를 매우 좋아하지만, 우리들은 교실 안에서는 같이 나란히 앉지 않도록 하고 다른 학생들과 함께 있을 때는 영어로 **20** 이야기하기로 했습니다. 우리들은 가능한 한 영어를 잘하게 되고 싶습니다. **21** 하지만 점심은 가끔 같이 먹고, 일본어로 수다를 떨거나 하며, 매우 느긋한 시간을 보내고 있습니다.
클래스에서는, 나는 중국에서 온 메이와 나란히 앉습니다. 우리들은 항상 서로 영어로 이야기합니다. 이것은 처음에는 어려웠지만, 점점 **22** 쉬워져서 나의 영어는 이미 능숙해졌다고 느끼고 있습니다.
당신은 어떻습니까? 홋카이도는 지금쯤은 날씨는 상당히 추울 것이라고 생각합니다. 나는 이번 달은 그쪽에는 눈이 많이 내렸다고 들었습니다. 어떻게 지내는지 꼭 **23** 들려주세요.
그럼 안녕히.

아야코로부터

어휘 文章(ぶんしょう) 문장 | 留学(りゅうがく) 유학 | すぐ 곧, 바로 | 返事(へんじ) 대답, 답장 | 生活(せいかつ) 생활 | 慣(な)れる 익숙해지다 | 楽(たの)しい 즐겁다 | 他(ほか)に 그밖에, 이외에 | 名前(なまえ) 이름 | 生徒(せいと) 생도 | 英語(えいご) 영어 | できるだけ 최대한, 가능한 한 | うまくなる 솜씨가 좋아지다, 잘하게 되다 | 昼(ひる) 낮 | 時々(ときどき) 가끔, 때때로 | おしゃべりをする 잡담하다, 수다를 떨다 | くつろぐ (근심 걱정을 잊고) 심신을 편안하게 하다, 몸을 쉬게 하고 느긋한 기분이 되다 | 座(すわ)る 앉다 | 初(はじ)め 처음, 시작 | 難(むずか)しい 어렵다 | 段々(だんだん) 점점, 차차 | すでに 이미, 벌써 | 上手(じょうず) 잘함, 능숙함 | 感(かん)じる 느끼다 | 今(いま)ごろ 지금쯤, 이맘때, 이제 와서 | 天気(てんき) 날씨 | 非常(ひじょう)に 매우, 몹시 | 寒(さむ)い 춥다 | 今月(こんげつ) 이번 달 | 雪(ゆき) 눈 | 降(ふ)る 내리다 | 過(す)ごす 보내다, 지내다 | ぜひ 꼭, 반드시

---

19 알맞은 조사 넣기 ★★☆ | 정답 2

해설 1번 ～からは는 '～에서, ～부터, ～(이)니까, ～기 때문에', 2번 ～のには는 '～을 하기 위해, ～을 하는데'라는 의미와 '～하는데도, ～인데'라는 의미를 가지고 있다. 3번 ～でもは는 '～에서도, ～라도, 하지만, 그래도', 4번 ～ので는 '～므로, ～때문에'라는 의미이다. '로스앤젤레스의 생활에 익숙해지다' 뒤에 '매우 바빴다'라는 말이 이어지므로 2번의 のに를 넣어 '로스앤젤레스의 생활에 익숙해지느라 매우 바빴다'고 연결하는 것이 자연스럽다.

---

20 알맞은 문법 활용 찾기 ★★☆ | 정답 4

해설 ～ようになる는 '～하게 되다', ～ことになる는 '～하기로 되다', ～ことに決(き)める는 '～하기로 정하다'라는 뜻이다. 뒤에 영어를 잘하고 싶다는 이야기가 오므로 다른 학생과 있을 때는 영어로 이야기하기로 했다는 결정이 나와야 글의 흐름이 자연스러워진다. 정답은 4번이다.

어휘 話(はな)す 이야기하다

---

21 **알맞은 접속사 찾기** ★★☆ | 정답 1

해설 1번 でも는 '하지만, 그래도', 2번 したがって는 '따라서, 그러므로', 3번 または는 '또, 또한', 4번 それでは는 '그래서, 그러면'의 의미이다. 앞쪽의 '수업에 같이 앉지 않는다'와 뒤의 '점심은 가끔같이 먹는다'는 상반되는 내용을 자연스럽게 연결하려면 역접을 나타내는 접속사를 넣어야 한다. 선택지 중 역접을 나타내는 접속사는 1번 でも뿐이다.

어휘 從(したが)って 따라서, 그러므로 | それでは 그러면, 그렇다면 |

22 **알맞은 문법 활용 찾기** ★★☆ | 정답 3

해설 ～なくて는 '～하(이)지 않아서', ～ないで는 '～(하)지 않고', ～てくる는 '～해 오다(～어 지다)'는 의미로 과거에서 현재를 향한 변화가 진행되고 있음을 나타내고, ～ていく는 '～해 가다'는 의미로 현재에서 미래를 향한 변화가 진행되고 있음을 나타낸다. 처음에는 어려웠지만 현재는 잘하게 되었다고 느낀다고 쓰여 있으므로, 빈칸에는 긍정을 나타내는 말이 들어가야 한다. 또 실력이 과거에서 현재로 점점 늘고 있음을 나타내므로 てくる를 써야 한다. 정답은 3번이다.

어휘 簡単(かんたん) 간단

23 **알맞은 문법 활용 찾기** ★★☆ | 정답 2

해설 ～(さ)せてください는 '～하게 해 주세요'라는 의미이다. 어떻게 지내는지 들려 달라는 표현으로 가장 알맞은 것은 2번이다.

어휘 聞(き)かせる 들려 주다

: 독해 :

> **문제 4** 단문이해 문제
>
> 생활, 업무, 학습 등을 주제로 한 150~200자 내외의 설명문이나 지시문을 읽고 글 전체의 주제나 필자의 의도, 본문의 내용과 일치하는 내용을 고르는 문제가 주로 출제된다. 단락이 하나인 경우에는 주로 첫문장과 마지막 문장에, 두 개 이상인 경우에는 마지막 단락에 정답의 키워드가 있는 경우가 많다.

> **24 ~ 27** 다음 (1)에서 (4)의 글을 읽고 질문에 답하시오. 답은 1·2·3·4 중에서 가장 알맞은 것을 하나 고르시오.

24 **본문과 일치하는 내용 찾기** ★★☆ | 정답 1

> (1)
>
> 어린이 박물관
>
> 당 박물관은 일본에서 가장 좋은 박물관의 하나로서, 가족 대상의 최고의 행락지로 지명되고 있습니다. 저희는 어린이용 4층 교육시설 건물을 소개할 수 있는 것을 자랑스럽게 생각하고 있습니다.

> 어린이 박물관은, 전 세계에 있는 박물관에서 볼 수 있는 자이언트·버블과 롤·마블 같은, 많은 전시품을 제공하고 있습니다. 어린이들은 놀이를 통해서 뉴턴의 법칙을 체험할 수 있습니다.
>
> 영업시간 : 월~목요일 오전 10시~오후 5시
> 　　　　　금요일 오전 10시~오후 9시
> 입장료 : 어린이와 고령자 500엔, 어른 600엔, 유아 무료
> 　　　　금요일 오후 5시~9시까지는 누구나 100엔

해석 어린이 박물관이 일본의 가장 좋은 박물관의 하나로서 지명되고 있는 이유는 다음 중 어느 것인가?
　　1 최고의 시설
　　2 지명도
　　3 가족의 외출 장소
　　4 가장 높은 빌딩

해설 첫 번째 단락의 私たちは子供向けの４階建ての教育施設をご紹介できることをほこりに思います에서 정답이 1번임을 유추할 수 있다.

어휘 博物館(はくぶつかん) 박물관 | 当(とう)～ 당~, 거기에 직접 해당되는 일, 또는 사람 | 家族(かぞく) 가족 | ～向(む)け ～용, ～대상 | 最高(さいこう) 최고 | 行楽地(こうらくち) 행락지 | 指名(しめい) 지명 | ～建(だ)て 건물의 양식이나 층수를 나타냄 | 教育(きょういく) 교육 | 施設(しせつ) 시설 | 紹介(しょうかい) 소개 | ほこりに思(おも)う 자랑으로 생각하다 | 世界中(せかいじゅう) 전 세계 | 見(み)かける 눈에 띄다, 보다 | 展示品(てんじひん) 전시품 | 提供(ていきょう) 제공 | 遊(あそ)び 놀이 | 通(つう)じる 통하다 | 法則(ほうそく) 법칙 | 体験(たいけん) 체험 | 営業(えいぎょう) 영업 | 午前(ごぜん) 오전 | 午後(ごご) 오후 | 入場料(にゅうじょうりょう) 입장료 | 高齢者(こうれいしゃ) 고령자 | 大人(おとな) 성인, 어른 | 幼児(ようじ) 유아 | 無料(むりょう) 무료 | 理由(りゆう) 이유 | 次(つぎ) 다음 | 知名度(ちめいど) 지명도 | お出掛(でか)け 외출 | 場所(ばしょ) 장소 | 一番(いちばん) 가장, 제일 | ビル 빌딩

---

25 **본문과 일치하는 내용 찾기** ★★☆ | 정답 2

> (2)
>
> 영어는 시험에 합격하기 위해서만 배우는 것은 아니다. 언어는 커뮤니케이션 툴이라고 일컬어지듯이, 영어는 단순한 학교 과목은 아니다. 아마 학교 교육 중에서 가장 실용적이고 도움이 되는 것의 하나일 것이다.
>
> 영어는 편리하다. 이것은 단순히 나의 의견이 아니다. 나는 대학에서, 대졸 24명의 사무원을 조사했다. 그 결과는, 영어를 할 수 있다는 것이 얼마나 편리한가를 나타내고 있다. 그들은 대학을 졸업한 후, 대학에서 관계된 활동 가운데 가장 도움이 되고 있는 것으로서, 영어는 아르바이트, 컴퓨터와 같은 실용적인 스킬 코스에 이어서 3번째였다고 한다.

해석 응답자가 졸업하고 나서 가장 도움이 된다고 느낀 것은 무엇인가?
　　1 영어
　　2 아르바이트

3 시험

4 컴퓨터 기술

해설 글의 마지막인 英語はアルバイト、パソコンのような実用的なスキルのコースに続いて３番目であったそうだ에 정답이 나와 있다. 아르바이트, 컴퓨터에 이어 영어가 3번째라고 되어 있으므로 가장 도움이 되는 것은 아르바이트이다. 따라서 정답은 2번이다.

어휘 学(まな)ぶ 배우다 | 言語(げんご) 언어 | 単(たん)なる 단순한 | 課目(かもく) 과목 | 恐(おそ)らく 아마, 어쩌면, 필시 | 教育(きょういく) 교육 | 実用的(じつようてき) 실용적 | 役(やく)に立(た)つ 도움이 되다 | 便利(べんり) 편리 | 単(たん)に 단순히, 그저 | 意見(いけん) 의견 | 大卒(だいそつ) 대졸 | 事務員(じむいん) 사무원 | 調査(ちょうさ) 조사 | 結果(けっか) 결과 | いかに 어떻게, 아무리, 얼마나 | 示(しめ)す 가리키다, 보이다 | 卒業(そつぎょう) 졸업 | 関(かか)わる 관계되다, 관여하다 | 活動(かつどう) 활동 | 続(つづ)く 이어지다, 계속되다 | 回答者(かいとうしゃ) 응답자 | 感(かん)じる 느끼다

<hr>

26 본문과 일치하는 내용 찾기 ★★☆ | 정답 3

(3)

버스 정기권의 요금 개정

종업원의 버스 정기권을 가격 인하합니다. 적용되는 것은 가을 수개월 간입니다. 시 버스 당국에서 승객수를 늘리고 싶다는 요망이 있어, 버스 정기권의 가격이 가을 몇 개월 동안, 10% 이상 내려갑니다. 이 가격 인하의 유효기간은 2013년 9월 1일부터 11월 30일까지입니다. 이것을 좋은 기회로 잡아서, 버스 통근으로 바꿔 보는 것은 어떠십니까?

정기권은 접수처의 사사키에게 구입할 수 있습니다. 판매 개시는 8월 1일입니다. 신청기한은 8월 31일까지입니다. 이날 이후로 정기권을 구입해도 가격 인하 대상이 되지 않습니다.

해석 버스 요금이 가격 인하되는 것은 왜인가?

1 버스 승객이 지역의 열차로 옮겨 가고 있기 때문에

2 새롭게 개설되는 버스 루트를 축하하기 위해서

3 시 버스 당국이 승객을 늘리고 싶다고 생각하고 있기 때문에

4 요금에 관해서 불평이 나오고 있기 때문에

해설 첫 번째 단락에서 市バス当局から乗客数を増やしたいと要望があり、バス定期券の値段が秋の間、10パーセント以上、下がりますらと했으므로 정답은 3번이다.

어휘 バス 버스 | 定期券(ていきけん) 정기권 | 料金(りょうきん) 요금 | 改定(かいてい) 개정 | 従業員(じゅうぎょういん) 종업원 | 値下(ねさ)げ 가격 인하 | 適用(てきよう) 적용 | 秋(あき) 가을 | 数ヵ月間(すうかげつかん) 수개월간 | 当局(とうきょく) 당국 | 乗客数(じょうきゃくすう) 승객수 | 増(ふ)やす 늘리다, 불리다 | 要望(ようぼう) 요망 | 値段(ねだん) 가격 | 以上(いじょう) 이상 | 下(さ)がる 내리다 | 有効(ゆうこう) 유효 | 期間(きかん) 기간 | 好機(こうき) 호기, 좋은 기회 | とらえる 잡다, 포착하다 | 切(き)り替(か)える 바꾸다, 전환하다 | 受付(うけつけ) 접수 | 購入(こうにゅう) 구입 | 販売(はんばい) 판매 | 開始(かいし) 개시 | 申込(もうしこみ) 신청 | 期限(きげん) 기한 | 以降(いこう) 이후 | 値引(ねび)き 값을 깎음 | 対象(たいしょう) 대상 |

<hr>

地元(じもと) 지방, 그 고장 | 列車(れっしゃ) 열차 | 流(なが)れる 흐르다, (방향이) 치우쳐 빗나가다 | 開設(かいせつ) 개설 | 祝(いわ)う 축하하다 | 不満(ふまん) 불만

<hr>

27 본문과 일치하는 내용 찾기 ★★☆ | 정답 4

(4)

연락처 : 전 종업원

건명 : 휴일 파티

가족 소풍 시기가 찾아왔습니다! 가족 여러분 모두 함께, 꼭 참가해 주십시오. 올해 이벤트 장소는 가와구치초 캠프장으로, 8월 22일 토요일 오후 1시부터 열 예정입니다. 가족들과 함께 밤에, 캠프를 하며 보내면 좋을 것입니다. 단, 장소는 한정되어 있으므로, 숙박 예정이신 분은 서둘러서 준비를 마쳐 주세요.

음식과 음료는 이쪽에서 준비합니다만, 제공해 주시면 환영합니다. 각종 특별한 이벤트가 하루 종일 이루어질 예정입니다. 콘테스트와 어린이를 위한 활동, 소프트볼 시합이 있습니다. 멋진 이벤트가 될 것입니다. 모임 장소에서 만납시다!

해석 가족 소풍에 관해서 적절하게 말하고 있지 않은 것은 어느 것인가?

1 오후에 시작된다.

2 주말에 열린다.

3 숙박할 수도 있다.

4 종업원에 한정되고 있다.

해설 첫 단락의 ご家族の皆さんともども、ぜひご参加くださいらと 쓰여진 부분을 보면 종업원에 한정된 것이 아니라 종업원 가족들 모두가 대상임을 알 수 있다. 따라서 정답은 4번이다.

어휘 連絡先(れんらくさき) 연락처 | 全(ぜん) 모든, 전 | 件名(けんめい) 건명 | 休日(きゅうじつ) 휴일 | 時期(じき) 시기 | やってくる 찾아오다, 다가오다 | 家族(かぞく) 가족 | 皆(みな)さん 여러분 | 共々(ともども) 모두 함께, 다같이 | 今年(ことし) 올해 | 会場(かいじょう) 회장, 모임 장소 | キャンプ場(じょう) 캠프장 | 予定(よてい) 예정 | 夜(よる) 밤 | ただし 단, 다만 | 場所(ばしょ) 장소 | 限(かぎ)る 한정(제한)하다 | 宿泊(しゅくはく) 숙박 | 早(はや)めに 일찌감치, 조금 일찍 | 手配(てはい) 수배, 준비, 채비 | 済(す)ませる 끝내다, 마치다 | 食(た)べ物(もの) 음식물 | 飲(の)み物(もの) 음료 | 用意(ようい) 준비, 채비 | 提供(ていきょう) 제공 | 歓迎(かんげい) 환영 | 各種(かくしゅ) 각종 | 特別(とくべつ) 특별 | 一日中(いちにちじゅう) 하루 종일 | 活動(かつどう) 활동 | 試合(しあい) 시합 | 素晴(すば)らしい 매우 훌륭하다, 기막히게 좋다 | 適切(てきせつ) 적절 | 述(の)べる 말하다, 서술하다 | 始(はじ)まる 시작되다 | 週末(しゅうまつ) 주말 | 開(ひら)く 열리다, 펴지다 | 限定(げんてい) 한정

주로 설명문, 수필, 논평, 에세이 등 350자 정도의 지문을 읽고 개요나 인과관계, 이유, 필자의 생각 등을 묻는 문제가 출제된다. 질문을 읽고 질문 내용에 유의하며 지문을 읽어 내려간다. 평소 글을 읽을 때 필자의 의견 및 생각을 찾는 연습을 하는 것도 좋다.

28 ~ 33 다음 (1)과 (2)의 글을 읽고 질문에 답하시오. 답은 1·2·3·4 중에서 가장 알맞은 것을 하나 고르시오.

28 ~ 30

(1)

어떤 사회에도 시간에 관한 독자의 사고방식이 있고, ①그것이 시간의 정확성에 관한 사회 습관을 결정하고 있다. 약속 시간에 일찍 오던가 제 시간에 오는 것이 요구되는 문화도 있다. 또한 늦게 오는 것이 받아들여지고, 또한 요구되기조차하는 문화도 있다. 제 시간에 올 수 없는 것 같은, 자기로서는 어쩔 수 없는 이유나 사정이 많이 있기 때문이다.

미국에서는, 보통, 약속이나 미팅에는 제 시간에 오는 것이 요구된다. 물론, 비공식인 경우는 더 융통성이 있지만. 그러나 직장에서는 본질적으로 중요하다. 대기업에서는 노동자의 출근시간과 회사에서 돌아가는 시간을 기록하기 위한 타임카드가 있고 그것에 의해 매주 임금이 계산되고, 노동자의 시간 엄수가 감시된다. 시간 관리 전문가가 컨설턴트로서 회사에 불려 와, 우선순위를 정해서 시간을 낭비하지 않고 업무를 완수할 수 있는 방법에 관해서 사원에게 연수시키는 경우도 있다. ②플렉스타임이라고 불리는 혁신도 또한 도입되어 효과를 올리고 있다. 사원은 1주일 동안 40시간 일하는 것에는 변함없지만, 러시아워를 피하기 위해서나 업무 스케줄을 가정생활에 좀 더 맞추기 위해, 일정 시간 동안에 자유롭게 출퇴근할 수 있다.

어휘 社会(しゃかい) 사회 | 時間(じかん) 시간 | 独自(どくじ) 독자 | 考(かんが)え方(かた) 사고방식 | 正確性(せいかくせい) 정확성 | 関(かん)する 관련하다, 관계하다 | 習慣(しゅうかん) 습관 | 決定(けってい) 결정 | 約束(やくそく) 약속 | 時間通(じかんどお)り 제시간, 정시, 제때 | 求(もと)める 구하다, 바라다, 요구하다 | 文化(ぶんか) 문화 | また 또, 또한 | 遅(おそ)く 늦게 | 受(う)け入(い)れる 받아들이다 | ~さえ ~조차 | 事情(じじょう) 사정 | 普通(ふつう) 보통 | 非公式(ひこうしき) 비공식 | 場合(ばあい) 경우 | もっと 더, 더욱 | 融通(ゆうずう)がきく 융통성이 있다 | しかし 그러나 | 職場(しょくば) 직장 | 本質的(ほんしつてき) 본질적 | 重要(じゅうよう) 중요 | 大企業(だいきぎょう) 대기업 | 労働者(ろうどうしゃ) 노동자 | 出勤(しゅっきん) 출근 | 帰(かえ)る 돌아가(오)다 | 記録(きろく) 기록 | 毎週(まいしゅう) 매 주 | 賃金(ちんぎん) 임금 | 計算(けいさん) 계산 | 厳守(げんしゅ) 엄수 | 監視(かんし) 감시 | 管理(かんり) 관리 | 専門家(せんもんか) 전문가 | 呼(よ)ぶ 부르다 | 優先順位(ゆうせんじゅんい) 우선 순위 | 決(き)める 정하다 | 無駄(むだ) 헛됨, 쓸데없음 | 成(な)し遂(と)げる 달성하다, 완수하다 | 方法(ほうほう) 방법 | 社員(しゃいん) 사원 | 研修(けんしゅう) 연수 | 革新(かくしん) 혁신 | 導入(どうにゅう) 도입 | 効果(こうか) 효과 | 上(あ)げる 올리다 | 働(はたら)く 일하다 | 変(か)わりはない 변함이 없다 | 避(さ)ける 피하다, 삼가다 | 家

庭(かてい) 가정 | 生活(せいかつ) 생활 | 合(あ)わせる 합치다, 맞추다 | 一定(いってい) 일정 | 出退社(しゅったいしゃ) 출근과 퇴근 | 守(まも)る 지키다 | 選(えら)ぶ 고르다, 선택하다 | 能率(のうりつ) 능률

---

28 제시어가 가리키는 내용 파악하기 ★☆☆　　　|정답 3

해석 ①그것이라고 되어 있는데, 무엇을 말하는가?
　　 1 시간에 관한 사회 습관
　　 2 시간의 중요성에 대한 여러 가지 사고방식
　　 3 시간에 관한 사고방식
　　 4 시간을 지키는 것의 중요성

해설 こ·そ·あ·ど의 지시어로 질문이 제시된 경우에는 바로 앞 문장에 정답이 있다.

---

29 제시어가 가리키는 내용 파악하기 ★★☆　　　|정답 1

해석 ②플렉스타임이라고 되어 있는데, 어떠한 것인가?
　　 1 일하는 시간대를 선택할 수 있는 것
　　 2 출퇴근 시간을 타임카드로 기록하는 것
　　 3 업무의 우선순위를 스스로 정하는 것
　　 4 업무의 스케줄을 가정에 맞추는 것

해설 글의 마지막에 ラッシュアワーを避けるためや仕事のスケジュールを家庭生活にもっと合わせるために、一定の時間の間で自由に出退社できる를 잘 요약한 선택지를 찾으면 된다. 따라서 정답은 1번이다.

---

30 글의 주제 파악하기 ★★☆　　　|정답 4

해석 이 글 전체의 테마는 무엇인가?
　　 1 사회에 따라 다른 문화
　　 2 시간의 중요성에 대한 사고방식
　　 3 시간의 능숙한 사용법
　　 4 미국의 직장에서의 시간과 능률

해설 필자의 생각이나 의도 또는 글 전체의 주제는 대부분 중·후반부터 제시되는 경우가 많다. 문화에 따라 시간을 받아들이는 방식이 다른 것에 대해 말한 뒤, 미국의 직장 내에서의 시간 관리를 예를 들어 설명하고 있으므로 정답은 4번이라고 볼 수 있다.

---

31 ~ 33

나는 2년 정도 전에 휴가를 보내러 필리핀의 세부 섬에 갔다. 나는 스쿠버 다이버로, 그 지역의 산호초는 세계적으로 유명한 다이빙 스폿이다.

체크인할 때 호텔 오너가 우리들에게 인사를 하며, 다이빙은 멋질 것이라며 확약했다. 그는 정부에 호텔 앞의 산호초를 국가 지정 야생 동물 보호구로 지정하도록 설득했다고 했다. 이것은 그 지방 사람들이 다이너마이트 어업을 하지 않도록 하기 위해서 필요한 것이었다.

다이너마이트 어업이란, 보트를 타고 나가서 물 속에서 다이너마이트를 폭발시키는 것이다. 다이너마이트가 물고기를 실신시켜 물고기는 어찌할 도리 없이[주] 수면으로 떠오르고, 그것을 어부가 떠올

리는 것이다. 이것에 의해 섬세한 산호초도 또한 큰 피해를 입고 만다. 다이너마이트를 사용하는 것은, 물고기를 키우는 환경을 파괴해 버리기 때문에, 이것은 분명히 근시안적인 방법이다.

그의 노력에 의해 산호초는 보호구로 지정되었기 때문에, 현재 다이너마이트 어업뿐만 아니라, 모든 어업이 금지되어 있다. 이 주변의 바다는 온갖 종류의 물고기와 식물이 풍부했다. 동료인 다이버와 나는, 정책적으로 옳고, 또한 환경을 의식한 이 지역의 물고기 남획 금지를 만족했다.

(주) 어찌할 도리가 없다 : 어떻게 하면 좋을지 수단·방법이 없다

어휘 ～ほど ～정도, ~가량 | 休暇(きゅうか) 휴가 | セブ島(しま) 세부 섬 | 地域(ちいき) 지역 | 珊瑚礁(さんごしょう) 산호초 | 世界的(せかいてき) 세계적 | 際(さい) 때, 즈음 | 挨拶(あいさつ) 인사 | 確約(かくやく) 확약 | 政府(せいふ) 정부 | 国定野性動物保護区(こくていやせいどうぶつほごく) 국가 지정 야생동물 보호구 | 指定(してい) 지정 | 説得(せっとく) 설득 | 語(か)る 말하다 | 漁(りょう) 고기잡이 | 出(で)かける 외출하다. 나가다 | 水中(すいちゅう) 수중 | 爆発(ばくはつ) 폭발 | 魚(さかな) 물고기, 생선 | 失神(しっしん) 실신 | 為(な)す術(すべ)もない 어찌할 방법(도리)이 없다 | 水面(すいめん) 수면 | 浮(う)く 뜨다 | 漁師(りょうし) 어부 | すくい上(あ)げる 떠올리다. 퍼올리다 | 繊細(せんさい) 섬세 | 被害(ひがい) 피해 | 受(う)ける 받다 | 用(もち)いる 사용하다. 이용하다 | 育(そだ)てる 기르다. 키우다 | 環境(かんきょう) 환경 | 破壊(はかい) 파괴 | 明(あき)らか 분명히, 명백히 | 近視眼的(きんしがんてき) 근시안적 | 方法(ほうほう) 방법 | 努力(どりょく) 노력 | 現在(げんざい) 현재 | ～のみならず ~뿐만 아니라 | すべて 모두, 전부 | 禁止(きんし) 금지 | 辺(あた)り 주변, 주위 | 海(うみ) 바다 | あらゆる 온갖, 모든 | 種類(しゅるい) 종류 | 植物(しょくぶつ) 식물 | 富(と)む 풍부하다, 많다 | 仲間(なかま) 동료, 무리 | 政策的(せいさくてき) 정책적 | 正(ただ)しい 바르다, 옳다 | 意識(いしき) 의식 | 乱獲(らんかく) 남획 | 満足(まんぞく) 만족

---

31 본문 내용 파악하기 ★★★ | 정답 2

해석 호텔 앞의 산호초를 국가 지정 야생동물 보호구로 지정하도록 설득했다고 되어 있는데, 그 주된 이유는 무엇인가?
1 그는 자신만이 고기잡이를 즐기고 싶었기 때문에
2 그 지방의 어부로부터 산호초를 지키기 위해서
3 스쿠버 다이버로부터 산호초를 지키기 위해서
4 물고기 보호구 안에서 살고 싶었기 때문에

해설 밑줄 내용이 나타내는 것이 무엇인지를 찾는 문제는 대부분 밑줄 앞뒤 두 문장 안에 정답에 해당하는 내용이나 힌트가 제시되어 있는 경우가 많다. 이 문제에서도 바로 뒤의 これは地元の人々にダイナマイト漁をさせないようにするために必要なことであった에서 힌트를 찾을 수 있다. 정답은 2번이다.

어휘 主(おも)な 주된 | 楽(たの)しむ 즐기다 | 住(す)む 살다

---

32 본문 내용 파악하기 ★★★ | 정답 3

해석 왜 다이너마이트가 고기잡이에 사용되는가?
1 다른 어부의 배를 폭파하기 위해서

---

2 다이너마이트에 포함된 유해화학물질이 물고기를 죽이는데 필요하니까
3 쇼크로 물고기를 실신시키기 위해서
4 헤엄치고 있는 물고기를 건져 내기 위해서

해설 세 번째 단락의 ダイナマイトが魚を失神させ、魚は為す術もなく水面に浮いてくる、それを漁師がすくい上げるのである에서 정답은 3번임을 알 수 있다.

어휘 船(ふね) 배 | 爆破(ばくは) 폭파 | 含(ふく)まれる 포함되다 | 有害(ゆうがい) 유해 | 化学(かがく) 화학 | 物質(ぶっしつ) 물질 | 殺(ころ)す 죽이다 | 泳(およ)ぐ 헤엄치다

---

33 본문 내용 파악하기 ★★★ | 정답 4

해석 다이너마이트의 부정적인 영향을 가장 잘 설명한 것은 다음의 어느 것인가?
1 다이너마이트는 너무 시끄러워서 아무도 조용한 생활을 보낼 수 없다.
2 다이너마이트는 어부에게는 너무 비싸다.
3 세계의 여러 지역에서 오는 다이버들을 다치게 해 버린다.
4 그 지역 산호초를 상하게 해 버린다.

해설 세 번째 단락의 これにより、繊細な珊瑚礁もまた大きな被害を受けてしまう가 다이너마이트의 부정적인 영향이다. 따라서 정답은 4번이다.

어휘 影響(えいきょう) 영향 | 説明(せつめい) 설명 | うるさい 번거롭다, 시끄럽다 | 静(しず)か 조용함 | 様々(さまざま) 갖가지, 여러 가지 | けが 다침, 상처, 부상 | 負(お)う 지다, 받다, 입다 | 傷(きず)つける 상처를 입히다

실전 모의고사 3회 독해

문제6 장문이해 문제

해설, 수필, 편지, 에세이, 소설 등 550자 정도의 지문을 읽고 필자의 주장이나 의견, 본문의 개요나 논리의 전개 등을 묻는 문제이다. 본문 내용을 읽기 전에 먼저 4개의 질문을 읽으면서 어떠한 부분과 내용에 주의하면서 읽어야 하는지, 무엇을 묻고 있는지를 파악한 후 본문을 읽어 내려가는 게 좋다.

34 ~ 37 다음 글을 읽고 질문에 답하시오. 답은 1·2·3·4 중에서 가장 알맞은 것을 하나 고르시오.

도쿄 교외의 작은 시에, 예전에는 전통 있는 오래된 농가였지만 근대적으로 개축되어, 전 세계에서 온 학생이 일본어를 공부하는 어학학교로 변신한 것이 있다. 그 학교에는 상시, 10개국에 이르는 나라들에서 온, 함께 생활하고 함께 공부하는 학생이 20~40명 있다.

학생들은 함께 수업에 나오고 식사를 하며, 아주 작은 공동체를 만들어 내고 있다. 친밀한 공동체 속에서는 때로는 다툼이 일어나는 것이 당연히 예상된다. 하지만, 여기에서는 개개인의 차이에 더해 문화의 차이가 있어, 어떤 다툼에도 보다 심오한 차원을 더하는 것이다.

어느 날, 중국 학생이 자신이 잡아서 양동이에 키우고 있던 뱀과 놀고 있었다. 호주 학생이 그 뱀을 보고 그에게서 뺏으려고 했다. 호주 학생은 동물에 대한 학대라고 생각해 쇼크를 받았던 것이었다. 이 이

야기는 하마터면 폭력사태가 될 상황이었다.

　두 사람은 모두 싸움의 원인이 완전히 문화적인 것이라는 것을 깨닫지 못했다. 중국에서는 뱀과 노는 것에 아무런 문제가 없다. 호주 학생의 견해에서는, '놀이'는 실질적으로 학대였다. 그것은 거의 감당할 수 없게 될 정도의 문화의 차이였다.

　이곳 학생의 대부분은 일본어를 말하는 것 이상으로 많은 것을 배운다. 여러 나라들, 여러 문화에 관해서 배우고, 또한 자기 자신에 관해서도 배운다. 다행스럽게도, 이 중국과 호주 학생은 마지막에는 친구가 되어, 동양과 서양의 차이를 가르쳐 준 뱀에 관해서 서로 웃을 수 있게 되었다.

어휘　郊外(こうがい) 교외 ｜ 小(ちい)さな 작은 ｜ かつて 이전에, 옛날에 ｜ 伝統(でんとう) 전통 ｜ 古(ふる)い 낡다, 오래되다 ｜ 農家(のうか) 농가 ｜ 近代的(きんだいてき) 근대적 ｜ 改築(かいちく) 개축 ｜ 世界中(せかいじゅう) 전 세계 ｜ 語学(ごがく) 어학 ｜ 変身(へんしん) 변신 ｜ 常時(じょうじ) 상시 ｜ 及(およ)ぶ 이르다, 미치다 ｜ 共(とも)に 함께, 같이 ｜ 暮(く)らす 살다, 지내다 ｜ 一緒(いっしょ)に 같이, 함께 ｜ 授業(じゅぎょう) 수업 ｜ 食事(しょくじ) 식사 ｜ 共同体(きょうどうたい) 공동체 ｜ 作(つく)り出(だ)す 만들어내다 ｜ 親密(しんみつ) 친밀 ｜ 争(あらそ)い 싸움, 분쟁 ｜ 当然(とうぜん) 당연 ｜ 予想(よそう) 예상 ｜ 個人(こじん) 개인 ｜ 違(ちが)い 차이 ｜ 加(くわ)える 더하다, 가하다 ｜ 文化(ぶんか) 문화 ｜ より 보다, 한결, 더욱이 ｜ 深(ふか)い 깊다 ｜ 次元(じげん) 차원 ｜ つかまえる 잡다, 붙잡다 ｜ バケツ 양동이 ｜ 飼(か)う 기르다 ｜ へび 뱀 ｜ 取(と)り上(あ)げる 집어 들다, 받아들이다 ｜ 虐待(ぎゃくたい) 학대 ｜ ショックを受(う)ける 충격을 받다 ｜ 暴力(ぼうりょく)ざた 폭력사태 ｜ けんか 싸움 ｜ 原因(げんいん) 원인 ｜ 全(まった)く 전혀, 완전히 ｜ 気(き)づく 깨닫다, 알아차리다 ｜ 悪(わる)い 나쁘다 ｜ 見解(けんかい) 견해 ｜ 実質的(じっしつてき) 실질적 ｜ 手(て)に負(お)えない 감당할 수 없다 ｜ ほとんど 거의, 대부분 ｜ 以上(いじょう) 이상 ｜ 幸(さいわ)い 행복, 다행임 ｜ 最後(さいご) 최후, 마지막 ｜ 東洋(とうよう) 동양 ｜ 西洋(せいよう) 서양 ｜ 笑(わら)い合(あ)う 서로 웃다

34　문맥 파악하기　★★☆　　　　　　　　｜ 정답 2

해석　이 글에 의하면, 전통 있는 오래된 농가는 어떻게 되었는가?
　　1 지금까지 많은 일본인이 여기에서 공부했다.
　　2 현재 일본어학교로서 사용되고 있다.
　　3 아름다운 정원 때문에 유명해졌다.
　　4 국보로 지정되었다.

해설　밑줄 친 부분과 관련 있는 문제는 대개 밑줄 친 부분의 앞뒤 문장을 살펴보면 정답을 찾을 수 있다. 이 문제도 바로 뒤의 日本語を勉強する語学学校に変身したものがある라는 문장에 정답의 힌트가 있다. 정답은 2번이다.

어휘　現在(げんざい) 현재 ｜ 美(うつく)しい 아름답다 ｜ 庭園(ていえん) 정원 ｜ 国宝(こくほう) 국보

35　본문과 일치하는 내용 찾기　★★☆　　　　｜ 정답 1

해석　이 학교의 학생에 관해서 바른 것은 다음의 어느 것인가?
　　1 10개국이나 이르는 나라들에서 온 학생이 있다.

　　2 20세~40세의 일본인 학생이다.
　　3 학생들은 개별로 수업을 받고 식사를 한다.
　　4 작은 공동체를 만들어 좀처럼 싸우지 않는다.

해설　첫 번째와 두 번째 단락에서 학교의 학생에 대해 설명하고 있다. 그 학교에는 常時、10ヵ国におよぶ国々からの、共に暮らし、共に勉強する学生が20～40名いる, 学生たちは一緒に授業に出、食事をし、とても小さな共同体を作り出している。親密な共同体の中では、時には争いの起きることが当然予想される 부분에 정답의 내용이 있다.

어휘　個別(こべつ) 개별 ｜ めったに 좀처럼, 거의

36　본문 내용 파악하기　★★☆　　　　　　｜ 정답 3

해석　왜 두 명의 학생은 싸움을 한 것인가?
　　1 중국 학생이 놀고 있던 뱀은 호주 학생 것이었다.
　　2 호주 학생은 중국 학생을 좋아하지 않았다.
　　3 호주 학생이 중국 학생의 '놀이'를 학대라고 여겼다.
　　4 두 명의 학생은 일본어를 그다지 능숙하게 하지 못했다.

해설　네 번째 단락의 오스트레일리아의 학생의 견해에서는, 「遊び」は実質的に虐待であった에서 정답을 찾을 수 있다.

37　글의 주제 파악하기　★★☆　　　　　　｜ 정답 4

해석　이 글을 가장 잘 설명하고 있는 문장을 고르시오.
　　1 문화에 관해서 선생님에게 배운다.
　　2 학생들은 단순히 일본어를 능숙하게 할 수 있게 된다.
　　3 꽃꽂이와 검도 같은 일본 문화에 관해서 배운다.
　　4 다른 학생과 만나는 것으로 다른 문화에 관해서 배운다.

해설　장문 독해는 본문의 내용이 길기 때문에 쉽게 포기하거나 집중력을 잃어 실수하게 되는 경우가 많다. 사실 본문이나 질문의 난이도 자체는 크게 높지 않은 경우가 많으므로, 마지막까지 포기하지 말고 문제를 풀도록 한다. 마지막 단락의 ここの学生のほとんどは、日本語の話し方以上に多くのことを学ぶ。さまざまな国々、さまざまな文化について学び、また自分自身についても学ぶ라고 한 부분에서 정답이 4번임을 알 수 있다.

어휘　生(い)け花(ばな) 꽃꽂이 ｜ 剣道(けんどう) 검도 ｜ 出会(であ)う 우연히 만나다, 마주치다 ｜ 異(こと)なる 다르다

안내문이나 광고문 등 여러 가지 정보 소재 안에서 필요한 정보를 찾아내는 문제이다. 먼저 질문과 선택지를 읽고 질문의 키워드가 무엇인지, 어떠한 정보를 요구하는 문제인지 파악한다. 그 다음에 2개의 질문에서 제시하는 조건이나 요구하는 정보를 염두에 두고 본문의 내용과 대조해 가며 조건에 맞지 않거나 필요 없는 정보를 제외시켜 나가면 어렵지 않게 정답을 찾을 수 있다.

38 ~ 39 오른쪽 페이지는 토익 온라인 통신강좌의 안내이다. 이것을 읽고 아래 질문에 답하시오. 답은 1·2·3·4 중에서 가장 알맞은 것을 하나 고르시오.

토익 실력을 쌓자

토익 실력을 단기간에 효율 좋게 몸에 익히기 위한 온라인 통신강좌입니다.

- **특색 1**
  콘텐츠 전부가 온라인으로 제공되므로 저렴한 요금으로 수강할 수 있습니다.
- **특색 2**
  목표로 하는 점수와 현재의 실력, 수험까지의 기간 등으로 최적의 코스를 선택할 수 있습니다.
- **특색 3**
  온라인 프로그램이므로, 응답 직후에 정오판정이 자동으로 이루어져, 오답 문제의 복습을 상당히 효과적으로 할 수 있습니다.
- **특색 4**
  기간 중에 해야만 하는 과제나 소화를 마친 문제 등, 트레이닝 상황을 한눈에 알 수 있도록 되어 있어, 자기 관리가 매우 간단합니다.
- **특색 5**
  수강 신청도 온라인으로 하기 때문에 수속이 간단합니다. 신청으로부터 1주일 이내에 트레이닝을 시작할 수 있습니다.

◆목적별 코스 일람◆
- 꼼꼼하게 실력을 쌓고 싶다!
  표준 코스 (약 4개월)　　12,000엔
- 단기간에 점수를 올리고 싶다!
  900 달성　　1개월 특훈 코스　　4,950엔
  730 달성　　1개월 특훈 코스　　4,950엔
  600 달성　　2개월 특훈 코스　　7,000엔
- 청해 실력을 강화하고 싶다!
  청해　2개월 특훈 코스　　7,000엔
- 독해 실력을 강화하고 싶다!
  독해　2개월 특훈 코스　　7,000엔

어휘　力(ちから)をつける 힘을 키우다 | 短期間(たんきかん) 단기간 | 効率(こうりつ) 효율 | 身(み)につける 몸에 익히다 | 通信(つうしん) 통신 | 講座(こうざ) 강좌 | 特長(とくちょう) 특장, 특유의 장점, 특색 | 提供(ていきょう) 제공 | 安(やす)い 싸다 | 受講(じゅこう) 수강 | 目標(もくひょう) 목표 | 実力(じつりょく) 실력 | 受験(じゅけん) 수험 | 最適(さいてき) 최적 | 回答(かいとう) 회답, 응답 | 直後(ちょくご) 직후 | 正誤判定(せい

ごはんてい) 정오판정 | 自動(じどう) 자동 | 誤答(ごとう) 오답 | 復習(ふくしゅう) 복습 | 効果的(こうかてき) 효과적 | こなす 소화시키다, 처리하다 | 課題(かだい) 과제 | 消化済(しょうかず)み 소화를 끝냄 | 状況(じょうきょう) 상황 | ひと目(め) 한눈(에 다 들어옴) | 自己(じこ) 자기 | 管理(かんり) 관리 | 簡単(かんたん) 간단 | 申込(もうしこみ) 신청 | 手続(てつづ)き 절차, 수속 | 以内(いない) 이내 | 開始(かいし) 개시 | 目的別(もくてきべつ) 목적별 | 一覧(いちらん) 일람 | じっくり 차분하게, 시간을 들여 꼼꼼하게 하는 모양 | 伸(の)ばす 늘리다, 신장시키다 | 特訓(とっくん) 특훈 | 強化(きょうか) 강화

---

38 필요한 정보 찾기 ★★☆　　　| 정답 1

해석 린 씨는 취직을 유리하게 하기 위해 토익 점수 730점을 목표로 하고 있다. 또한, 청해에 자신이 없기 때문에 청해 실력도 익히고 싶다고 생각하고 있다. 린 씨의 희망에 맞는 강좌를 신청한다면 수강료는 얼마가 되는가?
1　11,950엔
2　4,950엔
3　7,000엔
4　14,000엔

해설 토익 730점 달성 1개월 특훈 코스의 수강료가 4,950엔이고, 청해 2개월 특훈 코스가 7,000엔이므로 두 개 수강료를 더한 가격은 11,950엔이 된다.

어휘 就職(しゅうしょく) 취직 | 有利(ゆうり) 유리 | 目指(めざ)す 목표로 하다, 지향하다 | 自信(じしん) 자신 | 希望(きぼう) 희망 | 合(あ)う 맞다, 어울리다

---

39 본문 내용 파악하기 ★★☆　　　| 정답 4

해석 이 온라인 강좌의 설명으로 바르지 않은 것은 어느 것인가?
1　해답 직후 바로 피드백이 가능하기 때문에 오답 문제의 복습이 효과적이다.
2　자신의 수준에 맞는 코스를 자유롭게 선택할 수 있다.
3　저렴한 요금으로 수강할 수 있다.
4　신청하고 나서 1년 동안 수업을 받을 수 있다.

해설 본문의 내용과 대조해 가며 제시된 내용과 맞지 않는 정보를 제외시켜 나가면 어렵지 않게 정답을 찾을 수 있다. 1번은 특색 3, 2번은 특색 2, 3번은 특색 1에 각각 해당한다. 4번 내용은 언급되어 있지 않으므로 정답은 4번이다.

문제 1 과제이해 문제

대화를 듣고 구체적인 문제 해결에 필요한 정보를 찾아내 이후에 무엇을 해야 하는지를 알아내는 문제이다. 먼저 질문의 내용을 정확히 이해하여 과제를 수행해야 하는 사람이 누구인지, 어떠한 상황인지를 파악하고, 그 후 포인트가 되는 부분을 메모해 가며 체크해 두도록 한다.

1 ~ 6 문제 1에서는 먼저 질문을 들으세요. 그러고 나서 이야기를 듣고 문제용지의 1부터 4 중에서 가장 알맞은 것을 하나 고르세요.

예) | 정답 4

3-1-01.mp3

男の人がシティーエアーターミナルの女の人と電話で話しています。男の人はこの後、どうしますか。

男：あのう、リムジンバスの予約をしたいのですが……。
女：申し訳ございませんが、旅行代理店で、チケットをお買い求めいただくことになっております。
男：電話で予約はできませんか。
女：電話予約はいたしておりません。
男：では、どうしたらいいですか。
女：旅行代理店でお求めください。
男：シティーエアーターミナルの中に旅行社がありますか。
女：はい、ございます。
男：今から行っても買えるでしょうか。
女：満席ということはございませんが、出発のお時間より少し早めにいらっしゃっていただいて、チケットをお求めください。
男：少し早めに行けば、買えるのですね。
女：はい、大丈夫でございます。
男：わかりました。ありがとうございます。

男の人はこの後、どうしますか。
1 旅行代理店に電話で予約する
2 シティーエアーターミナルに電話で予約する
3 前の日に旅行代理店に行って買っておく
4 出発の前に、旅行代理店で買う

해석 남자가 시티에어터미널의 여자와 전화로 이야기하고 있습니다. 남자는 이후에 어떻게 합니까?

남 : 저기, 리무진버스 예약을 하고 싶은데요…….
여 : 죄송합니다만, 여행대리점에서 티켓을 사셔야 합니다.
남 : 전화로 예약은 할 수 없습니까?
여 : 전화 예약은 받고 있지 않습니다.
남 : 그러면, 어떻게 하면 됩니까?
여 : 여행대리점에서 사시기 바랍니다.
남 : 시티에어터미널 안에 여행사가 있습니까?
여 : 네. 있습니다.
남 : 지금부터 가도 살 수 있습니까?
여 : 만석이 되는 일은 없습니다만, 출발 시간보다 조금 일찍 와 주셔서 티켓을 사시기 바랍니다.
남 : 조금 일찍 가면 살 수 있는 거네요.
여 : 네, 그렇습니다.
남 : 알겠습니다. 감사합니다.

남자는 이후에 어떻게 합니까?
1 여행대리점에 전화로 예약한다.
2 시티에어터미널에 전화로 예약한다.
3 전날에 여행대리점에 가서 사 둔다.
4 출발 전에 여행대리점에서 산다.

해설 남자는 리무진버스의 티켓을 예약하려고 시티에어터미널에 전화를 걸었다. 하지만 담당자가 전화 예약은 불가능하며, 여행대리점에서 직접 사야 한다고 말하고 있다. 따라서 티켓은 전화 예약이 불가능하며, 또한 중반부 남자의 대사 今から行っても買えるでしょうか를 통해 티켓이 필요한 날은 당일임을 알 수 있다. 따라서 정답은 4번이다.

어휘 シティーエアーターミナル 시티에어터미널 | リムジンバス 리무진버스 | 予約(よやく) 예약 | 申(もう)し訳(わけ)ございません 죄송합니다 | 旅行代理店(りょこうだいりてん) 여행대리점 | チケット 티켓 | お+동사 ます형+いただく ~해 받다, ~해 주시다 | 買(か)い求(もと)める 사들이다, 사다 | ~ことになっている ~하게 되어 있다 | ~ておる ~하고 있다, ~해(져) 있다 | 致(いた)す 하다 | お+동사 ます형+ください ~해 주십시오 | 求(もと)める 구하다, 요구하다, 사다, 구입하다 | 旅行社(りょこうしゃ) 여행사 | ござる 있다 | 買(か)える 살 수 있다 | 満席(まんせき) 만석 | 出発(しゅっぱつ) 출발 | お時間(じかん) 시간 | ~より ~부터, ~보다 | 少(すこ)し 조금, 약간 | 早(はや)めに 일찌감치, 일찍 | いらっしゃる 오시다, 가시다, 계시다 | ~ていただく ~해 받다, ~해 주시다 | 大丈夫(だいじょうぶ) 괜찮음, 안전함 | 前(まえ)の日(ひ) 전날 | ~ておく ~해 놓다, ~해 두다

1 필요한 정보를 토대로 과제 수행하기 ★★☆ | 정답 1

3-1-02.mp3

男の人と女の人が電話で話しています。男の人は次に、だれと話すと思われますか。

男：鈴木まさひろさんはいらっしゃいますか。二、三伺いたいことがあるのですが。
女：申し訳ございません。鈴木はもうこちらには勤めておりません。大阪に転勤になったのです。私でよければご用件を伺いますが。
男：実は、鈴木さんにここ2年間納税申告をしてもらっていたのですが、いくつか質問があったのです。
女：そのことでしたら、佐藤めぐみという者が鈴木の顧客をすべて引き継いでおり、お客さまのファイルもそこにあると思います。いまおつなぎします。

男の人は次に、だれと話すと思われますか。
1 佐藤めぐみ

2 鈴木まさひろ
3 本社の経理担当者
4 納税課

실전 모의고사 3회 정답 해설

해석 남자와 여자가 전화로 이야기하고 있습니다. 남자는 다음에 누구와 이야기할 것이라고 생각됩니까?

남 : 스즈키 마사히로 씨 계십니까? 두세 가지 여쭤 보고 싶은 것이 있습니다만.

여 : 죄송합니다. 스즈키는 이미 여기에서 근무하고 있지 않습니다. 오사카로 전근되었습니다. 저라도 괜찮으시면 용건을 듣겠습니다만.

남 : 실은, 스즈키 씨가 최근 2년간 납세신고를 해 주고 있었는데, 몇 가지 질문이 있습니다.

여 : 그런 것이라면 사토 메구미라는 사람이 스즈키의 고객을 전부 넘겨받아서, 고객님의 파일도 거기에 있을 것이라 생각합니다. 지금 연결해 드리겠습니다.

남자는 다음에 누구와 이야기할 것이라고 생각됩니까?
1 사토 메구미
2 스즈키 마사히로
3 본사의 경리 담당자
4 납세과

해설 여자가 마지막 대사에서 佐藤めぐみ가 인계를 받았으며 이제 おつなぎします라고 이야기하고 있으므로 정답은 1번이다.

어휘 電話(でんわ) 전화 | いらっしゃる 行(い)く・来(く)る・いる의 존경어 | 伺(うかが)う 묻다, 듣다, 방문하다의 겸양어 | 勤(つと)める 근무하다 | 転勤(てんきん) 전근 | 用件(ようけん) 용건 | 実(じつ)は 실은, 사실은 | 納税(のうぜい) 납세 | 申告(しんこく) 신고 | 質問(しつもん) 질문 | 顧客(こきゃく) 고객 | 引(ひ)き継(つ)ぐ 이어받다, 물려받다, 넘겨받다 | つなぐ 잇다, 연결하다 | 本社(ほんしゃ) 본사 | 経理担当者(けいりたんとうしゃ) 경리 담당자

---

2 필요한 정보를 토대로 과제 수행하기 ★★☆ | 정답 4

[3-1-03.mp3]

会社で男の人と女の人が話しています。このあと、男の人は何をしますか。

女 : 高橋さん、先週の経費報告書をもう本社に送った？佐藤さんが言っていたわよ、まだ受け取っていないって。

男 : ああ、中村さん。ほかのたくさんの書類と一緒にきのうの社内メール便で送ったよ。いまごろにはもう佐藤さんのところに届いているはずだけどな。

女 : でも、もう２回も電話してきたわよ、提出してくれって。新たに別のものを送ったほうがいいんじゃないかしら。いますぐに。

男 : 別の場所に届いてしまったのかもしれないね。いますぐ電子メールを送ってから、自分で書類を届けるよ、きょうの午後にでも。

女 : うん、お願いするね。

このあと、男の人は何をしますか。
1 社内の郵便センターに電話する
2 郵便局に確認する
3 報告書を仕上げる
4 書類をふたたび提出する

해석 회사에서 남자와 여자가 이야기하고 있습니다. 이후에 남자는 무엇을 합니까?

여 : 다카하시 씨, 지난주 경비 보고서를 이미 본사로 보냈어? 사토 씨가 말했어, 아직 받지 못했다고.

남 : 아, 나카무라 씨. 다른 많은 서류와 함께 어제 사내 메일 편으로 보냈어. 지금쯤이면 이미 사토 씨에게 도착했을 텐데.

여 : 하지만 벌써 두 번이나 전화왔어, 제출해 달라고. 새로 다른 것을 보내는 게 좋지 않을까? 지금 당장.

남 : 다른 곳으로 가 버린 것일지도 모르겠네. 지금 바로 이메일을 보내고 나서, 직접 그녀에게 서류를 보낼게, 오늘 오후에라도.

여 : 응, 부탁할게.

이후에 남자는 무엇을 합니까?
1 사내 우편센터로 전화한다.
2 우체국에 확인한다.
3 보고서를 완성한다.
4 서류를 다시 제출한다.

해설 남자의 마지막 대사 이제 電子メール를 送ってから、自分で書類를 届ける라고 말한 것에서 서류를 새롭게 작성하여 다시 보낼 것이란 것을 유추할 수 있다.

어휘 先週(せんしゅう) 지난주 | 経費(けいひ) 경비 | 報告書(ほうこくしょ) 보고서 | もう 이미, 벌써, 이제, 더 | まだ 아직 | 受(う)け取(と)る 받다, 떠맡다, 납득하다 | 書類(しょるい) 서류 | 社内(しゃない) 사내 | いまごろ 지금쯤, 이제 와서 | 届(とど)く 도착하다, 미치다 | 提出(ていしゅつ) 제출 | 新(あら)たに 새로 | 別(べつ) 다른 것, 다름 | すぐ 곧, 바로 | ～かもしれない ～지도 모른다 | 電子(でんし)メール 이메일 | 自分(じぶん)で 스스로, 직접 | 届(とど)ける 보내다, 전하다, 신고하다 | 郵便(ゆうびん) 우편 | 確認(かくにん) 확인 | 仕上(しあ)げる 일을 끝내다, 완성하다 | ふたたび 두 번, 다시, 재차

---

3 필요한 정보를 토대로 과제 수행하기 ★☆☆ | 정답 3

[3-1-04.mp3]

デパートの案内放送です。迷子になった子供の両親はこのあと、何をしなければなりませんか。

女 : 本日はご来店いただきまして、まことにありがとうございます。ご来店のお客様に迷子のお知らせを申し上げます。白のワンピースに、白のソックス、ピンクの靴をおはきになりました遠藤マミちゃんとおっしゃいます２歳のお子様を、１階案内所にておあずかりいたしております。お心当たりのお客様、ど

うぞ1階案内所までお越しくださいませ。くりかえし、ご来店のお客様に迷子のお知らせを申し上げます。白のワンピースに、白のソックス、ピンクの靴をおはきになりました遠藤マミちゃんとおっしゃいます2歳のお子様を、1階案内所にておあずかりいたしております。お心当たりのお客様、どうぞ1階案内所までお越しくださいませ。

迷子になった子供の両親はこのあと、何をしなければなりませんか。
1 デパートの関係者に知らせる
2 近くの交番に届け出を出す
3 案内所に行く
4 1階のお客さまセンターであずける

해석 백화점의 안내 방송입니다. 미아가 된 아이의 부모는 이후에 무엇을 해야 합니까?

여 : 오늘 내점해 주셔서 정말 감사드립니다. 내점하신 손님 여러분께 미아 소식을 말씀드립니다. 하얀 원피스에, 하얀 양말, 분홍 구두를 신은 엔도 마키라고 하는 2세 여자아이를, 1층 안내소에서 맡고 있습니다. 짐작 가시는 손님, 부디 1층 안내소로 와 주십시오. 반복합니다. 내점하신 손님 여러분께 미아 소식을 말씀드립니다. 하얀 원피스에, 하얀 양말, 분홍 구두를 신은 엔도 마키라고 하는 2세 여자아이를, 1층 안내소에서 맡고 있습니다. 짐작 가시는 손님, 부디 1층 안내소로 와 주십시오.

미아가 된 아이의 부모는 이후에 무엇을 해야 합니까?
1 백화점 관계자에게 알린다.
2 근처 파출소에 신고서를 낸다.
3 안내소로 간다.
4 1층 고객센터에 맡긴다.

해설 안내 방송에서 두 번이나 반복하며 お心当たりのお客様、どうぞ1階案内所までお越しくださいませ라고 이야기하고 있다.

어휘 デパート 백화점｜案内(あんない) 안내｜放送(ほうそう) 방송｜迷子(まいご) 미아｜両親(りょうしん) 부모｜本日(ほんじつ) 오늘, 금일｜来店(らいてん) 내점｜誠(まこと)に 정말로, 참으로, 매우｜お知(し)らせ 알림, 통지｜申(もう)し上(あ)げる 말씀드리다｜靴(くつ) 구두, 신발｜はく 입다, 신다｜おっしゃる 말씀하시다｜〜階(かい) 〜층｜案内所(あんないしょ・あんないじょ) 안내소｜預(あず)かる 맡다, 보관하다｜心当(こころあ)たり 마음에 짚이는데, 짐작 가는 데｜お越(こ)し 오심, 가심｜くりかえす 되풀이하다, 반복하다｜関係者(かんけいしゃ) 관계자｜知(し)らせる 알리다, 통지하다｜近(ちか)く 근처｜交番(こうばん) 지구대｜届(とど)け出(で)を出(だ)す 신고하다｜預(あず)ける 맡기다

---

4 **필요한 정보를 토대로 과제 수행하기 ★★★** ｜정답 4

3-1-05.mp3

会社で男の人が話しています。作文にはどのようなことを書かなければなりませんか。

男：昨年6月にサンシャインシティに開店したコールドロックアイスクリーム2号店の大成功を受け、当社は7月中旬までに、お台場地域に新しく3号店舗を出店することにしています。これらの新店舗では店長が必要なため、これまでやってきたように会社内部から登用人事を行います。これらの店長職を希望する人には、ご自分が優秀な管理職になるであろう理由を述べた短い作文を書いていただきます。この中には自分が考えた売り上げを伸ばすための方法も書いておいてください。書類は人事部の山田さんあてに提出してください。期限は5月31日です。1週間以内に結論を出す予定です。

作文にはどのようなことを書かなければなりませんか。
1 働ける日時
2 希望する部署
3 自分の仕事の内容
4 売り上げを伸ばす方法

해석 회사에서 남자가 이야기하고 있습니다. 작문에는 어떤 것을 써야 합니까?

남 : 작년 6월에 선샤인시티에 개점한 콜드록 아이스크림 2점이 대성공을 하여, 당사는 7월 중순까지, 오다이바 지역에 새롭게 3점포를 출점하기로 하고 있습니다. 이 새 점포에서는 점장이 필요하기 때문에, 지금까지 해 온 것처럼 회사 내부에서 등용 인사를 합니다. 이 점장직을 희망하는 사람은, 자신이 우수한 관리직이 될 이유를 쓴 짧은 작문을 써 주십시오. 이 안에는 자신이 생각한 매상을 늘리기 위한 방법도 써 두어 주세요. 서류는 인사부 야마다 앞으로 제출해 주세요. 기한은 5월 31일입니다. 1주일 이내에 결론을 낼 예정입니다.

작문에는 어떤 것을 써야 합니까?
1 일할 수 있는 일시
2 희망하는 부서
3 자신의 업무 내용
4 매상을 늘리는 방법

해설 이야기 중후반부의 この中には自分が考えた売り上げを伸ばすための方法も書いておいてください가 힌트이다.

어휘 作文(さくぶん) 작문｜昨年(さくねん) 작년｜開店(かいてん) 개점｜大成功(だいせいこう) 대성공｜中旬(ちゅうじゅん) 중순｜店舗(てんぽ) 점포｜出店(しゅってん) 출점｜店長(てんちょう) 점장｜内部(ないぶ) 내부｜登用(とうよう) 등용｜人事(じんじ) 인사｜職(しょく) 직, 직업｜希望(きぼう) 희망｜優秀(ゆうしゅう) 우수｜管理職(かんりしょく) 관리직｜短(みじか)い 짧다｜考(かんが)える 생각하다｜売(う)り上(あ)げ 매상｜伸(の)ばす 늘이다, 늘리다｜方法(ほうほう) 방법｜書類(しょるい) 서류｜〜あて 〜앞｜提出(ていしゅつ) 제출｜期限(きげん) 기한｜以内(いない) 이내｜結論(けつろん) 결론｜働(はたら)く 일하다｜日時(にちじ) 일시｜部署(ぶしょ) 부서

5 필요한 정보를 토대로 과제 수행하기 ★★☆　| 정답 3

`3-1-06.mp3`

男の人が旅行社の人と話しています。男の人はどのオプションを選びますか。

女：はい、ご用件を承ります。

男：今週末にシーサイドツアーをしようと考えているんですが、動物園に立ち寄るのに気づきました。動物園への入園料はツアー料金に含まれているのですか。

女：それはお選びのツアー内容によります。終日ツアーには含まれておりますが、半日ツアーには入園料は含まれていません。でも、半日ツアーでもフラワーガーデンには無料でお入りになれます。それは動物園のとなりにあります。

男：なるほど。うん、そういうことなら終日ツアーを2枚ください。クレジットカードで支払えますか。

女：はい。カードをお預かりします。お支払い方法はどうなさいますか。

男：1回でお願いします。

男の人はどのオプションを選びますか。

1 あとで決めることにする
2 フラワーガーデンへのチケットを買う
3 終日ツアー
4 半日ツアー

해석 남자가 여행사 직원과 이야기하고 있습니다. 남자는 어느 옵션을 선택합니까?

여 : 네, 용건을 말씀해 주십시오.

남 : 이번 주말에 씨 사이드 투어를 하려고 생각하고 있습니다만, 동물원에 들르는 것이 생각났습니다. 동물원 입장료는 투어 요금에 포함되어져 있는 것입니까?

여 : 그건 선택하시는 투어 내용에 따라 다릅니다. 종일 투어에는 포함되어 있지만, 반일 투어에는 입장료는 포함되어 있지 않습니다. 하지만, 반일 투어라도 플라워 가든에는 무료로 들어가실 수 있습니다. 그건 동물원 옆에 있습니다.

남 : 역시 그렇구나. 음, 그런 거라면 종일 투어를 2장 주세요. 신용카드로 지불할 수 있습니까?

여 : 네. 카드를 받겠습니다. 지불 방법은 어떻게 하시겠습니까?

남 : 일시불로 부탁드립니다.

남자는 어느 옵션을 선택합니까?

1 나중에 정하기로 한다.
2 플라워 가든의 티켓을 산다.
3 종일 투어
4 반일 투어

해설 남자의 대화 후반부에 そういうことなら終日ツアーを2枚ください라고 말하는 것을 들으면 쉽게 정답을 골라낼 수 있다.

어휘 旅行(りょこう) 여행 | 用件(ようけん) 용건 | 承(うけたまわ)る 받다, 듣다, 전해 듣다, 승낙하다의 겸양어 | 今週末(こんしゅうまつ) 이번 주말 | 動物園(どうぶつえん) 동물원 | 立(た)ち寄(よ)る 다가서다, 들르다 | 気(き)づく 깨닫다, 생각나다, 알아차리다

入園料(にゅうえんりょう) 입원료 | 終日(しゅうじつ) 종일 | 半日(はんにち) 반일 | 無料(むりょう) 무료 | 入(はい)る 들어가(오)다 | 隣(となり) 이웃, 옆 | 支払(しはら)う 지불하다 | なるほど 과연, 정말 | ～枚(まい) ～장 | 後(あと)で 나중에

6 필요한 정보를 토대로 과제 수행하기 ★★☆　| 정답 2

`3-1-07.mp3`

女の人と男の人が話しています。女の人はこれから、まず何をしますか。

女：お早いですね、竹内さん。ランチはよかったんですか。いつものコーヒーお入れしましょうか。

男：あとでね。今ちょっと急いでいるんだよ。少し前に佐藤さんから電話があってね、すぐに我々の進展具合について簡単に説明してくれって言うんだ。いつもの火曜日の会合を彼は待てないんだよ。1時までにトキアビルまで出向かなければいけないんだ。私がこの報告書の最後の仕上げをしている間に、ABC商事のファイルをとってくれないか。

女：ファイルでしたら、今朝机の上に置いておきました。

男：ああ、ありがとう。助かるよ。それじゃあ、タクシー会社に電話をして15分後に出発できるようにタクシーを呼んでくれないか。

女：はい、かしこまりました。

女の人はこれから、まず何をしますか。

1 トキアビルへ行く
2 タクシーを呼ぶ
3 竹内さんにコーヒーを出す
4 レポートに目を通す

해석 여자와 남자가 이야기하고 있습니다. 여자는 이제부터 우선 무엇을 합니까?

여 : 일찍 오셨네요, 다케우치 씨. 점심은 어떠셨어요? 매일 드시는 커피 타 드릴까요?

남 : 나중에, 지금 좀 급해. 조금 전에 사토 씨에게 전화가 와서 말이야, 바로 우리들의 진전 상태에 관해서 간단하게 설명해 달라고 하는 거야. 항상 하는 화요일 회합을 그는 기다릴 수가 없는 거지. 1시까지 도키아 빌딩으로 가지 않으면 안 돼. 내가 이 보고서 마지막 마무리를 하고 있는 동안, ABC 상사 파일을 찾아 주지 않을래?

여 : 파일이라면, 오늘 아침에 책상 위에 놓아 두었습니다.

남 : 아, 고마워. 도움이 되네. 그럼, 택시 회사에 전화를 해서 15분 후에 출발할 수 있도록 택시를 불러 주지 않을래?

여 : 네, 알겠습니다.

여자는 이제부터 우선 무엇을 합니까?

1 도키아 빌딩에 간다.
2 택시를 부른다.
3 다케우치 씨에게 커피를 내어 준다.
4 리포트를 훑어본다.

해설 마지막 대화문에 タクシー会社に電話をして15分後に出

発できるようにタクシーを呼んでくれないかという男子の言葉に女子が はい、かしこまりました と答えているので正解は2番である。

어휘 早(はや)い 빠르다, 이르다 | 急(いそ)ぐ 서두르다, 급하다 | 少(すこ)し前(まえ) 조금 전 | 我々(われわれ) 우리들 | 進展(しんてん) 진전 | 具合(ぐあい) 형편, 상태 | 説明(せつめい) 설명 | 会合(かいごう) 회합 | 待(ま)つ 기다리다 | 出向(でむ)く 떠나다, 향하여 가다 | 報告書(ほうこくしょ) 보고서 | 最後(さいご) 최후, 마지막 | 仕上(しあ)げ 완성, 마무리 | 商事(しょうじ) 상사 | 机(つくえ) 책상 | 置(お)く 놓다, 두다 | 助(たす)かる 살아나다, 도움이 되다, 수월해지다 | 出発(しゅっぱつ) 출발 | 目(め)を通(とお)す 훑어보다

문제 2 포인트이해 문제

대화를 듣고 질문에서 요구하는 핵심 포인트를 정확히 이해하고 파악하는 문제이다. 본문 내용을 들을 때에는 항상 질문을 염두에 두고 질문 내용에서 요구하는 포인트를 좁혀 나가야 한다.

[1] ～ [6] 문제 2에서는 먼저 질문을 들으세요. 그 다음 문제용지를 보세요. 읽는 시간이 있습니다. 그러고 나서 이야기를 듣고 문제용지의 1부터 4 중에서 가장 알맞은 것을 하나 고르세요.

예) | 정답 4

`3-2-01.mp3`

女の人と男の人が話しています。男の人、はどうして遅れましたか。

女 : どうしてこんなに遅れたの？ かなり待ちましたよ。
男 : すみません。もともと列車は3時30分に到着する予定だったけど、信号の故障で20分間停車したせいで遅れました。
女 : でも、すぐ直ってよかったですね。私は、それも知らずに何か事故でも起きたのかと思って心配しました。
男 : ところが、到着して降りようとしたら、今度は切符が見つからないんですよ。
女 : え？それでどうしたんですか。切符は見つかったんですか。
男 : 慌てて探してみたら、列車の中で読んでいた本の中に入っていたんです。
女 : 本当、いろいろありましたね。

男の人は、どうして遅れましたか。
1 切符がなくなったから
2 事故で列車が20分間停車したから
3 列車の中で本を読んでいたから
4 信号が故障したから

해석 여자와 남자가 이야기하고 있습니다. 남자는 왜 늦었습니까?

여 : 왜 이렇게 늦었어요? 많이 기다렸잖아요.
남 : 미안해요. 원래는 열차가 3시 30분에 도착할 예정이었는데, 신호 고장으로 20분 동안 정차한 바람에 늦었어요.
여 : 그래도 바로 수리가 되어 다행이네요. 저는 그것도 모르고 뭔가 사고라도 났나 하고 걱정했어요.
남 : 그런데 도착해서 내리려고 했더니, 이번에는 표가 보이지 않는 거예요.
여 : 네? 그래서 어떻게 했어요? 표는 찾았어요?
남 : 당황해서 허둥대며 찾아봤더니, 열차 안에서 읽고 있던 책 안에 들어 있었어요.
여 : 정말 여러 가지 일들이 있었네요.

남자는 왜 늦었습니까?
1 표가 없어졌기 때문에
2 사고로 열차가 20분 동안 정차했기 때문에
3 열차 안에서 책을 읽고 있었기 때문에
4 신호가 고장 났기 때문에

해설 남자의 첫 번째 대사를 들었으면 정답이 4번임을 알 수 있다. 열차가 20분 동안 정차한 것은 사고가 아니라 신호 고장 때문이었으므로 2번으로 착각하지 않도록 주의해야 한다.

어휘 どうして 왜, 어째서 | 遅(おく)れる 늦다 | かなり 꽤, 상당히 | 待(ま)つ 기다리다 | もともと 원래 | 列車(れっしゃ) 열차 | 到着(とうちゃく) 도착 | 予定(よてい) 예정 | 信号(しんごう) 신호(등) | 故障(こしょう) 고장 | 停車(ていしゃ) 정차 | ～せいで ～탓에, ～때문에 | すぐ 바로, 곧, 금방 | 直(なお)る 고쳐지다 | ～てよかった ～해서 다행이다 | 知(し)る 알다 | ～ずに ～(하)지 않고, ～(하)지 말고 | 事故(じこ) 사고 | 起(お)きる 일어나다 | 心配(しんぱい) 걱정, 근심 | ところが 그런데, 그러나 | 降(お)りる 내리다 | ～(よ)うとしたら ～(하)려고 했더니 | 今度(こんど) 이번, 이다음 | 切符(きっぷ) 표 | 見(み)つかる 들키다, 찾게 되다, 발견되다 | 慌(あわ)てる 당황하다, 허둥거리다 | 探(さが)す 찾다 | 無(な)くなる 없어지다

---

[1] 핵심 포인트 파악하기 ★★☆ | 정답 2

`3-2-02.mp3`

映画館で男の人が女のスタッフと話しています。男の人はなぜ遅れたのですか。

男 : すみません、ちょっと助けてもらえますか。席を探してるんですが。館内が真っ暗で座席番号さえ見えないんです。
女 : もちろん、お助けできます。ちょっとチケットを見せていただけますか。懐中電灯がありますので。お客さまのお席は、H列の25番と26番ですね。こちらのこのドアから入りましょう。
男 : ありがとうございます。ここに来る途中で迷ってしまったもので、遅れてしまったんですよ。でもどうやら映画はまだ始まっていないようですね。間に合ってよかった。

男の人はなぜ遅れたのですか。

1 交通渋滞に巻き込まれた
2 道に迷った
3 切符をなくした
4 催しの開始時間を勘違いした

해석 영화관에서 남자가 여자 스태프와 이야기하고 있습니다. 남자는 왜 늦은 것입니까?

남 : 실례합니다. 잠깐 도와주실 수 있겠습니까? 자리를 찾고 있습니다만. 관내가 너무 캄캄해서 좌석 번호조차 보이지 않습니다.

여 : 물론 도와드릴 수 있습니다. 잠깐 티켓을 보여 주시겠습니까? 손전등이 있으니. 손님 자리는 H열 25번과 26번이네요. 이쪽 문으로 들어가십시오.

남 : 감사합니다. 여기에 오는 도중에 길을 헤매 버려서 늦고 말았습니다. 하지만 가까스로 영화는 아직 시작하지 않은 것 같네요. 시간에 맞출 수 있어서 다행이다.

남자는 왜 늦은 것입니까?
1 교통 정체에 말려들었다.
2 길을 잃었다.
3 표를 분실했다.
4 행사 시작 시간을 착각했다.

해설 남자의 마지막 대사 중 여기에 오는 途中에 迷어서 버린 것으로, 遅れ버렸습니다라고 하는 부분에 정답의 내용이 그대로 있다.

어휘 映画館(えいがかん) 영화관 | 遅(おく)れる 늦다 | 助(たす)ける 돕다, 구하다 | 席(せき) 자리 | 探(さが)す 찾다 | 館内(かんない) 관내 | 真(ま)っ暗(くら) 아주 캄캄함 | 番号(ばんごう) 번호 | 見(み)える 보이다 | 見(み)せる 보여주다, 내보이다 | 懐中電灯(かいちゅうでんとう) 손전등 | 列(れつ) 줄, 열 | 途中(とちゅう) 도중 | 迷(まよ)う 길을 잃다, 헤매다, 망설이다 | どうやら 그럭저럭, 가까스로, 겨우 | まだ 아직 | 始(はじ)まる 시작되다 | ~ないようだ ~않는 듯하다 | 間(ま)に合(あ)う 시간에 늦지 않게 대다 | 交通渋滞(こうつうじゅうたい) 교통 정체 | 巻(ま)き込(こ)まれる 말려들다, 휩쓸려 들어가다 | 切符(きっぷ) 표 | なくす 잃다, 분실하다 | 催(もよお)し 행사 | 勘違(かんちが)い 착각, 오해

---

2 핵심 포인트 파악하기 ★★☆　　　　| 정답 3

3-2-03.mp3

男の人と女の人が電話で話しています。女の人はなぜ追加料金を払わなければなりませんか。

男：はい、山田電気です。

女：クーラーが壊れてしまって、使えないんです。8時に泊まりがけのお客さんが来ることになっているんですけど。

男：申し訳ありません、お客さま。ええと、今日は6時過ぎまで空いている時間がないのですが、それ以降だと10パーセントの割増料金が発生いたします、営業時間外なので。

女：かまいません。どうしてもクーラーが作動する状態にしていただきたいのです、お客さんが来る前に。

男：わかりました。6時半ごろにはそちらに伺うようにします。

女：はい、よろしくお願いします。

男：それじゃ、ご住所とお電話番号を教えていただけますでしょうか。

女の人はなぜ追加料金を払わなければなりませんか。
1 遠いところに住んでいるから
2 申し込み期限を守らなかったから
3 夜間作業をしてもらうから
4 翌日配達を要求したから

해석 남자와 여자가 전화로 이야기하고 있습니다. 여자는 왜 추가요금을 내야 합니까?

남 : 네, 야마다전기입니다.

여 : 에어컨이 고장 나 버려서 사용할 수 없습니다. 8시에 숙박할 예정인 손님이 오기로 되어 있는데요.

남 : 죄송합니다, 손님. 음, 오늘은 6시 넘어까지 비어 있는 시간이 없습니다만, 그 이후라면 10%의 할증요금이 발생합니다. 영업시간 외라서요.

여 : 상관없습니다. 어떻게 해서든 에어컨이 작동하는 상태로 해 주셨으면 좋겠습니다, 손님이 오기 전에.

남 : 알겠습니다. 6시 반경에는 그쪽으로 찾아뵙도록 하겠습니다.

여 : 네, 잘 부탁드리겠습니다.

남 : 그럼, 주소와 전화번호를 가르쳐 주시겠습니까?

여자는 왜 추가요금을 내야 합니까?
1 먼 곳에 살고 있기 때문에
2 신청기한을 지키지 않았기 때문에
3 야간작업을 해 주기 때문에
4 다음 날 배달을 요구했기 때문에

해설 남자가 대화 중반부에 10퍼센트의 割増料金이 発生いたします, 営業時間外이므로라고 하며 힌트를 주고 있다.

어휘 追加(ついか) 추가 | 電気(でんき) 전기 | 壊(こわ)れる 깨지다, 고장 나다 | 泊(と)まりがけ 숙박할 예정으로 떠남 | ~過(す)ぎ ~지남 | 空(あ)く 나다, 비다 | 以降(いこう) 이후 | 割(わ)り増(ま)し料金(りょうきん) 할증요금 | 発生(はっせい) 발생 | 営業(えいぎょう) 영업 | 作動(さどう) 작동 | ~ていただきたい ~해 주셨으면 좋겠다 | 住所(じゅうしょ) 주소 | 電話番号(でんわばんごう) 전화번호 | ~ていただけますでしょうか ~해 주실 수 있으십니까? | 遠(とお)い 멀다 | 住(す)む 살다 | 申(もう)し込(こ)み 신청 | 守(まも)る 지키다 | 夜間(やかん) 야간 | 作業(さぎょう) 작업 | 翌日(よくじつ) 다음날 | 配達(はいたつ) 배달 | 要求(ようきゅう) 요구

---

3 핵심 포인트 파악하기 ★★☆　　　　| 정답 4

3-2-04.mp3

男の人と女の人が話しています。男の人にとってゴミ容器に書いてあるものを読むのはなぜ難しいのですか。

女：ねえ、テリー、また間違ったところに空きビンを捨てたよ。空きビンは青いゴミ箱に、そしてペットボトルは黄色いほうへよ。

男：本当にすみません。でもまだここ東京のオフィスへ来て2、3ヵ月なんです。ここでのリサイクリングシステムはアメリカよりすごく複雑なんです。ここでは飲み物の容器を3種類に、プラスチックを2タイプに、そして紙を4つの異なったタイプに分別しなければならないでしょ。それは私にはとても難しいことなんです。

女：それぞれの容器の上に何が捨てられるか説明書があるわよ。何かを捨てる前にちょっと読むだけでいいのよ。

男：でも説明書はすごく小さく書いてあるんです。毎回メガネを取り出さなければならないんです。

男の人にとってゴミ容器に書いてあるものを読むのはなぜ難しいのですか。
1 彼には十分な時間がない
2 それらは別々のオフィスにある
3 説明書が取り出された
4 書かれているものが小さすぎてわからない

해석 　남자와 여자가 이야기하고 있습니다. 남자에게 있어서 쓰레기 용기에 쓰여 있는 것을 읽는 것은 왜 어려운 것입니까?

여 : 저기, 테리, 또 잘못된 곳에 빈병을 버렸어요. 빈병은 파란 쓰레기통에, 그리고 페트병은 노란 쪽이에요.

남 : 정말 죄송합니다. 하지만 아직 여기 도쿄 사무실로 와서 2, 3개월밖에 안 됐어요. 여기에서의 리사이클링 시스템은 미국보다 굉장히 복잡합니다. 여기에서는 음료수 용기를 3종류로, 플라스틱을 2개의 타입으로, 그리고 종이를 4개의 다른 타입으로 분별하지 않으면 안 되잖아요. 그건 저에게는 너무 어려운 일입니다.

여 : 각각의 용기 위에 무엇을 버릴 수 있는지 설명서가 있어요. 뭔가를 버리기 전에 잠깐 읽기만 하면 돼요.

남 : 하지만 설명서는 너무 작게 쓰여 있어요. 매번 안경을 꺼내지 않으면 안 됩니다.

남자에게 있어서 쓰레기 용기에 쓰여 있는 것을 읽는 것은 왜 어려운 것입니까?
1 그에게는 충분한 시간이 없다.
2 그것들은 각각의 사무실에 있다.
3 설명서가 꺼내어졌다.
4 쓰여 있는 것이 너무 작아서 알 수 없다.

해설 　남자가 대화 마지막에 でも説明書はすごく小さく書いてあるんです라고 이유를 분명히 말하고 있다.

어휘 　ゴミ 쓰레기 | 容器(ようき) 용기 | 間違(まちが)う 틀리다, 잘못되다, 실수하다 | 空(あ)きビン 빈 병 | 捨(す)てる 버리다 | 青(あお)い 푸르다 | ゴミ箱(ばこ) 쓰레기통 | そして 그리고 | ペットボトル 페트병 | 黄色(きいろ)い 노랗다 | リサイクリング 리사이클링, 재활용 | 複雑(ふくざつ) 복잡 | 種類(しゅるい) 종류 | 紙(かみ) 종이 | 分別(ぶんべつ) 분별 | それぞれ 각자, 각기 |

説明書(せつめいしょ) 설명서 | 小(ちい)さく 작게 | 毎回(まいかい) 매회 | メガネ 안경 | 取(と)り出(だ)す 꺼내다, 골라내다 | 十分(じゅうぶん) 충분 | 別々(べつべつ) 따로따로, 제각기

4　핵심 포인트 파악하기 ★★☆　　　　　　　| 정답 1

3-2-05.mp3

次は駅の構内アナウンスです。列車が遅れた原因は何ですか。

男：乗客の皆さま。新宿行き急行はまもなく1番線ホームから出発いたします。この列車は12時30分発の急行39号です。指定席の切符をお持ちのお客さまはホームの端にあります「指定」と記されたエリアにお進みください。品川行きの列車をお待ちの方は、約10分の遅れが生じていますことをご承知おきください。代々木駅で車両故障が見つかりましたが、修理を終え、現在運行を再開しております。当渋谷駅到着は12時40分となりますが、皆さまが乗車しだい2番線ホームから発車の予定です。よろしくお願いいたします。

列車が遅れた原因は何ですか。
1 機械故障があった
2 事故に巻き込まれた
3 路線が安全でなかった
4 天候が悪かった

해석 　다음은 역의 구내 안내 방송입니다. 열차가 늦은 원인은 무엇입니까?

남 : 승객 여러분. 신주쿠행 급행은 곧 1번 선 플랫폼에서 출발합니다. 이 열차는 12시 30분 출발 급행 39호입니다. 지정석 표를 갖고 계신 손님은 플랫폼 끝에 있는 '지정'이라고 적혀 있는 구역으로 나와 주세요. 시나가와행 열차를 기다리고 계신 분은, 약 10분의 지체가 발생하고 있는 것을 알아 두시기 바랍니다. 요요기역에서 차량 고장이 발견되었습니다만, 수리를 끝내고, 현재 운행을 재개하고 있습니다. 저희 시부야역 도착은 12시 40분이 됩니다만, 여러분이 승차하시는 대로 2번선 플랫폼에서 발차할 예정입니다. 잘 부탁드립니다.

열차가 늦은 원인은 무엇입니까?
1 기계 고장이 있었다.
2 사고에 말려들었다.
3 노선이 안전하지 않았다.
4 날씨가 나빴다.

해설 　안내 방송 중에 代々木駅で車両故障が見つかりましたが、修理を終え、現在運行を再開しております가 힌트이다.

어휘 　構内(こうない) 구내 | 列車(れっしゃ) 열차 | 乗客(じょうきゃく) 승객 | ～行(ゆ)き ~행 | 急行(きゅうこう) 급행 | 間(ま)もなく 머지않아, 곧 | ～番線(ばんせん) ~번 선 | ホーム 플랫폼 | 出発(しゅっぱつ) 출발 | 指定席(していせき) 지정석 | 切符(きっぷ) 표 | 端(はし) 끝, 가장자리 | 記(しる)す 적다 | 進(すす)む 나아가다, 전진하다, 진행되다 | 生(しょう)じる 나다, 생기다

| 承知(しょうち) 알고 있음, 들어줌 | お(ご)~ください ~해 주
십시오 | 車両(しゃりょう) 차량 | 故障(こしょう) 고장 | 見(み)
つかる 들키다, 발견되다 | 修理(しゅうり) 수리 | 終(お)える 끝
내다 | 運行(うんこう) 운행 | 再開(さいかい) 재개 | 到着(とう
ちゃく) 도착 | 乗車(じょうしゃ) 승차 | ~しだい ~하는대로 |
発車(はっしゃ) 발차 | 機械(きかい) 기계 | 事故(じこ) 사고 |
巻(ま)き込(こ)まれる 말려들다 | 路線(ろせん) 노선 | 安全(あ
んぜん) 안전 | 天候(てんこう) 일기, 날씨

| れしい 기쁘다 | 改修(かいしゅう) 개수, 수리 | 工事(こうじ)
공사 | 終(お)わる 끝나다 | 業務(ぎょうむ) 업무 | 再開(さい
かい) 재개 | 祝(いわ)う 축하하다 | 著名(ちょめい) 저명 | 作家
(さっか) 작가 | 招(まね)く 부르다, 초대하다 | 最新刊(さいしん
かん) 최신간 | 最後(さいご) 최후, 마지막 | 瞬間(しゅんかん) 순
간 | 朗読(ろうどく) 낭독 | 特別(とくべつ) 특별 | 週末(しゅう
まつ) 주말 | 楽(たの)しみ 즐거움, 낙, 즐길 거리 | 見逃(みのが)
す 못 보고 넘기다, 볼 기회를 놓치다 | 詳(くわ)しい 자세하다, 정통
하다 | ご覧(らん) 보심 | 資金(しきん) 자금 | 改装(かいそう)
개장, 새로 단장함 | 暴風雨(ぼうふうう) 폭풍우 | 被害(ひがい)
피해 | 建物(たてもの) 건물 | 移(うつ)る 옮기다, 바뀌다

| **5** | 핵심 포인트 파악하기 ★★☆ | | 정답 2

3-2-06.mp3

次はラジオ放送です。図書館が8月に閉館だったのはな
ぜですか。

男：地元の公立図書館本館からうれしいお知らせです。
改修工事が終わり、本館業務が再開されます。本館
は改修工事によって8月中閉館となっていました。
業務の再開を祝い、図書館では著名な作家、山本ゆ
りこさんをお招きし、最新刊の「最後の瞬間に」を
朗読していただきます。お子さま向け特別イベント
も2日間行われます。この週末に図書館で行われる
お楽しみをお見逃しなく。詳しいことは図書館に電
話をするか、ホームページをご覧ください。

図書館が8月に閉館だったのはなぜですか。
1 資金がなくなった
2 改装中だった
3 暴風雨で被害を受けた
4 新しい建物に移ろうとしていた

해석　다음은 라디오 방송입니다. 도서관이 8월에 폐관했던 것은 왜입니
　　　까?
　　　남 : 지역 공립도서관 본관으로부터의 기쁜 소식입니다. 개수 공사
　　　가 끝나 본관 업무가 재개됩니다. 본관은 개수 공사에 의해서
　　　8월 중 폐관이 되었습니다. 업무 재개를 축하하며, 도서관에서
　　　는 저명 작가인 야마모토 유리코 씨를 초대하여, 최신간인 『마
　　　지막 순간에』를 낭독해 주십니다. 어린이 대상 특별 이벤트도
　　　이틀간 실시합니다. 이번 주말에 도서관에서 실시되는 즐길
　　　거리를 놓치지 마세요. 자세한 것은 도서관에 전화를 하거나
　　　홈페이지를 봐 주십시오.

　　　도서관이 8월에 폐관했던 것은 왜입니까?
　　　1 자금이 없어졌다.
　　　2 개장 중이었다.
　　　3 폭풍으로 피해를 입었다.
　　　4 새 건물로 옮기려고 했었다.

해설　초반부터 힌트를 제시하고 있다. 改修工事が終わり、本館
業務が再開されます。本館は改修工事によって8月中
閉館となっていました 부분을 놓치지 않고 들으면 정답을 골
라낼 수 있다.

어휘　放送(ほうそう) 방송 | 図書館(としょかん) 도서관 | 閉館(へ
いかん) 폐관 | 公立(こうりつ) 공립 | 本館(ほんかん) 본관 | う

| **6** | 핵심 포인트 파악하기 ★★☆ | | 정답 4

3-2-07.mp3

女の人と男の人が話しています。男の人はどうして飲み
に行くのを断りましたか。

女：ねえ。田村君、今晩私たちといっしょに飲みに行
く？駅前の居酒屋でね、生ビールが2杯で1杯分の
特別料金なのよ。私たち6人はみんなそこへ行くつ
もり、だからあなたがいっしょだと7人ね。6時
30分にみんなここに集まって、それから車を相乗
りして向かうのよ。

男：ごめん、今回はお断りしなくちゃいけないんだ。午
後にちょっと寒気がしてきて、風邪をひきかけてい
るみたいなんだ。まっすぐ家に帰って、少しでも悪
化しないようにした方がいいと思うんだよ。

女：まあ、何よ、田村君！本当に私たちのことをただ避
けようとしているのね？

男：ううん、それはぜんぜん違うよ。ただ毎年この時期
は病気にかかりやすいってことなんだよ。

女：わかった。じゃ、仕方がないわね。

男の人はどうして飲みに行くのを断りましたか。
1 飲み会を避けたいから
2 外は寒すぎるから
3 出かけるだけの時間がないから
4 風邪を引き始めているから

해석　여자와 남자가 이야기하고 있습니다. 남자는 왜 술을 마시러 가는
　　　것을 거절했습니까?
　　　여 : 저기. 다무라 군, 오늘 밤 우리랑 같이 마시러 갈래? 역 앞 선
　　　술집에서 말이야. 생맥주가 2잔에 1잔 가격으로 특별요금이야.
　　　우리 6명은 모두 거기에 갈 생각이야. 그러니까 네가 같이 가
　　　면 7명이네. 6시 30분에 모두 여기에 모여서, 그리고 차를 같
　　　이 타고 그쪽으로 갈 거야.
　　　남 : 미안, 이번은 거절하지 않으면 안 돼. 오후에 좀 오한이 들어
　　　서 감기에 걸릴 것 같아. 바로 집에 돌아가서 조금이라도 악화
　　　되지 않게 하는 편이 좋을 것 같아.
　　　여 : 에이, 뭐야, 다무라 군! 정말로 우리를 그저 피하려고 하고 있
　　　는 거지?
　　　남 : 아니야, 그건 정말 아니야. 그저 매년 이 시기는 병에 걸리기

실전 모의고사 3회　청해

쉬워서 그렇단 말이야.
여 : 알았어. 그럼, 어쩔 수 없지.

남자는 왜 술을 마시러 가는 것을 거절했습니까?
1 술자리를 피하고 싶기 때문에
2 밖은 너무 춥기 때문에
3 외출할 만큼의 시간이 없기 때문에
4 감기에 걸리기 시작했기 때문에

해설 남자가 午後に ちょっと 寒気が してきて、風邪を ひきか けているみたいなんだ라며 거절하는 이유를 이야기하고 있으므로 정답은 4번이다.

어휘 断(ことわ)る 거절하다｜今晩(こんばん) 오늘 밤｜駅前(えきまえ) 역 앞｜居酒屋(いざかや) 선술집｜生(なま)ビール 생맥주｜特別(とくべつ) 특별｜集(あつ)まる 모이다｜相乗(あいの)り 합승｜向(む)かう 향하다｜今回(こんかい) 이번, 금번｜～なくちゃいけない ～지 않으면 안 된다｜寒気(さむけ)がする 오한이 나다, 한기가 나다｜風邪(かぜ)を引(ひ)く 감기에 걸리다｜～かける ～하기 시작하다, 막 ～하려 하다｜まっすぐ 똑바로, 쭉, 곧장｜悪化(あっか) 악화｜ただ 오직, 그저, 단지｜避(さ)ける 피하다｜全然(ぜんぜん) 전혀｜違(ちが)う 다르다｜毎年(まいねん) 매년｜時期(じき) 시기｜病気(びょうき)にかかる 병에 걸리다｜仕方(しかた)がない 방법이 없다, 어쩔 수 없다｜外(そと) 밖｜出(で)かける 나가다, 외출하다

문제 3 개요이해 문제
내용을 듣고 화자의 의도나 주장 등을 이해할 수 있는지를 묻는 문제이다. 문제를 보다 쉽게 풀기 위해서는 평소에 문장을 요약하는 연습과 신문 기사나 사설, 뉴스 등을 많이 읽고 듣는 연습을 통해 본문 전체를 파악하는 힘을 기르는 것이 좋다.

---

1 ～ 3 문제 3에서는 문제용지에 아무것도 인쇄되어 있지 않습니다. 이 문제는 전체적으로 어떤 내용인가를 묻는 문제입니다. 이야기 전에 질문은 없습니다. 먼저 이야기를 들으세요. 그러고 나서 질문과 선택지를 듣고 1부터 4 중에서 가장 알맞은 것을 하나 고르세요.

예) | 정답 3

[3-3-01.mp3]

男の人が女の人にインタビューしています。

男 : このごろ、周りの人とうまく付き合えずに悩んでいる人が多いようです。今日はどうすれば他の人とうまくやっていけるのかについて、一言アドバイスをいただきたいんですが。

女 : そうですねえ。人と付き合う時には、初めのうちはうまくいかなくて当然だと思ったほうがいいですね。

男 : え、それじゃ、失敗してもいいんですか。

女 : そうです。初めからうまくできる人なんていませんよ。こうやってみてだめだったら、じゃ次はどうしようかと考え、工夫します。

男 : はい。
女 : その繰り返しの中で、相手と自分との距離のとり方、というかバランスがわかってくるもんなんですよ。

女の人は人と付き合う時に何が一番大切だと言っていますか。
1 だれとでも同じように親しくすること
2 自分の思っていることを繰り返し、正直に言うこと
3 いろいろやってみてうまくいかなかったらやり方を変えること
4 失敗してもすぐ新しい人と付き合うこと

해석 남자가 여자를 인터뷰하고 있습니다.
남 : 요즘, 주변 사람들과 잘 사귀지 못해서 고민하고 있는 사람이 많은 것 같습니다. 오늘은 어떻게 하면 다른 사람과 잘 지낼 수 있는가에 관해서, 한마디 조언을 듣고 싶습니다만.
여 : 글쎄요. 다른 사람과 사귈 때, 처음에는 잘 안 되는 게 당연하다고 생각하는 편이 좋습니다.
남 : 네? 그럼, 실패를 해도 되는 건가요?
여 : 그렇습니다. 처음부터 잘할 수 있는 사람은 없습니다. 이렇게 해 보고 잘 안 되면 그럼 다음에는 어떻게 할까라고 생각하고 궁리합니다.
남 : 네.
여 : 그렇게 되풀이하는 가운데, 상대방과 자신과의 거리를 취하는 법이라고 할까 밸런스를 알게 되는 법이에요.

여자는 다른 사람과 사귈 때 무엇이 가장 중요하다고 말합니까?
1 누구와라도 똑같이 친하게 지내는 것
2 자신이 생각하고 있는 것을 되풀이하여 정직하게 말하는 것
3 여러 가지 해 보고 잘되지 않으면 방법을 바꾸는 것
4 실패해도 바로 새로운 사람과 사귀는 것

해설 여자는 다른 사람과 사귈 때 처음부터 잘되는 것은 아니며, 실패할 때마다 다음에는 어떻게 할까 생각하고 궁리하다 보면 상대방과의 밸런스를 알게 된다고 말하고 있다. 따라서 정답은 3번이다.

어휘 インタビュー 인터뷰｜このごろ 요즈음, 최근｜周(まわ)り 주위, 주변, 근처｜うまく 훌륭하게, 잘｜付(つ)き合(あ)う 사귀다, 교제하다｜～ずに ～하지 않고, ～하지 않아서｜悩(なや)む 고민하다, 고생하다｜多(おお)い 많다｜他(ほか) 이 외, 그 밖｜やっていく 일·교제 등을 계속해 가다｜～について ～에 관해서｜一言(ひとこと) 한마디｜アドバイス 어드바이스, 조언｜いただく 먹다, 마시다, 받다｜うまくいく 잘되다｜当然(とうぜん) 당연｜～ほうがいい ～하는 편이 좋다｜失敗(しっぱい) 실패｜～てもいい ～해도 좋다｜すべて 모두｜～なんて ～같은 것, ～등, ～따위｜だめ 소용없음, 못쓰게 됨, 불가능함, 해서는 안 됨｜次(つぎ) 다음｜工夫(くふう) 궁리, 고안｜繰(く)り返(かえ)し 되풀이함, 반복함｜相手(あいて) 상대(방)｜自分(じぶん) 자기 자신｜距離(きょり) 거리｜取(と)り方(かた) 취하는 방법｜～というか ～이라고 할지｜バランス 밸런스, 균형｜～ものだ ～것이다, ～하는 법이다｜大切(たいせつ) 소중함, 중요함｜親(した)しい 친하다｜正直(しょうじき)に 정직하게, 솔직하게｜やり方(かた) (하는) 방법｜変(か)える 바꾸다｜すぐ 곧, 바로｜新(あたら)しい 새롭다, 새것이다

---

1 이야기의 주제 파악하기 ★★☆　　　　　　| 정답 1

`3-3-02.mp3`

男の人が講演で話しています。

男：今日、私が名古屋の歴史について知っていることを皆さんにお話しできることをうれしく思います。私は名古屋に生まれ、育ちました。地元の美術館で働き始めたとき、町の過去について調べ物をするようになりました。10年前に美術館の館長になったときには、私は名古屋の非公式な歴史家として知られるようになっていました。学校の団体や旅行者を対象に講演したことも数えきれないほどです。そして昨年には、政府の依頼を受け、首都に行って講演を行いました。しかしながら、大学の先生方を前にお話をさせていただくことはこれまでにない喜びです。

講演のテーマは何ですか。

1 地元の歴史
2 美術館の運営
3 名古屋の有名な歴史家
4 歴史の教え方

해석　남자가 강연에서 이야기하고 있습니다.

남 : 오늘, 제가 나고야의 역사에 관해서 알고 있는 것을 여러분에게 이야기할 수 있는 것을 기쁘게 생각합니다. 저는 나고야에서 태어나고 자랐습니다. 고장의 미술관에서 일하기 시작했을 때, 마을의 과거에 관해서 조사하게 되었습니다. 10년 전에 미술관 관장이 되었을 때에는, 저는 나고야의 비공식적인 역사가로서 알려지게 되었습니다. 학교 단체나 여행자를 대상으로 강연한 것도 셀 수 없을 정도입니다. 그리고 작년에는 정부의 의뢰를 받아 수도에 가서 강연을 했습니다. 하지만, 대학 선생님들을 앞에 두고 이야기를 하는 것은 다시 없는 기쁨입니다.

강연의 테마는 무엇입니까?

1 고향의 역사
2 미술관의 운영
3 나고야의 유명한 역사가
4 역사 교육법

해설　개요이해 문제는 본문 초반이나 후반에 정답으로 연결되는 핵심 내용이 나오는 경우가 많다. 이 문제에서도 초반부에 今日、私が名古屋の歴史について知っていることを皆さんにお話しできることをうれしく思います라고 이야기하고 있다.

어휘　講演(こうえん) 강연 | 歴史(れきし) 역사 | 嬉うれしい 기쁘다 | 生(う)まれる 태어나다 | 育(そだ)つ 자라다 | 美術館(びじゅつかん) 미술관 | 働(はたら)き始(はじ)める 일하기 시작하다 | 町(まち) 시내, 거리, 도시 | 過去(かこ) 과거 | 調(しら)べ物(もの) 조사 | 館長(かんちょう) 관장 | 非公式(ひこうしき) 비공식 | 歴史家(れきしか) 역사가 | 知(し)られる 알려지다 | 団体(だんたい) 단체 | 旅行者(りょこうしゃ) 여행자 | 数(かぞ)える 세다, 헤아리다 | 昨年(さくねん) 작년 | 政府(せいふ) 정부 | 依頼(いらい) 의뢰 | 首都(しゅと) 수도 | しかしながら 그렇

지만, 그러나 | 喜(よろこ)び 기쁨 | 運営(うんえい) 운영 | 教(おし)え方(かた) 가르치는 방법

---

2 대화의 주제 파악하기 ★★☆　　　　　　| 정답 2

`3-3-03.mp3`

男の人と女の人が会社で話しています。

男：知っていたかい、家具販売店のデコールが開店したって？妻と一緒に先週、見に行ってきたんだ。
女：聞いていたわ、支店がこの辺りに出されるって。でも知らなかったわ、もう開店していたなんて。どう思った？
男：そうだな、家具は安くて、変わったデザインのものもあったね。でも、自分で組み立てなきゃいけないとなると、割りが合わないんじゃないかって判断したよ。
女：私は別にかまわないわ、自分で組み立てるのも。値段が手ごろであればね。今晩、仕事の帰りに行って見てこようかしら。

二人は主に何について話し合っていますか。

1 地元のレストラン
2 新しい店
3 自分たちの会社の工場
4 自分たちの会社の新しい支社

해석　남자와 여자가 회사에서 이야기하고 있습니다.

남 : 알고 있어? 가구 전문점인 데코르가 개점했다는 거? 아내랑 같이 지난주에 보러 갔다 왔어.
여 : 들었어, 지점이 이 주변에 오픈된다는 거. 하지만 몰랐네, 벌써 개점했다는 건. 어땠어?
남 : 글쎄, 가구는 싸고, 독특한 디자인인 것도 있었어. 하지만 직접 조립해야만 하는 것이라면, 수지가 맞지 않는 것 아닌가라고 판단했어.
여 : 나는 별로 상관없어, 직접 조립하는 것도. 가격이 적당하다면 말이야. 오늘 밤 일 끝나고 돌아가는 길에 가 보고 올까?

두 사람은 주로 무엇에 관해서 같이 이야기하고 있습니까?

1 고향의 레스토랑
2 새로운 가게
3 자신들 회사의 공장
4 자신들 회사의 새로운 지사

해설　개요이해는 본문의 첫 문장에 화제나 소재, 중심 테마가 제시되는 경우가 많으므로 이 부분에서 앞으로 전개가 될 내용이 무엇인지 신속하게 파악해야 한다. 이 문제도 초반부에 家具販売店のデコールが開店した라고 화제를 제시하고 그것에 관해서 대화를 주고받고 있으므로 정답은 2번이다.

어휘　家具(かぐ) 가구 | 販売店(はんばいてん) 판매점 | 開店(かいてん) 개점 | 妻(つま) 아내 | 先週(せんしゅう) 지난주 | 見(み)に行(い)く 보러 가다 | 支店(してん) 지점 | 辺(あた)り 근처, 부근, 주위 | 安(やす)い 싸다 | 変(か)わった 색다른, 별난 | 自分

(じぶん)で　스스로 ｜ 組(く)み立(た)てる 조립하다 ｜ ～なきゃ
いけない ～なければいけない의 줄임말, ～하지 않으면 안 된다 ｜
割(わり)が合(あ)わない 수지가 맞지 않다 ｜ 判断(はんだん) 판
단 ｜ 別(べつ)に 별로, 특별히 ｜ かまわない 상관없다 ｜ 値段(ね
だん) 가격 ｜ 手(て)ごろ 알맞음, 적당함, 어울림 ｜ 今晩(こんばん)
오늘 밤 ｜ 主(おも)に 주로 ｜ 工場(こうじょう) 공장 ｜ 支社(しし
ゃ) 지사

---

3 이야기의 주제 파악하기 ★★★　　　　　　　｜정답 1

3-3-04.mp3

女の人が社内放送で話しています。

女：皆さんにお知らせいたします。9月21日の月曜日か
ら9月25日の金曜日まで、社員食堂は改装のため休
業いたします。そのため、休業期間中の昼食時、弁
当が通りの向かいにある空き倉庫に配達されるよう
手配いたしました。弁当箱にはサンドウィッチ、フ
ルーツ、飲み物が入っています。実費は600円です
が、社員の方は450円でお買い求めいただけます。
これは休業によってご迷惑をおかけすることになる
からです。この週の間、弁当を注文されたい方は、
各休憩室にある申込書に9月11日までに記入してく
ださい。9月12日以降は注文をお受けすることがで
きません。ご協力お願いいたします。

この案内は主に何に関してのものですか。
1 社員食堂の改装
2 会社の倉庫の工事
3 ロビーの改修工事
4 新しいカフェテリアのメニュー

해석　여자가 사내 방송에서 이야기하고 있습니다.
여 : 여러분에게 알려 드리겠습니다. 9월 21일 월요일부터 9월 25
일 금요일까지, 사원식당은 개장 때문에 휴업합니다. 그 때문
에, 휴업기간 중 점심 식사 때, 도시락이 길 건너편에 있는 빈
창고로 배달되도록 준비했습니다. 도시락 상자에는 샌드위치,
과일, 음료수가 들어 있습니다. 실비는 600엔이지만, 사원 분
은 450엔에 사실 수 있습니다. 이것은 휴업에 의해 불편을 끼
치게 되기 때문입니다. 이번 주 동안 도시락을 주문하시고 싶
은 분은, 각 휴게실에 있는 신청서에 9월 11일까지 기입해 주
십시오. 9월 12일 이후는 주문을 받을 수 없습니다. 협력 부탁
드리겠습니다.

이 안내는 주로 무엇에 관한 것입니까?
1 사원식당의 개장
2 회사 창고의 공사
3 로비의 개수 공사
4 새로운 카페테리아의 메뉴

해설　이야기 초반부에 社員食堂は改装のため休業いたします라
며 이야기의 중심이 되는 화제를 제시하고 있다.

어휘　社内(しゃない) 사내 ｜ 放送(ほうそう) 방송 ｜ 知(し)らせる 알
리다 ｜ お～いたす ～해 드리다 ｜ ～から～まで ～부터 ～까지 ｜

社員(しゃいん) 사원 ｜ 食堂(しょくどう) 식당 ｜ 改装(かいそ
う) 개장 ｜ 休業(きゅうぎょう) 휴업 ｜ 期間中(きかんちゅう)
기간 중 ｜ 昼食(ちゅうしょく) 점심 ｜ 弁当(べんとう) 도시락 ｜
通(とお)り 길, 도로 ｜ 向(む)かい 건너편 ｜ 空(あ)き倉庫(そう
こ) 빈 창고 ｜ 配達(はいたつ) 배달 ｜ 手配(てはい) 준비, 채비 ｜ 弁
当箱(べんとうばこ) 도시락 상자 ｜ 実費(じっぴ) 실비 ｜ 買(か)
い求(もと)める 사들이다, 입수하다 ｜ 迷惑(めいわく)をかける
폐를 끼치다 ｜ 注文(ちゅうもん) 주문 ｜ 各(かく) 각 ｜ 休憩室(き
ゅうけいしつ) 휴게실 ｜ 申込書(もうしこみしょ) 신청서 ｜ 記
入(きにゅう) 기입 ｜ 協力(きょうりょく) 협력 ｜ 工事(こうじ)
공사

문제 4　발화표현 문제
짧은 발화를 듣고 그림 상황에 적절한 응답을 고르는 문제이다. 주로
일상생활에서 사용되는 인사말이나 의뢰, 허가, 요구 등 실용적인 내
용이 많으므로 일상생활에서 자주 쓰이는 인사말이나 회화 표현, 관
용 표현, 경어 표현 등을 숙지해 두면 쉽게 풀 수 있다.

1 ～ **4**　문제 4에서는 그림을 보면서 질문을 들으세요. 화살
표(→)의 사람은 뭐라고 말합니까? 1부터 3 중에서 가장 알맞은 것을
하나 고르세요.

예)　　　　　　　　　　　　　　　　　　　　　　｜정답 3

3-4-01.mp3

女1：受付に、社員と約束のあるお客様が来ました。受
付の女性は何と言いますか。
女2：1 田中様ですね。お待たせいたしました。
　　　2 田中様ですね。いかがなさいますか。
　　　3 田中様ですね。お待ちしておりました。

해석　여1 : 접수처에 사원과 약속이 있는 손님이 왔습니다. 접수처의 여
성은 뭐라고 말합니까?
여2：1 다나카 씨죠. 오래 기다리셨습니다.
　　　2 다나카 씨죠. 어떻게 하시겠습니까?
　　　3 다나카 씨죠. 기다리고 있었습니다.

해설　사원과 이미 약속이 되어 있는 손님이 온 것이므로 접수처 직원은
3번과 같이 말해야 한다.

어휘　受付(うけつけ) 접수(처) ｜ 社員(しゃいん) 사원 ｜ 約束(やくそ
く) 약속 ｜ お客様(きゃくさま) 손님 ｜ 女性(じょせい) 여성 ｜
お+동사 ます형+する(いたす) (제가) ～하다, ～해 드리다 ｜ 待
(ま)たせる 기다리게 하다 ｜ いかが 어떻게 ｜ なさる 하시다 ｜ 待
(ま)つ 기다리다 ｜ ～ておる (～ている의 겸양) ～하고 있다, ～해
있다

1 상황에 맞게 말하기 ★★☆ | 정답 1

3-4-02.mp3

女：ホテルで部屋のタオルを交換してほしいです。何と言いますか。
男：1 すみません、タオルを取り替えてもらいたいんですが。
　　2 やっぱりホテルのタオルは持ち帰ってはいけないですね。
　　3 すみません、あそこにあるタオルを取っていただけませんか。

해석 여 : 호텔에서 방의 수건을 교환해 주길 바랍니다. 뭐라고 말합니까?
남 : 1 실례합니다. 수건을 갈아 주셨으면 좋겠습니다만.
2 역시 호텔 수건은 갖고 돌아가면 안 되네요.
3 실례합니다. 저기에 있는 수건을 집어 주실 수 없겠습니까?

해설 ～てもらう는 누군가가 어떠한 행동을 해 주는 것을 받는 경우에 사용한다. 직역하면 '~해 받다'지만, '행동한 사람이 ~를 ~해 주다'로 번역해야 자연스럽다.

어휘 部屋(へや) 방 | 交換(こうかん) 교환 | 取(と)り替(か)える 바꾸다, 갈다, 교환하다 | やっぱり 역시 | 持(も)ち帰(かえ)る 가지고 돌아가다 | ～てはいけない ~해서는 안 된다 | 取(と)る 집다, 들다, 취하다, 받다, 빼앗다

2 상황에 맞게 말하기 ★☆☆ | 정답 2

3-4-03.mp3

女：夜遅く友だちの家に電話をしました。何と言いますか。
男：1 お電話ありがとうございます。
　　2 夜遅く電話して申し訳ございません。
　　3 夜遅く電話をかけてもいいですか。

해석 여 : 밤늦게 친구 집에 전화를 했습니다. 뭐라고 말합니까?
남 : 1 전화 감사합니다.
2 밤늦게 전화해서 죄송합니다.
3 밤늦게 전화를 걸어도 됩니까?

해설 밤늦은 시간에 전화를 건 것에 대한 사과를 해야 하므로 정답은 2번이 된다.

어휘 夜遅(よるおそ)く 밤늦게 | ～てもいいですか ~해도 됩니까?

3 상황에 맞게 말하기 ★★☆ | 정답 2

3-4-04.mp3

女：友だちに本を借りたいです。何と言いますか。
男：1 この本、借りようか。
　　2 この本、貸してくれない?
　　3 この本、返してもいいんじゃない？

해석 여 : 친구에게 책을 빌리고 싶습니다. 뭐라고 말합니까?
남 : 1 이 책, 빌릴까?
2 이 책, 빌려 주지 않을래?
3 이 책, 반납해도 되지 않아?

해설 借(か)りる와 貸(か)す, 그리고 返(かえ)す는 대화문 속에 함께 등장하는 경우가 많으므로 의미를 확실하게 구별하여 두자.

어휘 借(か)りる 빌리다 | 貸(か)す 빌려주다 | 返(かえ)す 돌려주다, 되돌려 놓다

4 상황에 맞게 말하기 ★☆☆ | 정답 3

3-4-05.mp3

女：部屋が暑いので、窓を開けたいです。何と言いますか。
男：1 暑いから窓を開けないでください。
　　2 暑いですね。窓を開けてもいいですよ。
　　3 暑いので窓を開けてもいいですか。

해석 여 : 방이 더워서 창문을 열고 싶습니다. 뭐라고 말합니까?
남 : 1 더우니까 창문을 열지 마세요.
2 덥네요. 창문을 열어도 좋아요.
3 더우니까 창문을 열어도 됩니까?

해설 ～ないでください는 '~하지 말아 주세요', ～てもいいですか는 '~해도 됩니까?'라는 의미이다.

어휘 暑(あつ)い 덥다 | 開(あ)ける 열다

문제 5 즉시응답 문제

실생활에서 자주 주고받을 수 있는 내용을 짧은 1대 1 대화 형식을 취해 상대방의 말을 듣고 그에 적절한 응답을 즉각적으로 고르는 문제이다. 따라서 인사말과 같은 실생활에서 자주 쓰이는 표현들이나 경어 표현, 관용 표현 등을 많이 외워 두면 도움이 된다.

1 ~ 9 문제 5에서는 문제용지에 아무것도 인쇄되어 있지 않습니다. 먼저 문장을 들으세요. 그러고 나서 그 대답을 듣고 1부터 3 중에서 가장 알맞은 것을 하나 고르세요.

예) | 정답 2

3-5-01.mp3

男：おかげさまで、大学に受かりました。
女：1 それは、ありがとう。
　　2 それは、おめでとう。
　　3 それは、大変ですね。

해석 남 : 덕분에 대학에 합격했습니다.
여 : 1 정말 고마워요.
2 정말 축하해요.
3 정말 힘들겠네요.

해설 요점은 대학에 합격한 것이므로 축하 인사를 건네야 한다. 따라서 정답은 2번이다.

어휘 おかげさまで 덕분에, 덕택에 | 大学(だいがく) 대학 | 受(う)かる (시험에) 합격하다 | それは 정말, 참으로, 매우 | ありがとう

고맙다 ｜ おめでとう 축하 합니다 ｜ 大変(たいへん) 대단함, 큰일임, 힘듦, 고생스러움

---

1 적절하게 응답하기 ★★☆ ｜정답 2

3-5-02.mp3

> 男：ここでたばこを吸ってもいいですか。それとも外に
> 　　出たほうがいいですか。
> 女：1 聞いたところによると、明日は雨です。
> 　　2 申し訳ありません。ここは禁煙です。
> 　　3 今日の午後、ピクニックに行きましょうか。

해석　남 : 여기에서 담배를 피워도 됩니까? 아니면 밖으로 나가는 편이
　　　　좋겠습니까?
　　　여 : 1 들은 바에 의하면, 내일은 비입니다.
　　　　　 2 죄송합니다. 여기는 금연입니다.
　　　　　 3 오늘 오후, 소풍 갈까요?

해설　담배를 피워도 되는지 여부를 묻고 있으므로 그에 대한 대답은 2
　　　번이 된다.

어휘　たなこを吸(す)う 담배를 피우다 ｜ それとも 그렇지 않으면 ｜ 外
　　　(そと) 밖 ｜ 出(で)る 나가(오)다 ｜ 明日(あした) 내일 ｜ 雨(あめ)
　　　비 ｜ 禁煙(きんえん) 금연

---

2 적절하게 응답하기 ★★☆ ｜정답 1

3-5-03.mp3

> 男：今晩、仕事のあとで飲みませんか。
> 女：1 ぜひそうしたいのですが、この報告書を仕上げ
> 　　　なければならないのです。
> 　　2 一流の販売員になることです。
> 　　3 昨夜、新しいバーに行きました。

해석　남 : 오늘 밤, 일 끝난 후 한잔하지 않겠습니까?
　　　여 : 1 꼭 그렇게 하고 싶지만, 이 보고서를 끝내지 않으면 안 됩
　　　　　　니다.
　　　　　 2 일류 판매원이 되는 것입니다.
　　　　　 3 어젯밤, 새로운 바에 갔습니다.

해설　한잔하자는 제안에 대한 대답을 해야 하므로 정답은 1번이 된다. 3
　　　번으로 혼동하기 쉬우나 3번은 어젯밤의 일을 이야기하고 있어 정
　　　답이 될 수 없다.

어휘　飲(の)む 마시다 ｜ 一流(いちりゅう) 일류 ｜ 販売員(はんばい
　　　いん) 판매원 ｜ 昨夜(さくや) 어젯밤 ｜ 新(あたら)しい 새롭다

---

3 적절하게 응답하기 ★★☆ ｜정답 3

3-5-04.mp3

> 女：なぜ武田さんは急に帰ったのですか。
> 男：1 今晩7時です。
> 　　2 タクシーでだと思います。
> 　　3 約束を思い出したのです。

해석　여 : 왜 다케다 씨는 갑자기 집에 간 것입니까?
　　　남 : 1 오늘밤 7시입니다.
　　　　　 2 택시로 갔다고 생각합니다.
　　　　　 3 약속이 생각난 것입니다.

해설　질문이 왜라는 이유를 묻고 있으므로 이유에 대한 답이 되는 것
　　　은 3번밖에 없다.

어휘　急(きゅう)に 갑자기 ｜ 帰(かえ)る 돌아가(오)다 ｜ 約束(やくそ
　　　く) 약속 ｜ 思(おも)い出(だ)す 생각나다

---

4 적절하게 응답하기 ★★☆ ｜정답 2

3-5-05.mp3

> 男：音楽の音量を小さくしてくれませんか。
> 女：1 この欄にあるCDはすべて半額です。
> 　　2 すみません。迷惑だったことに気づきませんで
> 　　　した。
> 　　3 私のCDプレーヤーは修理に出してあります。

해석　남 : 음악의 음량을 작게 해 주지 않겠습니까?
　　　여 : 1 이 칸에 있는 CD는 모두 반값입니다.
　　　　　 2 죄송합니다. 피해를 끼치고 있다는 것을 몰랐습니다.
　　　　　 3 제 CD 플레이어는 수리 맡겨져 있습니다.

해설　음악 소리가 커서 줄여 달라는 것이므로 그에 대해 사과를 하고 있
　　　는 2번이 정답이다.

어휘　音楽(おんがく) 음악 ｜ 音量(おんりょう) 음량 ｜ 小(ちい)さく
　　　작게 ｜ 欄(らん) 칸 ｜ 半額(はんがく) 반값 ｜ 迷惑(めいわく) 폐,
　　　귀찮음, 성가심, 불쾌함 ｜ 気(き)づく 깨닫다, 알아차리다 ｜ 修理(し
　　　ゅうり)に出(だ)す 수리를 맡기다 ｜ ～てある ～어져 있다

---

5 적절하게 응답하기 ★★☆ ｜정답 3

3-5-06.mp3

> 女1：今日がセールの最終日ですよね。
> 女2：1 はい。あと2つ荷物が来る予定です。
> 　　　2 いいえ。そのような名前の者はこちらにはおり
> 　　　　ません。
> 　　　3 はい。数時間しか残っていません。

해석　여1 : 오늘이 세일 마지막 날이지요.
　　　여2 : 1 네. 앞으로 두 개의 짐이 올 예정입니다.
　　　　　　 2 아니요. 그런 이름의 사람은 여기에는 없습니다.
　　　　　　 3 네. 몇 시간밖에 남지 않았습니다.

해설　세일 기간에 대해 확인하고 있는 상황이다. 세일 마지막 날이라는
　　　내용과 어울리는 정답은 3번밖에 없다.

어휘　セール 세일 ｜ 最終日(さいしゅうび) 최종일 ｜ 荷物(にもつ)
　　　짐 ｜ 数時間(すうじかん) 몇 시간 ｜ ～しか ~밖에 ｜ 残(のこ)る
　　　남다

| 6 | 적절하게 응답하기 ★★★ | 정답 1 |

3-5-07.mp3

男：私が書いたこの報告書を読んでもらえませんか。
女：1 いいですよ。数分もらえれば、この電子メール
を打ち終えるので。
2 いいえ。問題の報告をいくつか受け取っています。
3 彼が行ってしまった理由が理解できません。

해석　남 : 제가 쓴 이 보고서를 읽어 주실 수 없겠습니까?
여 : 1 좋아요. 몇 분만 주시면, 이 이메일을 다 입력하니까.
2 아니요. 문제 보고를 몇 개인가 받았습니다.
3 네. 몇 시간밖에 남지 않았습니다.

해설　질문에 報告(ほうこく)라는 단어가 있다고 해서 2번으로 고르는
실수를 해서는 안 된다. 1번은 부탁에 대한 대답이 직접적으로 언
급되지 않은 것처럼 보이지만 이메일을 보내고 나서 보고서를 읽
어 주겠다는 의미가 되므로 정답이 된다.

어휘　数分(すうぶん) 몇 분 | 打(う)ち終(お)える 입력을 끝내다 | 受
(う)け取(と)る 받다 | 理解(りかい) 이해

| 7 | 적절하게 응답하기 ★★★ | 정답 1 |

3-5-08.mp3

女：佐藤さんは電話番号を残してくれなかったのです
よね。
男：1 申し訳ありません。ただあとでかけ直すと言っ
ただけでした。
2 45分間待っています。
3 あの数字はよくなさそうです。

해석　여 : 사토 씨는 전화번호를 남겨 주지 않으셨네요.
남 : 1 죄송합니다. 그저 나중에 다시 건다고 말했을 뿐이었습니다.
2 45분간 기다리고 있습니다.
3 그 숫자는 좋지 않아 보입니다.

해설　전화를 했던 사토 씨가 남겨 놓은 메시지에 관한 내용에 대한 대답
을 해야 하므로 적절한 대답은 1번이 된다.

어휘　残(のこ)す 남기다 | ただ 그저, 단지 | 後(あと)で 나중에 | かけ
直(なお)す 다시 걸다 | 数字(すうじ) 숫자

| 8 | 적절하게 응답하기 ★★☆ | 정답 1 |

3-5-09.mp3

女：今夜はイタリア料理を食べたい気分です。
男：1 いいですね。
2 いいえ。そこに行ったことはありません。
3 明日はもっと体調がよくなるといいですね。

해석　여 : 오늘 밤은 이탈리아 요리를 먹고 싶은 기분입니다.
남 : 1 좋네요.
2 아니요. 그곳에 간 적은 없습니다.
3 내일은 더 컨디션이 좋아지면 좋겠네요.

해설　문제가 이탈리아 요리를 먹으러 가는 제안의 의미이므로 그렇게
하자고 대답하는 1번이 정답이 된다.

어휘　今夜(こんや) 오늘 밤 | 料理(りょうり) 요리 | 気分(きぶん) 기
분 | 〜たことはない 〜한 적은 없다 | 体調(たいちょう) 몸의
상태

| 9 | 적절하게 응답하기 ★★☆ | 정답 3 |

3-5-10.mp3

男：プレゼンのあとに質問のための時間はありますか。
女：1 いいえ。そこに行くのに1時間かかります。
2 2階の小会議室でです。
3 はい、その予定です。

해석　남 : 프레젠테이션 후에 질문을 위한 시간은 있습니까?
여 : 1 아니요. 그곳에 가는 데 1시간 걸립니다.
2 2층 소회의실에서입니다.
3 네, 그럴 예정입니다.

해설　질문 시간이 있고 없음을 대답해야 하므로 정답은 3번이 된다.

어휘　プレゼン 프레젠테이션 | かかる (시간 등이) 걸리다 | 小会議室
(しょうかいぎしつ) 소회의실

: 언어지식(문자·어휘) :

1 ～ 8 _____ 단어의 읽는 방법으로 가장 알맞은 것을 1·2·3·4 중에서 하나 고르시오.

---

1 음독 명사 읽기 ★★☆　　　　│정답 1

해석　세상에 **노력**하지 않고 성공하는 사람은 없다.

해설　努(힘쓸 노)는 음으로는 ど, 훈으로는 努(つと)める(노력하다, 힘쓰다)로 읽는다. 努める는 勤(つと)める(근무하다)·務(つと)める(임무를 맡다, 역할을 하다)와 같은 동음이의어와 같이 기억해 두자.

어휘　世(よ)の中(なか) 세상, 시대│**努力**(どりょく) 노력│成功(せいこう) 성공│もの 사람, 것│動力(どうりょく) 동력, 원동력│能力(のうりょく) 능력

---

2 음독 명사 읽기 ★★☆　　　　│정답 2

해석　저에게 있어 그렇게 힘든 **연습**은 처음이었습니다.

해설　練(익힐 련)은 음으로는 れん, 훈으로는 練(ね)る(단련하다), 習(익힐 습)은 習慣(しゅうかん: 습관)과 같이 음으로는 しゅう, 훈으로는 習(なら)う(배우다)로 읽는다.

어휘　辛(つら)い 괴롭다│**練習**(れんしゅう) 연습│初(はじ)めて 처음(으로), 비로소│演習(えんしゅう) 연습, 세미나

---

3 음독 명사 읽기 ★★☆　　　　│정답 2

해석　자, **자유**롭게 가져가세요.

해설　自(스스로 자)는 自動(じどう: 자동), 自身(じしん: 자기 자신), 自信(じしん: 자신)과 같이 음으로는 じ, 훈으로는 自(みずか)ら(스스로)로 읽는다. 由(말미암을 유)는 由来(ゆらい: 유래), 由緒(ゆいしょ: 유서), 理由(りゆう: 이유)와 같이 음으로 ゆ·ゆい·ゆう로 다양하게 읽히므로 단어째 외워 두자.

어휘　**自由**(じゆう) 자유│とる 잡다, 취하다, 먹다│十(じゅう) 십

---

4 い형용사 읽기 ★★☆　　　　│정답 3

해석　**가난한** 것은 부끄러운 것이 아니라고 저는 생각합니다.

해설　貧(가난할 빈)은 貧乏(びんぼう: 가난, 빈핍), 貧困(ひんこん: 빈곤)과 같이 음으로는 ひん, びん으로 읽고, 훈으로는 貧(まず)しい(가난하다)로 읽는다.

어휘　貧(まず)しい 가난하다│恥(は)ずかしい 부끄럽다│等(ひと)しい 같다, 동등하다│珍(めずら)しい 희귀하다, 희한하다│激(はげ)しい 심하다, 세차다, 격하다

---

5 음독 명사 읽기 ★★☆　　　　│정답 4

해석　부주의한 운전은 사고의 **원인**이 된다.

해설　原(근원 원)은 음으로는 げん, 훈으로는 はら(들, 벌판)로 읽고, 因(인할 인)은 음으로는 いん, 훈으로는 因(よ)る(기인하다)라고 읽는다.

어휘　不注意(ふちゅうい) 부주의│運転(うんてん) 운전│事故(じこ) 사고│**原因**(げんいん) 원인

---

6 음독 명사 읽기 ★★☆　　　　│정답 3

해석　당신의 아기가 **무사**히 태어날 것을 빌고 있습니다.

해설　無(없을 무)는 無理(むり: 무리), 無口(むくち: 말수가 적음), 無料(むりょう: 무료)와 같이 음으로 む로 많이 읽히지만 無沙汰(ぶさた: 격조, 소식을 전하지 않음), 無事(ぶじ: 무사)처럼 ぶ로 읽히는 경우도 있다는 것에 주의하자. 훈으로는 無(な)くす(없애다, 잃다), 無(な)くなる(없어지다)로 읽는다.

어휘　赤(あか)ちゃん 아기│**無事**(ぶじ) 무사│生(う)まれる 태어나다, 새로 생기다│祈(いの)る 빌다│無地(むじ) 무지, 무늬가 없음

---

7 동사 읽기 ★★☆　　　　│정답 1

해석　그에게서 편지가 **도착하면** 당신에게 알려 줄게요.

해설　届(とど)く는 '닿다, 도착하다, 이르다, 이루어지다, 통하다' 등의 의미를 갖고, 届(とど)ける는 '보내다, 전하다, 닿게 하다, 신고하다' 등의 의미를 갖는다. 자·타동사가 짝을 이루고 있는 동사는 함께 기억해 두는 것이 좋다.

어휘　手紙(てがみ) 편지│**届**(とど)く 닿다, 도착하다│知(し)らせる 알리다│お～する ~하다(겸양 표현)│着(つ)く 도착하다│聞(き)く 듣다, 묻다│開(あ)く 열리다

---

8 훈독 명사 읽기 ★★☆　　　　│정답 4

해석　당신은 이 **물건**을 아래 적혀 있는 주소로 보내 주십시오.

해설　品(물건 품)은 商品(しょうひん: 상품)과 같이 음으로는 ひん, 훈으로는 しな로 읽는다. 그리고 物(만물 물)은 物価(ぶっか: 물가)와 같이 음으로는 ぶつ로 읽고, 훈으로는 もの라고 읽는다. 品物(しなもの)는 훈독명사임을 기억하자.

어휘　**品物**(しなもの) 물건, 상품│下記(かき) 하기│住所(じゅうしょ) 주소│送(おく)る 보내다

문제 2 한자표기 문제

히라가나를 한자로 어떻게 표기하는지 고르는 문제이다. 제시된 단어가 여러 가지 한자로 쓰일 수도 있으므로 반드시 문장 전체를 읽고 문맥에 맞게 사용된 한자를 고르도록 한다.

9 ~ 14 ＿＿＿ 단어를 한자로 쓸 때 가장 알맞은 것을 1·2·3·4 중에서 하나 고르시오.

---

9 동음이자어 구별하기 ★★☆　　　　| 정답 2

해석　사람과 만날 **약속**을 했을 때는 약속을 지키세요. 그렇게 하지 않으면 평판을 손상시켜요.

해설　約束(やくそく)와 結束(けっそく)는 언뜻 보아서는 한자의 모양이 비슷해 보이므로 혼동하기 쉽다. 확실하게 구별해 두자.

어휘　約束(やくそく) 약속 | 守(まも)る 지키다 | 評判(ひょうばん)を落(お)とす 평판을 떨어뜨리다 | 結束(けっそく) 결속

---

10 한 글자 한자 찾기 ★★☆　　　　| 정답 4

해석　**손자**는 자기 자식 이상으로 귀엽다.

해설　娘(むすめ: 딸) · 息子(むすこ: 아들) · 姉(あね: 누나, 언니) · 妹(いもうと: 여동생) · 兄(あに: 형, 오빠) · 弟(おとうと: 남동생) · 孫(まご: 손자) · 両親(りょうしん: 부모) 등과 같은 가족을 나타내는 말은 한 번에 외워 두자.

어휘　孫(まご) 손자 | 自分(じぶん) 자기 자신 | 以上(いじょう)に 이상으로 | 可愛(かわい)い 귀엽다, 사랑스럽다 | 娘(むすめ) 딸 | 係(かかり) 담당, 담당직원 | 姉(あね) 언니, 누나

---

11 동음이자어 구별하기 ★★☆　　　　| 정답 1

해석　그의 용기 있는 행동에 **감탄**하지 않을 수 없었다.

해설　선택지에 제시된 4개의 한자어 모두 발음이 かんしん인 동음이자어이다. 이렇게 혼동하기 쉬운 동음이자어는 단어와 뜻을 함께 비교하며 외워 두면 편하다. 그리고 ～ずにはいられない는 '～하지 않고서는 있을 수 없다'는 의미로 ～ないではいられない와 같은 의미로 기억해 두자.

어휘　勇気(ゆうき) 용기 | 行動(こうどう) 행동 | 感心(かんしん) 감탄, 감심 | 関心(かんしん) 관심 | 歓心(かんしん) 환심 | 甘心(かんしん) 감심, 만족함

---

12 い형용사 한자 찾기 ★★☆　　　　| 정답 3

해석　저는 당신을 보면 **젊은** 시절의 아버지가 떠오릅니다.

해설　若(같을 약)과 苦(쓸 고)는 언뜻 봐서는 혼동하기 쉬우므로 문제를 풀 때 주의가 필요하다. 또한 苦(쓸 고)는 苦(にが)い(씁쓸하다, 쓰다) 외에도 苦(くる)しい(답답하다, 괴롭다), 苦(くる)しむ(괴로워하다), 苦(くる)しめる(괴롭히다)와 같은 단어들이 자주 쓰인다.

어휘　若(わか)い 젊다 | 頃(ころ) 때, 시절 | 思(おも)い出(だ)す 생각나다 | 苦(にが)い 쓰다 | 幼(おさな)い 어리다 | 幸(さいわ)い 다행, 행복

---

13 동사의 한자 찾기 ★☆☆　　　　| 정답 2

해석　파티에 **불러** 줬지만, 이번에는 못 갑니다.

해설　1번과 2번은 て형으로 활용되었을 때 발음이 같으므로 주의한다. 한자의 뜻만 놓고 보면 의미적으로는 어울리지만 이 한자를 쓰는 동사는 招(まね)く로 제시된 것과 같은 활용은 하지 않는다. 招く는 招待する(しょうたいする: 초대하다)와 같은 의미이다.

어휘　呼(よ)ぶ 부르다 | 今回(こんかい) 이번, 금번 | 読(よ)む 읽다 | 叫(さけ)ぶ 외치다, 소리 지르다 | 招(まね)く 부르다, 초대하다

---

14 동음이자어 구별하기 ★★☆　　　　| 정답 4

해석　저 사람은 다나카 씨의 **소개**로 입사한 사람인 것 같다.

해설　招(부를 초)와 紹(이을 소)는 혼동하기 쉬운 한자이다. 招의 대표적인 단어인 招待(しょうたい: 초대)와 紹의 대표적인 단어인 紹介(しょうかい: 소개)를 확실히 구분지어 외워 두도록 한다.

어휘　紹介(しょうかい) 소개 | 入社(にゅうしゃ) 입사

문제 3 문맥규정 문제

빈칸에 들어갈 문맥에 어울리는 어휘를 고르는 문제이다. 전체적인 흐름을 파악하고 빈칸 앞뒤에 오는 단어와의 조합을 파악한다. 단어를 외울 때 하나의 개별 단어로 외우기보다 어구나 숙어의 형태로 익혀 두면 문제를 풀 때 도움이 된다.

15 ~ 25 (　　) 에 들어갈 가장 알맞은 것을 1·2·3·4 중에서 하나 고르시오.

---

15 적절한 명사 넣기 ★★☆　　　　| 정답 2

해석　열차가 늦게 도착했기 때문에 그들은 예정을 **변경**하지 않으면 안 되었다.

해설　같은 한자로 시작되는 단어들이 나열되어 있다. 이러한 단어들은 읽는 방법과 함께 의미를 구별하여 외워 둔다. 予定(よてい)を変更(へんこう)する(예정을 변경한다)는 予定(よてい)を変(か)える(예정을 바꾸다)와 같은 의미이다.

어휘　列車(れっしゃ) 열차 | 遅(おく)れる 늦다 | 到着(とうちゃく) 도착 | 予定(よてい) 예정 | 変動(へんどう) 변동 | 変更(へんこう) 변경 | 変化(へんか) 변화 | 変換(へんかん) 변환

---

16 적절한 명사 넣기 ★★☆　　　　| 정답 3

해석　회의가 끝나면 그 결과를 바로 부장님께 **보고**해 주세요.

해설　빈칸 앞의 그 결과라는 말과 의미적으로 가장 적절하게 호응하는 단어는 3번이다.

어휘　会議(かいぎ) 회의 | 終(お)わる 끝나다 | 結果(けっか) 결과 | すぐに 바로, 곧 | 部長(ぶちょう) 부장님 | 案内(あんない) 안내 | 報告(ほうこく) 보고 | 評価(ひょうか) 평가

적절한 부사 넣기 ★★☆　｜정답 4

해석　내일 같이 갈 수 있을지 어떨지 **확실히** 말해 주세요.

해설　정답인 はっきり와 많이 혼동하는 것이 しっかり이다. はっきり는 '(다른 것과 구별하여) 뚜렷이, 분명히, 확실히'라는 의미와 '(애매한 점이 없이) 확실히, 틀림없이'라는 의미로 쓰인다. 이와는 달리 しっかり는 '견고하고 튼튼한 모양, 단단히, 꽉' 그리고 '(기억이나 판단력 등이) 확실한 모양, 똑똑히, 확실히, (일이나 공부 등을) 열심히 하는 모양, 착실히, 열심히' 그리고 '의식이 확실한 모양, 정신 차려서, 똑똑히' 등의 의미로 쓰인다.

어휘　ゆっくり 느긋하게, 천천히｜うっかり 깜빡, 무심코, 멍청히｜ぴったり 꼭, 딱, 착｜はっきり 분명히, 똑똑히, 확실히

18　**적절한 명사 넣기** ★★☆　｜정답 1

해석　아이를 한 명 키우려면 많은 **비용**이 듭니다.

해설　費用(ひよう)がかかる는 하나의 숙어로 기억해 두는 것이 편하다. お金(かね)がかかる(돈이 들다)와 같은 의미이다.

어휘　育(そだ)てる 기르다, 양육하다｜たくさん 많음｜費用(ひよう) 비용｜価格(かかく) 가격｜料金(りょうきん) 요금｜値段(ねだん) 가격

19　**적절한 접미어 넣기** ★★☆　｜정답 2

해석　이 상점**가**에서는 자전거와 오토바이의 통행은 금지되어 있습니다.

해설　정답인 2번의 街(がい)는 접미어로 住宅街(じゅうたくがい: 주택가), 繁華街(はんかがい: 번화가)와 같이 '~가, ~거리'의 의미이고, 町(まち)는 명사로 '시내, 우리나라의 동(洞)에 해당되는 행정구역, 번화한 거리'의 의미이다. 그리고 道(みち)는 명사로 '길, 도로, 도리'의 의미이고, 접미어로서 通(つう)는 外交通(がいこうつう: 외교통)와 같이 '그 방면에 정통함'을 나타낸다.

어휘　商店(しょうてん) 상점｜自転車(じてんしゃ) 자전거｜バイク 오토바이｜通行(つうこう) 통행｜禁止(きんし) 금지

20　**적절한 い형용사 넣기** ★★☆　｜정답 4

해석　저는 여러분을 만나뵐 수 있어서 매우 **기쁩**니다.

해설　내가 기쁜 것은 嬉(うれ)しい, 다른 사람이 기뻐하는 것은 喜(よろこ)ぶ이다.

어휘　会(あ)う 만나다｜大変(たいへん) 대단히, 굉장히, 매우｜おかしい 우습다, 이상하다｜親(した)しい 친하다｜優(やさ)しい 우아하다, 부드럽다, 상냥하다｜易(やさ)しい 쉽다, 용이하다｜嬉(うれ)しい 기쁘다

21　**적절한 외래어 넣기** ★★☆　｜정답 3

해석　요즘은 통신판매 **카탈로그**를 보고 물건을 사는 사람이 늘어났다.

해설　빈칸 앞뒤의 내용을 살펴보아 문맥상 가장 적절한 외래어는 3번이다.

어휘　最近(さいきん) 최근, 요즘｜通信販売(つうしんはんばい) 통신판매｜増(ふ)える 늘다, 증가하다｜アルバム 앨범｜シリーズ 시리즈｜カタログ 카탈로그｜テキスト 텍스트

22　**적절한 동사 넣기** ★★☆　｜정답 2

해석　그 책은 다 읽으면, 반드시 원래의 선반에 **넣어** 놓아야 돼요.

해설　빈칸 뒤의 동사가 おく이므로 자동사인 1번의 並(なら)ぶ와 4번의 片付(かたづ)く는 우선 정답에서 제외시킨다. ~ておく(~해 놓다)는 자동사와는 연결되지 않는다. しまう는 '끝내다, 마치다'의 의미 외에도 '치우다, 간수하다'는 의미가 있다는 것과 ~てしまう의 꼴로 '~해 버리다'는 의미로 사용될 수 있다는 것을 기억해 두자.

어휘　読(よ)み終(お)わる 다 읽다｜必(かなら)ず 반드시, 꼭｜元(もと) 이전, 원래｜棚(たな) 선반｜並(なら)ぶ 줄을 서다, 늘어서다, 나란히 서다｜しまう 끝내다, 마치다, 닫다, 치우다, 간수하다｜かける 걸다, 걸터앉다, 씌우다｜片付(かたづ)く 정돈되다, 정리되다

23　**적절한 な형용사 넣기** ★★☆　｜정답 1

해석　그는 열심히 공부해서 **훌륭한** 성적으로 대학을 졸업했다.

해설　같은 의미로 見事(みごと)な를 사용할 수도 있다.

어휘　一生懸命(いっしょうけんめい) 매우 열심히 함｜勉強(べんきょう) 공부｜成績(せいせき) 성적｜卒業(そつぎょう) 졸업｜立派(りっぱ)な 훌륭한, 뛰어난, 충분한｜楽(らく)な 편안한, 안락한｜安全(あんぜん)な 안전한｜十分(じゅうぶん)な 충분한, 부족함이 없는

24　**적절한 명사 넣기** ★★☆　｜정답 3

해석　이것이 올 봄의 **최신** 유행 패션입니다.

해설　같은 한자로 시작되는 단어들이 나열되어 있다. 이러한 단어들은 읽는 방법과 함께 의미를 구별하여 외워 두자.

어휘　今年(ことし) 올해, 금년｜春(はる) 봄｜流行(りゅうこう) 유행｜最初(さいしょ) 최초, 처음｜最大(さいだい) 최대｜最新(さいしん) 최신｜最高(さいこう) 최고

25　**적절한 접미어 넣기** ★★☆　｜정답 4

해석　쉬운 영어로 쓰여 있으니까 그 책은 초심자용이다.

해설　접미어로서 1번의 ~方(かた)는 '~하는 방법', 2번의 ~的(てき)는 '~적', 3번의 ~用(よう)는 '~용'의 뜻을 나타낸다. 정답은 4번의 ~向(む)き(~에게 알맞음, 적합함, 적격)가 되며, 이것은 ~向(む)け(대상, 행선지를 나타냄)와 구별해서 기억해야 한다. 우리말로 해석했을 경우에는 3번과 혼동하기 쉬우므로 주의한다.

어휘　易(やさ)しい 쉽다, 용이하다｜英語(えいご) 영어｜初心者(しょしんしゃ) 초심자

제시어와 바꿔 사용할 수 있는 유의어를 고르는 문제이다. 제시된 문장을 읽고 제시어의 의미를 파악한 후 유의어를 찾는다. 평소 단어나 표현을 공부할 때 단어의 여러 가지 의미나 유사 표현, 반의 표현을 함께 외워 두면 도움이 된다.

26 ~ 30 _____ 부분과 의미가 가장 가까운 것을 1·2·3·4 중에서 하나 고르시오.

---

26 명사의 유의어 찾기 ★★☆ | 정답 3

해석 해외여행을 하기 위해서는 많은 돈이 **필요합니다**.

해설 3번의 いる를 보았을 때 '(사람이나 동물이) 있다'만을 떠올려서는 안 된다. 동음이의어 要(い)る(필요하다, 들다)가 있다는 것을 알아두자.

어휘 海外旅行(かいがいりょこう) 해외여행 │ お金(かね) 돈 │ 必要(ひつよう) 필요 │ 使(つか)う 쓰다, 사용하다 │ 待(ま)つ 기다리다 │ 要(い)る 필요하다 │ ある 있다

---

27 부사의 유의어 찾기 ★★☆ | 정답 1

해석 일찍 자고 일찍 일어나는 사람은 **대부분** 건강하다.

해설 たいてい는 부사로 '대부분, 대개, 대체로'라는 의미일 때는 大方(おおかた)・ほとんど 등과 같은 의미로, 'ː아마'의 의미로는 多分(たぶん)과 같은 의미로 쓰인다. 또한 뒤에 부정어가 오면 '이만저만, 보통, 여간'과 같은 의미로도 쓰인다.

어휘 早寝早起(はやねはやお)き 일찍 자고 일찍 일어남 │ たいてい 대개, 대부분 │ 健康(けんこう) 건강 │ ほとんど 거의, 대부분 │ 必(かなら)ず 반드시, 꼭, 틀림없이 │ とても 매우, 대단히, 도저히 │ 非常(ひじょう)に 매우, 몹시, 대단히

---

28 명사의 유의어 찾기 ★★☆ | 정답 2

해석 당신의 주소가 맞는지 **확인해** 주세요.

해설 確認(かくにん: 확인)의 確은 동사로 確(たし)かめる(확인하다)이고, 認은 동사로 認(みと)める(인정하다)로도 쓰이므로 뜻을 쉽게 유추해 볼 수 있다.

어휘 住所(じゅうしょ) 주소 │ 正(ただ)しい 바르다, 옳다 │ 確認(かくにん) 확인 │ 書(か)く 쓰다, 적다 │ 確(たし)かめる 확인하다 │ 教(おし)える 가르치다 │ 知(し)らせる 알리다

---

29 い형용사의 유의어 찾기 ★★☆ | 정답 4

해석 그는 전문가답게 그 분야에 **정통하다**.

해설 詳(くわ)しい는 '상세하다, 자세하다'는 의미 외에도 '정통하다, 잘 알고 있다, 밝다'는 의미도 있다는 것을 기억하자.

어휘 専門家(せんもんか) 전문가 │ ~だけあって (과연) ~이라, ~인 만큼 │ 分野(ぶんや) 분야 │ 詳(くわ)しい 자세하다, 상세하다, 정통하다 │ 関係(かんけい) 관계 │ 興味(きょうみ) 흥미 │ 上手(じょうず) 잘함, 능숙함

---

30 동사의 유의어 찾기 ★★☆ | 정답 4

해석 그가 **침묵하고 있었기** 때문에 그녀는 화가 나 있는 거라고 생각했다.

해설 유의어 고르기 문제는 주로 명사, 형용사, 동사가 많이 출제되고 있다. 평소에 유의어나 반대말로 바꿔서 연습해 보는 습관을 들이면 문제를 쉽게 풀 수 있다.

어휘 だまる 입을 다물다, 침묵하다, 말 없이 있다 │ 怒(おこ)る 화내다 │ 笑(わら)う 웃다 │ 動(うご)く 움직이다 │ 話(はな)す 이야기하다

제시어가 문장 안에서 올바른 의미로 쓰이고 있는지를 묻는 문제이다. 단순히 단어를 우리말 의미로 해석해 문장에 대입해 해석하면 안 된다. 제시어의 의미와 품사, 또 어떤 품사를 수식하고 어떤 말과 접속되는지, 문법적으로 어떤 기능을 하는지를 주의 깊게 살펴본 후 정답을 고르도록 한다.

31 ~ 35 다음 단어의 사용법으로 가장 알맞은 것을 1·2·3·4 중에서 하나 고르시오.

---

31 동사의 용법 찾기 ★★☆ | 정답 1

해석 1 그녀는 상당히 충격을 받았기 때문에 **안정될** 때까지 시간이 걸릴 것 같다.
2 저렇게 놀아서는 그가 시험에 **안정되는** 것도 당연하다.
3 이런 동물은 많은 시간을 나무에서 지내 거의 **안정되는** 경우가 없다.
4 역에 **안정될** 때에 그녀가 우리를 기다리고 있는 것이 보였다.

해설 2번과 3번은 落(お)ちる(떨어지다), 4번은 着(つ)く(닿다, 도착하다)로 바꿔 넣어야 자연스러운 문장이 된다.

어휘 落(お)ち着(つ)く 안정되다, 진정되다, 차분하다 │ ショックを受(う)ける 충격을 받다 │ 時間(じかん)がかかる 시간이 걸리다 │ ああ 저렇게, 저처럼 │ 遊(あそ)ぶ 놀다 │ 試験(しけん) 시험 │ 当(あ)たり前(まえ) 당연함 │ 動物(どうぶつ) 동물 │ 多(おお)く 많음, 대부분 │ 木(き) 나무 │ 過(す)ごす 보내다, 지내다 │ 駅(えき) 역 │ 際(さい) 때, 즈음, 기회 │ 待(ま)つ 기다리다 │ 見(み)える 보이다

---

32 명사의 용법 찾기 ★★☆ | 정답 2

해석 1 나는 **미래** 사람과 별로 관계되지 않는 일을 하고 싶습니다.
2 일본의 **미래**는 여러분을 젊은이에게 달려 있습니다.
3 나는 아내와 함께 세계 일주하는 것이 **미래**입니다.
4 당신은 어젯밤, 좋은 **미래**를 꾸었습니까?

해설 1번은 将来(しょうらい: 장래), 3번과 4번은 夢(ゆめ: 꿈)로 바꿔 넣어야 자연스러운 문장이 된다.

어휘 未来(みらい) 미래 │ 関(かか)わる 관계되다, 관여하다 │ 若者(わかもの) 젊은이 │ 妻(つま) 아내, 처 │ 世界(せかい) 세계 │ 一週(いっしゅう) 일주 │ 昨夜(さくや) 어젯밤

33 な형용사의 용법 찾기 ★★☆ | 정답 4

해석 1 그는 수업 중에 아래를 보고 있어서 봤더니 <u>진지</u>하게 만화를 읽고 있었다.
2 시계라는 것은 무엇보다도 우선 <u>진지</u>하지 않으면 안 된다.
3 다음 열차가 도착하는 <u>진지</u>한 시각을 가르쳐 주세요.
4 너는 잘도 그런 <u>진지</u>한 얼굴을 하고 그런 거짓말을 할 수 있구나.

해설 1번은 熱心(ねっしん)에(열심히), 2번과 3번은 正確(せいかく: 정확)로 바꿔 넣어야 자연스러운 문장이 된다.

어휘 まじめ 진지함, 진심임, 성실함, 착실함 │ 授業中(じゅぎょうちゅう) 수업 중 │ 下(した)を向(む)く 아래를 보다 │ マンガ 만화 │ 時計(とけい) 시계 │ 何(なに)よりも 무엇보다도 │ まず 먼저, 우선 │ ~なければだめだ ~하지 않으면 안 된다 │ 次(つぎ) 다음 │ 到着(とうちゃく) 도착 │ 時刻(じこく) 시각 │ 教(おし)える 가르치다 │ 嘘(うそ)をつく 거짓말을 하다

34 부사의 용법 찾기 ★★☆ | 정답 3

해석 1 그 리포트를 내일까지 완성하는 것은 <u>겨우</u> 불가능하다.
2 일본의 남자아이는 <u>겨우</u> 야구를 하는 것을 좋아한다.
3 길었던 장마가 <u>겨우</u> 끝났다.
4 나는 <u>겨우</u> 결혼하지 않은 사람이 진심으로 부러워진다.

해설 1번과 2번은 ほとんど(거의, 대부분), 4번은 たまに(간혹, 이따금)으로 바꿔 넣어야 자연스러운 문장이 된다.

어휘 やっと 겨우, 가까스로 │ ~までに ~까지(동작이 그 시점까지 완료되어야 함) │ 仕上(しあ)げる 일을 끝내다, 완성하다 │ 不可能(ふかのう) 불가능 │ 野球(やきゅう) 야구 │ 梅雨(つゆ) 장마 │ 終(お)わる 끝나다 │ 結婚(けっこん) 결혼 │ うらやましい 부럽다

35 명사의 용법 찾기 ★★☆ | 정답 2

해석 1 그는 작은 회사를 큰 회사로까지 <u>진보</u>시켰다.
2 오늘날의 일본이 있는 것은 과학 기술의 <u>진보</u> 덕분이다.
3 시 당국은 문제 해결을 향해 크게 한 걸음 <u>진보</u>했다.
4 이 길을 가면 <u>진보</u> 방향으로 향해 오른쪽에 은행이 있습니다.

해설 1번은 発展(はってん: 발전)으로, 3번은 前進(ぜんしん: 전진)으로, 4번은 進行(しんこう: 진행)로 바꿔 넣어야 자연스러운 문장이 된다.

어휘 進歩(しんぽ) 진보 │ ~まで 까지 │ 科学(かがく) 과학 │ 技術(ぎじゅつ) 기술 │ おかげ 덕택, 덕분 │ 当局(とうきょく) 당국 │ 問題(もんだい) 문제 │ 解決(かいけつ) 해결 │ 向(む)かう 향하다 │ 一歩(いっぽ) 일보, 한 걸음 │ 方向(ほうこう) 방향 │ 右側(みぎがわ) 우측 │ 銀行(ぎんこう) 은행

ː 언어지식(문법) ː

문제 1 문법형식판단 문제

빈칸에 들어갈 문법적인 의미와 기능을 가진 말을 고르는 문제이다. 문어체보다는 수동, 사역, 조건, 추량, 경어 등과 같은 중요한 기초 문형·문법과 회화체에서 많이 쓰일 수 있는 기능어를 의미적, 문법적으로 나누어 공부하는 것이 바람직하다.

1 ~ 13 다음 문장의 ( )에 들어갈 가장 알맞은 것을 1·2·3·4 중에서 하나 고르시오.

1 의미적 호응관계 파악하기 ★☆☆ | 정답 3

해석 포트에 커피 타 <u>놓았으니까</u> 도시락이랑 같이 가지고 가.

해설 ~ておく는 '~해 놓다, ~해 두다'는 의미이고, ~ている는 '~하고 있다, ~해(져)있다', ~ておる는 ~ている의 겸양 표현, ~ていた는 과거형이다.

어휘 ポット 포트 │ コーヒー(を)入(い)れる 커피를 끓이다(타다) │ 弁当(べんとう) 도시락 │ 一緒(いっしょ)に 같이, 함께 │ 持(も)っていく 갖고 가다

2 의미적·문법적 호응관계 파악하기 ★☆☆ | 정답 1

해석 A : 왜 그래? 게임 하고 싶지 않아?
B : 이 게임은 규칙이 <u>너무 복잡해서</u> 재미없어요.

해설 동사의 ます형과 형용사의 어간에 ~すぎる를 접속하면 '너무(지나치게) ~하다'는 의미가 된다. ~ないでは '~하지 않고, ~하지 말고'이고, 동사의 ます형에 ~やすい가 접속되면 '~(하)기 쉽다, ~(하)기 편하다'는 의미가 된다.

어휘 ゲーム 게임 │ ルール 룰, 규칙 │ 複雑(ふくざつ) 복잡 │ おもしろい 재미있다

3 적절한 기능어 찾기 ★★☆ | 정답 4

해석 A : 인생<u>에서</u> 가장 소중한 것은 뭐라고 생각해?
B : 나는 건강이라고 생각하는데. 다음은 가족, 그 다음은 돈이려나.

해설 1번의 ~にかけては '~에 걸쳐서', 2번의 ~に関(かん)しては '~에 관해서', 3번의 ~にとっては '~에게 있어서', 4번의 ~においては '~에서, ~에 있어서'라는 의미이다.

어휘 人生(じんせい) 인생 │ 一番(いちばん) 가장, 제일 │ 大切(たいせつ)な 소중한, 중요한 │ 健康(けんこう) 건강 │ 家族(かぞく) 가족 │ お金(かね) 돈

4 적절한 접속사 넣기 ★☆☆ | 정답 2

해석 A : 늦네, 하야시 씨. 길을 헤매고 있는 걸까?
B : 아까 전화 와서 혼자서 갈 수 있으니까 마중 나올 필요 없다고 말했는데 말이야.
A : <u>그렇다 해도</u> 늦어. 도중까지 마중 가 볼까?

해설 1번의 これにしても라는 말은 없다. 2번의 それにしても는 '(그건) 그렇다 치더라도, 그렇다 해도', 3번의 これでは는 '이러

면, 4번의 그것에서는 '그러면, 그럼'이라는 뜻이다. 문제의 대화에서 혼자서 오겠다고 했던 말과 뒤에 오는 '늦다' 사이에는 2번의 그것에서도를 넣으면 가장 자연스러운 대화가 된다.

어휘 遅(おそ)い 느리다, 늦다 | 道(みち)に迷(まよ)う 길을 잃다, 헤매다 | 先(さっき) 아까, 조금 전 | 迎(むか)え 마중 | 途中(とちゅう) 도중

---

5 **적절한 기능어 찾기** ★★☆ | 정답 1

해석 A : 어머, 다나카 씨는 이거, 안 사요?
B : 물론 갖고 싶기는 하지만, 그것을 살 **만큼**의 돈이 없어요.

해설 ~だけは는 '~만, ~뿐'이라는 뜻으로 한정과 한도를 '~만큼'으로 정도와 한정된 분량을 나타낸다. 그리고 ~さえ는 '~조차', ~こそ는 '~야말로', ~ばかり는 '~만, ~뿐, ~정도, ~가량'의 의미를 갖는다.

어휘 買(か)う 사다 | 欲(ほ)しい 갖고 싶다

---

6 **적절한 기능어 찾기** ★★☆ | 정답 3

해석 내가 힘들면 누구**라도** 힘들 것이다. 질 것 같으냐.

해설 1번의 ~というか는 '~라고 할지, ~라고 해야 할지', 2번의 ~なんか는 '~등, ~같은 것(일)', 3번의 ~だって는 '~라도, ~역시', 4번의 ~なんて는 '~(하)다니'라는 의미를 나타내는 기능어이다.

어휘 つらい 괴롭다, 고통스럽다 | 負(ま)ける 지다 | ~ものか ~할까 보냐, ~하나(두고) 봐라

---

7 **의미적 · 문법적 호응관계 파악하기** ★★☆ | 정답 4

해석 A : 육아랑 집안일을 하면서 일하는 것, 힘들지 않아요?
B : 남편이 집안일을 **도와주는 덕분에** 저도 일을 계속할 수 있는 거예요.

해설 ~てもらう는 '~에게 ~를 ~해 받다', ~てくれる는 '~가 ~해 주다', ~せいで는 '~탓으로, ~때문에', おかげで는 '~덕분에, ~덕택에'라는 의미이다. '남편이 가사일을 도와주는 덕분에'라는 말이 되어야 자연스러운 대화가 된다. '남편'이 말하는 사람인 '나'를 도와주므로 てくれる를 써야 하고, 감사의 마음을 나타내고 있으므로 おかげ를 써야 한다.

어휘 子育(こそだ)て 육아 | 家事(かじ) 가사, 집안일 | 働(はたら)く 일하다, 활동하다 | 夫(おっと) 남편 | 手伝(てつだ)う 도와주다, 거들다 | 続(つづ)ける 계속하다

---

8 **문법적 호응관계 파악하기** ★☆☆ | 정답 2

해석 아이는 머리카락을 억지로 **잘려서** 몹시 울어 버렸다.

해설 1번의 切(き)らせる는 切(き)る의 사역형, 切(き)らせられる는 切(き)る의 사역수동형, 切(き)れる는 切(き)る의 가능형이다.

어휘 髪(かみ)の毛(け) 머리카락 | 無理(むり)に 억지로 | 切(き)る 자르다, 끊다 | ずいぶん 몹시, 매우, 아주 | 泣(な)く 울다

---

9 **동사의 접속 형태 찾기** ★☆☆ | 정답 3

해석 A : 일본어 공부는 어떻게 하고 있습니까?
B : 그날 외운 단어와 문장을 그날의 회화에서 **사용하도록** 하고 있습니다.

해설 ~ようにする와 ~ようになる는 동사의 기본형과 ~ない형에 접속한다. ~ようにする는 '~하도록 하다'는 의미로 어떠한 행위나 상황을 실현하기 위해 노력함을 나타내고, ~ようになる는 '~하게 되다'는 의미로 가능성 · 상황 · 습관 등의 변화 과정을 나타낸다.

어휘 勉強(べんきょう) 공부 | 覚(おぼ)える 기억하다, 익히다 | 単語(たんご) 단어 | 文章(ぶんしょう) 문장, 글 | 会話(かいわ) 회화 | 使(つか)う 쓰다, 사용하다

---

10 **적절한 기능어 찾기** ★★☆ | 정답 1

해석 A : 무슨 일이야?
B : 전철 안에서 자고 있는 **사이에** 지갑을 소매치기 당해 버렸어.

해설 ~間(あいだ)는 '~동안 계속, ~내내, 처음부터 끝까지 내내'라는 의미이고, ~間(あいだ)に는 '~사이에, ~하는 동안에, 그 시간이 끝나기 전에'라는 의미를 나타낸다. ~うちには 일정 기간 계속됨을 나타내는 표현과 함께 쓰여서 '~동안에, ~사이에, 그 상태가 계속되는 사이에'라는 뜻으로 그 시간 이내에 하지 않으면 나중에는 하기 어려워지거나 불가능해진다는 걱정이 있을 때 사용한다. 그리고 ~までは '~까지'라는 의미로 계속적으로 이루어지는 동작이나 작용의 범위를 나타낸다.

어휘 電車(でんしゃ) 전철 | 眠(ねむ)る 자다, 잠들다 | 財布(さいふ) 지갑 | すられる 소매치기 당하다

---

11 **적절한 기능어 찾기** ★★☆ | 정답 2

해석 급해서 택시를 탔더니, 일찍 도착**하기는커녕**, 30분이나 지각해 버렸다.

해설 ~ばかりか는 '~뿐만 아니라(거기에 더 심한 어떤 것까지 추가됨)'를 나타내는 뉘앙스가 강하고, ~どころか는 '~은커녕'이라는 의미로 실제는 그렇지 않고 정반대라는 것을 강조할 때에 사용하는 표현이다. ~べきで는 '~해야 하고'라는 의미로 의무나 당연함을 나타내고, ところで는 접속사로서는 '그런데', 동사의 た형에 접속하면 '~해 봤자'라는 의미가 된다. 괄호 앞뒤가 빨리 도착하다와 30분이나 지각했다는 반대 상황이므로 どころか로 연결하는 것이 자연스럽다.

어휘 急(いそ)ぐ 서두르다, 급하다 | 乗(の)る 타다 | 早(はや)く 빨리, 일찍 | 着(つ)く 도착하다 | 遅刻(ちこく) 지각

---

12 **경어 이해하기** ★★☆ | 정답 4

해석 A : 부모님은 무엇을 하고 **계십니까**?
B : 부모님은 중국요리 가게를 경영하고 있습니다.

해설 なさる는 する의 존경어, おっしゃる는 言(い)う의 존경어, おる는 いる의 겸양어, いらっしゃる는 行(い)く · 来(く)る · いる의 존경어이다.

어휘 両親(りょうしん) 부모님 | 中華料理(ちゅうかりょうり) 중국요리 | 店(みせ) 가게 | 経営(けいえい) 경영

13 적절한 기능어 찾기 ★★☆　｜정답 3

해석　A : 기무라 씨, 집을 샀다면서요. 아직 젊은데 대단하네요.

　　　B : 집을 샀다고 **해도** 낡은 작은 집이에요.

해설　〜としては '〜로서', 〜とともには '〜와 함께, 〜하면서, 〜함에 따라', 〜といっても는 '〜라고 해도, 〜라 하더라도', 〜というか는 '〜라고 할지, 〜라고 해야 할지'라는 의미이다.

어휘　〜って 〜라더라, 〜는데 ｜ 若(わか)い 젊다 ｜ すごい 굉장하다, 대단하다 ｜ 古(ふる)い 낡다, 오래되다 ｜ 小(ちい)さな 작은

【문제 2】 문장만들기 문제

제시된 4개의 선택지를 문맥에 맞게 알맞게 나열한 후 ★ 부분에 들어갈 말을 고르는 문제이다. 각 품사의 문장 속에서의 위치 등을 숙지하고 전체 문장이 의미적, 문법적으로 자연스럽게 완성될 수 있도록 4개의 선택지를 순서대로 조합한다.

【14】〜【18】 다음 문장의 ★ 에 들어갈 가장 알맞은 것을 1·2·3·4 중에서 하나 고르시오.

---

14 단어 바르게 배열하기 ★★☆　｜정답 4

완성문　そうだと思います。でも、どこでなくしたの<u>か</u><u>まった</u><u>くわからない</u>んだ。

해석　A : 돈을 정말로 잃어버린 거야?

　　　B : 그런 것 같아요. 근데, 어디서 잃어버린 <u>건지 전혀 **모르겠어**</u>.

해설　まったく는 부사로 '완전히, 정말로'라는 의미이고, 부정어와 함께 쓰이면 '전혀'라는 의미가 된다. 올바른 배열 순서는 3-1-4-2이다.

어휘　本当(ほんとう)に 정말로 ｜ なくす 없애다, 잃다, 분실하다 ｜ まったく 전혀

---

15 단어 바르게 배열하기 ★★☆　｜정답 1

완성문　この新しい年が、皆さまにとって幸多きものになりま<u>すよう心よりお祈り申し上げております。</u>

해석　이 새해가 여러분들에게 행복한 한 해가 <u>되도록 진심으로</u> 기원하겠습니다.

해설　〜よう(に)와 お〜申(もう)し上げる 표현을 알고 있으면 쉽게 자연스러운 문장을 만들 수 있다. 문맥에 맞게 배열하는 문제의 경우 사용된 문형이나 기능어를 찾아 우선 배열해 나가는 것이 문제 풀이에 도움이 된다. 일본어로 새해 인사 연하장을 쓸 때 유용하게 사용할 수 있다. 올바른 배열 순서는 4-2-1-3이다.

어휘　新(あたら)しい 새롭다, 새것이다 ｜ 幸多(さちおお)き 행복 가득함 ｜ 心(こころ) 마음 ｜ 祈(いの)り 기도, 기원 ｜ お(ご)〜申(もう)し上(あ)げる 〜해 드리다, 〜하다

---

16 단어 바르게 배열하기 ★★☆　｜정답 2

완성문　お客さまは 1 時間<u>以内</u>にお越しになるはずです。

해석　A : 손님은 언제쯤 도착하실까요?

　　　B : 손님은 한 시간 <u>이내에 오실</u> 것입니다.

해설　お越(こ)しになる를 알고 있다면 비교적 간단하게 풀 수 있다. 来(く)る의 특별 존경어로는 いらっしゃる·おいでになる·お越(こ)しになる·お見(み)えになる 등이 있다. 올바른 배열 순서는 3-4-2-1이다.

어휘　お客(きゃく)さま 손님 ｜ いつごろ 언제쯤 ｜ 着(つ)く 도착하다 ｜ お〜です 〜하시다 ｜ 以内(いない) 이내 ｜ お越(こ)しになる 오시다 ｜ 〜はず 〜할 예정, 〜할 터

---

17 단어 바르게 배열하기 ★★☆　｜정답 3

완성문　そうですね。緊張<u>さえしなければ大丈夫</u>だと思います。

해석　A : 내일은 면접이군요. 어떠세요?

　　　B : 글쎄요. 긴장만 **안** 하면 괜찮을 거라고 생각합니다.

해설　〜さえ는 '〜조차, 〜마저'라는 의미이지만, 〜さえ〜ば의 형태가 되면 '〜만, 〜면'이라는 의미로 조건의 충족을 나타낸다. さえ 앞에는 명사와 명사구, 동사 て형과 ます형, い형용사의 어간이 오며, な형용사는 어간+でさえ 형태로 연결된다는 것을 알고 있으면 수월하게 문장 배열을 할 수 있다. 올바른 배열 순서는 2-4-3-1이다.

어휘　面接(めんせつ) 면접 ｜ 緊張(きんちょう) 긴장 ｜ 大丈夫(だいじょうぶ) 괜찮음, 걱정 없음

---

18 단어 바르게 배열하기 ★★☆　｜정답 1

완성문　ドアを開<u>けようとしたとき、カギを持っていないこと</u>に気がついた。

해석　문을 열려고 **했**을 때 열쇠를 갖고 있지 않다는 것을 깨달았다.

해설　〜(よ)うとする는 '〜(하)려고 하다', 〜(よ)うと思(おも)う는 '〜(하)려고 생각하다'는 의미이다. 올바른 배열 순서는 3-2-1-4이다.

어휘　ドア 문 ｜ かぎ 열쇠 ｜ 気(き)がつく 알아차리다, 깨닫다 ｜ 開(あ)ける 열다

【문제 3】 글의 문법 문제

독해 문제처럼 보이지만 문법에 관한 문제이다. 원칙적으로는 전체 문장을 읽고 답을 찾아야 하지만, 시간이 부족할 때에는 빈칸 부분의 앞뒤 문장의 내용을 정확하게 해석하고 이해하여 빈칸에 들어갈 표현을 찾는 것도 문제를 푸는 하나의 요령이다.

【19】〜【23】 다음 글을 읽고 글 전체의 내용을 생각해서 【19】부터 【23】에 들어갈 가장 알맞은 것을 1·2·3·4 중에서 하나 고르시오.

　　요전 날, 길을 걷고 있을 때, 나는 길에 작은 지갑이 떨어져 있는 **19** 것을 깨달았다. 그 지갑을 주워서, 소유주의 이름이 **20** 있는지 어떤지를 찾아보려고 열었다. 잔돈과 오래된 사진이 한 장 들어 있는 것 말고는 아무것도 찾을 수 없었다. 그 사진에는 한 명의 여성과 그 여성의 딸 같은, 12세 정도의 소녀가 찍혀 있었다. 그 사진을 원래대로 돌려놓고, 경찰서에 가지고 가서 경관에게 건네주었다. 그곳을

떠날 때, 만약, 소유주가 나에게 사례를 하고 싶다고 말했을 때를 위한 것이라며, 경관은 내 이름과 주소를 물었다.

그날 저녁, 나는 이모부와 이모의 집에서 같이 저녁 식사를 하려고 나갔다. 두 사람은 젊은 여성도 초대해서 그 테이블은 4명이 되었다. 그녀의 얼굴을 본 기억이 있었지만, 어디에서 봤는지 떠올릴 수 없었다. 21 하지만 이야기 도중에, 그녀가 낮에 지갑을 잃어버렸다는 것을 말했다. 바로 나는 어디에서 그녀를 봤는지 알았다. 그녀는 지금은 훨씬 나이를 먹었지만, 그 사진에 찍혀 있었던 소녀였던 것이다. 그 지갑의 특징을 내가 그녀에게 22 전했더니, 당연히 그녀는 매우 놀랐다. 그래서 지갑 안에 있었던 사진에서 그녀를 본 기억이 있었던 것을 설명했다. 이모부는 서둘러서 경찰서에 신고하는 편이 좋다고 주장했다. 경관은 그 지갑을 건네줄 때, 내가 지갑 23 뿐만 아니라, 그 잃어버린 사람을 찾은 것은 놀랄 만한 우연이라고 말했다.

어휘 先日(せんじつ) 요전(날), 일전 | 通(とお)り 길, 통행 | 歩(ある)く 걷다 | 財布(さいふ) 지갑 | 落(お)ちる 떨어지다 | 気(き)がつく 깨닫다, 알아차리다 | 拾(ひろ)う 줍다 | 持(も)ち主(ぬし) 소유주, 임자 | 名前(なまえ) 이름 | 見(み)つける 발견하다, 찾다 | 開(あ)ける 열다 | 小銭(こぜに) 잔돈 | 古(ふる)い 낡다, 오래되다 | 写真(しゃしん) 사진 | ~枚(まい) ~장 | ~ほか ~외 | 見(み)つかる 찾게 되다, 발견되다 | 女性(じょせい) 여성 | 娘(むすめ) 딸 | 少女(しょうじょ) 소녀 | 写(うつ)る 찍히다 | 元(もと) 이전, 원래 | 戻(もど)す 되돌리다, 돌려주다 | 警察署(けいさつしょ) 경찰서 | 警官(けいかん) 경관 | 手渡(てわた)す 건네다, 직접 주다 | 立(た)ち去(さ)る 떠나다, 물러가다 | お礼(れい) 예의, 사례 | 住所(じゅうしょ) 주소 | 夕食(ゆうしょく) 저녁 식사 | 出(で)かける 나가다, 외출하다 | 招待(しょうたい) 초대 | 顔(かお) 얼굴 | 見覚(みおぼ)え 본 기억 | 思(おも)い出(だ)す 생각해 내다, 생각나다 | 会話(かいわ) 회화 | 昼(ひる) 낮 | 口(くち)にする 먹다, 말하다 | 特徴(とくちょう) 특징 | 当然(とうぜん) 당연 | 驚(おど)く 놀라다 | 説明(せつめい) 설명 | 急(いそ)いで 서둘러서, 급하게 | 申(もう)し出(で)る 신청하다, 신고하다 | 主張(しゅちょう) 주장 | 落(お)とし主(ぬし) 분실자 | 偶然(ぐうぜん) 우연

---

19 알맞은 조사 넣기 ★★☆ | 정답 4

해설 1번 ~には는 '~하기에는', 2번 ~のでは는 '~때문에', 3번 ~では는 '~로는, ~에서는'이라는 의미이다. 정답인 4번 ~のには는 '~하는데, ~인데, ~지만'의 의미로 생각하기 쉽지만, 이 문제에서는 '~것'의 の에 気(き)づく 앞에 '~을/를'의 의미로 오는 に가 결합된 형태이다.

---

20 알맞은 문법 활용 찾기 ★★☆ | 정답 1

해설 1번 ~かどうか는 '~인지 아닌지, ~한지 어떤지', 2번 ~ことは、~が는 '~(하)기는 ~지만', 3번 ~ことなら는 '~것(일)이라면', 4번 ~ことかは '~한가, ~던가, ~인지, ~인가'라는 의미를 갖는 기능어이다. 소유주의 이름이 있는지 없는지를 찾아보려고 열었다고 해야 문장이 자연스러우므로 정답은 1번이다.

---

21 알맞은 접속사 찾기 ★★☆ | 정답 3

해설 1번 または는 '또, 또한', 2번 そのうえ는 '게다가, 또한, 더욱', 3번 けれども는 '하지만, 그렇지만, 그러나', 4번 なぜなら는 '왜냐하면'이라는 의미의 접속사이다. 어디에서 봤는지 생각이 나지 않는다는 것과 이야기 도중에 지갑을 잃어버린 일을 얘기하여 기억을 상기시켰다는 내용을 자연스럽게 연결하려면 빈칸에는 역접을 나타내는 접속사가 들어가야 한다. 역접을 나타내는 접속사는 3번이다.

---

22 알맞은 문법 활용 찾기 ★★☆ | 정답 2

해설 1번 ~たびには는 '~(할)때마다', 2번 ~たところ는 '~했더니, ~한 결과', 3번 ~たつもりでは는 '~했다고 생각하고, ~셈 치고', 4번 ~とおりには는 '~대로'라는 의미의 기능어이다.

어휘 伝(つた)える 전하다

---

23 알맞은 기능어 찾기 ★★☆ | 정답 4

해설 1번 ~といったら는 '~(라고) 하면', 2번 ~というか는 '~라고 할지, ~라고 해야 할지', 3번 ~だけには는 '~에게만, ~인(한)만큼', 4번 ~だけではなく는 '~뿐(만) 아니라'는 의미의 기능어이다. 빈칸 앞은 지갑을, 빈칸 뒤는 잃어버린 주인을 찾았다는 내용으로 하나가 아니라 두 가지 일을 한 것이므로 4번의 だけでなく를 넣어 '지갑뿐만 아니라'라고 해야 문장이 자연스러워진다.

독해

문제 4 단문이해 문제

생활, 업무, 학습 등을 주제로 한 150~200자 내외의 설명문이나 지시문을 읽고 글 전체의 주제나 필자의 의도, 본문의 내용과 일치하는 내용을 고르는 문제가 주로 출제된다. 단락이 하나인 경우에는 주로 첫문장과 마지막 문장에, 두 개 이상인 경우에는 마지막 단락에 정답의 키워드가 있는 경우가 많다.

24 ~ 27 다음 (1)에서 (4)의 글을 읽고 질문에 답하시오. 답은 1·2·3·4 중에서 가장 알맞은 것을 하나 고르시오.

24 글쓴이의 의도 파악하기 ★★☆ | 정답 1

(1)
커뮤니케이션은 많은 다른 것을 의미할 수도 있고, 많은 다른 방법으로 사용된다. 인간은 예술이나 음악뿐만 아니라 많은 수단을 통해서 의사를 전달하지만, 여기에서의 나의 주된 관심은 회화에서의 전달이다. 당신이 이렇게 말을 하고, 다음으로 나는 저렇게 말한다. 당신은 어떤 질문을 하고 나는 대답한다. 어떤 사람이 뭔가 말을 하고, 다른 사람이 대답을 한다. 그러나 말의 해석과 그 반응은, 그들 자신의 경험, 가치관, 그리고 감정 나름이다. 그들은 어떤 특정한 시간과 장소에서 자신의 언어적으로 비언어적 행동을 연결시키고, 그

리고 의미가 구축된다. 그러나 의미라는 것은 무엇일까. 의미도 또한 우리들 자신의 인생 경험, 가치관, 감정에 따르고 있다고 나는 생각한다. 결국, 커뮤니케이션에는 말뿐만 아니라 이야기하는 상대의 내면세계의 이해가 필요하다.

해석 이 글에서 필자가 가장 말하고 싶은 것은 무엇인가?
1 의미의 이해에는 말과 동시에 내면의 이해도 필요하다.
2 인간은 예술과 음악 등의 수단을 매개로 커뮤니케이션 한다.
3 커뮤니케이션 수단 가운데, 회화에서의 커뮤니케이션이 가장 인기가 있다.
4 같은 것을 말해도 말하는 방법에 따라서 상대를 불쾌하게 하거나 화나게 하거나 하는 경우도 있다.

해설 필자의 주장이나 생각·심정 등을 묻는 문제는, 글의 앞부분에서는 글의 화제나 핵심적으로 이야기하려는 내용의 예시 등이 나오고, 중반에서는 필자가 말하려는 핵심 내용이 언급되며, 후반부에는 핵심 내용의 정리가 실리는 경우가 많다. 따라서 특히 후반부에 나오는 내용에 집중하여 읽어야 한다. 마지막 두 문장에 정답에 대한 힌트가 나와 있다.

어휘 違(ちが)う 다르다 | 意味(いみ) 의미 | やり方(かた) 하는 방법(태도) | 使用(しよう) 사용 | 人間(にんげん) 인간 | 芸術(げいじゅつ) 예술 | 音楽(おんがく) 음악 | 手段(しゅだん) 수단 | 通(とお)す 통하게 하다, 통과시키다 | 意思(いし) 의사 | 伝達(でんたつ) 전달 | 主(おも)な 주된 | 関心(かんしん) 관심 | 質問(しつもん) 질문 | 答(こた)える 대답하다 | 言葉(ことば) 말, 언어 | 別(べつ) 다름, 같지 않음 | 返事(へんじ) 대답, 답장 | 解釈(かいしゃく) 해석 | 反応(はんのう) 반응 | 自身(じしん) 자신 | 経験(けいけん) 경험 | 価値観(かちかん) 가치관 | 感情(かんじょう) 감정 | ～次第(しだい) ～나름, ～에 따라 결정됨 | 特定(とくてい) 특정 | 場所(ばしょ) 장소 | ～において ～에서, ～에 있어서 | 言語的(げんごてき) 언어적 | 非(ひ)～ 비~ | 行動(こうどう) 행동 | 結(むす)びつける 잡아매다, 묶다, 연결시키다 | 構築(こうちく) 구축 | 結局(けっきょく) 결국 | 相手(あいて) 상대 | 内面(ないめん) 내면 | 世界(せかい) 세계 | 理解(りかい) 이해 | 必要(ひつよう) 필요 | 筆者(ひっしゃ) 필자 | 介(かい)する 사이에 두다 | 人気(にんき) 인기 | 不快(ふかい) 불쾌 | 怒(おこ)る 화내다

---

25 본문과 일치하는 내용 찾기 ★★☆ | 정답 3

(2)
이것은, 국제센터에서 기무라 선생님의 세미나 학생에게 도착한 메일이다.

수신인 : 2013kimurazemi@groups.ac.jp
날짜 : 2013년 9월 7일
건명 : 공개 세미나에의 초대

안녕하세요.
올해 국제센터에서의 무료 공개 세미나에 초대합니다. 꼭 오셔서 수업을 위한 새로운 아이디어를 얻어 가십시오. 이와 함께, 국제센터의 설비를 보시고 교육 프로그램 내용을 알아 주셨으면 합니다.

입장료는 무료이지만, 만약 오시게 된다면, 예약을 하기 위해서 이 메시지에 당신의 성함과 연락처를 추가하여 회신해 주십시오.
국제센터는 시나가와 역 근처입니다. 저희 웹사이트에 자세한 가는 방법이 게재되어 있습니다.
국제센터에서 만나뵙겠습니다.

해석 이 메일을 보고 예약하고 싶은 사람은 어떻게 해야 하는가?
1 자동응답전화에 이름과 연락처를 남긴다.
2 회신할 필요는 없기 때문에 당일날 가면 된다.
3 이름과 전화번호를 적어서 메일을 보낸다.
4 입장료를 지불하고 세미나에 참가한다.

해설 본문 중반부에 もしおいでになるのであれば、予約をするためにこのメッセージにあなたのお名前と連絡先を加えてご返信ください라고 되어 있으므로 정답은 3번이다.

어휘 国際(こくさい) 국제 | ゼミ 세미나, 교수의 지도 아래 소수의 학생이 모여서 연구·발표·토의 등을 하는 일, 학생 수가 적은 그룹을 대상으로 한 강습회 | 届(とど)く 도착하다, 닿다 | あて先(さき) 수신처, 수신인 | 件名(けんめい) 건명 | 日付(ひづけ) 날짜 | 無料(むりょう) 무료 | 公開(こうかい) 공개 | おいでになる 行(い)く·来(く)る의 존경어 | つかむ 잡다, 붙잡다, 파악하다 | 同時(どうじ) 동시 | 設備(せつび) 설비 | ご覧(らん)になる 見(み)る의 존경어 | 教育(きょういく) 교육 | 内容(ないよう) 내용 | 入場料(にゅうじょうりょう) 입장료 | もし 만약, 혹시 | 予約(よやく) 예약 | ～ために ～위해서, ～때문에 | お名前(なまえ) 성함 | 連絡先(れんらくさき) 연락처 | 加(くわ)える 보태다, 더하다, 덧붙이다 | 返信(へんしん) 회신 | お(ご)～ください ～해 주십시오 | 詳細(しょうさい) 상세 | 掲載(けいさい) 게재 | 留守電(るすでん) 자동응답전화 | 残(のこ)す 남기다 | 当日(とうじつ) 당일 | 送(おく)る 보내다 | 払(はら)う 지불하다 | 参加(さんか) 참가

---

26 본문과 일치하는 내용 찾기 ★★☆ | 정답 4

(3)
노인의 휴대전화 보급률은 급속히 늘고 있지만, 컴퓨터 보급률은 아직 휴대전화만큼은 아닙니다. 왜 휴대전화만큼 보급률이 늘지 않는 것인가라고 하면, 우선 사용법의 어려움을 들 수 있습니다. 휴대전화에는 고령자용의 사용하기 쉬운 것이 있습니다만, 컴퓨터에는 없습니다. 고령자에게 있어서는 키보드로 문자를 치는 것만으로도 힘듭니다. 보급률을 늘리기 위해서는 가격을 내리는 것도 중요하다고 생각하지만, 아무리 싸도, 사용하기 쉬워도, 노인들이 살 마음이 생기지 않으면 의미가 없습니다. 컴퓨터를 살 마음이 생기게 한다. 즉 컴퓨터를 사용하면 여러 가지 것을 할 수 있다는 편리함을 전하는 것이 중요합니다.

해석 고령자에게 컴퓨터를 보급시키기 위해서는, 우선 어떤 것을 해야 한다고 말하고 있는가?
1 컴퓨터를 조작하기 쉽게 한다.
2 컴퓨터의 설명서를 개선한다.
3 컴퓨터 가격을 내린다.
4 컴퓨터의 편리함을 설명한다.

해설 　본문이 하나의 단락인 경우에는 주로 첫 문장과 마지막 문장에 정답의 키워드가 있는 경우가 많다. 이 글에서도 마지막 문장인 コンピューターを使ったらいろんなことができるという便利さを伝えることが、重要です에 정답이 있다.

어휘 　お年寄(としよ)り 노인｜携帯電話(けいたいでんわ) 휴대전화｜普及率(ふきゅうりつ) 보급률｜急速(きゅうそく)に 급속히｜伸(の)びる 자라다, 늘다, 발전하다｜まず 우선, 먼저｜使(つか)い方(かた) 사용법｜難(むずか)しさ 어려움｜挙(あ)げる (예로) 들다｜高齢者(こうれいしゃ) 고령자｜~向(む)け ~용, ~대상｜使(つか)いやすい 사용하기 쉽다, 사용하기 편하다｜文字(もじ) 문자｜打(う)つ 치다｜伸(の)ばす 신장시키다, 늘리다｜値段(ねだん) 가격｜下(さ)げる 낮추다, 내리다｜重要(じゅうよう) 중요｜安(やす)い 싸다｜買(か)う気(き)になる 살 마음이 생기다｜意味(いみ) 의미｜つまり 즉, 요컨대｜便利(べんり)さ 편리함｜操作(そうさ) 조작｜説明書(せつめいしょ) 설명서｜改善(かいぜん) 개선｜価格(かかく) 가격

27 　본문과 일치하는 내용 찾기 ★★☆ ｜정답 4

(4)

　아사히 여행사에서 독점적으로 제공되는 '미술관 애호가 바캉스'에 신청하시면, 1년 동안 원하실 때에 뉴욕, 보스턴, 필라델피아, 그리고 워싱턴D.C로 개인 여행을 할 수 있습니다. 1년 중에서 고객님이 시기를 선택해서, 재촉받는 일 없이 자신의 페이스로, 세계적으로 유명한 미술관을 보며 돌 수 있습니다. 미술관에의 입장권, 문화 여행, 훌륭한 숙박 설비와 식사 등, 고객님의 돈에 걸맞는 커다란 가치가 있는 모든 것을 풀로 활용할 수 있을 것입니다.
　또한, 약간의 추가요금으로 공항으로의 마중, 여행보험과 같은 특별한 것을 신청하실 수도 있습니다.

해석 　'미술관 애호가 바캉스'는 1년 중 어느 시기에 제안되는가?
　1 봄
　2 새해
　3 단기간
　4 1년 중 언제라도 선택할 수 있다.

해설 　첫 번째 단락 초반부터 年間お好きなときに와 1年のうちでお客さまが時期を選び와 같이 여러 번 정답의 키워드를 제시하고 있다.

어휘 　独占的(どくせんてき) 독점적｜提供(ていきょう) 제공｜美術館(びじゅつかん) 미술관｜愛好者(あいこうしゃ) 애호가｜申(もう)し込(こ)む 신청하다｜お～になる ~하시다｜年間(ねんかん) 연간｜個人(こじん) 개인｜旅行(りょこう) 여행｜時期(じき) 시기｜選(えら)ぶ 고르다, 선택하다｜急(いそ)がす 재촉하다｜世界的(せかいてき) 세계적｜有名(ゆうめい) 유명｜観(み)る 구경하다, 관람하다｜回(まわ)る 돌다｜入館券(にゅうかんけん) 입관권｜すばらしい 매우 훌륭하다, 멋있다｜宿泊(しゅくはく) 숙박｜設備(せつび) 설비｜食事(しょくじ) 식사｜見合(みあ)う 걸맞다, 어울리다｜価値(かち) 가치｜フル 풀, 충분함, 온, 전｜活用(かつよう) 활용｜さらに 더욱더, 게다가｜わずか 약간, 조금, 근소함｜追加料金(ついかりょうきん) 추가 요금｜空港(くうこう) 공항｜出迎(でむか)え 마중｜保険(ほけん) 보험｜特別(とくべつ) 특별｜提案(ていあん) 제안｜春(はる) 봄｜

新年(しんねん) 새해, 신년｜短期間(たんきかん) 단기간｜選択(せんたく) 선택

문제 5 중문이해 문제

주로 설명문, 수필, 논평, 에세이 등 350자 정도의 지문을 읽고 개요나 인과관계, 이유, 필자의 생각 등을 묻는 문제가 출제된다. 질문을 읽고 질문 내용에 유의하며 지문을 읽어 내려간다. 평소 글을 읽을 때 필자의 의견 및 생각을 찾는 연습을 하는 것도 좋다.

28 ～ **33** 다음 (1)과 (2)의 글을 읽고 질문에 답하시오. 답은 1・2・3・4 중에서 가장 알맞은 것을 하나 고르시오.

28 ～ **30**

(1)

　중요 회의가 다음 날 아침에 예정되어 있기 때문에, 당신은 자신의 의견을 중역진에게 프레젠테이션할 준비를 하기 위해서 심야까지 깨어 있으려고 계획하고 있습니다. 당신은 수치를 암기하려고 밤새도록 깨어 있고 싶다는 유혹에 사로잡혀 있습니다.
　그러나 그렇게 해야만 할까요? 수면은 단지 신체를 쉬게 하는 것만의 시간이 아니라, 당신의 뇌 기능에 있어서도 매우 중요합니다. 당신의 신체가 수면을 빼앗기면…… 약 18시간 잠들지 않은 경우입니다만…… 움직임의 둔함과 같은 육체적 징후가 나타나기 시작합니다. 즉, 반응하는 데에 0.5초나 그 이상 오래 시간이 걸리거나, 눈을 뜨고 있는 것이 곤란해지거나, 기억이 끊기거나 하는 것 같은 것입니다.
　대답이 늦어지거나 여러 가지 사실을 떠올릴 수 없어지면, 상사에게 인정받을 수는 없습니다. 따라서 만약 당신이 회의에서 머리를 맑게 하고 싶다면 밤늦게까지 일을 하는 것보다, 전날 밤은 밤새 깊고 편안한 수면을 취하는 것을 생각해야 합니다.

어휘 　会議(かいぎ) 회의｜翌朝(よくあさ) 다음 날 아침｜予定(よてい) 예정｜意見(いけん) 의견｜重役陣(じゅうやくじん) 중역진｜準備(じゅんび) 준비｜深夜(しんや) 심야｜起(お)きる 일어나다, 깨어 있다｜計画(けいかく) 계획｜数値(すうち) 수치｜暗記(あんき) 암기｜一晩中(ひとばんじゅう) 밤새도록｜誘惑(ゆうわく) 유혹｜駆(か)られる 사로잡히다｜睡眠(すいみん) 수면｜ただ 그저, 단지｜身体(しんたい) 신체｜休(やす)める 쉬게 하다, 편안히 하다｜脳(のう) 뇌｜機能(きのう) 기능｜奪(うば)う 빼앗다, 사로잡다｜場合(ばあい) 경우｜動(うご)き 움직임｜鈍(にぶ)さ 둔함, 더딤｜肉体的(にくたいてき) 육체적｜兆候(ちょうこう) 징후, 조짐｜現(あらわ)れ始(はじ)める 나타나기 시작하다｜反応(はんのう) 반응｜秒(びょう) 초｜長(なが)く 길게, 오래｜時間(じかん)がかかる 시간이 걸리다｜目(め)を開(あ)ける 눈을 뜨다｜困難(こんなん) 곤란｜記憶(きおく) 기억｜途切(とぎ)れる 끊기다, 중단되다｜返答(へんとう) 대답｜遅(おそ)い 늦다, 느리다｜事実(じじつ) 사실｜上司(じょうし) 상사｜認(みと)める 인정하다, 인지하다｜頭(あたま) 머리｜スッキリする 말쑥하다, 산뜻하다, 상쾌하다｜夜遅(よるおそ)く 밤늦게｜一晩(ひとばん) 하룻밤, 밤새｜ぐっすり 푹｜安(やす)らか 평온, 편안｜眠(ねむ)りを取(と)る 잠을 자다｜考(かんが)える 생각하다

113

실전 모의고사 4회 독해

28 | **본문 내용 파악하기** ★★☆ | 정답 1

해석 이 기사의 타이틀로 적합한 것은 어느 것인가?
1 휴식이 당신의 머리를 상쾌하게 해 준다.
2 보다 길게, 보다 잘 자는 것
3 잠들지 않고 있기 위한 새로운 방법
4 불면의 증상

해설 글의 테마나 주제를 묻는 문제는 대부분 마지막 단락에 정답이 있다. 따라서 마지막의 もしあなたが会議で頭をスッキリさせていたければ、夜遅くまで仕事をするより、前の晩はひと晩ぐっすりと安らかな眠りを取ることを考えるべきなのです의 내용을 정확히 이해했다면 어렵지 않게 정답을 찾을 수 있다.

어휘 記事(きじ) 기사 | ～ずに ～하지 않고 | ふさわしい 어울리다, 걸맞다, 적합하다 | 休息(きゅうそく) 휴식 | 不眠(ふみん) 불면 | 症状(しょうじょう) 증상

---

29 | **본문 내용 파악하기** ★★☆ | 정답 3

해석 수면 부족에 의해서 일어나는 것은 다음 중 어느 것인가?
1 기억력 강화
2 둔한 처리
3 기억 상실
4 심장병

해설 두 번째 단락의 動きの鈍さといった肉体的兆候が現れ始めます。つまり、反応するのに0.5秒かそれ以上長く時間がかかったり、目を開けていることが困難になったり、記憶が途切れたりするといったことですа고 수면 부족에 의한 증상들을 나열하고 있다.

어휘 睡眠不足(すいみんぶそく) 수면 부족 | 引(ひ)き起(お)こす 일으키다 | 強化(きょうか) 강화 | 鈍(にぶ)い 둔하다, 무디다 | 取(と)り扱(あつか)い 취급, 처리 | 喪失(そうしつ) 상실 | 心臓病(しんぞうびょう) 심장병

---

30 | **본문 내용 파악하기** ★★☆ | 정답 2

해석 기사에 의하면, 중요한 아침 회의 전에 해야만 하는 가장 좋은 것은 무엇인가?
1 모조리 외우기 위해 밤새도록 깨어 있다.
2 규칙적인 시간에 취침하고 기상한다.
3 회의 전에 그저 2, 3시간 잔다.
4 회의를 오후로 변경한다.

해설 28번 문제와 마찬가지로 마지막 문장인 だから、もしあなたが会議で頭をスッキリさせていたければ夜遅くまで仕事をするより、前の晩はひと晩ぐっすりと安らかな眠りを取ることを考えるべきです에서 정답을 찾을 수 있다.

어휘 何(なに)もかも 무엇이든, 모조리 | 覚(おぼ)える 느끼다, 기억하다 | 規則(きそく)正(ただ)しい 규칙적이다 | 就寝(しゅうしん) 취침 | 起床(きしょう) 기상 | 変更(へんこう) 변경

---

31 ~ 33

(2)

'뉴스 월드' 고객 조사

잠시 시간이 걸리시겠지만, 이 서식에 기입해서, 첨부된 요금 지불 완료 봉투로 반송해 주십시오. 저희들은 여러분들에 대한 서비스에 관해서 마음에 두고 있습니다. 여러분들의 의견을 공유할 수 있다는 것에 감사드립니다.

1. '뉴스 월드'는 발행일 1주일 전에 인쇄됩니다. 고객님께는 발행일 전에 도착하고 있습니까? 　　　　　　네 / 아니요

2. 보통 매주 무슨 요일에 그 주의 호가 도착하고 있습니까?
　　　　　　월 / 화 / 수 / 목 / 금 / 토 / 일 / 부정기

3. 도착일에 관해서 어떻게 생각하십니까? 　　　만족 / 불만족

4. 현재 우편으로의 도착에 만족하십니까?
　　　　　　매우 만족 / 만족 / 불만족

5. '뉴스 월드'가 과거 3개월 동안에 한 번이라도 배달되지 않았던 적이 있습니까? 　아니요 / 네, ( )호를 받지 못했습니다.

6. '뉴스 월드'를 구독 갱신하실 때에, 다음의 요인이 갱신 결정에 어떻게 영향을 미칩니까? (1~5까지 순위를 매겨서 부탁드립니다. 5=가장 중요, 1=중요성이 가장 낮음)

'뉴스 월드'의 내용 / 배달 일시의 정확성 / 고객 서비스 / 구독가격/ 선물

어휘 顧客(こきゃく) 고객 | 調査(ちょうさ) 조사 | 少々(しょうしょう) 조금, 약간, 다소 | 書式(しょしき) 서식 | 記入(きにゅう) 기입 | 添付(てんぷ) 첨부 | 料金払(りょうきんはら)い済(ず)み 요금 납부가 끝남 | 封筒(ふうとう) 봉투 | ～にて ～로, ～에 | 返送(へんそう) 반송 | 気(き)にかける 염려하다, 걱정하다 | 意見(いけん) 의견 | 共有(きょうゆう) 공유 | 感謝(かんしゃ) 감사 | 発行日(はっこうび) 발행일 | ～週間前(しゅうかんまえ) ～주일 전 | 印刷(いんさつ) 인쇄 | 届(とど)く 닿다, 도착하다 | ふだん 일상, 평소 | 毎週(まいしゅう) 매주 | 不定期(ふていき) 부정기 | 満足(まんぞく) 만족 | 不満足(ふまんぞく) 불만족 | 現在(げんざい) 현재 | 郵便(ゆうびん) 우편 | 届(とど)ける 보내다, 전하다, 신고하다 | 過去(かこ) 과거 | 配達(はいたつ) 배달 | 受(う)け取(と)る 받다 | 購読(こうどく) 구독 | 更新(こうしん) 갱신 | 際(さい) 때, 즈음, 기회 | 要因(よういん) 요인 | 決定(けってい) 결정 | 影響(えいきょう) 영향 | ～付(づけ) 붙임, 붙인 것 | 最(もっと)も 가장, 제일 | 低(ひく)い 낮다 | 内容(ないよう) 내용 | 日時(にちじ) 일시 | 正確(せいかく)さ 정확함 | 価格(かかく) 가격

---

31 | **본문 내용 파악하기** ★★☆ | 정답 2

해석 용지는 어떻게 반송하는가?
1 매주, 조사가 수집된다.
2 우표를 붙인 봉투가 제공된다.
3 용지를 팩스로 보낸다.
4 고객은 우편요금을 지불하지 않으면 안 된다.

해설 도입부에 나오는 添付の料金払い済み封筒にてご返送ください에서 정답을 알 수 있다.

어휘 用紙(ようし) 용지 | 集(あつ)める 모으다 | 切手(きって) 우표

| 貼(は)る 붙이다 | 提供(ていきょう) 제공 | 支払(しはら)う 지불하다 | ~なくてはならない ~하지 않으면 안 된다

---

[32] **본문 내용 파악하기** ★★☆ | 정답 3

해석 이 서식의 목적은 무엇인가?
1 고객에게 가격 인하 제안
2 상을 받을 기회를 얻는다.
3 배달 정보의 수집
4 고객 등록 데이터를 얻는다.

해설 본문에 제시되어 있는 질문의 내용이 배달과 관련된 내용이므로 정답이 3번임을 알 수 있다.

어휘 目的(もくてき) 목적 | 引(ひ)き下(さ)げ 내림, 낮춤 | 提案(ていあん) 제안 | 賞(しょう) 상 | 勝(か)ち得(え)る (노력 끝에) 쟁취하다, 거두다, 획득하다 | 得(え)る 얻다, 획득하다 | 情報(じょうほう) 정보 | 収集(しゅうしゅう) 수집 | 登録(とうろく) 등록

---

[33] **본문 내용 파악하기** ★★☆ | 정답 4

해석 '뉴스 월드'의 발송 빈도는?
1 일간
2 월간
3 격주
4 주간

해설 질문 2번의 毎週何曜日にその週の号が届いておりますか로 보아 주간지임을 알 수 있다.

어휘 発送(はっそう) 발송 | 頻度(ひんど) 빈도 | 日刊(にっかん) 일간 | 月刊(げっかん) 월간 | 隔週刊(かくしゅうかん) 격주간 | 週刊(しゅうかん) 주간

문제 6 장문이해 문제

해설, 수필, 편지, 에세이, 소설 등 550자 정도의 지문을 읽고 필자의 주장이나 의견, 본문의 개요나 논리의 전개 등을 묻는 문제이다. 본문 내용을 읽기 전에 먼저 4개의 질문을 읽으면서 어떠한 부분과 내용에 주의하면서 읽어야 하는지, 무엇을 묻고 있는지를 파악한 후 본문을 읽어 내려가는 게 좋다.

[34] ~ [37] 다음 글을 읽고 질문에 답하시오. 답은 1 · 2 · 3 · 4 중에서 가장 알맞은 것을 하나 고르시오.

수년 전에 어떤 연구자가 미국 텔레비전에서 방영된 일본을 다룬 보도의 수와, 일본 텔레비전에서 방영된 미국을 다룬 보도 수를 비교했다. ①그 결과는 놀랄 만한 것이었다. 2012년부터 다음 해에 걸쳐서 7개월 동안에, 일본 텔레비전에서는 미국에 관해서 1,121이나 되는 보도가 있었는데, 미국에서는 일본에 관해서 92밖에 없었다.

일본에 관한 보도만이 아니다. 일반적으로 거의 모든 미국의 미디어에서 외국 뉴스는 적다. ②대부분의 미국의 신문 편집자는 국제적인 사항에 직접 미국이 관계되어 있는 것, 주로 미국인 희생자가 나온 것이 아니면, 외국 뉴스에 관심을 갖는 사람은 거의 없다는 점으로 의견이 일치하고 있다.

편집자들이 신문의 각 분야 인기도를 조사한 결과, 미국 국내 뉴스, 스포츠, 오락, 비즈니스에 이어 세계에서 일어난 사건은 7개 섹션 가운데 5위였다. 외국에서의 사건을 표지와 관련된 기사로 다룬 뉴스 잡지는 통상호에 비해서 20퍼센트나 매상이 떨어진다고 보고하고 있다.

그러나 이 문제는 독자 측에만 책임이 있는 것은 아니다. 워싱턴 D.C의 어느 연구 그룹의 보고에 따르면, 편집자 측의 무관심 때문에, 대부분의 미국 신문에 국제적인 기사가 없는 것이 비난되고 있다. 이 보고에 따르면, 편집자는 독자가 관심을 보이지 않는다는 핑계를 대며 국제적인 기사를 삭제하고 있다는 것이다. 실제 그 내용여하에 따라서 구독자가 예약 구매를 취소하는 일은 거의 없다고도 말하고 있다. 보고서는, 미국에게 국제적인 사건이 점점 더 중요성을 띠어 옴에 따라, 편집자는 설령 대중이 흥미를 보이지 않아도, 세계의 사건을 독자에게 가르쳐주기 위해서 더 좋은 일을 해야 한다고 제안하고 있다.

어휘 数年前(すうねんまえ) 수년 전 | 研究者(けんきゅうしゃ) 연구자 | 放映(ほうえい) 방영 | 扱(あつか)う 다루다, 취급하다 | 報道(ほうどう) 보도 | 数(かず) 수 | 比較(ひかく) 비교 | 結果(けっか) 결과 | 驚(おどろ)く 놀라다 | 翌年(よくねん) 다음 해 | 一般的(いっぱんてき) 일반적 | ほとんど 거의, 대부분 | すべて 모두, 전부 | 外国(がいこく) 외국 | 少(すく)ない 적다 | 新聞(しんぶん) 신문 | 編集者(へんしゅうしゃ) 편집자 | 国際的(こくさいてき) 국제적 | 事柄(ことがら) 사정, 사항 | 直接(ちょくせつ) 직접 | 関(かか)わる 관계되다, 관여하다 | 主(おも)に 주로 | 犠牲者(ぎせいしゃ) 희생자 | 目(め)を向(む)ける 시선을 돌리다, 관심을 돌리다 | 意見(いけん) 의견 | 一致(いっち) 일치 | 各分野(かくぶんや) 각 분야 | 人気度(にんきど) 인기도 | 調(しら)べる 조사하다 | 国内(こくない) 국내 | 娯楽(ごらく) 오락 | 続(つづ)く 이어지다, 계속되다 | 出来事(できごと) 일어난 일, 사건 | 表紙(ひょうし) 표지 | 関連(かんれん) 관련 | 取(と)り扱(あつか)う 다루다, 취급하다 | 雑誌(ざっし) 잡지 | 通常(つうじょう) 통상 | 比(くら)べる 비교하다 | 売上減(うりあげげん) 매상 감소 | 報告(ほうこく) 보고 | しかし 그러나 | 問題(もんだい) 문제 | 読者(どくしゃ) 독자 | 側(がわ) 측 | 責任(せきにん) 책임 | 無関心(むかんしん) 무관심 | 非難(ひなん) 비난 | 示(しめ)す 나타내보이다, 가리키다 | 言(い)い訳(わけ) 변명 | 削除(さくじょ) 삭제 | 実際(じっさい) 실제 | 内容(ないよう) 내용 | いかんによって 여하에 따라서 | 講読者(こうどくしゃ) 구독자 | 取(と)り消(け)す 취소하다 | まず 우선, 먼저, 거의 | ますます 점점 더, 더욱더 | 重要性(じゅうようせい) 중요성 | 帯(お)びる 달다, 차다, 띠다, 지니다 | 従(したが)う 따르다 | たとえ 비록, 가령, 설령 | 大衆(たいしゅう) 대중 | 興味(きょうみ) 흥미

---

[34] **제시어가 가리키는 내용 파악하기** ★☆☆ | 정답 3

해석 ①그 결과라고 되어 있는데, 어떠한 것인가?
1 일본을 다루어 보도한 것
2 미국을 다루어 보도한 것
3 보도의 수를 비교한 것
4 양국 텔레비전 프로그램을 분석한 것

해설 　밑줄 부분에 こ·そ·あ·ど의 지시어로 질문이 제시된 경우에는
　　　바로 앞 문장의 내용에 정답이 있다.

어휘 　両国(りょうこく) 양국 | 番組(ばんぐみ) 프로그램 | 分析(ぶん
　　　せき) 분석

---

[35]　제시어가 가리키는 내용 파악하기 ★★☆　　| 정답 2

해석 　②대부분의 미국의 신문 편집자는 어떻게 생각하고 있는가?
　　　1 대부분의 미국인이 주요 사고에서는 자주 희생자가 된다.
　　　2 대부분의 미국인은 외국에서의 사건에 관심이 없다.
　　　3 미국의 보도에서 외국에 대한 관심은 높아지고 있다.
　　　4 미국인에 관한 외국의 보도는 드문 일이다.

해설 　이와 같은 밑줄과 관련된 문제는 밑줄 친 부분의 전후 문맥을 따져
　　　서 보기에서 가장 가까운 것을 고르면 된다. 뒤에 바로 이어지는
　　　国際的な事柄に直接アメリカが関わっていること、主
　　　にアメリカ人犠牲者が出ることがなければ、外国のニ
　　　ュースに目を向ける人はほとんどいないという点で意
　　　見が一致している에 정답의 내용이 있다.

어휘 　主要(しゅよう) 주요 | 事故(じこ) 사고 | 高(たか)まる 높아지
　　　다 | ～つつある ～하고 있다, ~중이다 | 珍(めずら)しい 드물다,
　　　희귀하다

---

[36]　본문과 일치하는 내용 찾기 ★★☆　　| 정답 3

해석 　연구 그룹이 편집자가 해야만 하는 것으로 권하고 있는 것은 무엇
　　　인가?
　　　1 내용을 중요한 것으로 생각하도록 독자에게 가르치는 것
　　　2 외국의 보도를 삭제하는 이유를 독자에게 알리는 것
　　　3 외국의 사건은 중요하다는 것을 독자가 이해하도록 돕는 것
　　　4 독자에게 내용이 좋으니까 예약 구매를 계속하도록 말하는 것

해설 　마지막 문장인 編集者はたとえ大衆が興味を示さなくて
　　　も、世界の出来事を読者に教えるためにもっとよい仕
　　　事をするべきだと提案している에서 정답에 관한 힌트를 얻
　　　을 수 있다.

어휘 　勧(すす)める 권하다 | 理由(りゆう) 이유 | 知(し)らせる 알리
　　　다 | 手助(てだす)け 거듦, 도와줌 | 購買(こうばい) 구매 | 続(つ
　　　づ)ける 계속하다, 잇다, 연결하다

---

[37]　본문 내용 파악하기 ★★☆　　| 정답 4

해석 　이 글의 내용과 맞지 않는 것은 어느 것인가?
　　　1 미국에서는 국제보도에는 거의 관심이 없는 것 같다.
　　　2 미국이 관여하면 국제보도에 대한 미국인의 관심이 증가한다.
　　　3 일본에서는 미국보다도 국제적 보도가 많은 것 같다.
　　　4 미국인은 뉴스의 양이 증가하면 신문을 읽는 것을 그만둘 것이다.

해설 　마지막 단락의 実際その内容のいかんによって講読者が予
　　　約購読を取り消すということはまずないとも言ってい
　　　る에서 정답이 4번임을 알 수 있다.

어휘 　関与(かんよ) 관여 | 増(ま)す 많아지다, 불어나다, 늘다 | 多(お
　　　お)い 많다 | 量(りょう) 양 | 増(ふ)える 늘다, 늘어나다, 증가하다
　　　| やめる 그만두다, 끊다, 중지하다

　문제 7 　정보검색 문제

안내문이나 광고문 등 여러 가지 정보 소재 안에서 필요한 정보를 찾
아내는 문제이다. 먼저 질문과 선택지를 읽고 질문의 키워드가 무엇
인지, 어떠한 정보를 요구하는 문제인지 파악한다. 그 다음에 2개의
질문에서 제시하는 조건이나 요구하는 정보를 염두에 두고 본문의
내용과 대조해 가며 조건에 맞지 않거나 필요 없는 정보를 제외시켜
나가면 어렵지 않게 정답을 찾을 수 있다.

**[38] ~ [39]　오른쪽 페이지는 '더블트리호텔' 이용 안내이다. 이것
을 읽고 아래 질문에 답하시오. 답은 1·2·3·4 중에서 가장 알맞은
것을 하나 고르시오.**

더블트리호텔 이용 안내
이번에 저희 호텔에 왕림해 주셔서 매우 감사드립니다.

<각실>
● 문은 자동 잠김으로 되어 있습니다. 문을 닫으면 자동적으로 열쇠
　가 잠기기 때문에 외출하실 때는 카드키를 소지해 주십시오.
● 카드키에는 객실 번호가 기재되어 있지 않습니다. 체크인 할 때 드
　린 키 케이스를 확인해 주십시오.
● 창문은 개폐되지 않습니다.
● 각실 텔레비전은 VOD 포함 무료입니다.
● 모닝콜은 '모닝콜' 버튼을 누른 후, 설정할 시간을 맞춰 주세요.
　(책상 안 안내에 '모닝콜' 설정 방법이 기재되어 있으므로, 그것을
　보고 설정해 주세요.)
　[예] 7:00 → 0700　　2:30 → 1430

<레스토랑>

조식	6:30 ~ 10:30 (월~금)
(한 분당 1,900엔)	6:30 ~ 11:00 (토·일·공휴일)
런치	12:00 ~ 15:00
디너	17:30 ~ 22:00

● 룸서비스에 관해서는 책상 안에 있는 안내를 봐 주십시오.

<주차장>
● 1박 500엔/1대
● 건물 뒤쪽의 주차장에 세우시고, 차량번호를 프런트에 알려 주십
　시오.

<관내 설비>

자동판매기	8층(소프트드링크)
제빙기	3·6·8·11층
무인 세탁실	3층 (세탁기 1회 200엔
	건조기 1회 100엔 / 30분)

어휘 　利用(りよう) 이용 | 案内(あんない) 안내 | この度(たび) 이
　　　번, 금번 | お越(こ)し 行(い)く·来(く)る의 존경어, 가심, 오심, 왕
　　　림, 행차 | 誠(まこと)に 정말로, 매우 | 各室(かくしつ) 각실 | 閉
　　　(し)める 닫다 | 自動的(じどうてき) 자동적 | 鍵(かぎ) 열쇠 |
　　　外出(がいしゅつ) 외출 | 際(さい) 때, 즈음, 시기 | 持(も)つ 갖
　　　다, 들다 | 番号(ばんごう) 번호 | 記載(きさい) 기재 | 渡(わた)

す 건네다, 넘기다 | キースリップ 열쇠케이스 | 窓(まど) 창문 | 開閉(かいへい) 개폐 | 含(ふく)め 포함 | 無料(むりょう) 무료 | 押(お)す 누르다, 밀다 | 設定(せってい) 설정 | 方法(ほうほう) 방법 | 朝食(ちょうしょく) 조식 | お一人様(ひとりさま) 한 분 | 土日祝(どにちしゅく) 토·일·공휴일 | ご覧(らん) 見(み)る의 존경어, 보심 | 駐車場(ちゅうしゃじょう) 주차장 | 〜泊(はく/ぱく) 〜박 | 建物(たてもの) 건물 | 裏側(うらがわ) 뒤쪽, 안쪽 | 停(と)める 세우다 | 館内(かんない) 관내 | 自動販売機(じどうはんばいき) 자동판매기 | 製氷機(せいひょうき) 제빙기 | コインランドリー 동전식 세탁기 | 洗濯機(せんたくき) 세탁기 | 乾燥機(かんそうき) 건조기 | 規則(きそく) 규칙 | 自分(じぶん)で 스스로

---

38 본문 내용 파악하기 ★★☆　　　　| 정답 3

해석　린 씨는 출장으로 3일간 이 호텔에 숙박하려 생각하고 있다. 3일간 조식만 이용한다면 숙박비 이외에 얼마를 내야만 하는가?

1 1,900엔
2 7,200엔
3 5,700엔
4 지불하지 않아도 된다.

해설　조식은 1인당 1,900엔으로 3일을 이용하므로 5,700엔이 된다. 이 문제에서는 제시되어 있지 않지만 만약 린 씨가 자동차를 이용하여 이 호텔에 주차를 하였을 경우에는 500엔씩 3일인 1,500엔의 추가 요금이 발생하여 7,200엔이 정답이 되는 식의 문제로도 출제될 수 있다.

어휘　出張(しゅっちょう) 출장 | 泊(とま)る 숙박하다, 묵다 | 宿泊代(しゅくはくだい) 숙박비 | 以外(いがい) 이 외 | 払(はら)う 지불하다

---

39 본문 내용 파악하기 ★★☆　　　　| 정답 1

해석　더블트리호텔 숙박에 관한 이용 규칙으로 바르지 않은 것은 어느 것인가?

1 호텔의 세탁실 서비스를 이용하면 무료로 세탁할 수 있다.
2 레스토랑은 매일 아침 6시 반부터 이용할 수 있다.
3 주차한 후, 차량번호를 프런트에 가르쳐 주지 않으면 안 된다.
4 모닝콜은 스스로 설정할 수 있다.

해설　무인 세탁실에서 세탁기와 건조기를 이용할 경우 돈을 지불해야 하므로 1번이 정답이 된다.

： 청해 ：

> **문제 1** 과제이해 문제
>
> 대화를 듣고 구체적인 문제 해결에 필요한 정보를 찾아내 이후에 무엇을 해야 하는지를 알아내는 문제이다. 먼저 질문의 내용을 정확히 이해하여 과제를 수행해야 하는 사람이 누구인지, 어떠한 상황인지를 파악하고, 그 후 포인트가 되는 부분을 메모해 가며 체크해 두도록 한다.

> **1** ～ **6**　문제 1에서는 먼저 질문을 들으세요. 그리고 나서 이야기를 듣고 문제용지의 1부터 4 중에서 가장 알맞은 것을 하나 고르세요.

예)　　　　　　　　　　　| 정답 4

4-1-01.mp3

男の人がシティーエアーターミナルの女の人と電話で話しています。男の人はこの後、どうしますか。

男：あのう、リムジンバスの予約をしたいのですが……。
女：申し訳ございませんが、旅行代理店で、チケットをお買い求めいただくことになっております。
男：電話で予約はできませんか。
女：電話予約はいたしておりません。
男：では、どうしたらいいですか。
女：旅行代理店でお求めください。
男：シティーエアーターミナルの中に旅行社がありますか。
女：はい、ございます。
男：今から行っても買えるでしょうか。
女：満席ということはございませんが、出発のお時間より少し早めにいらっしゃっていただいて、チケットをお求めください。
男：少し早めに行けば、買えるのですね。
女：はい、大丈夫でございます。
男：わかりました。ありがとうございます。

男の人はこの後、どうしますか。
1 旅行代理店に電話で予約する
2 シティーエアーターミナルに電話で予約する
3 前の日に旅行代理店に行って買っておく
4 出発の前に、旅行代理店で買う

해석　남자가 시티에어터미널의 여자와 전화로 이야기하고 있습니다. 남자는 이후에 어떻게 합니까?

남 : 저기, 리무진버스 예약을 하고 싶은데요…….
여 : 죄송합니다만, 여행대리점에서 티켓을 사셔야 합니다.
남 : 전화로 예약은 할 수 없습니까?
여 : 전화 예약은 받고 있지 않습니다.
남 : 그러면, 어떻게 하면 됩니까?
여 : 여행대리점에서 사시기 바랍니다.
남 : 시티에어터미널 안에 여행사가 있습니까?
여 : 네. 있습니다.
남 : 지금부터 가도 살 수 있습니까?

117

여 : 만석이 되는 일은 없습니다만, 출발 시간보다 조금 일찍 와 주
　　셔서 티켓을 사시기 바랍니다.

남 : 조금 일찍 가면 살 수 있는 거네요.

여 : 네, 그렇습니다.

남 : 알겠습니다. 감사합니다.

남자는 이후에 어떻게 합니까?

1 여행대리점에 전화로 예약한다.

2 시티에어터미널에 전화로 예약한다.

3 전날에 여행대리점에 가서 사 둔다.

4 출발 전에 여행대리점에서 산다.

해설 　남자는 리무진버스의 티켓을 예약하려고 시티에어터미널에 전화
를 걸었다. 하지만 담당자가 전화 예약은 불가능하며, 여행대리점
에서 직접 사야 한다고 말하고 있다. 따라서 티켓은 전화 예약이
불가능하며, 또한 중반부 남자의 대사 今から行っても買える
でしょうか를 통해 티켓이 필요한 날은 당일임을 알 수 있다. 따
라서 정답은 4번이다.

어휘 　シティーエアーターミナル 시티에어터미널 | リムジンバ
ス 리무진버스 | 予約(よやく) 예약 | 申(もう)し訳(わけ)ござ
いません 죄송합니다 | 旅行代理店(りょこうだいりてん) 여
행대리점 | チケット 티켓 | お+동사 ます형+いただく ~해 받
다, ~해 주시다 | 買(か)い求(もと)める 사들이다, 사다 | ~こと
になっている ~하게 되어 있다 | ~ておる ~하고 있다, ~해(제)
있다 | 致(いた)す 하다 | お+동사 ます형+ください ~해 주십시
오 | 求(もと)める 구하다, 요구하다, 사다, 구입하다 | 旅行社(りょ
うこうしゃ) 여행사 | ござる 있다 | 買(か)える 살 수 있다 | 満席
(まんせき) 만석 | 出発(しゅっぱつ) 출발 | お時間(じかん) 시
간 | ~より ~부터, ~보다 | 少(すこ)し 조금, 약간 | 早(はや)め
に 일찌감치, 일찍 | いらっしゃる 오시다, 가시다, 계시다 | ~て
いただく ~해 받다, ~해 주시다 | 大丈夫(だいじょうぶ) 괜찮음,
안전함 | 前(まえ)の日(ひ) 전날 | ~ておく ~해 놓다, ~해 두다

---

1 필요한 정보를 토대로 과제 수행하기 ★★☆ 　　　| 정답 2

`4-1-02.mp3`

会社で女の人と男の人が話しています。次の年のうちに
何が起こりそうですか。

女 : 1年の変化にはついていけないわ。

男 : そうだね、この支社が提案されたのはほんの12ヵ月
　　前、実際にオープンしてからは6ヵ月だよ。スタッ
　　フの数がすでに2倍も増えたなんて驚きだよね。来
　　年のためにもっと広々とした仕事場を考えなくては
　　ならなくなるだろうさ。このオフィスだといろいろ
　　なものが少し狭苦しくなってきているよ。

女 : そうね、私もそう思うわ。動き回るスペースがほと
　　んどないもの。

男 : もし僕らが、本社と同じもっと大きい場所をすぐに
　　要請すれば、年末までにはそれを認めてもらうこと
　　ができるはずだよ。

女 : そうしてくれると本当にいいね。

次の年のうちに何が起こりそうですか。

1 部屋があちこち動かされる

2 オフィスがもっと広くなる

3 彼らはみんなキャンプに行く

4 職員の数が減らされる

해석 　회사에서 여자와 남자가 이야기하고 있습니다. 내년 안에 무슨 일
이 일어날 것 같습니까?

여 : 1년 동안의 변화는 따라갈 수가 없어.

남 : 그러게, 이 지사가 제안된 것은 겨우 12개월 전, 실제로 오픈하
고 나서는 6개월이야. 스태프 수가 벌써 2배나 늘었다니 놀랍
지. 내년을 위해서 좀 더 널찍한 작업장을 생각하지 않으면 안
될 것 같은데 말이야. 이 사무실이라면 여러 가지 면에서 좀
비좁게 됐어.

여 : 응, 나도 그렇게 생각해. 활동할 공간이 거의 없는걸.

남 : 만약 우리들이 본사와 같은 더 큰 장소를 바로 요청하면 연말
까지는 분명히 그것을 인정받을 수 있을 거야.

여 : 그렇게 해 주면 정말 좋겠다.

내년 안에 무슨 일이 일어날 것 같습니까?

1 방이 이곳저곳으로 이동된다.

2 사무실이 더 넓어진다.

3 그들은 모두 캠프에 간다.

4 직원 수가 줄어든다.

해설 　남자의 마지막 대사 本社と同じもっと大きい場所をすぐに
要請すれば、年末までにはそれを認めてもらうことが
できるはずだよ 부분에서 정답을 유추해 낼 수 있다.

어휘 　~うちに ~중에, ~동안에 | 起(お)こる 일어나다, 발생하다 | 変
化(へんか) 변화 | ついていく 따라가다 | 支社(ししゃ) 지사 |
提案(ていあん) 제안 | ほんの 단지, 그저 | 実際(じっさい)に
실제로 | 数(かず) 수 | すでに 이미, 벌써 | 増(ふ)える 늘다, 증가
하다 | 驚(おどろ)き 놀람, 놀라운 일 | 来年(らいねん) 내년 | も
っと 더욱더, 좀 더 | 広々(ひろびろ)とした 널찍한, 시원하게 넓
은, 널디넓은 | 仕事場(しごとば) 일터, 작업장 | 狭苦(せまくる)
しい 좁아서 답답하다, 갑갑하도록 좁다 | 動(うご)き回(まわ)る
활동하다, 이리저리 돌아다니다 | ほとんど 거의, 대부분 | 本社(ほ
んしゃ) 본사 | 場所(ばしょ) 장소 | 要請(ようせい) 요청 | 年
末(ねんまつ) 연말 | 部屋(へや) 방 | 動(うご)く 움직이다, 이동
하다 | 広(ひろ)い 넓다 | 職員(しょくいん) 직원 | 減(へ)らす
줄이다, 덜다

---

2 필요한 정보를 토대로 과제 수행하기 ★★☆ 　　　| 정답 1

`4-1-03.mp3`

会社で男の人と女の人が話しています。二人はこのあ
と、どこで昼食を取りますか。

男 : 留美子、僕は会社に入ったばかりで、この付近にあ
　　る昼食を取るのにいい場所をあまり知らないんだ。
　　どこかおすすめのところはあるかい。

女：いいレストランがいくつか近くにあるよ。営業部の何人かと私で、公園の通り向かいにある店に行くんだけど、一緒に行かない？

男：本当？それはありがとう。ぜひ同僚の人たちと知り合いになりたいんだ。何時に会うんだい？

女：12時10分に、1階のロビーで待ち合わせよ。遅れないでね。

男：うん、わかった。

二人はこのあと、どこで昼食を取りますか。
1 レストランで
2 ロビーで
3 公園で
4 会社で

해석 회사에서 남자와 여자가 이야기하고 있습니다. 두 사람은 이후에 어디에서 점심을 먹습니까?

남 : 루미코, 나는 회사에 들어온 지 얼마 안 되어서 이 부근에 있는 점심 먹기에 좋은 장소를 별로 몰라. 어딘가 추천할 만한 곳 있어?

여 : 좋은 레스토랑이 몇 개인가 근처에 있어. 영업부 몇 명이랑 나하고 공원 길 건너편에 있는 가게에 갈 건데, 같이 가지 않을래?

남 : 정말? 그거 고마워. 꼭 동료들과 지인이 되고 싶어. 몇 시에 만나는데?

여 : 12시 10분에 1층 로비에서 만나기로 했어. 늦지 마.

남 : 응, 알았어.

두 사람은 이후에 어디에서 점심을 먹습니까?
1 레스토랑에서
2 로비에서
3 공원에서
4 회사에서

해설 여자가 첫 번째 대사에서 いいレストランがいくつか近くにあるよ。営業部の何人かと私で、公園の通り向かいにある店に行くんだけど、一緒に行かない?라고 말하는 것에서 1번이 정답임을 알 수 있다.

어휘 昼食(ちゅうしょく)を取(と)る 점심을 들다 | 付近(ふきん) 부근 | おすすめ 권유, 권장, 추천 | 近(ちか)く 근처 | 営業部(えいぎょうぶ) 영업부 | 公園(こうえん) 공원 | 通(とお)り向(む)かい 길 건너편 | 一緒(いっしょ)に 같이, 함께 | 同僚(どうりょう) 동료 | 知(し)り合(あ)い 서로 앎, 또는 아는 사이 | 〜だい 〜냐(いる 문장 끝에 붙어 어조를 강조함) | 待(ま)ち合(あ)わせ (시일 · 장소를 정해 놓고) 만나기로 함 | 遅(おく)れる 늦다, 지각하다

---

3 **필요한 정보를 토대로 과제 수행하기** ★★☆　ㅣ 정답 1

[4-1-04.mp3]

バス停での案内放送です。バスの乗客全員は何をしなければいけませんか。

女：メトロポリタンバスをご利用の皆さまに申し上げます。バスが到着しましたらいつでもご乗車できるよう、またおつりの要らないように小銭をご用意ください。運賃は大人1,500円、10歳以下は600円のみお支払いいただきますが、高齢者そして11〜17歳の方は900円です。当社の運転手はご利用者の皆さま方へおつりをお出しすることを許されておりませんので、どうぞおつりの要らないように金額をご用意ください。ご協力ありがとうございます。楽しいご乗車を！

バスの乗客全員は何をしなければいけませんか。
1 正確な金額のみ使用する
2 掲示板を読む
3 正しいバス停でバスを乗り換える
4 次に利用できるバスに乗る

해석 버스 정류장에서의 안내 방송입니다. 버스 승객 전원은 무엇을 해야 합니까?

여 : 메트로폴리탄 버스를 이용하시는 여러분들께 말씀드립니다. 버스가 도착하면 언제라도 승차하실 수 있도록, 또한 거스름돈이 필요 없도록 잔돈을 준비해 주십시오. 운임은 어른 1,500엔, 10세 이하는 600엔만 지불해 주시고, 고령자 그리고 11~17세 분은 900엔입니다. 저희 회사 운전사는 이용자 여러분들께 거스름돈을 내어 드리는 것을 금지되어 있기 때문에, 부디 거스름돈이 필요 없도록 금액을 준비해 주십시오. 협력 감사드립니다. 즐거운 승차하세요!

버스 승객 전원은 무엇을 해야 합니까?
1 정확한 금액만 사용한다.
2 게시판을 읽는다.
3 올바른 버스 정류장에서 버스를 갈아탄다.
4 다음으로 이용할 수 있는 버스를 탄다.

해설 이야기 초반과 후반부에 バスが到着しましたらいつでもご乗車できるよう、またおつりのいらないように小銭をご用意ください와 どうぞおつりの要らないように金額をご用意ください라며 거듭 정확한 금액만을 사용할 것을 안내하고 있다.

어휘 バス停(てい) 버스 정류장 | 放送(ほうそう) 방송 | 乗客(じょうきゃく) 승객 | 全員(ぜんいん) 전원 | 申(もう)し上(あ)げる 言(い)う의 겸양어, 말씀드리다 | 到着(とうちゃく) 도착 | 乗車(じょうしゃ) 승차 | また 또 | お釣(つ)り 거스름돈 | 小銭(こぜに) 잔돈 | 用意(ようい) 준비, 채비 | 運賃(うんちん) 운임 | 大人(おとな) 어른 | 〜のみ 〜만, 〜뿐 | 支払(しはら)う 지불하다 | 高齢者(こうれいしゃ) 고령자 | 方(かた) 분 | 当社(とうしゃ) 당사, 우리 회사 | 運転手(うんてんしゅ) 운전사 | 出(だ)す 내다 | 許(ゆる)す 허가하다, 허락하다 | 金額(きんがく) 금액 | 協力(きょうりょく) 협력 | 感謝(かんしゃ) 감사 | 楽(たの)しい 즐겁다 | 正確(せいかく) 정확 | 使用(しよう) 사용 | 掲示板(けいじばん) 게시판 | 読(よ)む 읽다 | 正(ただ)しい 바르다, 옳다 | 乗(の)り換(か)える 갈아타다 | 〜に乗(の)る 〜을 타다

デパートで男の人が話しています。どうすればコンパクトなコートラックを手に入れることができますか。

男：本日、5,000円以上お買い上げくださったお客さまには、私どもからのプレゼントといたしまして、コンパクトなコートラックをさしあげております。お宅の玄関を魅力的にすると同時に、コートやジャケットのしわを防いでください。このコートラックは壁の使いやすい場所に取りつけるだけでいつでもお客さまのコートをかけるのにご利用いただけるでしょう。どなた様のお宅に取りつけていただいてもすてきだと思います。

どうすればコンパクトなコートラックを手に入れることができますか。
1 玄関を魅力的にすることで
2 だれかの家に行くことで
3 すてきなコートをプレゼントすることで
4 5,000円以上の商品を買うことで

해석 백화점에서 남자가 이야기하고 있습니다. 어떻게 하면 간편한 코트 걸이를 손에 넣을 수 있습니까?

남 : 오늘, 5000엔 이상 구매하신 손님에게는 저희가 선물로 간편한 코트 걸이를 드리고 있습니다. 댁의 현관을 매력적으로 함과 동시에, 코트와 재킷의 주름을 방지해 주세요. 이 코트 걸이는 벽에 사용하기 편한 장소에 설치하기만 하면 언제라도 손님의 코트를 거는 데에 이용하실 수 있습니다. 어느 분의 댁에 설치하셔도 멋질 것이라고 생각합니다.

어떻게 하면 간편한 코트 걸이를 손에 넣을 수 있습니까?
1 현관을 매력적으로 하는 것으로
2 누군가의 집에 가는 것으로
3 멋진 코트를 선물하는 것으로
4 5,000엔 이상의 상품을 사는 것으로

해설 방송 초반의 本日、5,000円以上お買い上げくださったお客さまには、私どもからのプレゼントといたしまして、コンパクトなコートラックをさしあげております 라고 한 것에서 정답이 4번임을 알 수 있다.

어휘 コンパクト 컴팩트, 작지만 알찬 모양 | コートラック 코트 걸이 | 手(て)に入(はい)る 손에 들어오다 | 本日(ほんじつ) 오늘, 금일 | 買(か)い上(あ)げる 사들이다 | さしあげる 드리다 | お宅(たく) 댁 | 玄関(げんかん) 현관 | 魅力的(みりょくてき) 매력적 | 同時(どうじ)に 동시에 | しわ 주름 | 防(ふせ)ぐ 막다, 방지하다 | 壁(かべ) 벽 | 取(と)りつける 장치하다, 설치하다 | いつでも 언제라도 | 素敵(すてき) 매우 훌륭함, 아주 멋짐 | 商品(しょうひん) 상품

会社で男の人と女の人が話しています。女の人に夕べ、どのような問題が起きましたか。

男：やあ、ミサキ。何の仕事をしてるんだい？
女：明日のプレゼンのための仕上げをしているのよ。娘が40度近い熱を出してしまって、夕べ準備を終えられなかったの。本当はそうしたかったんだけど。
男：それで、熱は下がった？
女：うん、朝になってやっと熱は下がったけど、まだ体調はよくなさそう。
男：そういえば聞いたところによると、学校でインフルエンザがはやっているらしいね。僕の息子も先週は具合が悪かったんだよ。僕に何かできることはあるかい？
女：なんとか大丈夫そうよ。でも、そう言ってくれてありがたいわ。

女の人に夕べ、どのような問題が起きましたか。
1 家事を終えるのが遅くなった
2 自分が病気になった
3 娘が病気になった
4 家に仕事を持ち帰るのを忘れた

해석 회사에서 남자와 여자가 이야기하고 있습니다. 여자에게 어젯밤에 어떤 문제가 일어났습니까?

남 : 이야, 미사키. 무슨 일을 하고 있는 거야?
여 : 내일 프레젠테이션을 위한 마무리를 하고 있는 거야. 딸이 40도 가깝게 열이 나 버려서, 어젯밤 준비를 끝낼 수가 없었거든. 정말 그렇게 하고 싶었는데.
남 : 그래서, 열은 내렸어?
여 : 응, 아침이 돼서 겨우 열은 내렸는데, 아직 몸 상태는 좋지 않은 것 같아.
남 : 그러고 보니 들은 바에 의하면, 학교에서 독감이 유행하고 있는 것 같아. 우리 아들도 지난주는 몸이 안 좋았어. 내가 뭔가 할 수 있는 거 있어?
여 : 그럭저럭 괜찮을 것 같아. 하지만 그렇게 말해 줘서 고마워.

여자에게 어젯밤에 어떤 문제가 일어났습니까?
1 집안일을 끝내는 것이 늦어졌다.
2 자신이 아팠다.
3 딸이 아팠다.
4 집에 일을 갖고 가는 것을 잊었다.

해설 대화 초반부에 여자가 娘が40度近い熱を出してしまって、夕べ準備を終えられなかったの라고 정답의 키워드를 말하고 있다.

어휘 夕(ゆう)べ 어젯밤 | 問題(もんだい) 문제 | 仕上(しあ)げ 마무리, 완성 | 娘(むすめ) 딸 | ～度(ど) ～도 | 近(ちか)い 가깝다 | 熱(ねつ)を出(だ)す 열을 내다 | 終(お)える 끝내다, 끝마치다 | 下(さ)がる 내리다, 내려가다 | やっと 겨우, 간신히 | まだ 아직 | 体調(たいちょう) 몸의 상태, 컨디션 | ～たところによると ～

한 바에 의하면 | はやる 유행하다, 퍼지다 | 息子(むすこ) 아들 | 先週(せんしゅう) 지난주 | 具合(ぐあい)が悪(わる)い 상태가 좋지 않다 | なんとか 어떻게든, 이럭저럭 | 遅(おそ)い 늦다 | 病気(びょうき)になる 병이 나다 | 持(も)ち帰(かえ)る 갖고 가다 | 忘(わす)れる 잊다

---

6 | 필요한 정보를 토대로 과제 수행하기 ★★☆ | 정답 2

`4-1-07.mp3`

男の人と女の人が話しています。男の人はレストランの予約をどうしますか。

男：あのう、席を予約したいんですが、来週の土曜日の晩は空いてますか。特に時間は決まってないんですが。
女：はい、何名様でしょうか。
男：だいたい6人ぐらいの予定なんですが。
女：それでしたら、8時からならお取りできますが。
男：たしか、閉店は9時でしたよね。1時間しかないんじゃ……。
女：もし4名様でよろしければ、7時からでも空いております。
男：4名ねえ。じゃあ、もっと早い時間はどうですか。5時とか6時とか。
女：申し訳ございません。あいにく、もういっぱいで……。
男：そうですか。じゃあ、とりあえず4人でお願いします。
女：かしこまりました。

男の人はレストランの予約をどうしますか。
1　8時に予約する
2　7時に予約する
3　6時に予約する
4　予約をしない

해석　남자와 여자가 이야기하고 있습니다. 남자는 레스토랑 예약을 어떻게 합니까?
남 : 저, 자리를 예약하고 싶은데요, 다음 주 토요일 저녁 비어 있습니까? 특별히 시간은 정하지 않았습니다만.
여 : 네, 몇 분이십니까?
남 : 대략 6명 정도 예정입니다만.
여 : 그러시면 8시부터라면 예약하실 수 있습니다만.
남 : 아마 폐점은 9시였지요. 1시간밖에 없어서는…….
여 : 만약 네 분으로 괜찮으시다면 7시부터도 비어 있습니다.
남 : 4명이군요. 그럼, 좀 더 이른 시간은 어떻습니까? 5시나 6시나.
여 : 죄송합니다. 공교롭게도 이미 예약이 다 차서…….
남 : 그렇습니까? 그럼 우선 4명으로 부탁드립니다.
여 : 알겠습니다.

남자는 레스토랑 예약을 어떻게 합니까?
1　8시로 예약한다.
2　7시로 예약한다.
3　6시로 예약한다.
4　예약을 하지 않는다.

해설　여자가 중반부에 もし4名様でよろしければ、7時からでも空いておりますら고 한 부분과 마지막 부분에서 남자가 じゃあ、とりあえず4人でお願いします라고 하는 부분을 정확히 들으면 어렵지 않게 정답을 골라낼 수 있는 문제이다. 정답은 2번이다.

어휘　席(せき) 좌석, 자리 | 予約(よやく) 예약 | 晩(ばん) 저녁, 밤 | 空(あ)く 나다, 비다 | だいたい 대강, 대략, 대개, 거의 | たしか 분명히, 아마 | 閉店(へいてん) 폐점 | あいにく 공교롭게도 | とりあえず 우선, 먼저, 일단

문제 2 포인트이해 문제

대화를 듣고 질문에서 요구하는 핵심 포인트를 정확히 이해하고 파악하는 문제이다. 본문 내용을 들을 때에는 항상 질문을 염두에 두고 질문 내용에서 요구하는 포인트를 좁혀 나가야 한다.

1 ~ **6** 문제 2에서는 먼저 질문을 들으세요. 그 다음 문제용지를 보세요. 읽는 시간이 있습니다. 그리고 나서 이야기를 듣고 문제용지의 1부터 4 중에서 가장 알맞은 것을 하나 고르세요.

예)　| 정답 4

`4-2-01.mp3`

女の人と男の人が話しています。男の人、はどうして遅れましたか。

女：どうしてこんなに遅れたの？かなり待ちましたよ。
男：すみません。もともと列車は3時30分に到着する予定だったけど、信号の故障で20分間停車したせいで遅れました。
女：でも、すぐ直ってよかったですね。私は、それも知らずに何か事故でも起きたのかと思って心配しました。
男：ところが、到着して降りようとしたら、今度は切符が見つからないんですよ。
女：え？それでどうしたんですか。切符は見つかったんですか。
男：慌てて探してみたら、列車の中で読んでいた本の中に入っていたんです。
女：本当、いろいろありましたね。

男の人は、どうして遅れましたか。
1　切符がなくなったから
2　事故で列車が20分間停車したから
3　列車の中で本を読んでいたから
4　信号が故障したから

해석　여자와 남자가 이야기하고 있습니다. 남자는 왜 늦었습니까?
여 : 왜 이렇게 늦었어요? 많이 기다렸잖아요.
남 : 미안해요. 원래는 열차가 3시 30분에 도착할 예정이었는데, 신호 고장으로 20분 동안 정차한 바람에 늦었어요.

121

여 : 그래도 바로 수리가 되어 다행이네요. 저는 그것도 모르고 뭔가 사고라도 났나 하고 걱정했어요.

남 : 그런데 도착해서 내리려고 했더니, 이번에는 표가 보이지 않는 거예요.

여 : 네? 그래서 어떻게 했어요? 표는 찾았어요?

남 : 당황해서 허둥대며 찾아봤더니, 열차 안에서 읽고 있던 책 안에 들어 있었어요.

여 : 정말 여러 가지 일들이 있었네요.

남자는 왜 늦었습니까?
1 표가 없어졌기 때문에
2 사고로 열차가 20분 동안 정차했기 때문에
3 열차 안에서 책을 읽고 있었기 때문에
4 신호가 고장 났기 때문에

해설   남자의 첫 번째 대사를 들었으면 정답이 4번임을 알 수 있다. 열차가 20분 동안 정차한 것은 사고가 아니라 신호 고장 때문이었으므로 2번으로 착각하지 않도록 주의해야 한다.

어휘   どうして 왜, 어째서 | 遅(おく)れる 늦다 | かなり 꽤, 상당히 | 待(ま)つ 기다리다 | もともと 원래 | 列車(れっしゃ) 열차 | 到着(とうちゃく) 도착 | 予定(よてい) 예정 | 信号(しんごう) 신호(등) | 故障(こしょう) 고장 | 停車(ていしゃ) 정차 | 〜せいで 〜탓에, 〜때문에 | すぐ 바로, 곧, 금방 | 直(なお)る 고쳐지다 | 〜てよかった 〜해서 다행이다 | 知(し)る 알다 | 〜ずに 〜(하)지 않고, 〜(하)지 말고 | 事故(じこ) 사고 | 起(お)きる 일어나다 | 心配(しんぱい) 걱정, 근심 | ところが 그런데, 그러나 | 降(お)りる 내리다 | 〜(よ)うとしたら 〜(하)려고 했더니 | 今度(こんど) 이번, 이다음 | 切符(きっぷ) 표 | 見(み)つかる 들키다, 찾게 되다, 발견되다 | 慌(あわ)てる 당황하다, 허둥거리다 | 探(さが)す 찾다 | 無(な)くなる 없어지다

---

1   핵심 포인트 파악하기 ★★☆ | 정답 4

[4-2-02.mp3]

高速バスターミナルで女の人と男の人が話しています。最後のバスはなぜ遅れましたか。

女 : 最初の2台のバスは到着しました。3台目のバスは何時に着きますか。

男 : 3台目のバスは、前の2台が出発したあと、ほんの2、3分で出たそうですが、中央高速道路を降りたあたりで渋滞につかまってしまったようです。でも、もうまもなく到着すると思います。それだと予定がくるってしまいますか。

女 : たぶん大丈夫だと思います。美術館へは皆さんいっしょに入っていただきたいので、2台のバスで到着したお客さまには、3台目が到着するまでチケット売り場の前で待っていただきますね。

男 : そうですか。それほど長くはお待たせしないと思います。

最後のバスはなぜ遅れましたか。
1 予定が変更になった

---

2 中央高速道路が閉じていた
3 チケット売り場がまだ開いてない
4 高速道路の出口あたりに車が多すぎた

해석   고속버스터미널에서 여자와 남자가 이야기하고 있습니다. 마지막 버스는 왜 늦었습니까?

여 : 처음 2대의 버스는 도착했습니다. 3대째 버스는 몇 시에 도착합니까?

남 : 3대째 버스는, 앞의 2대가 출발한 후, 불과 2, 3분 있다 출발했다고 합니다만, 중앙고속도로를 내려온 부근에서 정체에 사로잡혀 버린 것 같습니다. 하지만, 이제 곧 도착하리라 생각합니다. 그렇게 되면 예정에 차질이 생겨 버립니까?

여 : 아마 괜찮을 거라 생각합니다. 미술관에는 모두 함께 들어가고 싶기 때문에, 2대의 버스로 도착한 손님에게는 3대째가 도착할 때까지 매표소 앞에서 기다리시게 해야겠네요.

남 : 그렇습니까? 그만큼 오래는 기다리시게 하지는 않을 거라 생각합니다.

마지막 버스는 왜 늦었습니까?
1 예정이 변경되었다.
2 중앙고속도로가 닫혀 있었다.
3 매표소가 아직 열려 있지 않았다.
4 고속도로의 출구 부근에 차가 너무 많았다.

해설   中央高速道路を降りたあたりで渋滞につかまってしまったようです 부분이 정답의 키워드이지만 본문의 내용과 선택지에 제시되어 있는 단어가 다르기 때문에 쉽게 고를 수 없는 경우가 있다. 中央高速道路を降りたあたりは 고속도로 출구를 말하고 渋滞につかまってしまった는 차가 너무 많아서 길이 정체되어 버렸다는 것이므로 정답은 4번이 된다.

어휘   高速(こうそく)バスターミナル 고속버스터미널 | 最後(さいご) 최후, 마지막 | 着(つ)く 도착하다 | 出発(しゅっぱつ) 출발 | ほんの 그저, 단지, 불과 | 中央(ちゅうおう) 중앙 | 高速道路(こうそくどうろ) 고속도로 | 降(お)りる 내리다 | あたり 근처, 부근, 주위 | 渋滞(じゅうたい) 정체 | つかまる 잡히다, 붙잡히다 | 間(ま)もなく 머지않아, 이제 곧 | 予定(よてい) 예정 | 狂(くる)う 미치다, 빠지다, 고장 나다, 뒤틀리다, 어긋나다, 차질이 생기다 | 売(う)り場(ば) 매표소 | 変更(へんこう) 변경 | 閉(と)じる 닫히다 | 開(あ)く 열리다 | 出口(でぐち) 출구 | 多(おお)すぎる 너무 많다

---

2   핵심 포인트 파악하기 ★★☆ | 정답 2

[4-2-03.mp3]

男の人と女の人が電話で話しています。男の人が南場智子さんを訪問する理由は何ですか。

男 : 南場智子さん、あなたについて記事を書きたいので、うかがっていくつか質問させていただけないかと思っております。お時間はほんの数分でけっこうですし、そちらのご予定に合う時間にまいります。

女 : どんな記事を書かれるのかしら。

男：あなたのプロフィールとお仕事について私どもの2月号に掲載しようと思っているのです。「新しい時代の事業家」という新コーナーが始まるのですが、もしよろしければ、来週の水曜日にうかがってもよろしいですか。

女：水曜日にインタビューは受けられないと思うわ。次の2週間は仕事でないのよ。戻るまでお待ちくださるのなら喜んで。

男：はい、お待ちいたしますので、お戻りになりましたらご連絡ください。

男の人が南場智子さんを訪問する理由は何ですか。
1 彼女に2月号を見せるため
2 インタビューをお願いするため
3 新しく出した雑誌を売るため
4 彼女がいつ戻ってくるかを知るため

해석 남자와 여자가 전화로 이야기하고 있습니다. 남자가 난바 도모코 씨를 방문하는 이유는 무엇입니까?

남 : 난바 도모코 씨, 당신에 관해서 기사를 쓰고 싶어서, 찾아뵙고 몇 개인가 질문 드릴 수 없을까 하고 생각하고 있습니다. 시간은 불과 몇 분으로 충분하고, 그쪽 예정에 맞는 시간에 가겠습니다.

여 : 어떤 기사를 쓰시려는지.

남 : 당신의 프로필과 일에 관해서 저희들 잡지 2월호에 게재하려고 생각하고 있습니다. '새로운 시대의 사업가'라는 새로운 코너가 시작되는 것입니다만, 만약 괜찮으시면, 다음 주 수요일에 찾아봬도 괜찮으시겠습니까?

여 : 수요일에 인터뷰는 받을 수 없다고 생각해요. 앞으로 2주 동안은 일 때문에 여기에 없어요. 돌아올 때까지 기다려 주시면 기꺼이.

남 : 네, 기다릴 테니, 돌아오시면 연락 주십시오.

남자가 난바 도모코 씨를 방문하는 이유는 무엇입니까?
1 그녀에게 2월호를 보여주기 위해
2 인터뷰를 부탁드리기 위해
3 새로 출간한 잡지를 팔기 위해
4 그녀가 언제 돌아올지를 알기 위해

해설 남자가 처음에 あなたについて記事を書きたいので、うかがっていくつか質問させていただけないかと思っております라며 방문하고 싶은 이유를 말하고 있다. 기사를 쓰고 싶다는 이야기가 곧 인터뷰를 하겠다는 의미이므로 정답은 2번이 된다.

어휘 訪問(ほうもん) 방문｜伺(うかが)う 聞(き)く・訪問(ほうもん)する의 겸양어｜いくつか 몇 개｜～(さ)せていただく ～하다(매우 공손한 표현)｜質問(しつもん) 질문｜数分(すうぶん) 몇 분｜けっこう 훌륭함, 충분함, 다행임, 꽤, 제법｜合(あ)う 맞다, 어울리다｜まいる 行(い)く・来(く)る의 겸양어｜書(か)かされる 書く의 사역수동형 (억지로) 쓰게 하다｜～月号(がつごう) ～월호｜掲載(けいさい) 게재｜時代(じだい) 시대｜事業家(じぎょうか) 사업가｜始(はじ)まる 시작되다｜受(う)ける 받다｜戻(もど)る 되돌아가(오)다｜喜(よろこ)んで 기꺼이, 기쁘게｜連絡(れ

んらく) 연락｜お願(ねが)いする 부탁하다｜雑誌(ざっし) 잡지｜売(う)る 팔다

4-2-04.mp3

男の人が女の人と話しています。男の人はどうして遅れそうになりましたか。

男：おはよう。はあ、疲れた。

女：あと10分で試験始まっちゃう。

男：受験票、忘れちゃって、近くまで来てやっと気がついたんだ。はあ、それで、家まで取りに行ってきた。

女：そう、うちが近くてよかったね。こっちも電車が遅れちゃって、今来たばっかりなんだ。早めに出たのにね。それで、ほかに忘れ物はない？

男：ええと、えんぴつ、時計、消しゴム、弁当もある……と。

男の人はどうして遅れそうになりましたか。
1 疲れたから
2 受験票を忘れたから
3 家が近いから
4 電車が遅れたから

해석 남자가 여자와 이야기하고 있습니다. 남자는 왜 늦을 뻔했습니까?

남 : 안녕. 아, 힘들어.

여 : 앞으로 10분 있으면 시험 시작돼.

남 : 수험표를 잊고 와 버려서, 근처까지 와서 겨우 깨달았어. 허, 그래서 집까지 가지러 갔다 왔어.

여 : 그래, 집이 가까워서 다행이네. 나도 전철이 늦어 버려서 지금 막 왔어. 일찌감치 나왔는데 말이지. 그래서, 그 밖에 잊은 건 없어?

남 : 음, 연필, 시계, 지우개, 도시락도 있으……면.

남자는 왜 늦을 뻔했습니까?
1 지쳐서
2 수험표를 잊고 와서
3 집이 가까워서
4 전철이 늦어서

해설 남자의 앞부분 대사 受験票、忘れちゃって에서 정답에 대한 키워드가 제시되어 있다. 정답은 2번이다.

어휘 遅(おく)れる 늦다｜疲(つか)れる 지치다｜試験(しけん) 시험｜始(はじ)まる 시작되다｜受験票(じゅけんひょう) 수험표｜気(き)がつく 깨닫다, 알아차리다, 정신이 들다｜取(と)りに行(い)く 가지러 가다｜早(はや)めに 일찌감치｜忘(わす)れ物(もの) 잊은 물건｜鉛筆(えんぴつ) 연필｜時計(とけい) 시계｜消(けし)ゴム 지우개｜弁当(べんとう) 도시락

4 핵심 포인트 파악하기 ★★☆ | 정답 3

`4-2-05.mp3`

留守番電話のメッセージです。男の人はなぜめぐみさん に謝っているのですか。

男：こんにちは、めぐみさん。こちらは女性ネットワーキングクラブの佐々木です。お電話したのは、当クラブの次の会合場所をローヤルホテルからＡＢＣコミュニティーセンターに変更することになったことをお知らせするためです。車ですこし走らなければなりません。とくにあなたのように、市の南外れに住んでいる方々にとっては遠くなります。申し訳ありませんが、ご了承ください。会の開始は30分遅らせ、午後8時からになります。これは集まるのにかかる余分な時間を考慮したためです。センターまでの道案内が必要な場合はご連絡ください。

男の人はなぜめぐみさんに謝っているのですか。

1 彼女にもっと早く電話すべきだったことを忘れていたから
2 会合を延期しなければならなくなったから
3 会合が遠い所で行われるから
4 会合時間が延びたから

해석 　자동응답전화 메시지입니다. 남자는 왜 메구미 씨에게 사과하고 있는 것입니까?

남 : 안녕하세요, 메구미 씨. 저는 여성 네트워킹클럽의 사사키입니다. 전화 드린 것은, 저희 클럽의 다음 모임 장소가 로얄호텔에서 ABC커뮤니티센터로 변경된 것을 알려 드리기 위해서입니다. 자동차로 조금 오시지 않으면 안 됩니다. 특히 당신처럼, 시의 남쪽에 외곽에 살고 계신 분들에게는 멀어집니다. 죄송하지만, 양해해 주시기 바랍니다. 모임 개시는 30분 늦춰, 오후 8시부터입니다. 이것은 모이는 데 걸리는 여분의 시간을 고려했기 때문입니다. 센터까지의 안내도가 필요한 경우는 연락 주십시오.

남자는 왜 메구미 씨에게 사과하고 있는 것입니까?
1 그녀에게 더 빨리 전화했어야 한 것을 잊고 있었기 때문에
2 모임을 연기하지 않으면 안 되게 되었기 때문에
3 모임이 먼 곳에서 이루어지기 때문에
4 모임 시간이 길어졌기 때문에

해설 　전화를 건 목적은 모임 장소의 변경에 관한 것이지만, 메구미 씨에게 사과하는 이유는 とくにあなたのように、市の南外れに住んでいる方々にとっては遠くなります에서 알 수 있듯이 모임 장소가 멀어졌기 때문이다. 따라서 정답은 3번이다.

어휘 　留守番電話(るすばんでんわ) 자동응답전화 | 謝(あやま)る 사과하다, 사죄하다 | 会合(かいごう) 회합, 모임 | 知(し)らせる 알리다 | すこし 조금, 약간 | 走(はし)る 뛰다, 달리다 | とくに 특히, 특별히 | 外(はず)れ 벗어남, 어긋남 | 住(す)む 살다 | 遠(とお)い 멀다 | 申(もう)し訳(わけ)ない 미안하다, 면목 없다 | 了承(りょうしょう) 양해, 납득, 승낙 | 遅(おく)らせる 늦추다 | 午後(ごご) 오후 | 集(あつ)まる 모이다 | 余分(よぶん) 여분, 나머지 |

考慮(こうりょ) 고려 | 道案内(みちあんない) 길안내 | もっと 더, 더욱, 한층 | 忘(わす)れる 잊다 | 延期(えんき) 연기 | 遠(とお)い 멀다 | 行(おこな)う 하다, 실시하다 | 延(の)びる 연장되다, 길어지다, 연기되다

5 핵심 포인트 파악하기 ★★☆ | 정답 3

`4-2-06.mp3`

次はラジオ放送です。なぜこのパーティーは行われるのですか。

男：本日はカントリー・ロータリー・クラブの会合にお集まりくださいまして、ありがとうございます。スピーチを始める前に、皆さんにお知らせしておきたいと思います。当クラブは、ダンスパーティーをこの会場で開催する予定です。開催日は12月18日、クリスマスのちょうど1週間前です。チケットはお一人様3,000円で、収益はすべて、世界の貧しい子供たちのために使われます。チケットをお求めの方は、受付へお越しください。クラブ会員の皆さんは、ひとり4枚までチケットを購入することができます。パーティー会場で皆さんにお会いできるのを楽しみにしております。

なぜこのパーティーは行われるのですか。

1 地域を活性化するため
2 子供と一緒にクリスマスを楽しく過ごすため
3 お金を集めて貧しい子供に役立てるため
4 会員同士が仲良くなる機会を作るため

해석 　다음은 라디오 방송입니다. 왜 이 파티는 개최되는 것입니까?

남 : 오늘 컨트리로터리클럽 모임에 모여 주셔서 감사합니다. 스피치를 시작하기 전에 여러분께 알려 드리고 싶습니다. 저희 클럽은 댄스파티를 이 장소에서 개최할 예정입니다. 개최일은 12월 18일, 크리스마스 딱 1주일 전입니다. 티켓은 한 분에 3,000엔이고, 수익은 전부 세계의 가난한 어린이들을 위해 쓰입니다. 티켓을 구입하실 분은 접수처로 오십시오, 클럽 회원 여러분은 한 분에 4장까지 티켓을 구입할 수 있습니다. 파티 회장에서 여러분들을 만나뵐 수 있기를 기대하고 있겠습니다.

왜 이 파티는 개최되는 것입니까?
1 지역을 활성화하기 위해서
2 아이와 함께 크리스마스를 즐겁게 보내기 위해서
3 돈을 모아서 가난한 어린이에게 유용하게 쓰기 위해서
4 회원끼리가 사이가 좋아질 기회를 만들기 위해

해설 　이야기 중반부에 나오는 収益はすべて、世界の貧しい子供たちのために使われます가 힌트이다.

어휘 　本日(ほんじつ) 오늘, 금일 | 会合(かいごう) 회합, 모임 | 集(あつ)まる 모이다 | 始(はじ)める 시작하다 | 会場(かいじょう) 회장, 모임 장소 | 開催(かいさい) 개최 | ちょうど 마침, 딱 | 収益(しゅうえき) 수익 | 貧(まず)しい 가난하다 | 求(もと)め 요구, 청구, 주문, 구매, 구입 | 受付(うけつけ) 접수, 접수처 | 会員(かいいん) 회원 | ～枚(まい) ～장 | 購入(こうにゅう) 구입 | 楽(た

の)しみにする 낙으로 삼다, 기대하다 | 地域(ちいき) 지역 | 活性化(かっせいか) 활성화 | 楽(たの)しい 즐겁다 | 集(あつ)める 모으다 | 役立(やくだ)てる 유용하게 쓰다 | 同士(どうし) 끼리, 사이 | 仲良(なかよ)くなる 사이가 좋아지다 | 機会(きかい) 기회 | 作(つく)る 만들다

6 핵심 포인트 파악하기 ★★☆　　　　　　　|정답 3

4-2-07.mp3

服売り場で女の店員と男の人が話しています。男の人はどうして同じ色の服に交換できなかったのですか。

女：いらっしゃいませ。

男：ええ、お願いします。昨日ここでこのジャケットを買ったのですが、家で着てみたら少しきついことが分かったんです。で、もう少し大きめのものと取り替えてもらえないかと思って。

女：えーと、レシートはお持ちですか。

男：ええ、持ってきました。

女：はい、結構です。大きめのものが見つかりましたら、それと交換いたします。何色がよろしいですか。

男：これと同じ色がいいです。

女：かしこまりました。少々お待ちください。……お客さま、申し訳ありません。同じ色のものは今在庫がございません。代わりに、こちらの色はいかがでしょうか。

男：そうですか。じゃ、仕方がないですね。それにします。

女：はい、ありがとうございます。

男の人はどうして同じ色の服に交換できなかったのですか。

1 サイズが合わないから
2 値段が高くなるから
3 在庫がないから
4 レシートを持っていないから

해석　의류 매장에서 여자 점원과 남자가 이야기하고 있습니다. 남자는 왜 같은 색 옷으로 교환하지 못한 것입니까?

여 : 어서 오세요.

남 : 네, 부탁드리겠습니다. 어제 여기에서 이 재킷을 샀습니다만, 집에서 입어 보니 좀 낀다는 것을 알았습니다. 그래서 좀 더 큰 것으로 바꿔 주실 수 없을까 하고요.

여 : 저, 영수증은 가지고 계십니까?

남 : 네, 가져왔습니다.

여 : 네, 괜찮습니다. 큰 것을 찾게 되면, 그것과 교환해 드리겠습니다. 어떤 색이 좋으십니까?

남 : 이것과 같은 색이 좋습니다.

여 : 알겠습니다. 잠시만 기다려 주십시오. …… 손님, 죄송합니다. 같은 색의 것은 지금 재고가 없습니다. 대신 이 색은 어떠세요?

남 : 그래요? 그럼, 어쩔 수 없죠. 그것으로 하겠습니다.

여 : 네, 감사합니다.

남자는 왜 같은 색 옷으로 교환하지 못한 것입니까?

1 사이즈가 맞지 않기 때문에
2 가격이 비싸지기 때문에
3 재고가 없기 때문에
4 영수증을 갖고 있지 않기 때문에

해설　대화 후반부에 점원이 同じ色のものは今在庫がございません이라고 이야기하며 다른 물건을 권하자 남자가 じゃ、仕方がないですね。それにします라고 말하고 있다. 이 내용으로 정답이 3번임을 알 수 있다.

어휘　服(ふく) 옷, 의류 | 売(う)り場(ば) 매장 | 店員(てんいん) 점원 | 同(おな)じ色(いろ) 같은 색 | 交換(こうかん) 교환 | 着(き)る 입다 | きつい 기질이 강하다, 심하다, 엄하다, 꼭 끼다, 빡빡하다 | 大(おお)きめ 조금 큰 듯함 | 取(と)り替(か)える 바꾸다, 교환하다 | レシート 리시트, 영수증 | 見(み)つかる 들키다, 찾게 되다, 발견되다 | 在庫(ざいこ) 재고 | 仕方(しかた)がない 어쩔 수 없다, 할 수 없다 | サイズが合(あ)わない 사이즈가 맞지 않다 | 値段(ねだん)が高(たか)い 가격이 비싸다

문제 3　개요이해 문제

내용을 듣고 화자의 의도나 주장 등을 이해할 수 있는지를 묻는 문제이다. 문제를 보다 쉽게 풀기 위해서는 평소에 문장을 요약하는 연습과 신문 기사나 사설, 뉴스 등을 많이 읽고 듣는 연습을 통해 본문 전체를 파악하는 힘을 기르는 것이 좋다.

1 ~ **3**　문제 3에서는 문제용지에 아무것도 인쇄되어 있지 않습니다. 이 문제는 전체적으로 어떤 내용인가를 묻는 문제입니다. 이야기 전에 질문은 없습니다. 먼저 이야기를 들으세요. 그러고 나서 질문과 선택지를 듣고 문제용지의 1부터 4 중에서 가장 알맞은 것을 하나 고르세요.

예)　　　　　　　　　　　　　　　　　　|정답 3

4-3-01.mp3

男の人が女の人にインタビューしています。

男：このごろ、周りの人とうまく付き合えずに悩んでいる人が多いようです。今日はどうすれば他の人とうまくやっていけるのかについて、一言アドバイスをいただきたいんですが。

女：そうですねえ。人と付き合う時には、初めのうちはうまくいかなくて当然だと思ったほうがいいですね。

男：え、それじゃ、失敗してもいいんですか。

女：そうです。初めからうまくできる人なんていませんよ。こうやってみてだめだったら、じゃ次はどうしようかと考え、工夫します。

男：はい。

女：その繰り返しの中で、相手と自分との距離のとり方、というかバランスがわかってくるもんなんですよ。

女の人は人と付き合う時に何が一番大切だと言っていますか。

125

1 だれとでも同じように親しくすること
2 自分の思っていることを繰り返し、正直に言うこと
3 いろいろやってみてうまくいかなかったらやり方を変えること
4 失敗してもすぐ新しい人と付き合うこと

해석 남자가 여자를 인터뷰하고 있습니다.

남 : 요즘, 주변 사람들과 잘 사귀지 못해서 고민하고 있는 사람이 많은 것 같습니다. 오늘은 어떻게 하면 다른 사람과 잘 지낼 수 있는가에 관해서, 한마디 조언을 듣고 싶습니다만.

여 : 글쎄요. 다른 사람과 사귈 때, 처음에는 잘 안 되는 게 당연하다고 생각하는 편이 좋습니다.

남 : 네? 그럼, 실패를 해도 되는 건가요?

여 : 그렇습니다. 처음부터 잘할 수 있는 사람은 없습니다. 이렇게 해 보고 잘 안 되면 그럼 다음에는 어떻게 할까라고 생각하고 궁리합니다.

남 : 네.

여 : 그렇게 되풀이하는 가운데, 상대방과 자신과의 거리를 취하는 법이라고 할까 밸런스를 알게 되는 법이에요.

여자는 다른 사람과 사귈 때 무엇이 가장 중요하다고 말합니까?

1 누구와라도 똑같이 친하게 지내는 것
2 자신이 생각하고 있는 것을 되풀이하여 정직하게 말하는 것
3 여러 가지 해 보고 잘되지 않으면 방법을 바꾸는 것
4 실패해도 바로 새로운 사람과 사귀는 것

해설 여자는 다른 사람과 사귈 때 처음부터 잘되는 것은 아니며, 실패할 때마다 다음에는 어떻게 할까 생각하고 궁리하다 보면 상대방과의 밸런스를 알게 된다고 말하고 있다. 따라서 정답은 3번이다.

어휘 インタビュー 인터뷰 | このごろ 요즘, 최근 | 周(まわ)り 주위, 주변, 근처 | うまく 훌륭하게, 잘 | 付(つ)き合(あ)う 사귀다, 교제하다 | ~ずに ~하지 않고, ~하지 않아서 | 悩(なや)む 고민하다, 고생하다 | 多(おお)い 많다 | 他(ほか) 이 외, 그 밖 | やっていく 일·교제 등을 계속해 가다 | ~について ~에 관해서 | 一言(ひとこと) 한마디 | アドバイス 어드바이스, 조언 | いただく 먹다, 마시다, 받다 | うまくいく 잘되다 | 当然(とうぜん) 당연 | ~ほうがいい ~하는 편이 좋다 | 失敗(しっぱい) 실패 | ~てもいい ~해도 좋다 | すべて 모두 | ~なんて ~같은 것, ~등, ~따위 | だめ 소용없음, 못쓰게 됨, 불가능함, 해서는 안 됨 | 次(つぎ) 다음 | 工夫(くふう) 궁리, 고안 | 繰(く)り返(かえ)し 되풀이함, 반복함 | 相手(あいて) 상대(방) | 自分(じぶん) 자기 자신 | 距離(きょり) 거리 | 取(と)り方(かた) 취하는 방법 | ~というか ~이라고 할지 | バランス 밸런스, 균형 | ~ものだ ~것이다, ~하는 법이다 | 大切(たいせつ) 소중함, 중요함 | 親(した)しい 친하다 | 正直(しょうじき)に 정직하게, 솔직하게 | やり方(かた) (하는) 방법 | 変(か)える 바꾸다 | すぐ 곧, 바로 | 新(あたら)しい 새롭다, 새것이다

---

1 본문 내용 파악하기 ★★★ |정답 2

`4-3-02.mp3`

テレビのニュース速報です。

男 : こんばんは。通常の番組を中断して、これから特別ニュースをお送りします。いまから20分ほど前、9時10分、宮城県で大きな地震がありました。震度は6.5と測定され、この地域の過去50年間で最大のものです。電話回線は不通となり、携帯電話は通話量の増加のため混線しています。このため、当局でも地域の住民方々との連絡が取れない状態です。状況が許せばまもなくもう少し詳しいことがお伝えできることと思います。チャンネルを変えずに、お待ちください。準備ができ次第現地から生中継でお伝えいたします。

この報道の話題となっているのは何ですか。
1 交通事故
2 自然災害
3 国際的な事件
4 天気予報

해석 텔레비전 뉴스 속보입니다.

남 : 안녕하세요. 평소 프로그램을 중단하고, 지금부터 특별 뉴스를 보내드리겠습니다. 지금으로부터 20분 정도 전인 9시 10분, 미야기 현에서 큰 지진이 있었습니다. 진도는 6.5로 측정되어, 이 지역의 과거 50년간 최대의 것입니다. 전화회선은 불통이 되고, 휴대전화는 통화량이 증가해서 혼선되고 있습니다. 이 때문에, 당국에서도 지역 주민분들과 연락을 할 수 없는 상태입니다. 상황이 허락되면 곧 좀 더 자세한 내용을 전해 드릴 수 있을 것이라 생각합니다. 채널을 바꾸지 마시고 기다려 주십시오. 준비가 되는 대로 현지에서 생중계로 전해드리겠습니다.

이 보도의 화제가 되고 있는 것은 무엇입니까?

1 교통사고
2 자연재해
3 국제적인 사건
4 일기예보

해설 뉴스의 내용은 宮城県에서 일어난 大きな地震에 관한 내용이다. 그런데 선택지에는 이 地震이라는 단어가 나오지 않아 당황할 수 있다. 이렇게 선택지에는 비슷하거나 공통의 의미를 가지고 있는 다른 단어로 대체하여 제시되는 경우도 자주 있다. 지진이나 태풍과 같은 것은 자연재해이다. 단어를 같이 기억해 두자.

어휘 速報(そくほう) 속보 | 通常(つうじょう) 통상, 보통 | 番組(ばんぐみ) 프로그램 | 中断(ちゅうだん) 중단 | 特別(とくべつ) 특별 | 送(おく)る 보내다 | 地震(じしん) 지진 | 震度(しんど) 진도, 지진의 강도 | 測定(そくてい) 측정 | 地域(ちいき) 지역 | 過去(かこ) 과거 | 最大(さいだい) 최대 | 電話回線(でんわかいせん) 전화회선 | 不通(ふつう) 불통 | 通話量(つうわりょう) 통화량 | 増加(ぞうか) 증가 | 混線(こんせん) 혼선 | 当局(とうきょく) 당국 | 住民(じゅうみん) 주민 | 連絡(れんらく)を取(と)る 연락을 취하다 | 状態(じょうたい) 상태 | 状況(じょうきょ

う）状況｜まもなく 머지않아, 얼마 안 되어｜もう少(すこ)し 조금 더｜変(か)える 바꾸다｜現地(げんち) 현지｜生中継(なまちゅうけい) 생중계｜報道(ほうどう) 보도｜話題(わだい) 화제｜交通事故(こうつうじこ) 교통사고｜自然(しぜん) 자연｜災害(さいがい) 재해｜国際的(こくさいてき) 국제적｜事件(じけん) 사건｜天気予報(てんきよほう) 일기예보

---

2 **화자의 생각 파악하기** ★★☆ ｜정답 4

> 4-3-03.mp3

会社で面接が行われています。

男：それで、高橋さん、履歴書を拝見しますと、これまで大企業のIT部門で働かれていますよね。なぜ大企業から小さい会社に転職されたいのでしょうか。

女：それは、そういった大企業では個人の独創性を発揮できなかったからです。言われたことをただやるだけでした。小さい会社でなら、自分のアイデアを生かせるのではないかと考えたのです。

男：そうですね、たしかに独創的、またアイデア豊富な方をこの職に選びたいと思っています。ですがそれと同時に雑用も多くしていただくことになりますよ、わが社のIT部門はかなり小規模なので。

女：雑用はかまいません、自分のアイデアを生かせる機会があるのであれば。

女性は自分が以前していた仕事をどのように表していますか。

1 給料がいい
2 残業が多すぎる
3 自分のアイデアを生かせる
4 個人の独創性を発揮できない

해석 　회사에서 면접이 이루어지고 있습니다.

　남：그래서 다카하시 씨, 이력서를 보면, 지금까지 대기업 IT부문에서 일하시고 계셨네요. 왜 대기업에서 작은 회사로 전직하시고 싶으신 것입니까?

　여：그건, 그런 대기업에서는 개인의 독창성을 발휘할 수 없었기 때문입니다. 시키는 것을 그저 하는 것뿐이었습니다. 작은 회사에서라면, 자신의 아이디어를 살릴 수 있지 않을까 하고 생각했던 것입니다.

　남：그렇지요, 확실히 독창적, 또 아이디어가 풍부한 분을 이 직종에 뽑고 싶다고 생각합니다. 하지만 그것과 함께 잡무도 많이 해 주셔시게 됩니다, 우리 회사의 IT부문은 상당히 소규모이기 때문에.

　여：잡무는 상관없습니다, 자신의 아이디어를 살릴 수 있는 기회가 있다면.

　여성은 자신이 이전 했던 일을 어떻게 표현하고 있습니까?
　1 급여가 좋다.
　2 잔업이 너무 많다.
　3 자신의 아이디어를 살릴 수 있다.
　4 개인의 독창성을 발휘할 수 없다.

해설 　대화 초반부에 전직 이유를 묻는 질문에 여자는 大企業では個人の独創性を発揮できなかったからです 라며 대답하고 있다.

어휘 　面接(めんせつ) 면접｜履歴書(りれきしょ) 이력서｜拝見(はいけん)する 見(み)る의 겸양어｜大企業(だいきぎょう) 대기업｜部門(ぶもん) 부문｜働(はたら)く 일하다｜小(ちい)さい 작다｜転職(てんしょく) 전직｜個人(こじん) 개인｜独創性(どくそうせい) 독창성｜発揮(はっき) 발휘｜ただ 겨우, 단지, 단｜生(い)かせる 살릴 수 있다｜たしかに 확실히, 분명히｜豊富(ほうふ) 풍부｜選(えら)ぶ 고르다, 선택하다｜同時(どうじ) 동시｜雑用(ざつよう) 잡용, 잡다한 용무｜かなり 꽤, 상당히｜小規模(しょうきぼ) 소규모｜かまわない 상관없다｜機会(きかい) 기회｜以前(いぜん) 이전｜表(あらわ)す 나타내다, 표현하다｜給料(きゅうりょう) 급여｜残業(ざんぎょう) 잔업｜多(おお)すぎる 너무 많다

---

3 **본문 내용 파악하기** ★★☆ ｜정답 3

> 4-3-04.mp3

家電製品売り場での店内放送です。

女：ご来店の皆さまにお知らせいたします。テレビ全品をまたとない価格で販売しております。対象商品には大画面テレビも含まれます。またDVDプレーヤーやビデオデッキなど、より取り見取りです！全商品が20パーセント引きです！さらにシティーエレクトロニクスが発行するカードの会員の方は、製品の保証期間を延長することができます。全商品が対象で、3年間を5年間に延長できます。手数料はいただきません！カード会員でない方は、今すぐご入会ください！

カード会員の利点は何ですか。
1 手数料無料で入会することができる
2 全商品を20パーセント割引してもらえる
3 より長い期間の保証が受けられる
4 購入した商品が3年間保証される

해설 　가전제품 매장에서의 점내 방송입니다.

　여：내점하신 여러분께 알려 드립니다. 텔레비전 전 제품을 두 번 다시없는 가격으로 판매하고 있습니다. 대상 상품에는 대형 화면 텔레비전도 포함됩니다. 또한 DVD플레이어와 비디오데크 등, 마음대로 골라잡으면 됩니다! 전 상품이 20% 할인입니다. 게다가 시티일렉트로닉스가 발행하는 카드의 회원이신 분은 제품 보증기간을 연장할 수 있습니다. 전 상품이 대상으로, 3년간을 5년간으로 연장할 수 있습니다. 수수료는 받지 않습니다! 카드 회원이 아니신 분은 지금 바로 가입해 주십시오!

　카드회원의 이점은 무엇입니까?
　1 수수료 무료로 입회할 수 있다.
　2 전 상품을 20% 할인받을 수 있다.
　3 보다 긴 기간의 보증을 받을 수 있다.
　4 구입한 상품이 3년간 보증된다.

해설 개요이해 문제는 본문 초반이나 후반부에 정답으로 연결되는 핵심 내용이 나오는 경우가 많다. 이 문제도 カードの会員の方は、製品の保証期間を延長することができますら고 후반부에 정답의 키워드가 제시되고 있다.

어휘 家電製品(かでんせいひん) 가전제품 | 売(う)り場(ば) 매장 | 店内(てんない) 점내 | 来店(らいてん) 내점 | 全品(ぜんぴん) 전 제품 | またとない 다시없는, 두번 없는 | 価格(かかく) 가격 | 販売(はんばい) 판매 | 商品(しょうひん) 상품 | 大画面(だいがめん) 대형 화면 | 含(ふく)まれる 포함되다 | より取(と)り見取(みど)り 마음대로 골라잡음 | 発行(はっこう) 발행 | 保証期間(ほしょうきかん) 보증기간 | 延長(えんちょう) 연장 | 手数料(てすうりょう) 수수료 | 入会(にゅうかい) 입회 | 割引(わりびき) 할인 | 購入(こうにゅう) 구입

문제 4 발화표현 문제

짧은 발화를 듣고 그림 상황에 적절한 응답을 고르는 문제이다. 주로 일상생활에서 사용되는 인사말이나 의뢰, 허가, 요구 등 실용적인 내용이 많으므로 일상생활에서 자주 쓰이는 인사말이나 회화 표현, 관용 표현, 경어 표현 등을 숙지해 두면 쉽게 풀 수 있다.

1 ~ 4 문제 4에서는 그림을 보면서 질문을 들으세요. 화살표(→)의 사람은 뭐라고 말합니까? 1부터 3 중에서 가장 알맞은 것을 하나 고르세요.

예) | 정답 3

> 4-4-01.mp3
>
> 女1 : 受付に、社員と約束のあるお客様が来ました。受付の女性は何と言いますか。
> 女2 : 1 田中様ですね。お待たせいたしました。
> 　　　 2 田中様ですね。いかがなさいますか。
> 　　　 3 田中様ですね。お待ちしておりました。

해석 여1 : 접수처에 사원과 약속이 있는 손님이 왔습니다. 접수처의 여성은 뭐라고 말합니까?
　　 여2 : 1 다나카 씨죠. 오래 기다리셨습니다.
　　　　　 2 다나카 씨죠. 어떻게 하시겠습니까?
　　　　　 3 다나카 씨죠. 기다리고 있었습니다.

해설 사원과 이미 약속이 되어 있는 손님이 온 것이므로 접수처 직원은 3번과 같이 말해야 한다.

어휘 受付(うけつけ) 접수(처) | 社員(しゃいん) 사원 | 約束(やくそく) 약속 | お客様(きゃくさま) 손님 | 女性(じょせい) 여성 | お+동사 ます형+する(いたす) (제가) ~하다, ~해 드리다 | 待(ま)たせる 기다리게 하다 | いかが 어떻게 | なさる 하시다 | 待(ま)つ 기다리다 | ~ておる (~ている의 겸양) ~하고 있다, ~해 있다

---

1 상황에 맞게 말하기 ★★☆ | 정답 2

> 4-4-02.mp3
>
> 女 : お客さんが来たので、飲み物をすすめます。何と言いますか。
> 男 : 1 もう一杯おかわりしましょうか。
> 　　 2 コーヒーはいかがですか。
> 　　 3 何か飲んでもいいですよ。

해석 여 : 손님이 왔기 때문에 음료를 권합니다. 뭐라고 말합니까?
　　 남 : 1 한잔 더 드시겠습니까?
　　　　 2 커피는 어떠십니까?
　　　　 3 뭔가 마셔도 좋아요.

해설 いかがですか는 '어떻습니까?'라는 의미로 상대의 기분이나 의견 등을 묻는 경우와 상대에게 무엇을 권하는 말로 주로 사용된다.

어휘 飲(の)み物(もの) 음료 | すすめる 권하다 | お代(か)わり 같은 음식을 더 먹음

---

2 상황에 맞게 말하기 ★★☆ | 정답 1

> 4-4-03.mp3
>
> 女1 : レストランで注文しようとしています。何と言いますか。
> 女2 : 1 メニューを見せていただけますか。
> 　　　 2 メニューを見ていただけますか。
> 　　　 3 メニューを見られていただけますか。

해석 여1 : 레스토랑에서 주문하려고 하고 있습니다. 뭐라고 말합니까?
　　 여2 : 1 메뉴를 보여 주실 수 있겠습니까?
　　　　　 2 메뉴를 봐 주실 수 있겠습니까?
　　　　　 3 메뉴를 볼 수 있어 주시겠습니까?

해설 ~ていただけますか는 직역하면 '~해 받을 수 있습니까?'이지만, 우리말로 자연스럽게 '~해 주실 수 있겠습니까?, ~해 주십시오'로 이해하고 사용하면 된다.

어휘 注文(ちゅうもん) 주문

---

3 상황에 맞게 말하기 ★☆☆ | 정답 3

> 4-4-04.mp3
>
> 女 : お父さんが会社から帰ってきました。何と言いますか。
> 男 : 1 行ってきます。
> 　　 2 ただいま。
> 　　 3 お帰りなさい。

해석 여 : 아버지가 회사에서 돌아왔습니다. 뭐라고 말합니까?
　　 남 : 1 다녀오겠습니다.
　　　　 2 다녀왔습니다.
　　　　 3 안녕히 다녀오셨어요.

해설 생활에서 자주 쓰는 기본적인 인사말이다. 각 선택지의 인사말 모두 정확하게 어떤 상황에서 사용하는지 구별해서 기억해 두자. 외출할 때 行ってきます라고 하면 배웅하는 사람은 いってらっしゃ

い(다녀오세요)라고 한다.

어휘　帰(かえ)る 돌아 오(가)다

상황에 맞게 말하기 ★★☆　　　| 정답 2

`4-4-05.mp3`

> 女：上司に相談したいことがあります。何と言いますか。
> 男：1　今、何をしているんですか。
> 　　 2　今、お時間よろしいでしょうか。
> 　　 3　今、そんな暇がありますか。

해석　여 : 상사에게 상담하고 싶은 것이 있습니다. 뭐라고 말합니까?
　　　남 : 1 지금, 뭐하고 있습니까?
　　　　　 2 지금, 시간 괜찮으십니까?
　　　　　 3 지금, 그럴 시간이 있습니까?

해설　일본인들은 부탁 등을 할 때 바로 직접적으로 용건을 꺼내지 않는다. 이와 같이 상담하고 싶은 것이 있다고 직접적으로 이야기하지 않고 2번과 같이 시간 괜찮으시냐고 묻는 경우가 많다.

어휘　上司(じょうし) 상사 | 相談(そうだん) 상담 | よろしい 좋다, 괜찮다 | 暇(ひま) 시간, 틈, 짬, 한가한 모양

문제 5 즉시응답 문제
실생활에서 자주 주고받을 수 있는 내용을 짧은 1대 1 대화 형식을 취해 상대방의 말을 듣고 그에 적절한 응답을 즉각적으로 고르는 문제이다. 따라서 인사말과 같은 실생활에서 자주 쓰이는 표현들이나 경어 표현, 관용 표현 등을 많이 외워 두면 도움이 된다.

[1] ～ [9]　문제 5에서는 문제용지에 아무것도 인쇄되어 있지 않습니다. 먼저 문장을 들으세요. 그리고 나서 그 대답을 듣고 1부터 3 중에서 가장 알맞은 것을 하나 고르세요.

예)　　　　　　　　　　　　　　　　　　　| 정답 2

`4-5-01.mp3`

> 男：おかげさまで、大学に受かりました。
> 女：1　それは、ありがとう。
> 　　 2　それは、おめでとう。
> 　　 3　それは、大変ですね。

해석　남 : 덕분에 대학에 합격했습니다.
　　　여 : 1 정말 고마워요.
　　　　　 2 정말 축하해요.
　　　　　 3 정말 힘들겠네요.

해설　요점은 대학에 합격한 것이므로 축하 인사를 건네야 한다. 따라서 정답은 2번이다.

어휘　おかげさまで 덕분에, 덕택에 | 大学(だいがく) 대학 | 受(う)かる (시험에) 합격하다 | それは 정말, 참으로, 매우 | ありがとう 고맙다 | おめでとう 축하 합니다 | 大変(たいへん) 대단함, 큰일임, 힘듦, 고생스러움

적절하게 응답하기 ★★☆　　　| 정답 3

`4-5-02.mp3`

> 男：外で待っている間にコーヒーか何かいかがですか。
> 女：1　この絵をコピーしたい。
> 　　 2　もし私があなたなら、そうするでしょう。
> 　　 3　いいえ、けっこうです。

해석　남 : 밖에서 기다리고 있는 동안에 커피나 뭔가 드시겠습니까?
　　　여 : 1 이 그림을 복사하고 싶다.
　　　　　 2 만약 제가 당신이라면, 그렇게 하겠지요.
　　　　　 3 아니요, 괜찮습니다.

해설　음료를 권하는 질문에 사양을 하는 3번이 정답이 된다. 또한 커피와 코피를 혼동하여 듣지 않도록 한다.

어휘　外(そと) 밖 | 待(ま)つ 기다리다 | 絵(え) 그림

적절하게 응답하기 ★★☆　　　| 정답 1

`4-5-03.mp3`

> 男：昨日会議で鈴木さんと話す機会がありましたか。
> 女：1　ええ、ありました。彼はとてもおもしろい方ですね。
> 　　 2　会議ではなく歓迎会でね。
> 　　 3　いいえ、忙しすぎて会合に出られません。

해석　남 : 어제 회의에서 스즈키 씨와 이야기할 기회가 있었습니까?
　　　여 : 1 네, 있었습니다. 그는 아주 재미있는 분이네요.
　　　　　 2 회의에서가 아니라 환영회에서요.
　　　　　 3 아니요, 너무 바빠서 모임에 나갈 수 없습니다.

해설　이야기할 기회가 있었는지 없었는지에 대한 여부를 묻고 있으므로 이에 대한 대답으로는 1번이 적절하다.

어휘　会議(かいぎ) 회의 | 機会(きかい) 기회 | おもしろい 재미있다 | 歓迎会(かんげいかい) 환영회 | 忙(いそが)しすぎる 너무 바쁘다 | 出(で)る 나가(오)다

적절하게 응답하기 ★★☆　　　| 정답 1

`4-5-04.mp3`

> 女：そんなに急いでどこへ行くの？ 火事でもあったの？
> 男：1　山田さんがオフィスに早く来てくれって。
> 　　 2　お客さんが来る前に片付けをしておかなくちゃ。
> 　　 3　コピー室はカフェテリアのとなりだよ。

해석　여 : 그렇게 서둘러서 어디에 가? 불이라도 났어?
　　　남 : 1 야마다 씨가 사무실로 빨리 와 달래.
　　　　　 2 손님이 오기 전에 정리해 놓지 않으면 안 돼.
　　　　　 3 복사실은 카페테리아 옆이야.

해설　～って는 '～라고, ～라고 하는, ～이란, ～이라고 하는 것은'이라는 의미이지만, 문장 끝에 사용되면 '～라고 한다, ～이래'와 같이 전해 들은 정보를 전할 때 쓰이기도 하고, '～라니?, ～라고?'와 같이 상대방에게 반문할 때 쓰기도 한다. 그리고 ～ておかなくちゃ는 ～ておかなくてはいけない의 회화체 축약형이다.

29

急(いそ)いで 서둘러서, 급하게 | 火事(かじ) 화재 | 片付(かたづ)け 정리, 정돈 | コピー室(しつ) 복사실 | 隣(となり) 옆, 이웃

---

3 나에게 찬성해 주는 한은.

해설 お+동사ます형+する는 자신의 행위를 낮추는 겸양 표현으로 '~하다, ~해 드리다'는 의미이고, いたす는 する의 겸양동사이다. 사이즈가 있는지에 대한 손님의 요구에 대한 응대로 2번이 적절하다.

어휘 小(ちい)さい 작다 | 領収書(りょうしゅうしょ) 영수증 | 持(も)つ 갖다, 들다 | 確認(かくにん) 확인 | 賛成(さんせい) 찬성 | ~限(かぎ)り ~한, ~는 동안에는, ~는 이상

---

4 적절하게 응답하기 ★★☆　　　　　| 정답 3

`4-5-05.mp3`

女：帰りにクリーニング屋さんに立ち寄っていただける？
男：1 はい、うちの近くにバス停があります。
　　2 ううん、そうは思わない。
　　3 そうね、5時ごろなら時間があるよ。

해석 여 : 집에 돌아오는 길에 세탁소에 들러 줄 수 있어?
　　남 : 1 네, 집 근처에 버스 정류장이 있습니다.
　　　　2 아니, 그렇게는 생각하지 않아.
　　　　3 그래, 5시쯤이라면 시간 있어.

해설 ~ていただく는 ~てもらう의 겸양 표현으로 해석은 '~해 받다'가 아니라 '행동을 한 사람이 ~를 ~해 주다'로 번역해야 자연스럽다. 세탁소에 들러 줄 수 있냐는 부탁에 대한 대답으로는 간접적으로 5시경이라면 가능하다는 3번이 적절하다.

어휘 クリーニング屋(や) 세탁소 | 立(た)ち寄(よ)る 다가서다, 들르다 | 近(ちか)く 근처 | バス停(てい) 버스 정류장

---

5 적절하게 응답하기 ★★☆　　　　　| 정답 2

`4-5-06.mp3`

男：これらのファイルはアルファベット順にしますか、年代順にしますか。
女：1 ええ、お願いします。
　　2 どちらでもけっこうです。
　　3 どういたしまして。

해석 남 : 이 파일들은 알파벳순으로 합니까, 연대순으로 합니까?
　　여 : 1 네, 부탁드립니다.
　　　　2 어느 쪽이라도 괜찮습니다.
　　　　3 천만에요.

해설 선택에 관한 문제이다. 대답은 둘 중 하나를 선택하거나 둘 다 괜찮다, 또는 둘 다 아니라는 식으로 말하면 된다.

어휘 アルファベット順(じゅん) 알파벳순 | 年代順(ねんだいじゅん) 연대순

---

6 적절하게 응답하기 ★★☆　　　　　| 정답 2

`4-5-07.mp3`

男：これのもっと小さいサイズはありますか。
女：1 領収書をお持ちします。
　　2 確認いたします。
　　3 私に賛成してくれるかぎりは。

해석 남 : 이것의 좀 더 작은 사이즈는 있습니까?
　　여 : 1 영수증을 갖고 있습니다.
　　　　2 확인해 드리겠습니다.

---

7 적절하게 응답하기 ★★☆　　　　　| 정답 2

`4-5-08.mp3`

男：おめでとう。合格したそうですね。
女：1 どうやら彼らはまだ決めていないようです。
　　2 ありがとう。いまだに信じられないんです。
　　3 来月、日本へ行くことになりました。

해석 남 : 축하해요. 합격했다면서요.
　　여 : 1 아무래도 그들은 아직 정하지 않은 것 같습니다.
　　　　2 고마워요. 아직도 믿기지 않습니다.
　　　　3 다음 달에 일본에 가게 되었습니다.

해설 おめでとう라고 축하 인사를 하면 상대는 ありがとう라고 고마움을 표시한다.

어휘 合格(ごうかく) 합격 | どうやら 아무래도, 어쩐지, 그럭저럭, 겨우 | まだ 아직 | 決(き)める 정하다 | いまだに 아직껏, 아직도 | 信(しん)じる 믿다

---

8 적절하게 응답하기 ★☆☆　　　　　| 정답 1

`4-5-09.mp3`

男：どこでパーティーを開くつもりですか。
女：1 まだ決めていません。
　　2 彼とロビーで会いました。
　　3 全員がパーティーに参加します。

해석 남 : 어디에서 파티를 열 생각입니까?
　　여 : 1 아직 정하지 않았습니다.
　　　　2 그와 로비에서 만났습니다.
　　　　3 전원이 파티에 참가합니다.

해설 파티를 열 장소에 대한 질문이므로 그 장소를 구체적으로 언급하거나, 1번과 같이 아직 정해지지 않았다고 대답하는 것이 적절하다.

어휘 開(ひら)く 열리다, 열다 | 全員(ぜんいん) 전원

---

9 적절하게 응답하기 ★★☆　　　　　| 정답 3

`4-5-10.mp3`

男：お留守の間にあなたに連絡を取るには、どうしたらいいですか。
女：1 その時は家にいましたよ。
　　2 夜中までに到着するといいのですが。
　　3 私の携帯電話にかけてみてください。

해석 　남 : 집에 안 계시는 동안 당신에게 연락을 취하려면 어떻게 하면
　　　　　됩니까?
　　　여 : 1　그때는 집에 있었어요.
　　　　　 2　밤중까지는 도착하면 좋겠는데요.
　　　　　 3　제 휴대전화로 걸어 봐 주세요.

해설 　연락을 취할 수 있는 방법에 대한 질문이므로 그 방법을 이야기하
　　　고 있는 3번이 정답이 된다.

어휘 　留守(るす) 집에 없음, 부재중 | 連絡(れんらく)を取(と)る 연락
　　　을 취하다 | 夜中(よなか) 한밤중

실전 모의고사 5회

： 언어지식(문자·어휘) ：

> **문제 1**　한자읽기 문제
>
> 한자를 히라가나로 어떻게 읽는지 고르는 문제이다. 평소 일본어 한
> 자를 공부할 때 음독한자인지 훈독한자인지, 장음인지 단음인지, 탁
> 음인지 청음인지, 촉음이 있는지 등에 유의하고, 문제를 풀 때도 이
> 점을 주의깊게 살핀다.

> ┌ 1 ┐ ～ ┌ 8 ┐　＿＿＿＿＿ 단어의 읽는 방법으로 가장 알맞은 것을
> 1·2·3·4 중에서 하나 고르시오.

┌ 1 ┐　**い형용사 읽기** ★★☆　　　　　　　　　　│ 정답 3

해석 　급여가 낮아서 생활이 **힘듭**니다.

해설 　苦(쓸 고)는 苦労(くろう: 고생, 걱정)와 같이 음으로는 く로 읽
　　　고, 훈으로는 苦(にが)い(쓰다), 苦(くる)しい(괴롭다), 苦(くる)
　　　しむ(괴로워하다), 苦(くる)しめる(괴롭히다) 등과 같이 다양하
　　　게 읽히므로 주의해서 외워 둔다.

어휘 　給料(きゅうりょう) 급여 | 安(やす)い 싸다 | 生活(せいかつ)
　　　생활 | 苦(くる)しい 괴롭다, 힘겹다 | 悔(くや)しい 분하다, 후회
　　　스럽다 | おかしい 우습다, 이상하다 | 激(はげ)しい 심하다, 세차
　　　다, 격하다

┌ 2 ┐　**음독 명사 읽기** ★★☆　　　　　　　　　　│ 정답 2

해석 　합격하고 싶지만 지금 **실력**으로는 무리일 것 같다.

해설 　実(열매 실)은 実施(じっし: 실시), 実習(じっしゅう: 실습)와 같
　　　이 음으로는 じつ, 훈으로는 み(열매), 実(みの)る(열매를 맺다)
　　　와 같이 읽는다. 그리고 力(힘 력)은 努力(どりょく: 노력), 力作
　　　(りきさく: 역작)와 같이 음으로는 りょく·りき로 읽고, 훈으로
　　　는 ちから(힘)로 읽는다.

어휘 　合格(ごうかく) 합격 | 今(いま) 지금 | 実力(じつりょく) 실력 |
　　　無理(むり) 무리

┌ 3 ┐　**한 글자 한자 읽기** ★★☆　　　　　　　　│ 정답 1

해석 　그녀 **옆자리**에 앉고 싶습니다만, 어떻게 하면 됩니까?

해설 　席(자리 석)은 欠席(けっせき: 결석), 座席(ざせき: 좌석)와 같이
　　　음으로는 せき로 읽는다.

어휘 　隣(となり) 이웃, 옆 | 席(せき) 자리 | 座(すわ)る 앉다 | 椅子
　　　(いす) 의자 | 裏(うら) 뒤, 안 | 部屋(へや) 방

┌ 4 ┐　**음독 명사 읽기** ★★☆　　　　　　　　　　│ 정답 4

해석 　라디오에서는 목소리만으로 **정보**를 전하지 않으면 안 되기 때문에
　　　어렵습니다.

해설 　情(뜻 정)은 情熱(じょうねつ: 정열), 感情(かんじょう: 감정)와
　　　같이 음으로는 じょう·せい, 훈으로는 情(なさ)け(정)로 읽는

다, 그리고 報(값을 보는) 報告(ほうこく: 보고), 報道(ほうどう: 보도)와 같이 음으로는 ほう로, 훈으로는 報(むく)いる(보답하다, 갚다)로 읽는다.

어휘 声(こえ) 목소리, 소리 | 情報(じょうほう) 정보 | 伝(つた)える 전하다 | 難(むずか)しい 어렵다

---

5 한 글자 한자 읽기 ★★☆ | 정답 2

해석 바람 속에서 자란 나무는 **뿌리**가 강하다.

해설 根(뿌리 근)은 根拠(こんきょ: 근거), 根性(こんじょう: 근성)와 같이 음으로는 こん으로 읽고, 훈으로는 ね(뿌리)로 읽는다.

어휘 風(かぜ) 바람 | 育(そだ)つ 자라다, 성장하다 | 木(き) 나무 | 根(ね) 뿌리 | 強(つよ)い 세다, 강하다

---

6 음독 명사 읽기 ★★☆ | 정답 3

해석 저 키 큰 남자들은 배구**선수**일지도 모른다.

해설 選(가릴 선)은 選挙(せんきょ: 선거), 選択(せんたく: 선택)와 같이 음으로는 せん으로 읽고, 훈으로는 選(えら)ぶ(고르다, 선택하다)로 읽는다. 그리고 手(손 수)는 手術(しゅじゅつ: 수술), 手段(しゅだん: 수단)과 같이 음으로는 しゅ, 手紙(てがみ: 편지), 手続き(てつづき: 수속)와 같이 훈으로는 て로 읽는다.

어휘 背(せ)が高(たか)い 키가 크다 | 選手(せんしゅ) 선수 | 先週(せんしゅう) 지난주

---

7 음독 명사 읽기 ★★☆ | 정답 1

해석 면접을 본 회사로부터 합격 **통지**를 받았다.

해설 通(통할 통)은 通学(つうがく: 통학), 通(つう)じる(통하다)와 같이 음으로는 つう로 읽고, 훈으로는 通(かよ)う(다니다), 通(とお)る(지나다), 通(とお)す(통하게 하다)와 같이 다양하게 읽는다.

어휘 面接(めんせつ) 면접 | 受(う)ける 받다, 치르다 | 通知(つうち) 통지 | 受(う)け取(と)る 받다 | 土(つち) 땅, 흙

---

8 음독 명사 읽기 ★★☆ | 정답 4

해석 저도 **사정**을 몰라서 곤란해 하고 있습니다.

해설 事(일 사)는 無事(ぶじ: 무사), 事件(じけん: 사건), 事故(じこ: 사고)와 같이 음으로는 じ, 훈으로는 仕事(しごと: 일)와 같이 こと로 읽는다.

어휘 事情(じじょう) 사정 | 困(こま)る 곤란하다, 난처하다

문제 2 한자표기 문제

히라가나를 한자로 어떻게 표기하는지 고르는 문제이다. 제시된 단어가 여러 가지 한자로 쓰일 수도 있으므로 반드시 문장 전체를 읽고 문맥에 맞게 사용된 한자를 고르도록 한다.

9 ~ 14 _____ 단어를 한자로 쓸 때 가장 알맞은 것을 1·2·3·4 중에서 하나 고르시오.

---

9 동음이자어 구별하기 ★★☆ | 정답 2

해석 이 식품은 밀폐된 **용기**에 넣어 두면 일주일은 상하지 않는다.

해설 容器(ようき: 용기)는 동음이의어로 陽気(ようき: 명랑함, 밝고 쾌활함), 用器(ようき: 용기, 기계나 기구를 씀) 등이 있다.

어휘 食品(しょくひん) 식품 | 密閉(みっぺい) 밀폐 | 容器(ようき) 용기, 그릇 | 入(い)れる 넣다 | もつ 지탱하다, 견디다, 들다, 지니다

---

10 동사의 한자 찾기 ★☆☆ | 정답 4

해석 그날은 **피곤했지만**, 매우 즐거운 하루였습니다.

해설 부수가 같은 한자들이 나열되어 있어 혼동하기 쉽다. 1번은 症状(しょうじょう: 증상)의 '증세 증', 2번은 痛(いた)い(아프다)의 '아플 통', 3번은 病気(びょうき: 병)의 '병 병'이다.

어휘 疲(つか)れる 지치다, 피로해지다 | 楽(たの)しい 즐겁다

---

11 동음이자어 구별하기 ★★☆ | 정답 2

해석 다음 주는 매일 **잔업**하지 않으면 안 될 것 같습니다.

해설 残(남을 잔)은 残念(ざんねん: 유감스러움)과 같이 음으로는 ざん, 훈으로는 残(のこ)す(남기다), 残(のこ)る(남다)와 같이 읽는다.

어휘 来週(らいしゅう) 다음 주 | 毎日(まいにち) 매일 | 残業(ざんぎょう) 잔업 | 産業(さんぎょう) 산업

---

12 동사의 한자 찾기 ★★☆ | 정답 1

해석 올해는 어린이날과 일요일이 **겹쳐** 있다.

해설 重(무거울 중)은 重大(じゅうだい: 중대), 重要(じゅうよう: 중요)와 같이 음으로는 じゅう, 훈으로는 重(おも)い(무겁다), 重(かさ)なる(포개지다), 重(かさ)ねる(포개다)와 같이 다양하게 읽기 때문에 주의한다.

어휘 今年(ことし) 올해 | 重(かさ)なる 포개지다, 겹치다 | 失(うしな)う 잃다 | 伴(ともな)う 따라가다, 따르다, 동반하다 | 異(こと)なる 다르다

---

13 동사의 한자 찾기 ★★☆ | 정답 3

해석 나는 누구를 **믿어야** 좋을지 모르게 되어 버렸다.

해설 1번은 申(もう)す(말씀드리다), 2번은 進(すす)む(나아가다, 진행되다), 4번은 閉(と)じる(닫다, 닫히다)의 한자이다.

어휘 誰(だれ) 누구 | 信(しん)じる 믿다

---

14 い형용사의 한자 찾기 ★☆☆　　　　　　　| 정답 4

해석　항상 답장이 **늦어**서 미안해.

해설　遅(늦을 지)는 遅刻(ちこく: 지각)와 같이 음으로는 ち, 훈으로는
遅(おそ)い(느리다, 늦다), 遅(おく)れる(늦다), 遅(おく)らす
(늦추다)와 같이 다양하게 읽힌다.

어휘　返事(へんじ)をする 대답하다, 답장하다 | 遅(おそ)い 늦다 | 辛
(から)い 맵다 | 古(ふる)い 낡다, 오래되다 | 早(はや)い 빠르다,
이르다

문제 3　문맥규정 문제

빈칸에 들어갈 문맥에 어울리는 어휘를 고르는 문제이다. 전체적인
흐름을 파악하고 빈칸 앞뒤에 오는 단어와의 조합을 파악한다. 단어
를 외울 때 하나의 개별 단어로 외우기보다 어구나 숙어의 형태로 익
혀 두면 문제를 풀 때 도움이 된다.

15 ~ **25** (　　)에 들어갈 가장 알맞은 것을 1·2·3·4 중에서 하
나 고르시오.

---

15 적절한 동사 넣기 ★★★　　　　　　　　| 정답 2

해석　목이 **마릅**니다. 뭔가 시원한 마실 것을 주세요.

해설　喉(のど)が渴(かわ)く(목이 마르다)는 관용적으로 외워 둔다. 乾
(かわ)く는 '마르다, 건조하다', 渴(かわ)く는 '목이 마르다, 갈증
이 나다'로 각각 다른 한자를 쓴다는 점을 기억하자.

어휘　喉(のど)が渴(かわ)く 목이 마르다 | 冷(つめ)たい 차다, 차갑다
| 飲(の)み物(もの) 음료, 마실 것 | 吸(す)う 들이마시다, 피우다
| 落(お)ちる 떨어지다 | かかる 걸리다

---

16 적절한 외래어 넣기 ★★☆　　　　　　　| 정답 3

해석　쓰레기를 줄이기 위해 가정에서 나오는 종이쓰레기는 화장지 등으
로 **재활용**되고 있다.

해설　再利用(さいりよう: 재이용)와 リサイクル(리사이클)는 유의
어로 같이 묶어 기억해 둔다.

어휘　ゴミ 쓰레기 | 減(へ)らす 줄이다 | 家庭(かてい) 가정 | 紙(か
み)ゴミ 종이쓰레기 | リサイクル 리사이클 | クリーニング 세
탁 | オープン 오픈 | エネルギー 에너지

---

17 적절한 부사 넣기 ★★☆　　　　　　　　| 정답 1

해석　아침은 바쁘기 때문에 **주로** 빵을 먹고 있습니다.

해설　主(おも)는 '주됨, 대부분'임을 나타내는 な형용사로 主(おも)な
(주된), 主(おも)に(주로), 主(おも)だ(대부분이다) 등과 같이 사
용된다.

어휘　朝(あさ) 아침 | 忙(いそが)しい 바쁘다 | 主(おも)に 주로 | き
っと 꼭, 틀림없이 | 決(けっ)して 결코, 절대로 | たまに 간혹, 이
따금

---

18 적절한 명사 넣기 ★★☆　　　　　　　　| 정답 4

해석　그 회사는 이제 곧 도산할 것이라는 **소문**이 퍼져 있다.

해설　추가적으로 噂(うわさ)をする '남의 이야기를 하다', 噂(うわ
さ)が立(た)つ는 '소문이 나다'이다.

어휘　もうすぐ 이제 곧 | 倒産(とうさん) 도산 | 広(ひろ)まる 넓어지
다, 퍼지다 | 嘘(うそ) 거짓말 | 声(こえ) 소리, 목소리 | 言葉(こと
ば) 말, 언어 | 噂(うわさ) 소문

---

19 적절한 い형용사 넣기 ★★☆　　　　　　| 정답 4

해석　전자레인지 상태가 **이상하다.** 수리하기보다 사서 바꾸는 편이 좋
으려나.

해설　調子(ちょうし)が悪(わる)い(상태가 나쁘다)는 하나의 관용구
로 기억해 둔다.

어휘　電子(でんし)レンジ 전자레인지 | 調子(ちょうし) (신체·기계
등의) 상태, 컨디션 | 修理(しゅうり) 수리 | ～より ～보다 | 買
(か)い換(か)える 새로 사서 바꾸다 | 痛(いた)い 아프다 | きつ
い 기질이 강하다, 심하다, 엄하다, 꼭 끼다 | 激(はげ)しい 심하다, 세
차다, 격하다 | おかしい 우습다, 이상하다

---

20 적절한 な형용사 넣기 ★★☆　　　　　　| 정답 3

해석　아이들이 돌아오지 않아서 그녀는 **불안한** 마음이 되었다.

해설　不安(ふあん: 불안)의 반의어는 安心(あんしん: 안심)이다.

어휘　気持(きも)ち 기분, 마음, 몸의 상태 | 不便(ふべん) 불편 | 不幸
(ふこう) 불행 | 不安(ふあん) 불안 | 不思議(ふしぎ) 불가사의,
이상함, 희한함

---

21 적절한 동사 넣기 ★★☆　　　　　　　　| 정답 2

해석　그는 피곤했기 때문에 눈을 **감고** 소파 위에 앉아 있었다.

해설　目(め)を閉(と)じる(눈을 감다)의 반의어는 目(め)を開(ひら)
く(눈을 뜨다)이다.

어휘　疲(つか)れる 지치다, 피로해지다 | 目(め) 눈 | 座(すわ)る 앉다
| つける 붙이다, 달다 | 閉(と)じる 닫다, 눈을 감다 | 開(あ)ける
열다 | 閉(し)める 닫다

---

22 적절한 동사 넣기 ★★☆　　　　　　　　| 정답 1

해석　냅킨을 **접어서** 각각 접시 옆에 놓으세요.

해설　畳(たた)む는 '개다, (여러 겹으로) 접다, (겹겹이) 쌓다' 등의 의미
를 갖는다.

어휘　ナプキン 냅킨 | それぞれ 저마다, 각각 | 皿(さら) 접시 | そば
곁, 옆 | 置(お)く 놓다, 두다 | 畳(たた)む 개다, 접다 | 割(わ)れる
깨지다, 쪼개지다 | 立(た)てる 세우다 | 配(くば)る 나누어 주다

---

23 적절한 い형용사 넣기 ★☆☆　　　　　　| 정답 1

해석　주위가 **시끄러워서** 너의 목소리가 들리지 않았다.

해설　'시끄럽다'는 의미로 うるさい와 함께 やかましい를 외워 둔다.

어휘 まわり 주위, 근처, 주변｜聞(き)こえる 들리다｜うるさい 귀찮다, 방해가 되다, 시끄럽다｜忙(いそが)しい 바쁘다｜新(あたら)しい 새롭다, 새것이다｜涼(すず)しい 시원하다

---

24 적절한 동사 넣기 ★★☆ ｜정답 3

해석 운동한 후에 **샤워를 하면** 기분이 상쾌해진다.

해설 浴(あ)びる는 '끼얹다, 뒤집어쓰다, 쬐다, 받다' 등의 의미를 갖는다. '샤워를 한다'는 의미로는 シャワーを浴びる 외에 シャワーをする로 쓰기도 한다.

어휘 運動(うんどう) 운동｜シャワー 샤워｜気分(きぶん) 기분, 성미, 분위기｜爽(さわ)やか 상쾌함, 산뜻함｜洗(あら)う 씻다, 닦다｜当(あ)たる 맞다, 들어맞다｜浴(あ)びる (물을) 들쓰다, (햇볕을) 쬐다｜開(あ)ける 열다

---

25 적절한 부사 넣기 ★★☆ ｜정답 4

해석 당신이 부탁하면 그는 **분명** 도와줄 거야.

해설 きっと는 必(かなら)ず(반드시, 틀림없이, 꼭)와 같이 외워 둔다.

어휘 頼(たの)む 부탁하다｜手伝(てつだ)う 도와주다, 거들다｜決(け)して 결코, 절대로｜さらに 더욱더, 다시｜ずっと 훨씬, 줄곧｜きっと 꼭, 틀림없이

> **문제 4** 유의표현 문제
> 제시어와 바꿔 사용할 수 있는 유의어를 고르는 문제이다. 제시된 문장을 읽고 제시어의 의미를 파악한 후 유의어를 찾는다. 평소 단어나 표현을 공부할 때 단어의 여러 가지 의미나 유사 표현, 반의 표현을 함께 외워 두면 도움이 된다.

26 ~ 30 _____ 부분과 의미가 가장 가까운 것을 1·2·3·4 중에서 하나 고르시오.

---

26 동사의 유의어 찾기 ★★☆ ｜정답 2

해석 나는 아무래도 많은 사람 앞에서 **이야기하는** 것이 서툴다.

해설 평소에 단어나 표현을 공부할 때 단어가 가지고 있는 여러 가지 의미나 유사표현 또는 반의표현을 함께 외워 두면 유의어 고르기 문제를 풀 때 도움이 된다.

어휘 どうも 아무래도, 어쩐지｜大勢(おおぜい) 많은 사람, 여럿｜しゃべる 말하다, 지껄이다｜苦手(にがて) 서투름, 잘하지 못함｜立(た)つ 서다｜話(はな)す 말하다, 이야기하다｜動(うご)く 움직이다｜歌(うた)う 노래하다

---

27 동사의 유의어 찾기 ★★☆ ｜정답 3

해석 방을 나올 때는 불을 껐는지 어떤지 **확인해** 주세요.

해설 確(たし)かめる의 유의어로 チェックする와 함께 確認(かくにん)する(확인하다)도 같이 외워 둔다.

어휘 部屋(へや) 방｜出(で)る 나가(오)다｜電気(でんき) 전기｜消

(け)す 끄다, 지우다｜確(たし)かめる 확인하다｜サイン 사인, 신호｜メール 메일｜チェック 체크｜トレーニング 트레이닝

---

28 명사의 유의어 찾기 ★★☆ ｜정답 4

해석 그는 햄버거를 하나 먹고 하나 더 **주문했다**.

해설 頼(たの)む는 '부탁하다, 의뢰하다, 주문하다, 당부하다' 등의 의미를 갖는다.

어휘 注文(ちゅうもん) 주문｜誘(さそ)う 권하다, 꾀다, 불러내다｜選(えら)ぶ 고르다, 선택하다｜送(おく)る 보내다｜頼(たの)む 부탁하다

---

29 명사의 유의어 찾기 ★★☆ ｜정답 1

해석 저는 그 회의에 **참가할** 수 없게 되었습니다.

해설 出(で)る는 '안에서 밖으로 나가다, 팔리다, 출석하다, 참가하다, 떠나다' 등의 다양한 의미를 갖는다.

어휘 会議(かいぎ) 회의｜参加(さんか) 참가｜出(で)る 나가(오)다｜行(おこな)う 하다, 실시하다｜聞(き)く 듣다, 묻다｜答(こた)える 대답하다

---

30 부사의 유의어 찾기 ★★☆ ｜정답 2

해석 **순식간에** 여름방학이 끝나 버렸습니다.

해설 기존 시험에서는 명사와 부사의 문제가 많이 출제되었으나, 개정 후에는 명사, 동사, 형용사, 부사, 접속사, 외래어, 관용 표현 등 다양한 어휘가 출제되고 있다.

어휘 あっというまに 눈 깜짝할 사이에, 순식간에｜夏休(なつやす)み 여름방학, 여름 휴가｜終(お)わる 끝나다｜ゆっくり 느긋하게, 천천히｜短(みじか)い時間(じかん) 짧은 시간｜いきなり 갑자기, 느닷없이｜今(いま)にも 이내, 곧, 당장에라도

> **문제 5** 용법 문제
> 제시어가 문장 안에서 올바른 의미로 쓰이고 있는지를 묻는 문제이다. 단순히 단어를 우리말 의미로 해석해 문장에 대입해 해석하면 안 된다. 제시어의 의미와 품사, 또 어떤 품사를 수식하고 어떤 말과 접속되는지, 문법적으로 어떤 기능을 하는지를 주의 깊게 살펴본 후 정답을 고르도록 한다.

31 ~ 35 다음 단어의 사용법으로 가장 알맞은 것을 1·2·3·4 중에서 하나 고르시오.

---

31 い형용사의 용법 찾기 ★★★ ｜정답 2

해석 1 당신이 빨리 나은 것은 신체가 **나른하기** 때문이다.
2 할 일은 산처럼 있는데, 몸과 마음이 **나른해서** 할 마음이 나지 않는다.
3 나는 이렇게 **나른한** 로봇은 본 적이 없다.
4 우리는 에어컨이 없으면 **나른해서** 잘 수 없다.

해설 1번은 丈夫(じょうぶ)な(건강한, 단단한), 3번은 賢(かしこ)い (현명하다), 4번은 暑(あつ)くて(더워서)로 바꿔 넣어야 자연스러운 문장이 된다.

어휘 だるい 나른하다, 노곤하다 | 무(はや)く 일찍, 빨리 | 治(なお)る 낫다 | 身体(しんたい) 신체 | ほど 만큼, 정도, 쯤 | 心(こころ) 마음 | 体(からだ) 몸 | やる気(き) 할 마음 | ～たことがない ～한 적이 없다

---

[32] **명사의 용법 찾기** ★★☆　　　　　| 정답 1

해석 1 그 새 빌딩은 작년부터 **건설** 중입니다.
2 요즘 바빠서 건설 준비를 할 수 없었습니다.
3 그 가게는 거의 손님도 없는데 건설하고 있다.
4 제 취미는 자전거를 건설해서 사이클링 하는 것입니다.

해설 2번은 引(ひ)っ越(こ)し(이사), 3번은 営業(えいぎょう: 영업), 4번은 改造(かいぞう: 개조)로 바꿔 넣어야 자연스러운 문장이 된다.

어휘 建設(けんせつ) 건설 | 新(あたら)しい 새롭다, 새것이다 | ビル 빌딩 | 昨年(さくねん) 작년 | 最近(さいきん) 최근, 요즘 | 忙(いそが)しい 바쁘다 | 準備(じゅんび) 준비 | 店(みせ) 가게 | ほとんど 거의, 대부분 | 客(きゃく) 손님 | 興味(きょうみ) 흥미 | 自転車(じてんしゃ) 자전거 | サイクリング 사이클링

---

[33] **동사의 용법 찾기** ★★★　　　　　| 정답 3

해석 1 여기서 신발을 **잡고** 나서 이 방으로 들어오시오.
2 그 아이를 구하기 위해 그는 옷을 잡고 강으로 뛰어들었다.
3 무서우면 내 손을 꽉 **잡고** 있어요.
4 그녀는 그가 돌아온다는 희망을 마음에 잡고 있다.

해설 1번과 2번은 脱(ぬ)ぐ(벗다), 4번은 抱(いだ)く(안다, 껴안다)로 바꾸어 넣어야 자연스러운 문장이 된다.

어휘 にぎる 쥐다, 잡다 | 靴(くつ) 구두, 신발 | 部屋(へや) 방 | 助(たす)ける 구하다, 돕다 | 服(ふく) 옷 | 川(かわ) 강 | 飛(と)び込(こ)む 뛰어들다 | 怖(こわ)い 무섭다, 두렵다 | 手(て) 손 | しっかり 단단히, 꽉, 똑똑히, 확실히, 착실히 | 戻(もど)る 되돌아가다, 되돌아오다 | 希望(きぼう) 희망

---

[34] **동사의 용법 찾기** ★★☆　　　　　| 정답 4

해석 1 그가 이 근처를 산책하는 것을 자주 **익힌다**.
2 그녀는 스타일이 좋기 때문에 뭘 입어도 잘 **익힌다**.
3 모르는 사람이 **익혀** 와서 나에게 병원으로 가는 길을 물었다.
4 아이들은 대부분 외국어를 매우 빨리 **익힌다**.

해설 1번은 見(み)かける((언뜻) 보다, 눈에 띄다), 2번은 似合(にあ)う(어울리다), 3번은 近(ちか)づく(접근하다, 가까워지다)로 바꿔 넣어야 자연스러운 문장이 된다.

어휘 身(み)につける 습득하다, 익히다 | この辺(へん) 이 근처 | 散歩(さんぽ) 산책 | スタイル 스타일, 모습, 몸매 | 着(き)る 입다 | 知(し)る 알다 | 病院(びょういん) 병원 | 道(みち) 길 | たずねる 묻다, 찾다 | たいてい 대개, 대부분 | 外国語(がいこくご) 외국어

---

[35] **외래어의 용법 찾기** ★★☆　　　　　| 정답 4

해석 1 언어 덕분에 타인과 **유머**를 할 수 있다.
2 식사 도중에 자리를 뜨다니 **유머**에 어긋나네요.
3 너는 좀 더 긍정적인 자기 **유머**를 가질 필요가 있다.
4 저는 **유머**가 있고 자상한 사람을 좋아합니다.

해설 1번은 コミュニケーション(커뮤니케이션), 2번은 マナー(매너), 3번은 イメージ(이미지)로 바꿔 넣어야 자연스러운 문장이 된다.

어휘 ユーモア 유머 | 言語(げんご) 언어 | おかげ 덕택, 덕분 | 他人(たにん) 타인 | 食事(しょくじ) 식사 | 途中(とちゅう) 도중 | 立(た)つ 서다 | 反(はん)する 반하다, 어긋나다 | もっと 더욱 | 前向(まえむ)き 적극적이고 긍정적인 생각이나 태도 | 自己(じこ) 자기 | 持(も)つ 갖다, 들다, 지니다 | 必要(ひつよう) 필요 | 優(やさ)しい 온화하다, 부드럽다, 상냥하다 | 好(す)きだ 좋아하다

: **언어지식(문법)** :

문제 1 **문법형식판단 문제**
빈칸에 들어갈 문법적인 의미와 기능을 가진 말을 고르는 문제이다. 문어체보다는 수동, 사역, 조건, 추량, 경어 등과 같은 중요한 기초 문형·문법과 회화체에서 많이 쓰일 수 있는 기능어를 의미적, 문법적으로 나누어 공부하는 것이 바람직하다.

1 ～ **13** 다음 문장의 (　　)에 들어갈 가장 알맞은 것을 1·2·3·4 중에서 하나 고르시오.

---

[1] **적절한 조사 넣기** ★☆☆　　　　　| 정답 4

해석 저는 부모님**에 대한** 감사 마음을 편지로 써서 결혼식에서 읽었습니다.

해설 1번의 ～には는 '～에(게)는, ～하기에는', 2번의 ～との는 '～과의', 3번의 ～からは는 '～에서, ～부터', 4번의 ～への는 '～에(게)의, ～로의'라는 의미의 조사이다.

어휘 両親(りょうしん) 부모님 | 感謝(かんしゃ) 감사 | 気持(きも)ち 마음, 기분 | 手紙(てがみ) 편지 | 書(か)く 쓰다 | 結婚式(けっこんしき) 결혼식 | 読(よ)む 읽다

---

[2] **적절한 기능어 넣기** ★☆☆　　　　　| 정답 2

해석 A : 부장님, 조금 전에 하라다 씨**라는** 분에게서 전화가 왔었습니다.
B : 응, 알았어.

해설 1번의 ～といって는 '～라고 하고(해서)', 2번의 ～という는 '～라고 하는', 3번의 ～として는 '～로서', 4번의 ～とする는 '～(라)고 하다'라는 의미의 기능어이다.

어휘 部長(ぶちょう) 부장님 | 先(さっき) 아까, 조금 전 | 電話(でんわ) 전화

적절한 기능어 넣기 ★★☆ | 정답 3

해석 A : 그녀는 남편에 비해서 아주 젊어 보이네요.
B : 그러네요.

해설 1번의 ～にとっては '～에게 있어서', 2번의 ～に対(たい)しては '～에 대해서', 3번의 ～に比(くら)べては '～에 비해서', 4번의 ～にしたがっては '～에 따라(서)'라는 의미의 기능어이다.

어휘 主人(しゅじん) 남편 | 若(わか)く 젊게 | 見(み)える 보이다

---

4 **문법적 호응관계 파악하기** ★☆☆ | 정답 4

해석 어제 영화를 보러 <u>갔다가</u> 우연히 옛날 친구를 만났다.

해설 ～たら는 조건을 제시하는 가정, 그리고 의외의 상황이나 발견, 습관적인 현상이나 과거 사실 등을 표현하거나 이야기하는 사람이 실제로 없었던 것을 가정하여 후회나 아쉬운 마음을 표현할 때 쓴다.

어휘 昨日(きのう) 어제 | 映画(えいが) 영화 | 동사 ます형+に ～하러 | 偶然(ぐうぜん) 우연히 | 昔(むかし) 옛날 | 友人(ゆうじん) 친구 | 出会(であ)う 우연히 만나다, 마주치다

---

5 **의미적 호응관계 파악하기** ★☆☆ | 정답 1

해석 우리 딸은 "피아노 같은 거 싫어. 더 이상 하기 싫어." 하며 피아노 배우는 것을 <u>싫어하고 있다</u>.

해설 1번의 いやがっている는 '싫어하고 있다', 2번의 ほしがっている는 '갖고 싶어 하다', 3번의 きらいになる는 '싫어지다', 4번의 ほしくなる는 '갖고 싶어지다'는 의미이다.

어휘 娘(むすめ) 딸 | 嫌(きら)い 싫음. 마음에 들지 않음 | いやだ 싫다 | 習(なら)う 배우다 | いやがる 싫어하다 | ほしがる 탐내다, 갖고 싶어하다 | ほしい 갖고 싶다, 탐나다

---

6 **적절한 기능어 넣기** ★★☆ | 정답 1

해석 모처럼 일본에 <u>왔으니까</u> 일본 요리를 먹어 보자.

해설 1번의 ～からは '～기 때문에, ～해서, ～이니까', 2번의 ～ことには는 '～하게도', 3번의 ～つもりでは '～할 생각으로', ～ことならは '～것이라면'이라는 의미이다.

어휘 せっかく 모처럼 | 料理(りょうり) 요리

---

7 **의미적 호응관계 파악하기** ★★☆ | 정답 3

해석 A : 다나카 씨는 화를 잘 내는 사람이네요.
B : <u>저렇게</u> 화를 잘 내는 사람도 드물어요.

해설 こんなに・そんなに・あんなに・どんなに는 '이렇게・그렇게・저렇게・어떻게'라는 의미로 정도를 나타낸다.

어휘 怒(おこ)りっぽい 화를 잘 내다 | めずらしい 드물다, 희귀하다, 신기하다

---

8 **의미적 호응관계 파악하기** ★★☆ | 정답 2

해석 어느 쪽이 <u>이겨도 이상하지 않다</u>. 양 팀 모두 실력은 거의 같은 정도이니까.

해설 1번의 ～てしかたがないは '～해서 어쩔 수가 없다, 매우 ～하다', 2번의 ～てもおかしくないは '～해도 이상하지 않다', 3번의 ～にちがいないは '～임에 틀림없다', 4번의 ～ことになっているは '～하기로 되어 있다'는 의미이다.

어휘 両(りょう)チーム 양 팀 | ～とも ～모두 | 実力(じつりょく) 실력 | ほぼ 거의 | 同(おな)じ 같음. 동일함 | 勝(か)つ 이기다

---

9 **문법적 호응관계 파악하기** ★★☆ | 정답 2

해석 A : 꼭 한 번 선생님의 수업을 <u>견학할 수 없겠습니까</u>?
B : 물론, 좋아요.

해설 1번의 ～てもらえませんでしょうかは '～해 주실 수 없겠습니까?', 2번의 ～させていただけませんかは '～하게 해 주실 수 없겠습니까?', 4번의 ～てくれないでしょうかは '～해 주지 않겠습니까?'라는 의미이다. 3번은 비문법적 표현이다.

어휘 ぜひ 꼭, 틀림없이 | 一度(いちど) 한 번 | 授業(じゅぎょう) 수업 | 見学(けんがく) 견학 | もちろん 물론, 말할 것도 없이

---

10 **의미적 호응관계 파악하기** ★★☆ | 정답 1

해석 A : 청소기, 또 고장 나 버렸어.
B : 나는 이제 <u>새로 바꿔도 되지 않을</u>까 하고 생각하는데.

해설 1번의 ～てもいいんじゃない는 '～해도 되지 않아', 2번의 ～なくてもいいんじゃない는 '～하지 않아도 되지 않아', 3번의 ～てはいけないんじゃない는 '～해서는 안 되지 않아', 4번의 ～なくてはいけないんじゃない는 '～하지 않으면 안 되지 않아'라는 의미이다.

어휘 掃除機(そうじき) 청소기 | また 또, 또한 | 壊(こわ)れる 깨지다, 고장 나다 | ～ちゃった ～てしまった의 축약형, ～해 버렸다 | 買(か)い替(か)える 새로 사서 바꾸다

---

11 **적절한 조사 넣기** ★☆☆ | 정답 3

해석 <u>학교 근처에 살고 있어서</u> 평소에는 걸어서 통학하고 있다.

해설 어디 근처라고 말할 때는 ～の近く라고 말한다. 조사 の는 '～의', '～에 있는', '～동안의', '～이 지은', '～에 관한', '～인, ～라는'이라는 여러 가지 의미로 쓰인다.

어휘 近(ちか)く 근처 | 住(す)む 살다 | 普段(ふだん) 평소, 일상 | 歩(ある)く 걷다 | 通学(つうがく) 통학

---

12 **의미적·문법적 호응관계 파악하기** ★★☆ | 정답 4

해석 다리가 아파서 조깅을 <u>하지 않게 된 지</u> 벌써 1년 지났습니다.

해설 1번의 ～たままでは '～한 채로', 2번의 ～たあとになっては '～한 후가 되어', 3번의 ～ないことには는 '～하지 않으면', 4번의 ～なくなってから는 '～하지 않게 되고 나서'라는 의미이다.

어휘 足(あし)が痛(いた)い 다리가 아프다 | ジョギング 조깅 | たつ (시간이) 지나다, 경과하다

| 13 | 의미적·문법적 호응관계 파악하기 ★★☆ | 정답 2 |

해석 A : 대기업에 **들어가려면** 유명한 대학이 아니면 들어갈 수 없을까요?
　　 B : 아니요, 그렇지 않다고 생각합니다.

해설 1번의 ～だけには '～에게만, ～만큼', 2번의 ～には는 '～에게는, ～하기에는', 3번의 ～ように는 '～하도록', 4번의 ～とともに는 '～와 함께, ～하면서'라는 의미이다.

어휘 大手企業(おおてきぎょう) 대기업 | 有名(ゆうめい) 유명 | 入(はい)る 들어가(오)다

문제 2 문장만들기 문제

제시된 4개의 선택지를 문맥에 맞게 알맞게 나열한 후 ★ 부분에 들어갈 말을 고르는 문제이다. 각 품사의 문장 속에서의 위치 등을 숙지하고 전체 문장이 의미적, 문법적으로 자연스럽게 완성될 수 있도록 4개의 선택지를 순서대로 조합한다.

14 ～ 18 다음 문장의 **★** 에 들어갈 가장 알맞은 것을 1·2·3·4 중에서 하나 고르시오.

| 14 | 단어 바르게 배열하기 ★★☆ | 정답 3 |

완성문 ただいま担当者がまいりますので、こちらに**お**かけになって**少々**お待ちください。

해석 지금 담당자가 오니까 이쪽에 앉으셔서 잠시 기다려 주십시오.

해설 손님 또는 상대에게 앉으라고 권할 때에 자주 사용되는 표현인 おかけになってください와 お座(すわ)りください는 문장으로 외워 둔다. 올바른 배열 순서는 4-2-3-1이다.

어휘 ただいま 지금, 현재 | 担当者(たんとうしゃ) 담당자 | まいる 가다, 오다 | 少々(しょうしょう) 조금, 약간 | 待(ま)つ 기다리다 | かける 걸다, 얹다, 걸터앉다

| 15 | 단어 바르게 배열하기 ★★☆ | 정답 1 |

완성문 彼女が手作りのケーキを持ってきてくれました。

해석 A : 그녀가 손수 만든 케이크를 갖고 와 주었습니다.
　　 B : 우와, 부럽네요.

해설 ～てくる는 '～해 오다', ～てくれる는 '(나에게) ～해 주다'는 의미이다. 올바른 배열 순서는 3-2-1-4이다.

어휘 手作(てづく)り 수제, 손수 만듦 | うらやましい 부럽다 | 持(も)ってくる 갖고 오다

| 16 | 단어 바르게 배열하기 ★★☆ | 정답 4 |

완성문 一日中試験のために勉強したので**全部**わかっていたと思いました。ところが、成績は悪かったです。

해석 하루 종일 시험을 위해 공부했기 때문에 전부 알고 있었다고 생각했습니다. 그런데 성적은 나빴습니다.

해설 ～ためには '～때문에'라는 이유와 '～위해서'라는 목적의 의미를

갖고 있다. 올바른 배열 순서는 3-2-4-1이다.

어휘 一日中(いちにちじゅう) 하루 종일 | 試験(しけん) 시험 | ところが 그런데, 그러나 | 成績(せいせき) 성적 | 悪(わる)い 나쁘다 | 勉強(べんきょう) 공부 | 全部(ぜんぶ) 전부

| 17 | 단어 바르게 배열하기 ★★☆ | 정답 2 |

완성문 私は今できることができるようになるのに5年かかりました。

해석 저는 지금 할 수 있는 것을 할 수 있게 **되는** 데 5년 걸렸습니다.

해설 ～ように는 '～하게, ～하도록'이라는 의미이고, ～のには '～하는 데, ～인데'라는 의미이다. 올바른 배열 순서는 1-4-2-3이다.

어휘 できる 할 수 있다, 생기다, 완성되다 | かかる (시간·비용 등이) 들다

| 18 | 단어 바르게 배열하기 ★★☆ | 정답 1 |

완성문 すみません、写真を1枚撮っていただけませんか。

해석 A : 실례합니다, 사진 한 장 찍어 주실 수 있을까요?
　　 B : 아, 좋아요. 건물도 넣어서 찍을까요?

해설 ～(て)いただく는 직역하면 '～해 받다'이지만, 우리말로는 '～해 주시다'로 번역해야 자연스럽다. 올바른 배열 순서는 4-3-1-2이다. 写真(しゃしん)を撮(と)る(사진을 찍다)라는 표현을 알면 비교적 쉽게 풀 수 있는 문제이다.

어휘 建物(たてもの) 건물 | 入(い)れる 넣다 | 写(うつ)す 베끼다, 그리다, 찍다 | 写真(しゃしん)を撮(と)る 사진을 찍다 | ～枚(まい) ～장

문제 3 글의 문법 문제

독해 문제처럼 보이지만 문법에 관한 문제이다. 원칙적으로는 전체 문장을 읽고 답을 찾아야 하지만, 시간이 부족할 때에는 빈칸 부분의 앞뒤 문장의 내용을 정확하게 해석하고 이해하여 빈칸에 들어갈 표현을 찾는 것도 문제를 푸는 하나의 요령이다.

19 ～ 23 다음 글을 읽고 글 전체의 내용을 생각해서 **19** 부터 **23** 에 들어갈 가장 알맞은 것을 1·2·3·4 중에서 하나 고르시오.

　"주말은 어땠어?" 이 질문은, 미국 직장에서 월요일 아침이 되면 자주 서로 나누는 인사로 되어 있다. 미국에서는, 휴가를 어떻게 **19 보내느냐** 하는 것은, 매우 중요한 개성의 하나이다. 아마 회사나 공장에서 종일 하는 작업은, 모두 대부분 같은 것일 것이다. 하지만 여가는 사람이 저마다 어떠한 인물인가를 분명하게 **20 나타내게 된다.** **21 예를 들면**, 록 음악을 좋아하는 사람도 있고, 재즈나 클래식 음악을 좋아하는 사람도 있다. 뛰거나 헤엄치거나 하는 것을 좋아하는 사람도 있고, 집에서 하루 종일 텔레비전만 보고 있는 사람도 있다. 쇼핑몰에서 장시간 보내는 사람이 있는가 하면, 박물관에 가는 사람도 있을 것이다. **22 이러한** 모든 선택이 사람의 타입을 특징짓는 수단이 된다.

그러나 옛날부터 이러 **23** 했던 것은 아니다. 18, 19세기 미국에서는 '휴가'라는 것은 거의 인식이 없었던 것이다. 농가에서 일했던 대부분의 사람들은 교회에 가는 일요일 이외는 매일 해가 떠서부터 해가 질 때까지 일했다. 그리고 사람들은 여러 가지 오늘날처럼 콘서트에 가거나 파티를 열거나 레스토랑에 가거나 소설을 읽거나 또는 스포츠를 하거나 하는 사람도 있었다. 그러나 그것은 지금보다 훨씬 사소한 것이었다.

어휘 週末(しゅうまつ) 주말 | 質問(しつもん) 질문 | 職場(しょくば) 직장 | 互(たが)いに 서로 | 交(か)わし合(あ)う 서로 나누다, 주고받다 | あいさつ 인사 | 休暇(きゅうか) 휴가 | 重要(じゅうよう) 중요 | 個性(こせい) 개성 | おそらく 아마, 필시 | 工場(こうじょう) 공장 | 終日(しゅうじつ) 종일 | 行(おこな)う 하다, 실시하다 | 作業(さぎょう) 작업 | ほとんど 거의, 대부분 | みな 모두 | 余暇(よか) 여가 | それぞれ 저마다, 각자 | 人物(じんぶつ) 인물 | はっきりと 분명히, 똑똑히, 확실히 | 好(この)む 좋아하다 | 走(はし)る 뛰다, 달리다 | 泳(およ)ぐ 헤엄치다 | 〜ばかり 〜뿐, 〜만 | 長時間(ちょうじかん) 장시간 | 博物館(はくぶつかん) 박물관 | あらゆる 온갖, 모든 | 選択(せんたく) 선택 | 特徴(とくちょう)づける 특징짓다 | 手段(しゅだん) 수단 | 昔(むかし) 옛날 | 認識(にんしき) 인식 | 農場(のうじょう) 농장 | 働(はたら)く 일하다 | 大部分(だいぶぶん) 대부분 | 教会(きょうかい) 교회 | 以外(いがい) 이외 | 日(ひ)の出(で) 일출, 해돋이 | 日(ひ)の入(い)り 일몰 | 出(で)かける 나가다 | 開(ひら)く 열다 | 小説(しょうせつ) 소설 | あるいは 또는, 혹은 | はるかに 훨씬 | ささやか 사소함, 보잘것없음, 작음

---

19 알맞은 문법 활용 찾기 ★★☆ | 정답 1

해설 1번 〜ということは는 '〜란, 〜라는 것은', 2번 〜といえば는 '〜라고 하면', 3번 〜というと는 '〜라고 하면', 4번 〜かどうか는 '〜인지 어떤지'라는 의미의 기능어이다.

어휘 過(す)ごす 보내다, 지내다

---

20 알맞은 문법 활용 찾기 ★★☆ | 정답 2

해설 1번 〜ことにする는 '〜(하)기로 하다', 2번 〜ことになる는 '〜(하)게 되다', 3번 〜ようにする는 '〜(하)도록 하다', 4번 〜ようになる는 '〜(하)게 되다'라는 의미이다. 〜ことになる와 〜ようになる를 혼동하기 쉬우나 〜ことになる는 단순사실, 이미 결정된 사항을 나타내고, 〜ようになる는 목표를 정하고 노력하는 뉘앙스, 변화를 나타내는 표현이다.

어휘 示(しめ)す (나타내)보이다, 가리키다

---

21 알맞은 접속사 찾기 ★★☆ | 정답 3

해설 1번 または는 '또', 2번 ただし는 '단, 다만', 3번 例(たと)えば는 '예를 들면', 4번 そのうえ는 '게다가, 또한'이라는 의미의 접속사이다. 빈칸 뒤에 여가를 보내는 여러 방식에 대한 예시가 나열되고 있으므로 たとえば를 넣는 것이 자연스럽다.

어휘 また 또 | ただし 단, 다만 | 例(たと)えば 예를 들면 | そのうえ 게다가, 또한

---

22 알맞은 연체사 찾기 ★★☆ | 정답 1

해설 1번 このような는 '이런', 2번 そのような는 '그런', 3번 あのような는 '저런', 4번 どのような는 '어떤'의 의미이고 회화체에서는 こんな·そんな·あんな·どんな로 쓰인다. 앞에서 예를 든 것을 직접적으로 가리키므로 このような가 들어가야 문장의 흐름이 자연스러워진다.

---

23 알맞은 문법 활용 찾기 ★★☆ | 정답 4

해설 1번 〜ものだ는 과거형인 た형에 접속되면 '〜하곤 했다'는 의미이고, 2번 〜わけだ는 '〜것이다, 〜할 만하다, 〜게 당연하다', 3번 〜ものではない는 '〜하는 게 아니다', 4번 〜わけではない는 '〜인 것은 아니다'라는 의미의 기능어이다.

독해

> **문제 4** 단문이해 문제
>
> 생활, 업무, 학습 등을 주제로 한 150~200자 내외의 설명문이나 지시문을 읽고 글 전체의 주제나 필자의 의도, 본문의 내용과 일치하는 내용을 고르는 문제가 주로 출제된다. 단락이 하나인 경우에는 주로 첫 문장과 마지막 문장에, 두 개 이상인 경우에는 마지막 단락에 정답의 키워드가 있는 경우가 많다.

> **24** ~ **27** 다음 (1)에서 (4)의 글을 읽고 질문에 답하시오. 답은 1·2·3·4 중에서 가장 알맞은 것을 하나 고르시오.

---

24 본문 내용 파악하기 ★★☆ | 정답 3

> (1)
>
> 오늘은 좀 쇼킹한 이야기를 하고 싶습니다. 이제까지 우리들은 남자의 대부분이 일단 입사를 하면, 같은 회사에서 쭉 계속 일한다고 생각하고 있었습니다. 그러나 최근 조사에 따르면, 입사 5년 이내에 회사를 그만두는 젊은이들이 많아지고 있습니다. 이과계를 졸업한 학생은 정착한 사람이 많지만, 문과계에서는 놀랍게도 60%나 되는 사람이 처음 들어간 회사를 그만두고 있습니다. 이 숫자는 솔직히 말해 놀라운 일입니다. 숫자라는 면에서만 말하자면, 여자는 79%가 10년 이내에, 처음 들어간 회사를 그만두고 있는데요, 이것은 결혼과 출산에 따른 것이겠지요.

해석 이 사람이 놀라고 있는 것은 어떤 일인가?
   1 남자는 일단 입사하면 같은 회사에서 쭉 계속 일을 하는 것
   2 이과계를 졸업한 사람의 대부분은 입사 5년 이내에 회사를 그만두는 것
   3 문과계를 졸업한 사람의 상당수가 처음 들어간 회사를 그만두고 있는 것
   4 여자는 처음 들어간 회사에 정착한 사람이 많은 것

해설 문제의 핵심이 되는 この数字は正直驚きです라는 문장 바로 앞의 文科系では、なんと60％もの人が初めに入った会社を辞めているんです에 정답의 키워드가 있다.

어휘 │ いったん 일단 │ 入社(にゅうしゃ) 입사 │ ずっと 쭉, 계속, 훨씬 │ 働(はたら)き続(つづ)ける 계속 일하다 │ ところが 그런데, 그러나 │ 最近(さいきん) 최근 │ 調査(ちょうさ) 조사 │ 以内(いない) 이내 │ 辞(や)める 그만두다 │ 若者(わかもの) 젊은이 │ 理科系(りかけい) 이과계 │ 卒業(そつぎょう) 졸업 │ 定着(ていちゃく) 정착 │ 文科系(ぶんかけい) 문과계 │ なんと 놀랍게도 │ 初(はじ)めに 처음 │ 数字(すうじ) 숫자 │ 正直(しょうじき) 사실은, 솔직히 말하자면 │ 驚(おどろ)き 놀람, 놀라운 일 │ 結婚(けっこん) 결혼 │ 出産(しゅっさん) 출산

---

25 본문 내용 파악하기 ★★☆ | 정답 1

(2)

　팩스는 편리하지만, 사용할 때에는 주의가 필요합니다. 보낼 곳이 회사라면, 다른 사람이 봐 버리거나, 분실해 버리거나 할 가능성이 있기 때문에, 담당자 이외의 사람에게 알려지면 곤란한 정보는 쓰면 안 됩니다. 또한 송신 실수도 자주 있기 때문에, 보내는 쪽도 받는 쪽도 확인 연락을 잊지 않도록 합시다.

　글자가 읽기 힘들어지기 쉽다는 것도 팩스의 특징입니다. 상대방이 읽기 쉽도록 주의합시다. 작은 글자는 읽기 어렵기 때문에, 필요에 따라 확대 복사를 하도록 하세요. 항상 받는 상대의 입장을 생각합시다. 팩스는 받는 쪽이 종이를 소비하기 때문에, 매수가 많은 경우에는 우송하는 편이 좋다고 생각합니다.

해석 설명의 내용과 맞는 것은 어느 것인가?
1 팩스는 담당자 이외의 사람에게 알려지면 곤란한 정보는 쓰면 안 된다.
2 팩스가 정확히 송신되었는지 어떤지의 확인 연락은, 받는 쪽에서 한다.
3 팩스로 확대해서 보내는 것은 종이를 많이 사용하기 때문에 좋지 않다.
4 팩스를 한 장만 보내는 것은 매너 위반이다.

해설 본문의 내용과 일치하는 내용을 고르는 문제의 정답은 주로 본문의 요약이나 본문을 통해 필자가 강조하는 부분일 경우가 많다. 따라서 본문을 읽어 가면서 필자의 의견이나 생각·강조 내용이라고 생각되는 부분을 체크해 놓도록 하자. 필자는 팩스에는 남에게 알려지면 곤란한 정보는 쓰지 말고, 팩스는 송신 실수가 많기 때문에 보내는 사람과 받는 사람 서로 확인 연락을 하고, 글자가 작아 읽기 어려운 경우에는 확대 복사를 할 것을 권하고 있다. 또한 매수가 많은 경우 우편으로 보내는 것을 권하고 있는 것으로 보아 팩스를 한 장만 보내는 것은 매너 위반이라고 볼 수 없다고 유추할 수 있다. 따라서 정답은 1번이다.

어휘 │ ファックス 팩스 │ 便利(べんり) 편리 │ 注意(ちゅうい) 주의 │ 送(おく)り先(さき) 보낼 곳 │ 他(ほか)の人(ひと) 다른 사람 │ 紛失(ふんしつ) 분실 │ 可能性(かのうせい) 가능성 │ 以外(いがい) 이외 │ 困(こま)る 곤란하다, 난처하다 │ 送信(そうしん) 송신 │ ミス 실수, 실패 │ 送(おく)る 보내다 │ ～側(がわ) 측, 편, 쪽 │ 受(う)け取(と)る 받다 │ 確認(かくにん) 확인 │ 文字(もじ) 문자 │ 読(よ)みにくい 읽기 어렵다 │ 特徴(とくちょう) 특징 │ 相手(あいて) 상대방 │ 読(よ)みやすい 읽기 쉽다 │ 気(き)をつける 조심하다, 주의하다 │ 応(おう)じる 응하다, 따르다, 알맞다 │ 拡大(かくだい) 확대 │ 紙(かみ) 종이 │ 消費(しょうひ) 소비 │ 枚数(まいすう) 매수 │ 場合(ばあい) 경우 │ 郵送(ゆうそう) 우송

송 │ きちんと 깔끔히, 정확히 │ マナー違反(いはん) 매너 위반

26 본문 내용 파악하기 ★★☆ | 정답 3

(3)

여름 야구 합숙

요코하마 고교에서는 여름 야구 합숙을 다음 일시에 개최합니다.
개시는 6월 25일 월요일, 종료는 7월 3일 화요일입니다.
이 행사 대상자는 10세부터 14세까지입니다.
이 합숙은 새로운 기술의 습득과 경기 지식의 향상을 목표로 합니다.
어떤 레벨이나 능력이라도 환영합니다!
자세한 정보를 알고 싶은 분은 703-503-770번의 다케우치에게 전화를 주시거나, takeuti@yh.edu로 이메일을 보내 주세요.

해석 이 합숙에서 참가자는 무엇을 배울 수 있는가?
1 야구의 기초적 기술만
2 하기 합숙의 개최 방법
3 야구에 대한 새로운 기술과 지식
4 자신의 능력을 발견하는 방법

해설 본문 중반에 この合宿は新たな技術の習得と競技知識の向上を目指します라고 되어 있으므로 정답은 3번이다.

어휘 │ 夏(なつ) 여름 │ 野球(やきゅう) 야구 │ 合宿(がっしゅく) 합숙 │ 日時(にちじ) 일시 │ 催(もよお)す 개최하다 │ 開始(かいし) 개시 │ 終(お)わり 끝, 마지막 │ 催(もよお)し 주최, 회합, 모임, 행사 │ 対象者(たいしょうしゃ) 대상자 │ 新(あら)たな 새로운 │ 技術(ぎじゅつ) 기술 │ 習得(しゅうとく) 습득 │ 競技(きょうぎ) 경기 │ 知識(ちしき) 지식 │ 向上(こうじょう) 향상 │ 目指(めざ)す 목표로 하다, 지향하다 │ 能力(のうりょく) 능력 │ 歓迎(かんげい) 환영 │ 詳(くわ)しい 자세하다, 상세하다, 정통하다 │ 基礎的(きそてき) 기초적 │ 夏期(かき) 하기, 여름 기간 │ 発見(はっけん) 발견 │ 方法(ほうほう) 방법

---

27 본문 내용 파악하기 ★★★ | 정답 2

(4)

　태풍이나 지진 등의 자연재해에 대비해서 비상식을 사 놓는 가정이 늘고 있습니다만, 비상식은 우선 휴대하기 편리할 것, 보존이 될 것, 그리고 영양이 풍부할 것, 이 3가지 점이 중요한 것은 말씀드릴 필요도 없을 것이라 생각합니다. 다만, 여러분들이 비상식을 선택하실 때에 자주 간과하시는 점이 있는데, 그것은 재해 시에는 가스도 전기도 사용할 수 없게 되는 경우가 발생하기 때문에, 비상식은 데우지 않고도 먹을 수 있다는 것이 한 가지 더 중요한 점이 된다는 것입니다. 예를 들면, 레토르트 식품 종류는 데워 먹으면 영양도 풍부하고 맛있지만, 차가우면 기름이 굳어서 먹기 힘들게 되어 버립니다. 그리고 또한, 재해 시에는 수도도 중지될 가능성이 있기 때문에, 염분이 많은 것도 비상식으로서는 추천 드릴 수 없습니다.

해석 비상식을 고를 때, 중요한 것으로서 바르지 않은 것은 어느 것인가?
1 오래 보존할 수 있는가
2 염분이 듬뿍 들어 있는가
3 영양이 풍부한가
4 데우지 않아도 먹을 수 있는가

해설 글의 마지막 문장에서 塩分の多いものも非常食としてはお
勧めできません이라고 말하고 있으므로 정답은 2번이 된다.

어휘 台風(たいふう) 태풍 | 地震(じしん) 지진 | 自然(しぜん) 자연 |
災害(さいがい) 재해 | 備(そな)える 대비하다, 갖추다 | 非常食
(ひじょうしょく) 비상식량 | 買(か)い置(お)く 사 놓다, 사 두다
| 家庭(かてい) 가정 | 増(ふ)える 늘다 | 携帯(けいたい) 휴대
| 保存(ほぞん)がきく 보존이 되다 | 栄養(えいよう) 영양 | 豊
富(ほうふ) 풍부 | 大事(だいじ) 중요함 | 申(もう)し上(あ)げ
る 말씀드리다 | ただ 단, 단지 | 選(えら)ぶ 선택하다, 고르다 | 〜
際(さい) 〜때, 〜즈음 | 見落(みお)とす 간과하다, 빠뜨리고 보다
| 電気(でんき) 전기 | 起(お)こる 일어나다, 발생하다 | 温(あた
た)める 따뜻하게 하다, 데우다 | レトルト食品(しょくひん) 레
토르트 식품(완전 조리되어 데우기만 하면 먹을 수 있는 식품) | 〜類
(るい) 〜류, 종류 | 冷(つめ)たい 차갑다 | 油(あぶら) 기름 | 固
(かた)まる 굳다, 단단해지다, 뭉치다 | 食(た)べづらい 먹기 힘들
다 | 水道(すいどう) 수도 | 可能性(かのうせい) 가능성 | 塩分
(えんぶん) 염분 | 勧(すす)める 권하다 | たっぷり 듬뿍, 많이,
충분히

る 느끼다 | 視聴者(しちょうしゃ) 시청자 | 目(め)を向(む)け
る 시선을 돌리다, 관심을 갖다 | 話(はな)しかける 말을 걸다, 말을
시작하다 | 説得力(せっとくりょく) 설득력 | 意見(いけん) 의
견 | 伝(つた)える 전하다 | 努力(どりょく) 노력 | 印象(いん
しょう) 인상 | 与(あた)える 주다 | 努(つと)める 노력하다 | 本質
(ほんしつ) 본질 | たしかに 확실히, 분명히 | 欲望(よくぼう) 욕
망 | いかす 살리다 | 書(か)き言葉(ことば) 문장어 | 話(はな)
し言葉(ことば) 구어, 음성언어 | 話(はな)し方(かた) 이야기하
는 태도, 방식, 말투 | 明(あき)らかに 분명히, 명백히, 뚜렷이 | 雄
弁術的(ゆうべんじゅつてき) 웅변술적 | 違(ちが)う 다르다 |
人前(ひとまえ) 남 앞 | 効果(こうか) 효과 | 受賞作(じゅしょ
うさく) 수상작 | 大声(おおごえ) 큰 목소리 | すぐに 바로 | 注
意(ちゅうい)を引(ひ)く 주의를 끌다 | 質(しつ) 질 | 低下(てい
か) 저하 | 偉大(いだい) 위대 | 名文家(めいぶんか) 명문가 |
数年後(すうねんご) 수년 후 | 口語調(こうごちょう) 구어조 |
喜(よろこ)び 기쁨 | 永遠(えいえん) 영원 | 伝達(でんたつ) 전
달 | 言葉(ことば) 말, 언어 | 神秘性(しんびせい) 신비성 | 番組
(ばんぐみ) 프로그램 | 散文(さんぶん) 산문 | 詩(し) 시 | 優(す
ぐ)れる 뛰어나다, 우수하다

문제 5 중문이해 문제

주로 설명문, 수필, 논평, 에세이 등 350자 정도의 지문을 읽고 개요
나 인과관계, 이유, 필자의 생각 등을 묻는 문제가 출제된다. 질문을
읽고 질문 내용에 유의하며 지문을 읽어 내려간다. 평소 글을 읽을
때 필자의 의견 및 생각을 찾는 연습을 하는 것도 좋다.

28 ~ 33 다음 (1)과 (2)의 글을 읽고 질문에 답하시오. 답은
1·2·3·4 중에서 가장 알맞은 것을 하나 고르시오.

28 ~ 30

(1)
　①방송 방법은 문어조보다도 회화체이어야 한다고 나는 항상 느껴
왔다. 아나운서는 시청자에게 시선을 향하며 말을 걸고, 설득력을 가
지고 정보와 의견을 전달하려고 노력하고 있다는 인상을 주도록 노
력해야만 한다. 좋은 방송의 본질은 분명히 이 ②전하고 싶다는 욕
망으로, 아나운서의 특징을 살린, 문장어가 아니라 구어여야 한다고
생각한다. 대화 투는 분명히 웅변술(주)적인 것은 아니고, 전화할 때의
것과도 분명히 다르다. 남 앞에서 스피치를 하는 것 같은 방송은 별
로 효과가 없고, 수상작인 에세이를 큰 목소리로 읽는 듯한 방송은
바로 주의를 끌지 못하게 된다.
　그렇다고 해서 방송이 문장어의 질을 저하시킬까? 또한 위대한 명
문가가 수년 후에 구어조로 쓰게 될까? 쓰는 것의 기쁨은 영원한 것
이지만, 의미의 전달과 언어의 신비성에 있다. 우리는 방송 프로그램
을, 산문에 의한 시로서 쓰는 것이 아니라 뛰어난 회화로서 계속 쓸
것이다.

(주) 웅변술 : 대중 앞에서 명확하고 인상적으로 자기의 의견을 공표
하는 기법

어휘 放送(ほうそう) 방송 | やり方(かた) 하는 방법 | 文語調(ぶん
ごちょう) 문어조 | 会話体(かいわたい) 회화체 | 感(かん)じ

---

28 본문 내용 파악하기 ★★☆ | 정답 1

해석 ①방송 방법은 문어조보다도 회화체이어야 한다고 되어 있는데,
필자가 그렇게 생각하고 있는 것은 왜인가?
1 회화체 쪽이 보다 잘 정보와 의견을 전할 수 있기 때문에
2 회화체로 방송하는 쪽이 시청률이 높아지기 때문에
3 문어조의 말하는 방법은 방송의 질을 저하시키기 때문에
4 문어조가 아니면 방송의 효과가 없기 때문에

해설 밑줄 친 부분의 내용을 묻는 문제는 밑줄 친 부분의 문장 바로 앞
뒤 내용을 살펴보면 정답을 쉽게 찾을 수 있다. 필자는 시청자에게
설득력 있는 정보와 의견을 전달하기 위해서는 문어조보다 회화체
가 효과적이라고 생각하고 있다. 따라서 정답은 1번이다.

29 본문 내용 파악하기 ★★☆ | 정답 2

해석 ②전하고 싶다는 욕망이라고 되어 있는데, 어떤 욕망인가?
1 상대의 눈을 보고 말을 걸고 싶다는 욕망
2 설득력을 가지고 정보와 의견을 전하고 싶은 욕망
3 자신도 노력하고 있다는 인상을 전하고 싶은 욕망
4 영원한 것인 쓰는 것의 기쁨을 가르치고 싶은 욕망

해설 밑줄 친 부분의 내용을 묻는 문제는 밑줄 친 부분의 문장 바로 앞
뒤 내용을 잘 살펴서 문제를 풀면 정답을 쉽게 찾을 수 있다. 바로
앞의 説得力을 가지고 情報や意見을 伝えようと努力して
いるのだという印象을 与えるよう努めるべきである라
고 되어 있는 글에서 정답은 2번임을 유추할 수 있다.

30 본문과 일치하는 내용 찾기 ★★☆ | 정답 4

해석 본문의 내용과 맞는 것은 어느 것인가?
1 시청자에게 좋은 인상을 주는 것은 아나운서의 중요한 역할이다.
2 문장어는 설득력은 약하지만 영향력은 크다.
3 방송에서는 남 앞에서 스피치를 하는 것 같이 큰 소리로 이야기
하지 않으면 안 된다.

4 문장어보다 구어 쪽이 방송에서의 효과가 좋다.

해설　필자는 아나운서는 설득력을 가지고 정보와 의견을 전달하려는 노력을 하고 있다는 인상을 줄 필요가 있으며, 방송에서 큰 소리로 말하는 것은 주의를 끌지 못한다고 쓰고 있다.

어휘　公衆(こうしゅう) 공중 | 明確(めいかく) 명확 | 公表(こうひょう) 공표 | 術(じゅつ) 기술, 재주, 수단 | 役割(やくわり) 역할 | 弱(よわ)い 약하다 | 影響力(えいきょうりょく) 영향력

---

31 ~ 33

(2)
　언어를 말하는 방법을 배우는 것은, 일부에서는 음을 모방하는 법을 배우는 것을 의미한다. 한때, 학자들 사이에서 언어의 발달은 주로 들은 것을 모방하는 성과라고 생각되었다. 그러나 지금은 모방하는 것은 중요하지만, 우리가 특히 노력하는 것은——우리들 한 사람 한 사람이 지금까지 입 밖에 낸 적이 없었던 것을 정말 그것답게 말할 수 있도록——패턴의 모방법을 학습하는 것이라고 이해되고 있다. 기본적인 패턴에서 우리들은 새로운 발화를 만들어 내는 것이다.
　천문학이든 대인 커뮤니케이션이든, 무엇인가의 과목에 관해서 학습하는 것도, 그 대부분은 패턴을 발견하는 것을 의미한다. 뛰어난 이론이란, 다음에 무엇이 일어날지를 예측하기 위해 도움이 될 만큼 충분히 어떤 패턴을 설명하는 것이다. 어느 학생이 머리가 좋다거나 어느 학생이 다른 학생보다도 능숙하게 배울 수 있는가 등을 정하는 많은 학력 테스트는 패턴 테스트이다. 기초를 이루는 패턴을 파악할 수 있는 사람은, 못하는 사람보다도 숙달도가 높다는 견해도 있다.
　패턴을 이해하는 것은, 교육이나 더욱더 지성만의 문제가 아니다. 대부분은 무엇에 신경을 집중하고 있는가, 또 무엇을 이해할 생각으로 있는가에 의한 것이다.

어휘　言語(げんご) 언어 | 学(まな)ぶ 배우다 | 一部(いちぶ) 일부 | 音(おと) 소리, 음 | まね方(かた) 흉내 내는 방법 | 一時期(いちじき) 한 시기 | 学者(がくしゃ) 학자 | 間(あいだ) 사이, 동안 | 発達(はったつ) 발달 | 主(しゅ)として 주로 | まねる 흉내 내다, 모방하다 | 成果(せいか) 성과 | 我々(われわれ) 우리들 | 特(とく)に 특히 | 口(くち)に出(だ)す 입 밖에 내다, 말하다 | いかにも 매우, 정말로, 제법, 과연 | 学習(がくしゅう) 학습 | 理解(りかい) 이해 | 基本的(きほんてき) 기본적 | 発話(はつわ) 발화 | 生(う)み出(だ)す 낳다, 새것을 만들어 내다, 창출해 내다 | 天文学(てんもんがく) 천문학 | 対人(たいじん) 대인 | 科目(かもく) 과목 | 大半(たいはん) 대부분 | 発見(はっけん) 발견 | すぐれる 뛰어나다 | 理論(りろん) 이론 | 次(つぎ)に 다음에, 그리고 나서 | 起(お)こる 일어나다 | 予測(よそく) 예측 | 役(やく)に立(た)つ 도움이 되다 | 十分(じゅうぶん)に 충분히 | 説明(せつめい) 설명 | 決(き)める 정하다 | 学力(がくりょく) 학력 | 基礎(きそ)をなす 기초를 이루다 | 捉(とら)える 잡다, 포착하다, 파악하다 | 熟達度(じゅくたつど) 숙달도 | 教育(きょういく) 교육 | さらに 더욱더, 게다가 | 知性(ちせい) 지성 | 神経(しんけい) 신경 | 集中(しゅうちゅう) 집중 | つもり 예정, 작정, 의도

31　본문 내용 파악하기 ★★☆　｜정답 3

해석　언어를 말하는 방법을 배우는 것의 설명으로 바른 것은 어느 것인가?
　1 들은 것을 모방하는 능력만 있으면 언어는 바로 능숙해질 수 있다.
　2 음을 모방하는 방법을 배우는 것은 언어 학습에 유해하다.
　3 음을 모방하는 것보다 패턴의 모방법을 학습하는 것이 더 중요하다.
　4 사람은 모방하지 않고 언어를 학습할 수 있다.

해설　첫 번째 단락 중에서 しかし、今ではまねることは大切であるけれど、我々が特に努力するのは——我々一人一人がこれまで口に出したことのなかったことをいかにもそれらしく言えるように——パターンのまね方を学習することである、と理解されている。基本的なパターンから我々は新しい発話を生み出すのである 부분을 정확히 이해했다면 정답을 찾을 수 있다.

어휘　能力(のうりょく) 능력 | 有害(ゆうがい) 유해 | 価値(かち) 가치

32　본문 내용 파악하기 ★★☆　｜정답 2

해석　지금 현재, 학자들 사이에서 중요하다고 생각되고 있는 것은 어느 것인가?
　1 들은 것을 모방하는 것
　2 기본적인 패턴을 모방하는 것
　3 모방하는 것은 가치 있다는 것을 이해하는 것
　4 새로운 발화를 만들어 내는 것

해설　31번 문제에서와 마찬가지로 같은 단락에서 정답의 내용을 찾을 수 있다.

33　본문과 일치하는 내용 찾기 ★★☆　｜정답 3

해석　이 글의 내용과 맞는 것은 어느 것인가?
　1 머리가 좋은 학생은 다른 학생보다 패턴의 중요성을 잘 알고 있다.
　2 뛰어난 이론을 완성하기 위해서는 패턴을 설명하는 기술이 필요하다.
　3 패턴은 교육, 지성의 문제가 아니라 그 이상의 것에 따른다.
　4 패턴을 이해하는 것은 예상 이상으로 어렵다.

해설　필자는 마지막 문장에서 パターンを理解することは、教育や、さらに知性だけの問題ではない라고 말하고 있으므로 정답은 3번이다. 독해 문제풀이의 가장 기본적인 원칙은 항상 정답은 지문 안에 있다는 것이다. 평소에 글을 읽을 때 이것을 명심하며 필자의 의견 및 생각을 찾는 연습을 한다면 시험에서 좋은 결과를 기대할 수 있을 것이다.

어휘　完成(かんせい) 완성 | 技術(ぎじゅつ) 기술 | 以上(いじょう) 이상 | 予想(よそう) 예상

해설, 수필, 편지, 에세이, 소설 등 550자 정도의 지문을 읽고 필자의
주장이나 의견, 본문의 개요나 논리의 전개 등을 묻는 문제이다. 본
문 내용을 읽기 전에 먼저 4개의 질문을 읽으면서 어떠한 부분과 내
용에 주의하면서 읽어야 하는지, 무엇을 묻고 있는지를 파악한 후 본
문을 읽어 내려가는 게 좋다.

34 ~ 37 다음 글을 읽고 질문에 답하시오. 답은 1·2·3·4 중
에서 가장 알맞은 것을 하나 고르시오.

　　지적 능력을 단순한 학구적인 능력으로서가 아니라, 더 넓은 시야
로 보기 시작한 사회학자가 있다. 그들은 지적 능력을, 성공해서 행
복한 인생으로 이끌기 위해 필요한 것이라는 표현으로 재정의하려
고 하고 있다. 이러한 접근 변화는 1980년대에 ①하버드대학을 졸업
한 학생이 실시한 것과 같은 최근의 연구를 근거로 하고 있다. 이 연
구에서는 대학에서 지능테스트 득점이 가장 높은 학생이 업무상에서
가장 성공하고 있는 것은 아니라는 것을 알았다. 또한 이러한 사람들
이 그만큼 인생에 만족하고, 또는 친구관계나 가족관계나 로맨틱한 관
계에서, 가장 행복한 것은 아니라는 것도 알았다.
　　②이러한 발견으로 감정면에서 유능한 사람—자신의 감정을 잘
컨트롤하고, 타인의 감정에도 잘 대처하는 방법을 알고 있는 사람—
이 우정과 연애에서, 또는 보다 형식적인 사회 상황에서 성공으로 이
어지는 암묵의 규칙을 이해하는 데 뛰어나다고 생각된다.
　　그것에 비해서, 감정면의 생활을 잘 컨트롤하지 못하는 사람은, 업
무에서의 집중이나 명확한 사고를 어렵게 하는 듯한 내면에서의 싸
움을 하지 않으면 안 된다.
　　이 차이는, 어떤 사람은 인생에서 잘하고 있는데, 같은 정도의 지
성을 가진 사람이 잘되지 않는 이유를 이해하는 데 있어서 불가결한
것이다. 더욱더 중요하게, 학구적 능력은 바꿀 수 없다고 많은 사
람이 논하고 있는 한편, 감정면에서의 기량은 배워서 얻을 수 있다는
증거는 늘고 있다.
　　③지적 능력과 감정 능력은 반대의 능력이 아니라, 각각 다른 능력
이라는 것은 기억해 두어야 한다. 우리들은 지성과 감정의 이해력을
혼동하고 있는 경우가 많다. 각각의 특성은 사람의 성질에 다른 뭔가
를 준다. 그러나 두 개에서, 감정의 이해력 쪽이 우리들을 완전한
인간으로 만들어 주는 특성의 대부분을 준다.

어휘　知力(ちりょく) 지력, 지적 능력 ｜ 単(たん)なる 단순한 ｜ 学究
的(がっきゅうてき) 학구적 ｜ 能力(のうりょく) 능력 ｜ 広(ひ
ろ)い 넓다 ｜ 視野(しや) 시야 ｜ 見始(みはじ)める 보기 시작하
다 ｜ 社会学者(しゃかいがくしゃ) 사회학자 ｜ 成功(せいこう)
성공 ｜ 幸(しあわ)せ 행복 ｜ 人生(じんせい) 인생 ｜ 導(みちび)
く 안내하다, 이끌다 ｜ 表現(ひょうげん) 표현 ｜ 再定義(さいて
いぎ) 재정의 ｜ 変化(へんか) 변화 ｜ 卒業(そつぎょう) 졸업 ｜ 研
究(けんきゅう) 연구 ｜ 基(もと)づく 의거하다, 근거하다 ｜ 知能
(ちのう) 지능 ｜ 得点(とくてん) 득점 ｜ ～とは限(かぎ)らない
꼭 ～하다고 할 수 없다, ~만이 아니다 ｜ 満足(まんぞく) 만족 ｜ 友
人(ゆうじん) 친구 ｜ 関係(かんけい) 관계 ｜ 家族(かぞく) 가족
｜ 発見(はっけん) 발견 ｜ 感情面(かんじょうめん) 감정면 ｜ 有
能(ゆうのう) 유능 ｜ 他人(たにん) 타인 ｜ 対処(たいしょ) 대처
｜ 友情(ゆうじょう) 우정 ｜ 恋愛(れんあい) 연애 ｜ 形式的(け
いしきてき) 형식적 ｜ 状況(じょうきょう) 상황 ｜ つながる 이

어지다, 연결되다, 관련되다 ｜ 暗黙(あんもく) 암묵 ｜ 規則(きそく)
규칙 ｜ ～に対(たい)して ～에 대하여, 관하여 ｜ 生活(せいかつ)
생활 ｜ 思考(しこう) 사고 ｜ 内面(ないめん) 내면 ｜ 戦(たたか)
い 싸움 ｜ 違(ちが)い 차이 ｜ 不可欠(ふかけつ) 불가결 ｜ 変(か)
える 바꾸다 ｜ 論(ろん)じる 논하다 ｜ 一方(いっぽう)で ～하는
한편으로 ｜ 技量(ぎりょう) 기량, 수완 ｜ 得(え)る 얻다 ｜ 証拠(し
ょうこ) 증거 ｜ 増(ふ)える 늘다, 증가하다 ｜ 反対(はんたい) 반대
｜ 別々(べつべつ) 따로따로, 제각기, 각각 ｜ 混同(こんどう) 혼동 ｜
特質(とくしつ) 특질, 특성 ｜ 性質(せいしつ) 성질 ｜ 与(あた)え
る 주다 ｜ 完全(かんぜん) 완전 ｜ 人間(にんげん) 인간

34　문맥 파악하기 ★★☆　　　　　　　｜ 정답 1

해석　①하버드대학을 졸업한 학생이 실시한 것과 같은 최근의 연구가
　　나타내고 있는 것은 무엇인가?
　　1 지능테스트의 득점과 성공과는 깊은 관계가 없었다.
　　2 그 후의 인생에서 성공하지 않은 사람의 득점은 실제로 평균점
　　　　이하였다.
　　3 상대적으로 테스트의 점수가 좋은 사람은 개인적인 관계에서도
　　　　성공한다.
　　4 최고점은 가장 학구적 능력이 없는 사람에게 주어졌다.

해설　밑줄 내용 바로 뒤 この研究では大学で知能テストの得点
　　が最も高い学生が仕事の上で最も成功しているとは限
　　らないことが分かった 내용에서 정답을 찾을 수 있다.

어휘　深(ふか)い 깊다 ｜ 実際(じっさい)に 실제로 ｜ 平均点(へいきん
　　てん) 평균점 ｜ 以下(いか) 이하 ｜ 相対的(そうたいてき) 상대적
　　｜ 個人的(こじんてき) 개인적 ｜ 最高点(さいこうてん) 최고점

35　제시어가 가리키는 내용 찾기 ★★☆　　｜ 정답 4

해석　②이러한 발견이라고 되어 있는데, 어떤 발견인가?
　　1 성공해서 행복한 인생을 보내기 위해서는 지적 능력이 필요한
　　　　것
　　2 지적 능력을 갖고 있는 사람은 일에는 성공하지만, 감정을 잘
　　　　컨트롤 못하는 것
　　3 감정면에서 유능한 사람은 일과 인간관계도 잘해 가는 것
　　4 지능테스트의 득점이 높은 사람이 가장 성공하고 행복한 것은
　　　　아니라는 것

해설　34번의 연구 결과를 말한다. 첫 번째 단락의 仕事の上で最も成
　　功しているとは限らないことが分かった와 最も幸せで
　　あるとは限らないことも分かった에서 정답은 4번임을 알
　　수 있다. こ・そ・あ・ど와 같은 지시어로 문제가 제시되어 있
　　는 경우에는 바로 앞 문장이나 단락에 정답의 내용이 있다.

어휘　過(す)ごす 보내다, 지내다

36　문맥 파악하기 ★★☆　　　　　　　｜ 정답 4

해석　감정적 능력은 어떤 것인가?
　　1 습관에 따른 사회적 상황에서 성공하기 위한 암묵의 규칙을 만
　　　　드는 능력
　　2 타인의 감정보다도 자신의 감정을 평가하는 능력
　　3 개인적 성공을 희생해서라도 사회적 성공을 달성하는 능력
　　4 자신과 타인의 감정에 잘 대처하는 능력

해설 본문 내용 가운데 感情面で有能な人は 自分の感情をうま くコントロールし、他人の感情にもうまく対処する方 法を知っている人라는 내용을 통해 정답을 유추해 낼 수 있다.

어휘 習慣(しゅうかん) 습관 | 従(したが)う 따르다 | 評価(ひょう か) 평가 | 犠牲(ぎせい) 희생 | 成(な)し遂(と)げる 완수하다, 이루다, 달성하다

---

37 문맥 파악하기 ★★☆ | 정답 3

해석 ③지적 능력과 감정 능력의 중요한 차이는 무엇인가?
　1 감정적 능력이 처음 발달한다.
　2 지적 능력은 성공하기 위해 보다 더 중요하다.
　3 감정적 능력은 개인적으로 향상될 수 있다.
　4 지적 능력은 인생에서 최대의 만족을 준다.

해설 본문에 제시되는 세부적인 내용을 얼마나 정확하게 이해하고 있는 지를 묻는 문제는 밑줄 친 부분의 전후 문맥을 따져서 보기에서 가 장 가까운 것을 고르면 된다. 네 번째 단락의 마지막 문장인 感情 面での技量は学んで得られるものであるという証拠は 増えている에서 정답은 3번임을 알 수 있다.

어휘 向上(こうじょう) 향상

문제 7　정보검색 문제
안내문이나 광고문 등 여러 가지 정보 소재 안에서 필요한 정보를 찾 아내는 문제이다. 먼저 질문과 선택지를 읽고 질문의 키워드가 무엇 인지, 어떠한 정보를 요구하는 문제인지 파악한다. 그 다음에 2개의 질문에서 제시하는 조건이나 요구하는 정보를 염두에 두고 본문의 내용과 대조해 가며 조건에 맞지 않거나 필요 없는 정보를 제외시켜 나가면 어렵지 않게 정답을 찾을 수 있다.

38 ~ 39 오른쪽 페이지는 '나가노 구 자전거 주차장 이용 안 내'이다. 이것을 읽고 아래 질문에 답하시오. 답은 1·2·3·4 중에서 가장 알맞은 것을 하나 고르시오.

나가노 구 '자전거 주차장' 이용 안내

나가노 구에서는 역 주변에 자전거 주차장을 설치하고 있습니다. 자전거를 이용하시는 한 사람 한 사람이 매너와 룰을 지켜서 방치 자전거가 없는 안전하고 아름다운 동네를 만듭시다.

★이용 방법
• '정기이용'은 유료 허가제로 되기 때문에, 통근과 통학 등으로 정기 적으로 이용하시는 분은 등록 수속이 필요합니다. 수속은 매월 20 일부터 다음 달 5일까지 실시하고 있습니다.
• 수속에 필요한 것 : 등록하는 자전거의 메이커 명, 차체번호,
　　　　　　　　　　방범 등록 번호, 차체의 색
• 이용요금 : 3,000엔

★이용 주의·규칙
• 보도와 주차장 내에서는 자전거·오토바이는 하차하여 밀면서 통 행해 주세요.

• 주차장 내에서의 사고나 도난 등, 이용자의 피해에 관해서는 일절 책임을 지지 않습니다.
• 열쇠를 이중으로 잠그는 등 방법 대책을 부탁드립니다.
• 무단 주차나 허가된 주차장 이외에 주차하는 것은 하지 맙시다.

　또한, 취소 대기 접수 상황에 관해서는 자전거 주차장 창구로 문의 해 주십시오.

어휘 自転車(じてんしゃ) 자전거 | 駐車場(ちゅうしゃじょう) 주차 장 | 駅(えき) 역 | 周辺(しゅうへん) 주변 | 設置(せっち) 설치 | 守(まも)る 지키다 | 放置(ほうち) 방치 | 安全(あんぜん) 안전 | 美(うつく)しい 아름답다 | 定期(てい)き 정기 | 有料(ゆうり ょう) 유료 | 許可制(きょかせい) 허가제 | 通勤(つうきん) 통근 | 通学(つうがく) 통학 | 登録(とうろく) 등록 | 手続(てつづ) き 수속 | 車体番号(しゃたいばんごう) 차체 번호 | 防犯(ぼう はん) 방범 | 色(いろ) 색 | 料金(りょうきん) 요금 | 注意(ちゅ うい) 주의 | 歩道(ほどう) 보도 | 降車(こうしゃ) 하차 | 押(お) す 누르다, 밀다 | 通行(つうこう) 통행 | 事故(じこ) 사고 | 盗難 (とうなん) 도난 | 被害(ひがい) 피해 | 一切(いっさい) 일절, 전 혀 | 責任(せきにん)を負(お)う 책임을 지다 | かぎ 열쇠 | 二重 (にじゅう)にかける 이중으로 잠그다 | 対策(たいさく) 대책 | 無断(むだん) 무단 | 許可(きょか) 허가 | キャンセル待(ま) ち 취소 대기 | 受付(うけつけ) 접수 | 状況(じょうきょう) 상황 | 窓口(まどぐち) 창구 | 問(と)い合(あ)わせる 문의하다

---

38 본문 내용 파악하기 ★★☆ | 정답 1

해석 자전거 주차장 등록 수속을 할 때 필요하지 않은 것은 어느 것인가?
　1 자전거 보험
　2 차체 번호
　3 차체의 색
　4 자전거 메이커 명

해설 이용 방법 내용 가운데 手続きに必要なもの에 보면 登録す る自転車のメーカー名、車体番号、防犯登録番号、車 体の色이라고 나와 있으므로 정답은 1번이다.

어휘 保険(ほけん) 보험

---

39 본문 내용 파악하기 ★★☆ | 정답 4

해석 자전거 주차장을 이용할 때 주의할 점으로 바르지 않은 것은 어느 것인가?
　1 도난 방지를 위해 열쇠를 이중으로 잠그지 않으면 안 된다.
　2 허가된 곳 이외에 자전거를 세워서는 안 된다.
　3 주차장 내에서 자전거를 타고 통행해서는 안 된다.
　4 정기적으로 이용하는 사람은 등록 수속을 하지 않아도 된다.

해설 이용의 주의와 규칙의 내용을 읽어보면 쉽게 정답을 찾을 수 있다. 이용 방법에서 '정기이용'은 등록 수속이 필요하다고 되어 있으므 로 4번은 본문과 맞지 않다. 따라서 정답은 4번이다.

어휘 防止(ぼうし) 방지 | 止(と)める 멈추다, 세우다 | 乗(の)る 타다

문제 1 과제이해 문제

대화를 듣고 구체적인 문제 해결에 필요한 정보를 찾아내 이후에 무엇을 해야 하는지를 알아내는 문제이다. 먼저 질문의 내용을 정확히 이해하여 과제를 수행해야 하는 사람이 누구인지, 어떠한 상황인지를 파악하고, 그 후 포인트가 되는 부분을 메모해 가며 체크해 두도록 한다.

1 ~ 6 문제 1에서는 먼저 질문을 들으세요. 그리고 나서 이야기를 듣고 문제용지의 1부터 4 중에서 가장 알맞은 것을 하나 고르세요.

예) | 정답 4

5-1-01.mp3

男の人がシティーエアーターミナルの女の人と電話で話しています。男の人はこの後、どうしますか。

男：あのう、リムジンバスの予約をしたいのですが……。
女：申し訳ございませんが、旅行代理店で、チケットをお買い求めいただくことになっております。
男：電話で予約はできませんか。
女：電話予約はいたしておりません。
男：では、どうしたらいいですか。
女：旅行代理店でお求めください。
男：シティーエアーターミナルの中に旅行社がありますか。
女：はい、ございます。
男：今から行っても買えるでしょうか。
女：満席ということはございませんが、出発のお時間より少し早めにいらっしゃっていただいて、チケットをお求めください。
男：少し早めに行けば、買えるのですね。
女：はい、大丈夫でございます。
男：わかりました。ありがとうございます。

男の人はこの後、どうしますか。
1 旅行代理店に電話で予約する
2 シティーエアーターミナルに電話で予約する
3 前の日に旅行代理店に行って買っておく
4 出発の前に、旅行代理店で買う

해석 남자가 시티에어터미널의 여자와 전화로 이야기하고 있습니다. 남자는 이후에 어떻게 합니까?
남 : 저기, 리무진버스 예약을 하고 싶은데요…….
여 : 죄송합니다만, 여행대리점에서 티켓을 사셔야 합니다.
남 : 전화로 예약은 할 수 없습니까?
여 : 전화 예약은 받고 있지 않습니다.
남 : 그러면, 어떻게 하면 됩니까?
여 : 여행대리점에서 사시기 바랍니다.
남 : 시티에어터미널 안에 여행사가 있습니까?
여 : 네. 있습니다.

남 : 지금부터 가도 살 수 있습니까?
여 : 만석이 되는 일은 없습니다만, 출발 시간보다 조금 일찍 와 주셔서 티켓을 사시기 바랍니다.
남 : 조금 일찍 가면 살 수 있는 거네요.
여 : 네, 그렇습니다.
남 : 알겠습니다. 감사합니다.

남자는 이후에 어떻게 합니까?
1 여행대리점에 전화로 예약한다.
2 시티에어터미널에 전화로 예약한다.
3 전날에 여행대리점에 가서 사 둔다.
4 출발 전에 여행대리점에서 산다.

해설 남자는 리무진버스의 티켓을 예약하려고 시티에어터미널에 전화를 걸었다. 하지만 담당자가 전화 예약은 불가능하며, 여행대리점에서 직접 사야 한다고 말하고 있다. 따라서 티켓은 전화 예약이 불가능하며, 또한 중반부 남자의 대사 今から行っても買えるでしょうか를 통해 티켓이 필요한 날은 당일임을 알 수 있다. 따라서 정답은 4번이다.

어휘 シティーエアーターミナル 시티에어터미널 │ リムジンバス 리무진버스 │ 予約(よやく) 예약 │ 申(もう)し訳(わけ)ございません 죄송합니다 │ 旅行代理店(りょこうだいりてん) 여행대리점 │ チケット 티켓 │ お+동사 ます형+いただく ~해 받다, ~해 주시다 │ 買(か)い求(もと)める 사들이다, 사다 │ ~ことになっている ~하게 되어 있다 │ ~ておる ~하고 있다, ~해(져) 있다 │ 致(いた)す 하다 │ お+동사 ます형+ください ~해 주십시오 │ 求(もと)める 구하다, 요구하다, 사다, 구입하다 │ 旅行社(りょこうしゃ) 여행사 │ ござる 있다 │ 買(か)える 살 수 있다 │ 満席(まんせき) 만석 │ 出発(しゅっぱつ) 출발 │ お時間(じかん) 시간 │ ~より ~부터, ~보다 │ 少(すこ)し 조금, 약간 │ 早(はや)めに 일찌감치, 일찍 │ いらっしゃる 오시다, 가시다, 계시다 │ ~ていただく ~해 받다, ~해 주시다 │ 大丈夫(だいじょうぶ) 괜찮음, 안전함 │ 前(まえ)の日(ひ) 전날 │ ~ておく ~해 놓다, ~해 두다

1 필요한 정보를 토대로 과제 수행하기 ★★☆ | 정답 4

5-1-02.mp3

男の学生と女の学生が大学について話しています。男の学生はこのあと、どうすると思いますか。

女：大学、どこを受けるの？もう決めた？
男：今、悩んでるんだ。僕は電子技術を勉強したいんだけど、その学部がある大学は、たいてい、受験に英語も必要なんだよ。僕は英語は全然自信ないし……。それから私立は学費がとても高いから、国立に入りたいけど、かなり難しいねえ。
女：そうねえ。英語かあ……。今から英語を勉強したらどう？
男：それも考えてみたんだけど、もう間に合わないよ。
女：専門学校はどう？調べてみた？もしかしたら英語が必要ない学校もあるかもしれないんじゃない。
男：専門学校かあ。うーん、やはり大学のほうがいいんだけどなあ。でも、英語がないなら、それはいいね

え。学費はどのくらいかなあ。進学情報センターに
何か資料があるかな。

男の学生はこのあと、どうすると思いますか。
1 国立大学に入るために、今から英語を勉強する
2 電子技術の学部がある大学で、授業料が一番安い大
学を探す
3 どうしても大学に行きたいので、何学部でもいいか
ら、大学を受験する
4 受験科目に英語がない電子技術の専門学校について
調べてみる

해석　남학생과 여학생이 대학에 관해서 이야기하고 있습니다. 남학생은
이후에 어떻게 할 것이라고 생각합니까?
여 : 대학, 어디를 치를 거야? 이미 정했어?
남 : 지금, 고민하고 있어. 나는 전자기술을 공부하고 싶은데, 그 학
부가 있는 대학은 대부분, 수험에 영어도 필요해서 말이야. 나
는 영어는 전혀 자신 없고……. 그리고 사립은 학비가 너무 비
싸서 국립에 들어가고 싶은데, 너무 어렵네.
여 : 그러게. 영어라……. 지금부터 영어를 공부하는 게 어때?
남 : 그것도 생각해 봤는데, 이미 늦었어.
여 : 전문학교는 어때? 조사해 봤어? 어쩌면 영어가 필요 없는 학
교도 있을지도 모르잖아.
남 : 전문학교라. 음, 역시 대학 쪽이 좋기는 한데. 그래도 영어가
없다면, 그건 좋네. 학비는 어느 정도일까? 진학정보센터에 뭔
가 자료가 있으려나.

남학생은 이후에 어떻게 할 것이라고 생각합니까?
1 국립대학에 들어가기 위해, 지금부터 영어를 공부한다.
2 전자기술 학부가 있는 대학 가운데, 수업료가 제일 싼 대학을
찾는다.
3 아무래도 대학에 가고 싶기 때문에, 어느 학부라도 좋으니, 대
학 시험을 치른다.
4 수험 과목에 영어가 없는 전자기술 전문학교에 관해서 조사해
본다.

해설　두 사람의 마지막 대사를 통해 정답을 유추해 내야 하는 문제이다.
やはり大学のほうがいいんだけどなあ 부분을 듣고 혼동
할 수 있으나 でも、英語がないなら、それはいいねえ。
学費はどのくらいかなあ。進学情報センターに何か資
料があるかな 부분을 들으면 4번이 정답임을 알 수 있다.

어휘　受(う)ける (시험을) 치르다 | 決(き)める 정하다 | 悩(なや)む 괴
로워하다, 고민하다 | 電子(でんし)技術(ぎじゅつ) 전자 기술 | 学
部(がくぶ) 학부 | 大抵(たいてい) 대부분, 대개 | 受験(じゅけ
ん) 수험 | 英語(えいご) 영어 | 全然(ぜんぜん) 전혀 | 自信(じ
しん) 자신 | 私立(しりつ) 사립 | 学費(がくひ) 학비 | 国立(こ
くりつ) 국립 | かなり 상당히, 꽤 | 難(むずか)しい 어렵다 | 間
(ま)に合(あ)う 시간에 늦지 않게 대다 | 専門学校(せんもんが
っこう) 전문학교 | 調(しら)べる 조사하다 | もしかしたら 어
쩌면 | やはり 역시 | 進学(しんがく) 진학 | 情報(じょうほう)
정보 | センター 센터 | 資料(しりょう) 자료 | 授業料(じゅぎ
ょうりょう) 수업료 | 安(やす)い 싸다 | 探(さが)す 찾다 | どう
しても 아무래도 | 科目(かもく) 과목

2　**필요한 정보를 토대로 과제 수행하기** ★★☆　　　| 정답 **4**

5-1-03.mp3

男の人と女の人が電話で話しています。女の人は授業の
最初の日までに、何をしなければなりませんか。

女：あのう、すみません、広告で「韓国語教室」の案内
を見たんですが、申し込みはまだできますか。
男：ええ、大丈夫ですよ。では、お名前とご住所をお願
いします。
女：はい、名前は中村洋子です。住所は板橋区熊野町3
−2です。
男：はい、そうしましたら、今お聞きしたご住所に、授
業の案内と授業料の振り込み用紙をお送りしますの
で、1週間以内に、お近くの銀行で支払いをお願い
します。入金が確認できましたら、正式に申し込
み、ということになります。
女：わかりました。教科書はどうしたらいいんでしょう
か。
男：授業の前にお渡しします。それと授業の最初の日
は、振り込み受領書も持ってきてください。もし、
入金が確認できない場合でも、それがあれば授業が
受けられますから。
女：そうですか。ありがとうございます。

女の人は授業の最初の日までに、何をしなければなりま
せんか。
1 電話で韓国語教室を申し込む
2 授業の案内と振り込み用紙を送る
3 近くの本屋で教科書を買う
4 銀行で授業料を払う

해석　남자와 여자가 전화로 이야기하고 있습니다. 여자는 수업 첫날까
지 무엇을 해야 합니까?
여 : 저, 실례합니다. 광고에서 '한국어교실' 안내를 봤는데, 신청은
아직 할 수 있습니까?
남 : 네, 괜찮습니다. 그럼, 성함과 주소를 부탁드립니다.
여 : 네, 이름은 나카무라 요코입니다. 주소는 이타바시 구 구마노
초 3-2입니다.
남 : 네, 그러시면, 지금 말씀해 주신 주소로 수업 안내와 수업료
납부용지를 보내 드릴 테니까 1주일 이내에 근처 은행에서 납
부해 주시길 부탁드립니다. 입금이 확인되면, 정식으로 신청하
시는 것이 됩니다.
여 : 알겠습니다. 교과서는 어떻게 하면 됩니까?
남 : 수업 전에 드립니다. 그리고 수업 첫날에는, 납부 영수증도 가
지고 와 주세요. 만약, 입금이 확인되지 않는 경우라도, 그것이
있으면 수업을 받을 수 있으니까.
여 : 그렇습니까? 고맙습니다.

여자는 수업 첫날까지 무엇을 해야 합니까?
1 전화로 한국어교실을 신청한다.
2 수업 안내와 납부용지를 보낸다.
3 근처 서점에서 교과서를 산다.
4 은행에서 수업료를 낸다.

해설 中盤部の男子 大사 1週間以内に、お近くの銀行で支払い をお願いします 部分이 힌트이다. 男子의 마지막 대사 授業の 最初の日は、振り込み受領書も持ってきてください 部分을 듣고 혼동하지 말아야 한다.

어휘 授業(じゅぎょう) 수업 | 広告(こうこく) 광고 | 韓国語(かんこくご) 한국어 | 教室(きょうしつ) 교실 | 申(もう)し込(こ)み 신청 | お名前(なまえ) 성함 | 住所(じゅうしょ) 주소 | 振(ふ)り込(こ)み 계좌에 돈을 입금함 | 用紙(ようし) 용지 | 以内(いない) 이내 | 銀行(ぎんこう) 은행 | 支払(しはら)い 지불, 지급 | 入金(にゅうきん) 입금 | 確認(かくにん) 확인 | 正式(せいしき) 정식 | 教科書(きょうかしょ) 교과서 | 渡(わた)す 건네다 | 受領書(じゅりょうしょ) 수령서 | 場合(ばあい) 경우 | 本屋(ほんや) 서점 | 払(はら)う 돈을 치르다, 지불하다

---

3 필요한 정보를 토대로 과제 수행하기 ★★☆ | 정답 2

`5-1-04.mp3`

図書館で男子学生が係の人と話しています。この男子学生はこのあと、すぐ何をしますか。

男 : すみません。ちょっと伺いたいんですが。
女 : はい。何でしょう。
男 : 今借りているこの本の返却期限、きょうまでなんですけど、まだ読み終わっていなくて……。もう一度借り直すことってできますか。
女 : あ、再貸し出しですね。次の予約が入っていなければできますが、そちらの本の予約状況はもう確認しましたか。
男 : いえ、まだです。
女 : 再貸し出しはパソコンで予約状況を確認した上で、申し込んでもらうことになっているんですよ。あそこにある「予約の確認」っていうところで、今お借りになっている本の予約状況が見られます。予約が入っていなければ、サービスカウンターで手続きを行ってください。
男 : わかりました。

- - - - - - - - - - - - - - - - - - -

この男子学生はこのあと、すぐ何をしますか。
1 もう一度この本の予約をする
2 今借りている本の予約状況を確認する
3 サービスカウンターで再貸し出しを申し込む
4 借りていた本を返す

해석 도서관에서 남학생이 담당자와 이야기하고 있습니다. 이 남학생은 이후에 바로 무엇을 합니까?
남 : 실례합니다. 좀 여쭤보고 싶습니다만.
여 : 네. 무슨 일이세요?
남 : 지금 빌린 이 책의 반납기한이 오늘까지인데요. 아직 다 읽지 못해서……. 한 번 더 다시 빌릴 수 있습니까?
여 : 아, 재대출 말씀이시군요. 다음 예약이 들어 있지 않다면 가능합니다만, 그 책의 예약 상황은 이미 확인하셨습니까?
남 : 아니요. 아직입니다.

여 : 재대출은 컴퓨터로 예약 상황을 확인한 뒤에 신청해 주시는 것으로 되어 있습니다. 저기에 있는 '예약 확인'이라는 곳에서 지금 빌리고 계신 책의 예약 상황을 볼 수 있습니다. 예약이 들어 있지 않으면 서비스카운터에서 수속을 해 주세요.
남 : 알겠습니다.

이 남학생은 이후에 바로 무엇을 합니까?
1 한 번 더 이 책의 예약을 한다.
2 지금 빌리고 있는 책의 예약 상황을 확인한다.
3 서비스카운터에서 재대출을 신청한다.
4 빌렸던 책을 반납한다.

해설 여자가 말한 再貸し出しはパソコンで予約状況を確認した上で、申し込んでもらうことになっているんですよ 부분에 정답의 키워드가 있다. 정답은 2번이다. 선택지 1번과 3번은 정답인 2번이 완료된 이후 가능한 일이다.

어휘 図書館(としょかん) 도서관 | 係(かかり)の人(ひと) 담당, 담당 직원 | 伺(うかが)う 묻다, 듣다, 방문하다의 겸양어 | 借(か)りる 빌리다 | 返却(へんきゃく) 반환 | 期限(きげん) 기한 | 読(よ)み終(お)わる 다 읽다 | もう一度(いちど) 한 번 더 | 借(か)り直(なお)す 다시 빌리다 | 再(さい)貸(か)し出(だ)し 재대출 | 予約(よやく) 예약 | 状況(じょうきょう) 상황 | 申(もう)し込(こ)む 신청하다 | 返(かえ)す 돌려주다, 반납하다

---

4 필요한 정보를 토대로 과제 수행하기 ★★☆ | 정답 3

`5-1-05.mp3`

女子学生が、男子学生に新入生歓迎パーティーの手伝いを頼んでいます。この男子学生は、どんなことをしますか。

女 : 来週、新入生歓迎パーティーがあるんだけど……。
男 : ああ、大講堂でやるんでしょう?
女 : そう。私、パーティーの実行委員なんだけど、当日司会しなくちゃいけないから、手伝ってくれる人が必要なの。当日だけでいいから手伝ってもらえない?
男 : 何やればいいの?
女 : 会場のセッティングとか、受付とか、料理を並べるとか。
男 : 受付って、何をやるの?
女 : 招待客が来たら、名簿にチェックして、パンフレットを渡すだけでいいんだけど。
男 : でも、先生とかも来るんだろう。何だか緊張しちゃうなあ。
女 : それじゃ、会場に机やいすを並べる仕事はどう? ちょっと力仕事になるけど。
男 : あ、それなら、いいよ。体力には自信あるから。

- - - - - - - - - - - - - - - - - - -

この男子学生は、どんなことをしますか。
1 司会をする
2 受付をする
3 会場のセッティングをする
4 机に料理を並べる

해석　여학생이 남학생에게 신입생 환영파티를 도와줄 것을 부탁하고 있습니다. 이 남학생은 어떤 일을 합니까?

여 : 다음 주, 신입생 환영파티가 있는데…….

남 : 아, 대강당에서 하는 거지?

여 : 응. 나, 파티 실행위원인데, 당일 사회를 보지 않으면 안 되기 때문에 도와줄 사람이 필요해. 당일만이라도 좋으니까 도와줄 수 없을까?

남 : 뭘 하면 되는데?

여 : 회장 세팅이라든가, 접수라든가, 요리를 늘어놓는다든가.

남 : 접수라는 게 뭘 하는 거야?

여 : 초대 손님이 오면, 명부에 체크하고, 팸플릿을 건네는 것만 하면 되는데.

남 : 하지만 선생님 같은 분도 오시겠지? 어쩐지 긴장되어 버리는 걸.

여 : 그럼, 회장에 책상이나 의자를 늘어놓는 일은 어때? 좀 힘쓰는 일이기는 하지만.

남 : 아, 그거라면 좋아. 체력에는 자신 있으니까.

이 남학생은 어떤 일을 합니까?

1 사회를 본다.
2 접수를 한다.
3 회장 세팅을 한다.
4 책상에 요리를 진열한다.

해설　두 사람의 대화 마지막에서 여자가 会場に机やいすを並べる仕事はどう? ちょっと力仕事になるけどだ고 하자, 남자가 それなら、いいよ。体力には自信あるから라고 대답하고 있으므로 정답은 3번이다.

어휘　新入生(しんにゅうせい) 신입생 | 歓迎(かんげい) 환영 | 手伝(てつだ)い 거듦, 도와줌 | 頼(たの)む 부탁하다 | 来週(らいしゅう) 다음 주 | 大講堂(だいこうどう) 대강당 | 実行(じっこう) 실행 | 委員(いいん) 위원 | 当日(とうじつ) 당일 | 司会(しかい) 사회 | 会場(かいじょう) 회장 | 受付(うけつけ) 접수 | 料理(りょうり) 요리 | 並(なら)べる 늘어놓다 | 招待客(しょうたいきゃく) 초대 손님 | 名簿(めいぼ) 명부 | 渡(わた)す 건네다 | 何(なん)だか 어쩐지 | 緊張(きんちょう) 긴장 | 机(つくえ) 책상 | いす 의자 | 力仕事(ちからしごと) 육체노동 | 体力(たいりょく) 체력 | 自信(じしん) 자신

5　필요한 정보를 토대로 과제 수행하기 ★★☆　｜ 정답 3

5-1-06.mp3

女子学生が先生の研究室で相談をしています。この女子学生はこれから、どうすることにしましたか。

女 : あのう、先生。専門科目のことで、ご相談したいことがあるんですけど。

男 : いいですよ。どんなことですか。

女 : 実は、先生からもぜひ取るようにと勧めていただいた国際関係論Bを、今年受講しようと思っていたんですが、同じ時間に去年から取りたかった情報ネットワークの授業が重なってしまったんです。どうすればいいかと思いまして……。

男 : そうですか。それは困りましたね。ところで、君は国際関係論のAは前に受講しましたか。

女 : はい、一年生のときに単位を取りました。

男 : そうでしたか。本当は1・2年時にA・Bとも受講してほしかったんですが、3年生になってからでもかまいませんよ。

女 : 本当ですか。ありがとうございます。じゃあ、そうすることにします。

この女子学生はこれから、どうすることにしましたか。

1 今年、国際関係論Bを受講することにした
2 今年、国際関係論AとBを受講することにした
3 来年、国際関係論Bを受講することにした
4 来年、国際関係論AとBを受講することにした

해석　여학생이 선생님 연구실에서 상담을 하고 있습니다. 이 여학생은 이제부터 어떻게 하기로 했습니까?

여 : 저기, 선생님. 전공과목에 관한 일로 상담드리고 싶은 것이 있습니다만.

남 : 좋아요. 어떤 거죠?

여 : 실은, 선생님께서도 꼭 듣도록 권해 주셨던 국제관계론B를 올해 수강하려고 생각했습니다만, 같은 시간에 작년부터 듣고 싶었던 정보 네트워크 수업이 겹쳐 버렸습니다. 어떻게 하면 좋을까 해서…….

남 : 그래요? 그거 곤란하게 되었네요. 그런데, 자네는 국제관계론 A는 전에 수강했습니까?

여 : 네, 1학년 때 학점을 이수했습니다.

남 : 그랬어요? 사실은 1・2학년 때 A・B 모두 수강하길 바랐지만, 3학년이 되어 들어도 상관없어요.

여 : 정말요? 고맙습니다. 그럼, 그렇게 하도록 하겠습니다.

이 여학생은 이제부터 어떻게 하기로 했습니까?

1 올해 국제관계론B를 수강하기로 했다.
2 올해 국제관계론A와 B를 수강하기로 했다.
3 내년에 국제관계론B를 수강하기로 했다.
4 내년에 국제관계론A와 B를 수강하기로 했다.

해설　대화 내용상 여학생은 国際関係論A는 1학년 때 수강을 했고, 올해는 情報ネットワーク 수업을 듣고, 3학년이 되는 내년에 国際関係論B를 수강할 것임을 알 수 있다.

어휘　研究室(けんきゅうしつ) 연구실 | 相談(そうだん) 상담 | 専門(せんもん) 전문 | 科目(かもく) 과목 | 実(じつ)は 사실은 | ぜひ 꼭, 반드시 | 取(と)る 들다, 잡다, 취하다, 따다, 받다, 빼앗다, 따다 | 勧(すす)める 권하다 | 国際関係論(こくさいかんけいろん) 국제관계론 | 今年(ことし) 올해 | 受講(じゅこう) 수강 | 去年(きょねん) 작년 | 情報(じょうほう)ネットワーク 정보 네트워크 | 重(かさ)なる 겹치다 | ところで 그런데 | 単位(たんい)を取(と)る 학점을 따다

147

6 필요한 정보를 토대로 과제 수행하기 ★★☆ | 정답 1

`5-1-07.mp3`

ホテルの男の人が、客の女の人と電話で話しています。男の人はこのあと、どうしますか。

女：すみません。今日、そちらのロビーにカバンを忘れたみたいなんですが。黒いビジネスバッグなんです。
男：あ、はい、お預かりしております。
女：よかった。ああ、でも、どうしよう。今、私、空港にいるんですが、あと15分で飛行機が出ちゃうんです。送っていただけませんか。お金、払いますから。
男：あ、送料は結構です。こちらからお送りいたします。
女：はい、よろ……。あ、すみません。やっぱり送らなくていいです。取りに行けるかも。でも、私じゃなくて、あさって、同僚がこっちに出張で来るんです。その人に頼めると思うから。あの、明日ぐらいに、改めて連絡します。
男：あ、はい、かしこまりました。お待ちしております。

男の人はこのあと、どうしますか。
1 女の人からの連絡を待つ
2 明日、女の人に改めて連絡する
3 かばんを女の人に送る
4 同僚に代わりに取りに行くように頼む

해석　호텔의 남자 직원이 여자 손님과 전화로 이야기하고 있습니다. 남자는 이후에 어떻게 합니까?
여 : 실례합니다. 오늘, 그 호텔 로비에 가방을 잊고 두고 온 것 같습니다만. 검은 비즈니스 백입니다.
남 : 아, 네, 보관하고 있습니다.
여 : 다행이다. 아, 그런데 어떻게 하지. 지금, 제가 공항에 있습니다만, 15분 후에 비행기가 출발합니다. 보내 주실 수 없겠습니까? 돈은 지불할 테니까.
남 : 아, 운송료는 괜찮습니다. 저희 쪽에서 보내드리도록 하겠습니다.
여 : 네, 잘……. 아, 죄송합니다. 역시 보내지 않아도 되겠습니다. 가지러 갈 수 있을지도. 하지만 제가 아니라, 모레 동료가 이쪽으로 출장 옵니다. 그 사람에게 부탁할 수 있으리라 생각하니까. 저, 내일쯤 다시 연락드리겠습니다.
남 : 아, 네, 알겠습니다. 기다리고 있겠습니다.

남자는 이후에 어떻게 합니까?
1 여자로부터의 연락을 기다린다.
2 내일 여자에게 다시 연락한다.
3 가방을 여자에게 보낸다.
4 동료에게 대신 가지러 가도록 부탁한다.

해설　마지막 대화문에 여자가 明日ぐらいに、改めて連絡します라고 하자, 남자가 はい、かしこまりました。お待ちしております라고 말하고 있다. 따라서 남자는 여자가 다시 연락해 오는 것을 기다리면 된다.

어휘　黒(くろ)い 검다｜預(あず)かる 맡다, 보관하다｜空港(くうこう) 공항｜飛行機(ひこうき) 비행기｜出(で)る 나가(오)다｜送(おく)る 보내다｜送料(そうりょう) 운송료｜やっぱり 역시｜取(と)りに行(い)く 가지러 가다｜あさって 모레｜同僚(どうりょう) 동료｜出張(しゅっちょう) 출장｜改(あらた)めて 다시, 새삼스레｜代(か)わりに 대신에

문제 2 포인트이해 문제
대화를 듣고 질문에서 요구하는 핵심 포인트를 정확히 이해하고 파악하는 문제이다. 본문 내용을 들을 때에는 항상 질문을 염두에 두고 질문 내용에서 요구하는 포인트를 좁혀 나가야 한다.

1~**6** 문제 2에서는 먼저 질문을 들으세요. 그 다음 문제용지를 보세요. 읽는 시간이 있습니다. 그러고 나서 이야기를 듣고 문제용지의 1부터 4 중에서 가장 알맞은 것을 하나 고르세요.

예) | 정답 4

`5-2-01.mp3`

女の人と男の人が話しています。男の人はどうして遅れましたか。

女：どうしてこんなに遅れたの？かなり待ちましたよ。
男：すみません。もともと列車は3時30分に到着する予定だったけど、信号の故障で20分間停車したせいで遅れました。
女：でも、すぐ直ってよかったですね。私は、それも知らずに何か事故でも起きたのかと思って心配しました。
男：ところが、到着して降りようとしたら、今度は切符が見つからないんですよ。
女：え？それでどうしたんですか。切符は見つかったんですか。
男：慌てて探してみたら、列車の中で読んでいた本の中に入っていたんです。
女：本当、いろいろありましたね。

男の人はどうして遅れましたか。
1 切符がなくなったから
2 事故で列車が20分間停車したから
3 列車の中で本を読んでいたから
4 信号が故障したから

해석　여자와 남자가 이야기하고 있습니다. 남자는 왜 늦었습니까?
여 : 왜 이렇게 늦었어요? 많이 기다렸잖아요.
남 : 미안해요. 원래는 열차가 3시 30분에 도착할 예정이었는데, 신호 고장으로 20분 동안 정차한 바람에 늦었어요.
여 : 그래도 바로 수리가 되어 다행이네요. 저는 그것도 모르고 뭔가 사고라도 났나 하고 걱정했어요.
남 : 그런데 도착해서 내리려고 했더니, 이번에는 표가 보이지 않

148

는 거예요.

여 : 네? 그래서 어떻게 했어요? 표는 찾았어요?

남 : 당황해서 허둥대며 찾아봤더니, 열차 안에서 읽고 있던 책 안에 들어 있었어요.

여 : 정말 여러 가지 일들이 있었네요.

남자는 왜 늦었습니까?

1 표가 없어졌기 때문에

2 사고로 열차가 20분 동안 정차했기 때문에

3 열차 안에서 책을 읽고 있었기 때문에

4 신호가 고장 났기 때문에

해설 남자의 첫 번째 대사를 들었으면 정답이 4번임을 알 수 있다. 열차가 20분 동안 정차한 것은 사고가 아니라 신호 고장 때문이었으므로 2번으로 착각하지 않도록 주의해야 한다.

어휘 どうして 왜, 어째서 | 遲(おく)れる 늦다 | かなり 꽤, 상당히 | 待(ま)つ 기다리다 | もともと 원래 | 列車(れっしゃ) 열차 | 到着(とうちゃく) 도착 | 予定(よてい) 예정 | 信号(しんごう) 신호(등) | 故障(こしょう) 고장 | 停車(ていしゃ) 정차 | 〜せいで 〜탓에, 〜때문에 | すぐ 바로, 곧, 금방 | 直(なお)る 고쳐지다 | 〜てよかった 〜해서 다행이다 | 知(し)る 알다 | 〜ずに 〜(하)지 않고, 〜(하)지 말고 | 事故(じこ) 사고 | 起(お)きる 일어나다 | 心配(しんぱい) 걱정, 근심 | ところが 그런데, 그러나 | 降(お)りる 내리다 | 〜(よ)うとしたら 〜(하)려고 했더니 | 今度(こんど) 이번, 이다음 | 切符(きっぷ) 표 | 見(み)つかる 틔다, 찾게 되다, 발견되다 | 慌(あわ)てる 당황하다, 허둥거리다 | 探(さが)す 찾다 | 無(な)くなる 없어지다

---

1 핵심 포인트 파악하기 ★☆☆ | 정답 4

5-2-02.mp3

男の人と女の人が映画館の前で話しています。女の人はどうして遅れてきましたか。

女 : ごめんなさい、お待たせして。

男 : 8時の約束だったのに、どうして9時になってやっと来たの?

女 : 本当にすみません、遅くなって。家からは早く出たんですが、途中、自転車が故障しちゃって。

男 : それで修理はできたの?

女 : 自転車屋さんに出張してもらって修理できました。

男 : もう来ないだろうと思ったよ。

女 : 約束したんだから、来ないわけないでしょう。

男 : 早く映画館に入りましょう。映画もう始まったよ。

女の人はどうして遅れてきましたか。

1 家を出るのが遅かったから

2 自転車の修理ができなかったから

3 約束の時間を忘れたから

4 自転車が壊れたから

해석 남자와 여자가 영화관 앞에서 이야기하고 있습니다. 여자는 왜 늦게 왔습니까?

여 : 미안해요, 기다리게 해서.

남 : 8시 약속이었는데, 왜 9시가 돼서야 겨우 온 거야?

여 : 정말 미안해요, 늦어서. 집에서는 일찍 나왔는데요, 도중에 자전거가 고장 나 버려서.

남 : 그래서 수리는 됐어?

여 : 자전거 가게에서 출장 나와 줘서 수리했어요.

남 : 이제 안 오겠거니 하고 생각했어.

여 : 약속했으니까, 안 올 리가 없잖아요.

남 : 빨리 영화관에 들어가자. 영화 벌써 시작됐어.

여자는 왜 늦게 왔습니까?

1 집을 나오는 것이 늦었기 때문에

2 자전거 수리를 못했기 때문에

3 약속시간을 잊었기 때문에

4 자전거가 고장 났기 때문에

해설 중반부에 여자가 家からは早く出たんですが、途中、自転車が故障しちゃって라고 말하고 있다. 故障(こしょう)する와 壊(こわ)れる를 같은 의미로서 기억하고 있다면 훨씬 더 수월하게 정답을 고를 수 있다.

어휘 映画館(えいがかん) 영화관 | 遅(おく)れる 늦다, 지각하다 | 待(ま)たせる 기다리게 하다 | 約束(やくそく) 약속 | やっと 겨우, 간신히 | 遅(おそ)い 늦다 | 早(はや)く 일찍, 빨리 | 途中(とちゅう) 도중 | 故障(こしょう) 고장 | 修理(しゅうり) 수리 | 始(はじ)まる 시작되다 | 壊(こわ)れる 고장 나다, 깨지다

---

2 핵심 포인트 파악하기 ★★☆ | 정답 3

5-2-03.mp3

女の人と男の人が話しています。佐藤さんは、どうして来ないのですか。

女 : あれ、佐藤君はどうしたの? いっしょじゃないの?

男 : それがね……。

女 : ケンカでもしたの? それとも勉強で忙しいとか。

男 : いや、それはないよ。宿題がたまってるとは言ってたけど。それで友達との約束をすっぽかすようなやつじゃないでしょ。

女 : そりゃそうだけど。

男 : 実は、きのう、佐藤の彼女と三人でお酒を飲みに行ったんだけどね。僕がトイレから戻ると二人の仲がおかしくなっていて……。

女 : ケンカしたんだ。

男 : そう。だから、きょうはどうしても仲直りしたいって、彼女のとこへ。

女 : ふーん。ほんとは、お酒、飲みすぎたんじゃないの?

男 : いやいや本当なんだって。あいつ今、ほかのことは何にも考えられないんだよ。

佐藤さんは、どうして来ないのですか。

1 勉強で忙しいから

2 友だちとの約束を忘れてしまったから

149

3 恋人とケンカして仲直りしに行ったから
4 昨日、お酒を飲みすぎたから

해석　여자와 남자가 이야기하고 있습니다. 사토 씨는 왜 오지 않는 것입니까?

여 : 어머, 사토 군은 무슨 일이야? 같이 오는 거 아니야?
남 : 그게 말이야…….
여 : 싸움이라도 한 거야? 아니면 공부 때문에 바쁜가?
남 : 아니야, 그건 아니야. 숙제가 쌓여 있다고는 말했지만. 그래서 친구와의 약속을 어길 녀석은 아니잖아.
여 : 그건 그렇지만.
남 : 실은, 어제 사토의 여자 친구와 셋이서 술을 마시러 갔었는데, 내가 화장실에서 돌아오니 두 사람 사이가 이상해져 있어서…….
여 : 싸웠구나.
남 : 응. 그래서 오늘은 아무래도 화해하고 싶다고, 여자 친구한테 갔어.
여 : 흠-. 사실은, 술을 너무 많이 마신 거 아니야?
남 : 아냐 아니야 진짜라니까. 그 녀석 지금, 다른 것은 아무것도 생각 못 한다고.

사토 씨는 왜 오지 않는 것입니까?
1 공부로 바쁘기 때문에
2 친구와의 약속을 잊어버렸기 때문에
3 애인과 싸워서 화해하러 갔기 때문에
4 어제 술을 과음했기 때문에

해설　선택지 보기 내용이 하나씩 언급되지만 하나씩 정답에서 지워 나갈 수 있다. 후반부에 남자가 きょうはどうしても仲直りしたいって、彼女のとこへ라고 말한 부분에 정답의 키워드가 있다.

어휘　ケンカ 싸움 | それとも 그렇지 않으면, 아니면 | 宿題(しゅくだい) 숙제 | たまる 쌓이다, 밀리다 | すっぽかす 팽개쳐 두다, 약속을 어기다 | 戻(もど)る 되돌아가(오)다 | 仲(なか) 사이, 관계 | おかしい 우습다, 이상하다 | 仲直(なかなお)り 화해 | とこ 곳, 장소 | ほんと 정말임 | 飲(の)みすぎる 과음하다 | 恋人(こいびと) 연인, 애인

3 핵심 포인트 파악하기 ★★☆ ┃ 정답 1

5-2-04.mp3

男の人と女の人が話しています。太郎君はなぜ楽しそうなのですか。

男 : おいおい、今日は朝からずいぶんにぎやかだな。
女 : ああ、うるさくて目が覚めた?
男 : いや、さっきから子供の声がしてるから。あれは太郎の声だろう。
女 : ええ、そうよ。
男 : ずいぶん楽しそうじゃないか。新しいゲームでも買ってやったの?
女 : ううん、そうじゃなくて、友達が来てるからよ。

男 : 友達って? あんな遠くからわざわざ来てくれたのかい?
女 : まさか。今度の学校の同級生よ。
男 : ええ、もう友達が出来たのか。
女 : そうなの。引っ越す前はなかなか友達ができなかったらどうしようって心配したんだけど、もう……。
男 : そうか。それであんなにはしゃいでるんだな。

太郎君はなぜ楽しそうなのですか。
1 友だちが遊びに来たから
2 新しいゲームを買ってもらったから
3 新しい家に引っ越したから
4 朝早く目が覚めたから

해석　남자와 여자가 이야기하고 있습니다. 다로 군은 왜 즐거워 보이는 것입니까?

남 : 이봐 이봐, 오늘은 아침부터 상당히 떠들썩하네.
여 : 아, 시끄러워서 깼어?
남 : 아니, 아까부터 애들 목소리가 나니까. 저건 다로 목소리지?
여 : 응, 맞아.
남 : 상당히 즐거워 보이잖아. 새로운 게임이라도 사 줬어?
여 : 아니, 그게 아니라, 친구가 와 있어서 그래.
남 : 친구라고? 그렇게 멀리서 일부러 와 준 거야?
여 : 설마. 이번 학교의 같은 반 친구야.
남 : 어, 벌써 친구가 생긴 거야?
여 : 응. 이사하기 전에는 친구가 잘 생기지 않으면 어떻게 하나고 걱정했었는데, 벌써…….
남 : 그래? 그래서 저렇게 신나서 떠들고 있는 거구나.

다로 군은 왜 즐거워 보이는 것입니까?
1 친구가 놀러 왔기 때문에
2 새로운 게임을 사 줬기 때문에
3 새로운 집으로 이사했기 때문에
4 아침 일찍 잠에서 깼기 때문에

해설　대화 중반부에 여자가 말한 友達が来てるからよ가 정답의 키워드이다.

어휘　楽(たの)しい 즐겁다 | ずいぶん 몹시, 아주 | にぎやか 변화함, 떠들썩함 | うるさい 시끄럽다, 번거롭다 | 目(め)が覚(さ)める 잠에서 깨다, 눈을 뜨다 | 先(さっき) 아까, 조금 전 | 声(こえ) 목소리 | 遠(とお)く 먼 곳 | わざわざ 일부러 | まさか 설마 | 今度(こんど) 이번, 금번 | 同級生(どうきゅうせい) 동급생 | 引(ひ)っ越(こ)す 이사하다 | なかなか 상당히, 꽤, 좀처럼, 도무지 | 心配(しんぱい) 걱정 | はしゃぐ 들떠서(신이 나서) 떠들다 | 遊(あそ)びに来(く)る 놀러 오다

4 핵심 포인트 파악하기 ★★★ ┃ 정답 3

5-2-05.mp3

男の人がタクシーの座席について話しています。運転席の隣が末席になる理由は何ですか。

男：飛行機と列車なら窓側が最も地位が高い人の席、つまり上席と覚えておけば簡単ですが、タクシーの場合は運転席を除いて3ヵ所も窓側がありますね。日本は左側通行ですから、最も左側の席に座った方が景色がよく見えます。だから、ここが上席だと思う人もいます。ところが、後ろの席の場合、一番左側に座るためには一番最後に乗ることになります。最も地位が高い人には最初に座っていただきたいですね。それで運転手の後ろの席が上席になります。運転席の隣は行き先を説明したり、料金を支払ったりとするべきことが多いので、最も地位が低い人の席、つまり末席になります。後ろの座席の真ん中は座り心地が悪いので、ここが末席だと思っている人も多いようですが、ここは末席ではありません。

運転席の隣が末席になる理由は何ですか。
1 一番最後に乗ることになるから
2 景色がよく見えないから
3 するべきことが多いから
4 座り心地が悪いから

해석 남자가 택시 좌석에 관해서 이야기하고 있습니다. 운전석 옆이 말석이 되는 이유는 무엇입니까?

남 : 비행기와 열차라면 창가가 가장 지위가 높은 사람의 자리, 즉 상석이라고 기억해 두면 간단하지만, 택시의 경우는 운전석을 빼고 3곳이나 창가가 있지요. 일본은 좌측통행이기 때문에, 가장 좌측 자리에 앉는 편이 경치가 잘 보입니다. 따라서 여기가 상석이라고 생각하는 사람도 있습니다. 그러나 뒷자리의 경우, 가장 좌측에 앉기 위해서는 가장 마지막에 타게 됩니다. 가장 지위가 높은 분이 제일 먼저 앉으셨으면 합니다. 그래서 운전석 뒷좌석이 상석이 됩니다. 운전석 옆은 목적지를 설명하거나, 요금을 지불하거나 해야 할 일이 많기 때문에, 가장 지위가 낮은 사람의 자리, 즉 말석이 됩니다. 뒷좌석의 한가운데는 앉은 느낌이 불편하기 때문에, 여기가 말석이라고 생각하는 사람도 많은 것 같습니다만, 여기는 말석이 아닙니다.

운전석 옆이 말석이 되는 이유는 무엇입니까?
1 가장 마지막에 타게 되기 때문에
2 경치가 잘 보이지 않기 때문에
3 해야 할 일이 많기 때문에
4 앉은 느낌이 불편하기 때문에

해설 초중반에 상석에 관해서 이야기가 진행되기 때문에 집중력이 흐트러질 수 있다. 중후반에 運転席の隣は行き先を説明したり、料金を支払ったりとするべきことが多いので、最も地位が低い人の席、つまり末席になります라고 정답의 내용을 이야기하고 있으므로 이 부분을 놓치지 말고 들어야 한다.

어휘 座席(ざせき) 좌석 | 運転席(うんてんせき) 운전석 | 隣(となり) 옆, 이웃 | 末席(まっせき) 말석 | 列車(れっしゃ) 열차 | 窓側(まどがわ) 창가 | 地位(ちい) 지위 | つまり 즉, 요컨대 | 上席(じょうせき) 상석 | 覚(おぼ)える 기억하다 | 簡単(かんたん) 간단 | 除(のぞ)く 없애다, 제외하다 | 左側(ひだりがわ)通行(つうこう) 좌측통행 | 座(すわ)る 앉다 | 景色(けしき) 경치 |

見(み)える 보이다 | ところが 그런데, 그러나 | 後(うし)ろ 뒤 | 運転手(うんてんしゅ) 운전사 | 行(い)き先(さき) 행선지, 목적지 | 説明(せつめい) 설명 | 支払(しはら)う 지불하다, 돈을 치르다 | 低(ひく)い 낮다 | 真(ま)ん中(なか) 한가운데 | 座(すわ)り心地(ごこち) 앉은 느낌 | 悪(わる)い 나쁘다

5 핵심 포인트 파악하기 ★★☆　　　　　| 정답 4

`5-2-06.mp3`

男の人と女の人が話しています。男の人の彼女は、何に怒っていますか。

女：どうしたの？ 元気ないね。
男：うん、彼女とけんかしちゃってさ。
女：またデートに遅刻したりしたの？
男：う、うん、まあね。それもあるけど……。
女：それだけじゃないの？ 浮気したとか？
男：そんなんじゃないよ。実は、先週、友達と飲みに行く約束してて、彼女の誕生日を忘れちゃったんだよ。飲んでたなんて言ったら怒るだろうから、バイトを休めなかったって、ごまかしたんだけど……。
女：ごまかしたのが、ばれたとか？
男：うん……そうなんだ。忘れたのはしょうがないけど、うそをついたのが嫌だって、怒ってるんだ。
女：そうかあ。素直に謝ればよかったのに。

男の人の彼女は、何に怒っていますか。
1 デートに遅れたから
2 浮気をしたから
3 誕生日を忘れたから
4 うそをついたから

해석 남자와 여자가 이야기하고 있습니다. 남자의 여자 친구는 무엇에 화내고 있습니까?

여 : 무슨 일이야? 기운이 없네.
남 : 응, 여자 친구와 싸움을 해 버려서 말이야.
여 : 또 데이트에 지각했거나 한 거야?
남 : 으, 응, 뭐. 그것도 있지만…….
여 : 그것만이 아닌 거야? 바람을 피웠다든가?
남 : 그런 게 아니야. 사실은, 지난주에 친구랑 술 마시러 갈 약속이 있어서, 여자 친구의 생일을 잊어버렸어. 술을 마셨다고 말하면 화낼 테니까, 아르바이트를 쉬지 못했다고 속였는데…….
여 : 속인 것이 들킨 거야?
남 : 응…… 그래. 잊어버린 것은 어쩔 수 없지만, 거짓말을 한 것이 싫다며 화내고 있어.
여 : 그렇구나. 솔직하게 사과했더라면 좋았을 텐데.

남자의 여자 친구는 무엇에 화내고 있습니까?
1 데이트에 늦었기 때문에
2 바람을 피웠기 때문에
3 생일을 잊었기 때문에
4 거짓말을 했기 때문에

해설 두 사람의 마지막 대화문 忘れたのはしょうがないけど、

151

うそをついたのが嫌だって、怒ってるんだに정답의 키워드가 있다.

어휘 | 怒(おこ)る 화내다 | 遅刻(ちこく) 지각 | 浮気(うわき)する 바람을 피우다 | 誕生日(たんじょうび) 생일 | 忘(わす)れる 잊다 | ごまかす 속이다 | ばれる 들통 나다, 탄로 나다 | うそをつく 거짓말을 하다 | 嫌(いや)だ 싫다 | 素直(すなお)に 솔직하게, 순순히, 순진하게 | 謝(あやま)る 사과하다

| 6 | 핵심 포인트 파악하기 ★★☆ | 정답 1 |

[5-2-07.mp3]

男の人と女の人が映画とビデオについて話しています。女の人がビデオが好きな一番の理由は何ですか。

男：最近の映画すごいよね。映像がきれいで、音も力強いし。

女：映画館も新しいところは椅子がゆったりしていて、楽だしね。でも私、家でビデオを見るほうがいいな。

男：そう？ 画面が大きいほうがなんか映像が迫ってきて、いいと思うけどなあ。

女：私ね、変な癖があってね。気に入ったところを繰り返し見るのが好きなの。それが何よりビデオじゃなきゃだめな理由ね。

男：うーん、なるほどね。まあ、茶の間でがやがや飲み食いしながら見るのも愉快だけどね。

女：それに、いつでも昔の映画が見られるし。

男：そりゃそうだね。

女の人がビデオが好きな一番の理由は何ですか。

1 気に入ったところを繰り返して見られるから
2 椅子がゆったりしていて、楽だから
3 いつでも昔の映画が見られるから
4 飲み食いしながら映画が見られるから

해석　남자와 여자가 영화와 비디오에 관해서 이야기하고 있습니다. 여자가 비디오를 좋아하는 가장 큰 이유는 무엇입니까?

남 : 요즘 영화는 굉장하구나. 영상이 깨끗하고, 소리도 힘차고.

여 : 영화관도 새로운 곳은 의자가 여유롭게 되어 있어서, 편하고 말이야. 하지만 나는 집에서 비디오를 보는 게 좋아.

남 : 그래? 화면이 큰 편이 뭔가 영상이 다가오는 것 같고, 좋은 것 같은데.

여 : 나는 말이야, 이상한 버릇이 있어서, 마음에 든 장면을 반복해서 보는 것을 좋아하거든. 그것이 무엇보다도 비디오가 아니면 안 되는 이유야.

남 : 음~, 과연 그러네. 뭐, 거실에서 왁자지껄 먹고 마시며 보는 것도 유쾌하지만 말이야.

여 : 게다가, 언제라도 옛날 영화를 볼 수도 있고.

남 : 그건 그러네.

여자가 비디오를 좋아하는 가장 큰 이유는 무엇입니까?

1 마음에 든 장면을 반복해서 볼 수 있기 때문에
2 의자가 여유로워서 편하기 때문에

3 언제라도 옛날 영화를 볼 수 있기 때문에
4 먹고 마시면서 영화를 볼 수 있기 때문에

해설　선택지 2번은 영화관의 이야기이다. 3번과 4번은 비디오가 좋은 이유로 정답으로 혼동할 수 있으나 중반부에 여자가 마음에 든 ところを繰り返し見るのが好きなの。それが何よりビデオじゃなきゃだめな理由ね라고 이야기하고 있으므로 정답은 2번이 된다. 3번과 4번은 부가적인 이유이다.

어휘 | 映画(えいが) 영화 | ビデオ 비디오 | 最近(さいきん) 최근 | すごい 굉장하다, 대단하다 | 映像(えいぞう) 영상 | 力強(ちからづよ)い 힘차다. 마음 든든하다 | ゆったり 여유가 있는 모양, 편안히 쉬는 모양 | 楽(らく) 편안함, 안락함 | 画面(がめん) 화면 | 迫(せま)る 다가오다, 다가서다, 닥치다, 좁아지다, 막히다 | 変(へん) 이상함 | 癖(くせ) 버릇 | 気(き)に入(い)る 마음에 들다 | 繰(く)り返(かえ)し見(み)る 되풀이해서 보다 | 何(なに)より 무엇보다 | なるほど 정말, 과연 | 茶(ちゃ)の間(ま) 거실 | がやがや 와글와글, 왁자지껄 | 飲(の)み食(く)い 먹고 마심 | 愉快(ゆかい) 유쾌 | 昔(むかし) 옛날 | ～し ～고

| 문제 3 | 개요이해 문제 |

내용을 듣고 화자의 의도나 주장 등을 이해할 수 있는지를 묻는 문제이다. 문제를 보다 쉽게 풀기 위해서는 평소에 문장을 요약하는 연습과 신문 기사나 사설, 뉴스 등을 많이 읽고 듣는 연습을 통해 본문 전체를 파악하는 힘을 기르는 것이 좋다.

| 1 |～| 3 | 문제 3에서는 문제용지에 아무것도 인쇄되어 있지 않습니다. 이 문제는 전체적으로 어떤 내용인가를 묻는 문제입니다. 이야기 전에 질문은 없습니다. 먼저 이야기를 들으세요. 그러고 나서 질문과 선택지를 듣고 1부터 4 중에서 가장 알맞은 것을 하나 고르세요.

예)　　　　　　　　　　　　　　　　　　　　　| 정답 3

[5-3-01.mp3]

男の人が女の人にインタビューしています。

男：このごろ、周りの人とうまく付き合えずに悩んでいる人が多いようです。今日はどうすれば他の人とうまくやっていけるのかについて、一言アドバイスをいただきたいんですが。

女：そうですねえ。人と付き合う時には、初めのうちはうまくいかなくて当然だと思ったほうがいいですね。

男：え、それじゃ、失敗してもいいんですか。

女：そうです。初めからうまくできる人なんていませんよ。こうやってみてだめだったら、じゃ次はどうしようかと考え、工夫します。

男：はい。

女：その繰り返しの中で、相手と自分との距離のとり方、というかバランスがわかってくるもんなんですよ。

女の人は人と付き合う時に何が一番大切だと言っていますか。
1 だれとでも同じように親しくすること
2 自分の思っていることを繰り返し、正直に言うこと
3 いろいろやってみてうまくいかなかったらやり方を変えること
4 失敗してもすぐ新しい人と付き合うこと

해석 남자가 여자를 인터뷰하고 있습니다.

남 : 요즘, 주변 사람들과 잘 사귀지 못해서 고민하고 있는 사람이 많은 것 같습니다. 오늘은 어떻게 하면 다른 사람과 잘 지낼 수 있는가에 관해서, 한마디 조언을 듣고 싶습니다만.

여 : 글쎄요. 다른 사람과 사귈 때, 처음에는 잘 안 되는 게 당연하다고 생각하는 편이 좋습니다.

남 : 네? 그럼, 실패를 해도 되는 건가요?

여 : 그렇습니다. 처음부터 잘할 수 있는 사람은 없습니다. 이렇게 해 보고 잘 안 되면 그럼 다음에는 어떻게 할까라고 생각하고 궁리합니다.

남 : 네.

여 : 그렇게 되풀이하는 가운데, 상대방과 자신과의 거리를 취하는 법이라고 할까 밸런스를 알게 되는 법이에요.

여자는 다른 사람과 사귈 때 무엇이 가장 중요하다고 말합니까?
1 누구와라도 똑같이 친하게 지내는 것
2 자신이 생각하고 있는 것을 되풀이하여 정직하게 말하는 것
3 여러 가지 해 보고 잘되지 않으면 방법을 바꾸는 것
4 실패해도 바로 새로운 사람과 사귀는 것

해설 여자는 다른 사람과 사귈 때 처음부터 잘되는 것은 아니며, 실패할 때마다 다음에는 어떻게 할까 생각하고 궁리하다 보면 상대방과의 밸런스를 알게 된다고 말하고 있다. 따라서 정답은 3번이다.

어휘 インタビュー 인터뷰 | このごろ 요즘, 최근 | 周(まわ)り 주위, 주변, 근처 | うまく 훌륭하게, 잘 | 付(つ)き合(あ)う 사귀다, 교제하다 | ～ずに ～하지 않고, ～하지 않아서 | 悩(なや)む 고민하다, 고생하다 | 多(おお)い 많다 | 他(ほか) 이 외, 그 밖 | やっていく 일·교제 등을 계속해 가다 | ～について ～에 관해서 | 一言(ひとこと) 한마디 | アドバイス 어드바이스, 조언 | いただく 먹다, 마시다, 받다 | うまくいく 잘되다 | 当然(とうぜん) 당연 | ～ほうがいい ～하는 편이 좋다 | 失敗(しっぱい) 실패 | ～てもいい ～해도 좋다 | すべて 모두 | ～なんて ～같은 것, ～등, ～따위 | だめ 소용없음, 못쓰게 됨, 불가능함, 해서는 안 됨 | 次(つぎ) 다음 | 工夫(くふう) 궁리, 고안 | 繰(く)り返(かえ)し 되풀이함, 반복함 | 相手(あいて) 상대(방) | 自分(じぶん) 자기 자신 | 距離(きょり) 거리 | 取(と)り方(かた) 취하는 방법 | ～というか ～이라고 할지 | バランス 밸런스, 균형 | ～ものだ ～것이다, ～하는 법이다 | 大切(たいせつ) 소중함, 중요함 | 親(した)しい 친하다 | 正直(しょうじき)に 정직하게, 솔직하게 | やり方(かた) (하는) 방법 | 変(か)える 바꾸다 | すぐ 곧, 바로 | 新(あたら)しい 새롭다, 새것이다

---

1 화자의 주장 파악하기 ★★★ ｜정답 3

`5-3-02.mp3`

女の人がブログについて話しています。

女：最近ブログを利用する人が増えていますね。ブログはいわば日記なので、自分を個人的に知ってもらうためにはいい道具です。インターネットのお店では、どんな人が売っているのかわからないので、「店長のブログ」などを作って、親しみを持ってもらうために使うこともあります。ただ、ブログはメールと違って大勢の人が見ている可能性があるので、注意が必要です。先日、こんな話を聞きました。取引先の人からゴルフに誘われ、社内の飲み会と重なっていたので、ゴルフの方を断った。それを何気なくブログに書いたところ、たまたま取引先の1人がそれを見てしまって困ったことになったそうです。こういうことがあると、今後の取引にも支障があるかもしれません。ブログを利用する時は、くれぐれもご注意ください。

ブログを利用するとき何を注意しなければなりませんか。
1 取引先の人との関係が悪くならないようにすること
2 お客さんに親しみを持ってもらうように使うこと
3 たくさんの人が見ている可能性があること
4 利用料金が安いので、だれでも利用できること

해석 여자가 블로그에 관해서 이야기하고 있습니다.

여 : 최근 블로그를 이용하는 사람이 늘고 있지요. 블로그는 말하자면 일기이기 때문에, 자신을 개인적으로 알리기 위해서는 좋은 도구입니다. 인터넷 상점에서는, 어떤 사람이 팔고 있는 것인지 모르기 때문에 '점장 블로그' 등을 만들어서, 친밀감을 갖게 하기 위해서 사용하는 경우도 있습니다. 단, 블로그는 메일과 달라서 많은 사람이 보고 있을 가능성이 있기 때문에 주의가 필요합니다. 일전에 이런 이야기를 들었습니다. 거래처 사람이 골프를 권했는데, 사내의 술자리와 겹쳐서 골프 쪽을 거절했다. 그것을 별 생각 없이 블로그에 썼더니, 우연히 거래처의 한 사람이 그것을 봐 버려서 곤란해졌다고 합니다. 이러한 일이 있으면 앞으로의 거래에도 지장이 있을지도 모릅니다. 블로그를 이용할 때는 아무쪼록 주의해 주십시오.

블로그를 이용할 때 무엇을 주의해야 합니까?
1 거래처 사람과의 관계가 나빠지지 않도록 하는 것
2 손님에게 친밀감을 갖게 하도록 사용하는 것
3 많은 사람이 보고 있을 가능성이 있는 것
4 이용 요금이 싸기 때문에 누구나 이용할 수 있는 것

해설 이야기 마지막 부분에 거래처와 관련된 이야기가 나온다고 해서 선택지 1번으로 혼동해서는 안 된다. 이것은 정답의 키워드인 大勢の人が見ている可能性があるので、注意が必要です에 대한 하나의 예이다.

어휘 増(ふ)える 늘다, 증가하다 | いわば 말하자면, 이를테면 | 日記(にっき) 일기 | 道具(どうぐ) 도구 | 店(みせ) 가게 | 売(う)る 팔다 | 店長(てんちょう) 점장 | 作(つく)る 만들다 | 親(した)しみ

실전 모의고사 5회 정답

153

친밀감, 친근감 │ 使(つか)う 쓰다, 사용하다 │ ただ 단, 다만 │ 大勢(おおぜい) 많음, 여럿 │ 先日(せんじつ) 요전(날), 일전 │ 取引先(とりひきさき) 거래처 │ 誘(さそ)う 권하다 │ 社内(しゃない) 사내 │ 飲(の)み会(かい) 술자리 │ 重(かさ)なる 겹치다 │ 断(ことわ)る 거절하다 │ 何気(なにげ)なく 별 생각 없이 │ たまたま 마침, 우연히 │ 今後(こんご) 이후, 앞으로 │ 支障(ししょう) 지장 │ くれぐれも 아무쪼록, 부디 │ 関係(かんけい) 관계 │ 悪(わる)くなる 나빠지다

| 2 | 본문 내용 파악하기 ★★☆ | 정답 2 |

5-3-03.mp3

男子留学生と女子留学生が、サークルのイベントについて話しています。

男 : あした サークルで、この企画案の中から「春のイベント」を決めるんだって。

女 : へえ、どれも楽しそうじゃない。でも、旅行は、交通費だけでも予算オーバーしちゃうよね。

男 : うん、そうだね。じゃあ、これは？ いろんな国の食べ物とか特産品が見られて、おもしろそう。

女 : うん。私、絶対試食コーナー作ってほしいな。

男 : あ、でも、ホームステイって、オーソドックスだけど、日本の文化や生活の勉強になるよ。

女 : でも、前、ホームステイしたときのアンケートで、「気を遣う」とか、「何度も経験したことがあるからもういい」とかっていうコメントが出てたでしょ。文化体験だったら、これで十分じゃない？

男 : お茶にお花？ ステレオタイプだな。

女 : そうだね。一方的に教えてもらうだけだから、つまんないか。

女子留学生は、どのイベントがいいと言っていますか。
1 旅行
2 試食コーナー
3 ホームステイ
4 文化体験

해석 남자 유학생과 여자 유학생이 동아리 이벤트에 관해 이야기하고 있습니다.

남 : 내일 동아리에서 이 기획안 중에서 '봄 이벤트'를 정한대.

여 : 헤, 다 즐거울 것 같잖아. 근데, 여행은 교통비만으로도 예산이 초과되어 버리네.

남 : 응, 그렇지. 그럼, 이건? 여러 나라의 음식이나 특산품을 볼 수 있어서 재미있을 것 같아.

여 : 응. 나, 꼭 시식 코너를 만들었으면 좋겠어.

남 : 아, 근데 홈스테이도 정통적이긴 하지만, 일본의 문화나 생활의 공부가 돼.

여 : 하지만, 전에 홈스테이 했을 때의 앙케트에서 '신경을 쓴다'라든가, '몇 번이나 경험한 적이 있으니까 이제 됐다'라든가 하는 코멘트가 나왔었잖아. 문화 체험이라면 이걸로 충분하지 않아?

남 : 차에 꽃? 상투적이잖아.

여 : 그렇네. 일방적으로 가르쳐 주는 것뿐이니까 재미없으려나.

여자 유학생은 어느 이벤트가 좋다고 말합니까?
1 여행
2 시식 코너
3 홈스테이
4 문화 체험

해설 제시되고 있는 이벤트 가운데 여자 유학생이 긍정적으로 대답하고 있는 것은 絶対試食コーナー作ってほしいな에서 알 수 있듯이 2번밖에 없다.

어휘 留学生(りゅうがくせい) 유학생 │ 企画案(きかくあん) 기획안 │ 春(はる) 봄 │ 旅行(りょこう) 여행 │ 交通費(こうつうひ) 교통비 │ 予算(よさん) 예산 │ 特産品(とくさんひん) 특산품 │ 絶対(ぜったい) 절대로 │ 試食(ししょく) 시식 │ オーソドックス 정통파, 정통적 │ 文化(ぶんか) 문화 │ 気(き)を遣(つか)う 신경을 쓰다 │ 何度(なんど)も 몇 번이나 │ 経験(けいけん) 경험 │ 体験(たいけん) 체험 │ ステレオタイプ 판에 박힌 형식·방법, 상투적 │ 一方的(いっぽうてき) 일방적 │ つまらない 하찮다, 재미없다

| 3 | 본문 내용 파악하기 ★★☆ | 정답 3 |

5-3-04.mp3

先生が期末テストについて話しています。

女 : いよいよ、来週は期末テストですが、作文のテストもあります。テーマは「私の国と日本」です。今からどんなことを書くか考えておいてください。家で一度書いてみてもいいですね。当日は、辞書の持ち込みだけは可能です。家で書いてみた作文や、メモなどは持ち込んではいけません。またテスト中は携帯電話の電源を切っておいてください。携帯電話を辞書として使いたいという人がいますが、これは認めません。それではがんばって準備してください。

テストの説明と合っているものはどれですか。
1 作文のメモを見ながら書くことができる
2 試験中、携帯電話を辞書として使うことができる
3 前もって作文を書いてみることができる
4 辞書を持ち込んではいけない

해석 선생님이 기말 테스트에 관해서 이야기하고 있습니다.

여 : 드디어 다음 주는 기말 테스트입니다만, 작문 테스트도 있습니다. 테마는 '나의 나라와 일본'입니다. 지금부터 어떤 것을 쓸지 생각해 두세요. 집에서 한번 써 봐도 좋겠네요. 당일은 사전 지참만은 가능합니다. 집에서 써 본 작문이나 메모 등은 지참해서는 안 됩니다. 또한 테스트 중에는 휴대전화의 전원을 꺼 두세요. 휴대전화를 사전으로서 사용하고 싶다는 사람이 있습니다만, 이것은 인정되지 않습니다. 그러면 열심히 준비해 주세요.

테스트의 설명과 맞는 것은 어느 것입니까?
1 작문의 메모를 보면서 쓸 수 있다.
2 시험 중에 휴대전화를 사전으로서 사용할 수 있다.
3 미리 작문을 써 볼 수 있다.

4 사전을 지참해서는 안 된다.

해설 개요이해 문제는 무엇보다 고도의 집중력과 신속한 메모가 중요하다. 또한, 문제를 보다 쉽게 풀기 위해서는 본문 전체를 파악하는 힘이 필요하다. 中後半部の 家で一度書いてみてもいいですね、辞書の持ち込みだけは可能です、携帯電話を辞書として使いたいという人がいますが、これは認めません이 힌트이다.

어휘 いよいよ 점점, 확실히, 마침내, 드디어│期末(きまつ) 기말│来週(らいしゅう) 다음 주│作文(さくぶん) 작문│～ておく ～해 두다│辞書(じしょ) 사전│持(も)ち込(こ)み 반입(지참)함│可能(かのう) 가능│携帯電話(けいたいでんわ) 휴대전화│電源(でんげん)を切(き)る 전원을 끄다│認(みと)める 인정하다│準備(じゅんび) 준비│説明(せつめい) 설명│試験中(しけんちゅう) 시험 중│前(まえ)もって 미리, 사전에

문제 4 발화표현 문제
짧은 발화를 듣고 그림 상황에 적절한 응답을 고르는 문제이다. 주로 일상생활에서 사용되는 인사말이나 의뢰, 허가, 요구 등 실용적인 내용이 많으므로 일상생활에서 자주 쓰이는 인사말이나 회화 표현, 관용 표현, 경어 표현 등을 숙지해 두면 쉽게 풀 수 있다.

1 ~ 4 문제 4에서는 그림을 보면서 질문을 들으세요. 화살표(➡)의 사람은 뭐라고 말합니까? 1부터 3 중에서 가장 알맞은 것을 하나 고르세요.

예)
| 정답 3

5-4-01.mp3

女1：受付に、社員と約束のあるお客様が来ました。受付の女性は何と言いますか。
女2：1 田中様ですね。お待たせいたしました。
　　　2 田中様ですね。いかがなさいますか。
　　　3 田中様ですね。お待ちしておりました。

해석 여1 : 접수처에 사원과 약속이 있는 손님이 왔습니다. 접수처의 여성은 뭐라고 말합니까?
　　여2 : 1 다나카 씨죠. 오래 기다리셨습니다.
　　　　　2 다나카 씨죠. 어떻게 하시겠습니까?
　　　　　3 다나카 씨죠. 기다리고 있었습니다.

해설 사원과 이미 약속이 되어 있는 손님이 온 것이므로 접수처 직원은 3번과 같이 말해야 한다.

어휘 受付(うけつけ) 접수(처)│社員(しゃいん) 사원│約束(やくそく) 약속│お客様(きゃくさま) 손님│女性(じょせい) 여성│お+동사 ます형+する(いたす) (제가) ～하다, ～해 드리다│待(ま)たせる 기다리게 하다│いかが 어떻게│なさる 하시다│待(ま)つ 기다리다│～ておる (～ている의 겸양) ～하고 있다, ～해 있다

1　상황에 맞게 말하기 ★★☆　　　　| 정답 2

5-4-02.mp3

女1：引っ越してきて隣の家にあいさつをしに来ました。何と言いますか。
女2：1 すみません、あした引っ越すことになりましたが。
　　　2 すみません、ごめんください。隣の者ですが。
　　　3 すみません、どちら様でいらっしゃいますか。

해석 여1 : 이사 와서 옆집에 인사를 하러 왔습니다. 뭐라고 말합니까?
　　여2 : 1 실례합니다. 내일 이사하게 되었습니다만.
　　　　　2 저기요, 계십니까? 옆집 사람인데요.
　　　　　3 실례합니다. 어느 분이십니까?

해설 ごめん은 찾아올 때나 돌아갈 때의 인사말로도 쓰이고, 용서를 빌 때도 쓸 수 있으나, ごめんください는 관용어로 '계십니까'란 표현이다.

2　상황에 맞게 말하기 ★★☆　　　　| 정답 1

5-4-03.mp3

女：お世話になっていた先生にお土産を渡します。何と言いますか。
男：1 これ、つまらないものですが、どうぞお受け取りください。
　　2 何か必要なものがありましたら教えてください。
　　3 先生へのお土産は何がいいと思いますか。

해석 여 : 신세를 졌던 선생님에게 선물을 건넵니다. 뭐라고 말합니까?
　　남 : 1 이거, 보잘것없는 것입니다만, 받아 주십시오.
　　　　2 뭔가 필요한 것이 있으면 가르쳐 주세요.
　　　　3 선생님께 드리는 선물은 뭐가 좋다고 생각합니까?

해설 다른 사람에게 자신이 준비한 무언가를 주는 경우에 これ、つまらないものですが와 같이 이야기를 시작하는 것이 일반적이다.

어휘 お世話(せわ)になる 신세를 지다│お土産(みやげ) 선물│渡(わた)す 건네다│つまらない 시시하다, 하찮다, 보잘것없다, 재미없다│受(う)け取(と)る 받다

3　상황에 맞게 말하기 ★★☆　　　　| 정답 3

5-4-04.mp3

女1：同僚に資料のコピーを頼みます。何と言いますか。
女2：1 資料はコピーして机の上に置いておきました。
　　　2 コーヒーは3人分用意すればいいんだけど。
　　　3 この資料今日中コピーしてもらえると助かるんだけど。

해석 여1 : 동료에게 자료 복사를 부탁합니다. 뭐라고 말합니까?
　　여2 : 1 자료는 복사해서 책상 위에 놓아 두었습니다.
　　　　　2 커피는 3인분 준비하면 좋겠는데.
　　　　　3 이 자료 오늘 중에 복사해 주면 고맙겠는데.

해설 기본적으로 コピー(복사)와 コーヒー(커피)를 구별해서 들을 수

어휘　同僚(どうりょう) 동료 | 資料(しりょう) 자료 | 置(お)く 놓다, 두다 | 用意(ようい) 준비, 대비 | 助(たす)かる 살아나다, 무사하다, 도움이 되다

어휘　おかげさまで 덕분에, 덕택에 | 大学(だいがく) 대학 | 受(う)かる (시험에) 합격하다 | それは 정말, 참으로, 매우 | ありがとう 고맙다 | おめでとう 축하합니다 | 大変(たいへん) 대단함, 큰일임, 힘듦, 고생스러움

4　상황에 맞게 말하기 ★★☆　｜정답 1

`5-4-05.mp3`

> 女1：息子が朝寝坊して学校に遅れそうです。何と言いますか。
> 女2：1 早くして、急がないと学校に遅れますよ。
> 　　　2 寝坊しちゃって学校に遅れてしまいました。
> 　　　3 これからは朝早く起きるようにしなさい。

해석　여1 : 아들이 늦잠을 자서 학교에 늦을 것 같습니다. 뭐라고 말합니까?
　　　여2 : 1 빨리해. 서두르지 않으면 학교에 늦어.
　　　　　　2 늦잠을 자서 학교에 늦고 말았습니다.
　　　　　　3 앞으로는 아침 일찍 일어나도록 해.

해설　발화표현 문제는 일상생활에서 자주 쓰이는 인사말이나 회화 표현, 관용 표현, 경어 표현 등을 많이 숙지하고 익혀 두면 쉽게 정답을 찾을 수 있다.

어휘　息子(むすこ) 아들 | 朝寝坊(あさねぼう) 늦잠을 잠 | 遅(おく)れる 늦다 | 急(いそ)ぐ 서두르다, 급하다 | 起(お)きる 일어나다

문제 5　즉시응답 문제

실생활에서 자주 주고받을 수 있는 내용을 짧은 1대 1 대화 형식을 취해 상대방의 말을 듣고 그에 적절한 응답을 즉각적으로 고르는 문제이다. 따라서 인사말과 같은 실생활에서 자주 쓰이는 표현들이나 경어 표현, 관용 표현 등을 많이 외워 두면 도움이 된다.

1 ～ 9 　문제 5에서는 문제용지에 아무것도 인쇄되어 있지 않습니다. 먼저 문장을 들으세요. 그리고 나서 그 대답을 듣고 1부터 3 중에서 가장 알맞은 것을 하나 고르세요.

예)　｜정답 2

`5-5-01.mp3`

> 男：おかげさまで、大学に受かりました。
> 女：1 それは、ありがとう。
> 　　2 それは、おめでとう。
> 　　3 それは、大変ですね。

해석　남 : 덕분에 대학에 합격했습니다.
　　　여 : 1 정말 고마워요.
　　　　　 2 정말 축하해요.
　　　　　 3 정말 힘들겠네요.

해설　요점은 대학에 합격한 것이므로 축하 인사를 건네야 한다. 따라서 정답은 2번이다.

1　적절하게 응답하기 ★★☆　｜정답 3

`5-5-02.mp3`

> 女：ねえ、ここの片付け、鈴木君がやってくれるって。
> 男：1 まさか! そんなことないよ。
> 　　2 やっぱり、やってほしいなあ。
> 　　3 本当? 鈴木君、ありがとう。

해석　여 : 있지, 여기 정리, 스즈키 군이 해 준대.
　　　남 : 1 설마! 그런 일 없어.
　　　　　 2 역시, 해 줬으면 좋겠다.
　　　　　 3 정말? 스즈키 군, 고마워.

해설　즉시응답 문제는 한 문제당 배당되는 시간이 짧아 문제의 진행 속도가 빠르기 때문에 들으면서 바로 판단하고 정답을 선택해야 한다. 정리에 대한 감사의 말을 하는 3번이 적당하다.

어휘　片付(かたづ)け 정리, 정돈 | まさか 설마

2　적절하게 응답하기 ★★☆　｜정답 1

`5-5-03.mp3`

> 男：こちらは職員専用の入り口となっております。
> 女：1 じゃあ、一般の人はどこからですか。
> 　　2 じゃあ、有料ですか。
> 　　3 じゃあ、もう閉店ですか。

해석　남 : 이쪽은 직원 전용 입구로 되어 있습니다.
　　　여 : 1 그럼, 일반인은 어디로 가면 됩니까?
　　　　　 2 그럼, 유료입니까?
　　　　　 3 그럼, 벌써 폐점입니까?

해설　職員専用(しょくいんせんよう: 직원 전용)나 立(た)ち入(い)り禁止(きんし)(출입금지) 등은 생활 속에서 쉽게 접할 수 있는 단어이다. 직원 전용이라는 말에는 다른 통로를 이용하라는 의미가 내포되어 있으므로 이와 같은 상황에서는 1번과 같이 묻는 것이 자연스럽다.

어휘　職員(しょくいん) 직원 | 専用(せんよう) 전용 | 入(い)り口(ぐち) 입구 | 一般(いっぱん) 일반 | 有料(ゆうりょう) 유료 | 閉店(へいてん) 폐점

3　적절하게 응답하기 ★★☆　｜정답 1

`5-5-04.mp3`

> 男：キャリアアップのために何かなさっていますか。
> 女：1 最近、中国語の勉強を始めました。
> 　　2 休みの日は公園でのんびり過ごすようにしています。
> 　　3 ええ、いつも同僚とお酒を飲んでいます。

해석　남 : 커리어를 높이기 위해서 뭔가 하고 계십니까?
　　　여 : 1 최근 중국어 공부를 시작했습니다.
　　　　　2 쉬는 날은 공원에서 한가로이 지내려고 하고 있습니다.
　　　　　3 네, 항상 동료와 술을 마시고 있습니다.

해설　커리어를 높이기 위한 내용으로 적절한 것은 1번이다.

어휘　キャリア 경력, 커리어 | なさる 하시다 | 中国語(ちゅうごく
ご) 중국어 | 始(はじ)める 시작하다 | 休(やす)みの日(ひ) 쉬는
날 | 公園(こうえん) 공원 | のんびり 한가로이, 느긋하게 | 過(す)
ごす 보내다, 지내다 | お酒(さけ)を飲(の)む 술을 마시다

4　적절하게 응답하기 ★★☆　　　　　　| 정답 3

> 5-5-05.mp3

> 男 : ラジオの音を少し落としてもらえますか。
> 女 : 1 あそこに座れますよ。
> 　　　2 先週のミーティングでそう言ったよ。
> 　　　3 ごめん、そんなに大きい音とは気づかなかった。

해석　남 : 라디오 소리를 조금 낮춰 주시겠습니까?
　　　여 : 1 저기에 앉을 수 있어요.
　　　　　2 지난주 미팅에서 그렇게 말했어.
　　　　　3 미안, 그렇게 큰 소리라고는 깨닫지 못했어.

해설　落(お)とす 기본적으로 '떨어뜨리다'라는 의미로 자주 사용되
지만, 우리말로 '놓치다, 흘리다, 제거하다, 잃다, 빠뜨리다, 분실하
다, 낮추다' 등의 의미로도 사용할 수 있다.

어휘　落(お)とす 떨어뜨리다 | 先週(せんしゅう) 지난주 | 気(き)づ
く 깨닫다, 알아차리다

5　적절하게 응답하기 ★★☆　　　　　　| 정답 2

> 5-5-06.mp3

> 男 : もしも雨が降ったら、試合はどうしましょう？
> 女 : 1 私の傘は家にあります。
> 　　　2 来週の月曜日に延期することができます。
> 　　　3 ほんのちょっとしか降りませんでした。

해석　남 : 만약 비가 내리면 시합은 어떻게 할까요?
　　　여 : 1 제 우산은 집에 있습니다.
　　　　　2 다음 주 월요일로 연기할 수 있습니다.
　　　　　3 아주 조금밖에 내리지 않았습니다.

해설　즉시응답 문제는 문제의 정답을 너무 쉽게 예측해서는 안 되며, 상
대방의 이야기나 질문이 어떤 상황이나 장소에서 무엇에 대해 또
는 어떠한 의도로 이루어지는지를 정확히 파악하여 정답을 선택해
야 한다. 시합의 개최 여부에 대해 묻고 있으므로 2번과 같이 일정
의 변경에 대한 대답도 가능하다는 것을 염두에 두자.

어휘　もしも 만약, 혹시 | 雨(あめ)が降(ふ)る 비가 내리다 | 試合(し
あい) 시합 | 傘(かさ) 우산 | 延期(えんき) 연기 | ほんの 그저,
단지 | ～しか ~밖에

6　적절하게 응답하기 ★☆☆　　　　　　| 정답 3

> 5-5-07.mp3

> 男 : 私がお願いしたレポートはどこですか。
> 女 : 1 明日それらを見ます。
> 　　　2 事務所であなたを待っています。
> 　　　3 あちらの机の上にあります。

해석　남 : 제가 부탁드린 리포트는 어디 있습니까?
　　　여 : 1 내일 그것들을 보겠습니다.
　　　　　2 사무소에서 당신을 기다리고 있습니다.
　　　　　3 저쪽 책상 위에 있습니다.

해설　위치를 물어보는 경우 どこにありますか 대신 どこですか
라고도 할 수 있다.

어휘　お願(ねが)いする 부탁하다 | 事務所(じむしょ) 사무소

7　적절하게 응답하기 ★★☆　　　　　　| 정답 2

> 5-5-08.mp3

> 男 : 今日は、お忙しいところ、おいでくださって、どう
> 　　もありがとうございます。
> 女 : 1 あ、荷物を置いたのは私じゃないんです。
> 　　　2 こちらこそ、ご招待、ありがとうございます。
> 　　　3 まあ、そんなにお忙しかったんですか。

해석　남 : 오늘은 바쁘신 중에 와 주셔서 정말 감사드립니다.
　　　여 : 1 아, 짐을 놓은 것은 제가 아닙니다.
　　　　　2 저야말로 초대 감사드립니다.
　　　　　3 어머, 그렇게 바쁘셨습니까?

해설　초대한 사람이 왔을 때 하는 인사말과 그에 대한 응답으로 외워 두
면 유용한 표현이다. 즉시응답 문제에서 좋은 성적을 얻기 위해서
는 기본적으로 인사말과 같은 실생활에서 자주 쓰이는 표현들을
기억하는 것이 좋다.

어휘　忙(いそが)しい 바쁘다 | おいで 가심, 오심, 계심, 나가심, 나오심 |
荷物(にもつ) 짐 | 置(お)く 놓다, 두다 | 招待(しょうたい) 초대

8　적절하게 응답하기 ★★☆　　　　　　| 정답 2

> 5-5-09.mp3

> 男 : これらの本のうち、どれがあなたのものですか。
> 女 : 1 はい、それは私のです。
> 　　　2 どれも私のものではありません。
> 　　　3 ノンフィクションよりも小説のほうが好きです。

해석　남 : 이 책들 중, 어느 것이 당신 것입니까?
　　　여 : 1 네, 그것은 제 것입니다.
　　　　　2 어느 것도 제 것이 아닙니다.
　　　　　3 논픽션보다도 소설 쪽을 좋아합니다.

해설　どれ는 '(셋 이상의 것 중에서 고를 때) 어느 것, 무엇'이라는 의미
로 사용된다. 둘 중에 고를 때는 どちら를 쓴다.

어휘　ノンフィクション 논픽션 | 小説(しょうせつ) 소설

실전 모의고사 5회

청해

5-5-10.mp3

女：喫煙席になさいますか、それとも禁煙席がよろしい
　　ですか。
男：1　彼はたばこをやめたと聞きました。
　　2　いいえ、この席は気に入りません。
　　3　どちらも結構です。景色さえ見られれば。

해석　여 : 흡연석으로 하시겠습니까, 아니면 금연석이 좋으십니까?
　　　남 : 1　그는 담배를 끊었다고 들었습니다.
　　　　　2　아니요, 이 자리는 마음에 들지 않습니다.
　　　　　3　어느 쪽이나 괜찮습니다. 경치만 잘 보이면.

해설　それとも는 어느 하나를 고를 때 쓰는 선택의 접속사이다. 그리고
　　　～さえ, ～ば는 '～만 ～면'이라는 조건이 충족됨을 나타낸다.

어휘　喫煙席(きつえんせき) 흡연석 | 禁煙席(きんえんせき) 금연석
　　　| たばこをやめる 담배를 끊다 | 気(き)に入(い)る 마음에 들다

일본어회화 핵심패턴 233

233개 기초 패턴으로 일본어 말문이 트인다!

회화의 기초를 짱짱하게 다져주는 필수 패턴만 엄선했다!
초급자의 발목을 잡는 동사활용, 문법도 패턴으로 쉽게 끝낸다!

난이도	첫걸음 초급 중급 고급	기간	80일
대상	회화의 기초를 다지고 싶은 초급자	목표	내가 하고 싶은 일본어 표현 자유자재로 만들기

네이티브는 쉬운 일본어로 말한다
1000문장 편

부록
mp3 파일
무료 다운로드

최대현 지음 | 592쪽 | 16,000원

일본인이 항상 입에 달고 살고,
일드에 꼭 나오는 1000문장을 모았다!

200여 편의 일드에서 엄선한 꿀표현 1000문장! 네이티브가 밥 먹듯이 쓰는
살아 있는 일본어를 익힌다. 드라마보다 재미있는 mp3 파일 제공.

난이도	첫걸음	초급	중급	고급

목표 교과서 같은 딱딱한 일본어에서 탈출하여
네이티브처럼 자연스러운 일본어 회화 구사하기

대상 반말, 회화체를 배우고 싶은 학습자
일드로 일본어를 공부하는 초중급자

고득점을 위한 실전 모의고사
시나공 JPT 적중 2400제

청해 해설집 | 328쪽 | 12,000원

독해 해설집 | 216쪽 | 9,000원

JPT초고수위원회 지음 | 760쪽 | 23,000원

2400제로 목표 점수까지 한방에 끝내라!

국내 최대 분량 12회분, 2400제! 최근 5년간 출제 경향을 전면 반영한
고품격 문제로 철저한 실전 대비가 가능하다!

난이도	첫걸음 | 초급 | **중급** | 고급	분량	12회분
대상	JPT 실전 훈련이 필요한 일본어 초중급자, 800-900점대 고득점을 목표로 하는 수험자	목표	JPT 800-900점대 점수 받기

JPT 탄탄한 기본기 + JPT 실전 트레이닝
두 마리 토끼를 동시에 잡는다!

시험에 나오는 것만 공부한다!

시나공 JPT 독해

JPT초고수위원회 지음 | 496쪽 | 17,000원
부록: 휴대용 소책자

시험에 나오는 것만 공부한다!

시나공 JPT 청해

JPT초고수위원회 지음 | 484쪽 | 17,000원
부록: 휴대용 소책자, mp3 파일 무료 다운로드

상위 1% JPT 초고수들의 만점 비법을 공개한다!

파트별로 완벽하게 분석하고 비법으로 정리해 초보자도 쉽게 따라 할 수 있는 JPT 기본서!

난이도	첫걸음 | 초 급 중 급 고 급	기간	7주
대상	JPT 수험자, 일본어 중급 학습자	목표	목표 점수까지 한 방에 통과하기

시험에 나오는 것만 공부한다!

시나공 JLPT

| JLPT 종합서 |

| JLPT 영역별 기본서 |

| JLPT 실전 모의고사 |

길벗
이지:톡

시험에 나오는 것만
공부한다!

시나공 JLPT

일본어능력시험

실전
모의고사
시즌2

신선화 지음

문제집

N3

시험에 나오는 것만
공부한다!

시나공
JLPT

일본어능력시험 N3
실전 모의고사 시즌2
문제집

신선화 지음

길벗
이지:톡

실전 모의고사 1회

N3

げんごちしき（もじ・ごい）

（30ぷん）

ちゅうい
Notes

1. しけんが　はじまるまで、この　もんだいようしを　あけないで　ください。
   Do not open this question booklet until the test begins.

2. この　もんだいようしを　もって　かえる　ことは　できません。
   Do not take this question booklet with you after the test.

3. じゅけんばんごうと　なまえを　したの　らんに、じゅけんひょうと
   おなじように　かいて　ください。
   Write your examinee registration number and name clearly in each box below as written on
   your test voucher.

4. この　もんだいようしは、ぜんぶで　5ページ　あります。
   This question booklet has 5 pages.

5. もんだいには　かいとうばんごうの　1、2、3・・・が　ついて　います。
   かいとうは、かいとうようしに　ある　おなじ　ばんごうの　ところに
   マークして　ください。
   One of the row numbers 1, 2, 3… is given for each question. Mark your answer in the
   same row of the answer sheet.

じゅけんばんごう　Examinee Registration Number	

なまえ　Name	

問題 1 ＿＿＿＿のことばの読み方として最もよいものを、1・2・3・4から一つえらびなさい。

1 彼女は会うたびに、笑顔であいさつしてくれる。

   1 わらいかお   2 しょうがん   3 えがお   4 しょがん

2 警察官は車を止めるように合図した。

   1 あいず   2 あいと   3 ごうず   4 ごうと

3 自分より他人のことをもっと思いやりなさい。

   1 ほかひと   2 ほかにん   3 たじん   4 たにん

4 彼は私が知っているほかのどの外科の先生よりも腕がいい。

   1 がいか   2 げか   3 かいが   4 けが

5 子供を育てるにはたくさんのお金がかかります。

   1 あわてる   2 たてる   3 そだてる   4 すてる

6 この前の日曜日以降、私は彼に会っていません。

   1 いこう   2 いご   3 いか   4 いがい

7 この話を聞いて子供たちは強い関心を示した。

   1 はずした   2 なくした   3 さがした   4 しめした

8 夏がすぎると日がますます短くなっていきます。

   1 ながく   2 みじかく   3 ちいさく   4 ふかく

問題 2 ＿＿＿のことばを漢字で書くとき最もよいものを、1・2・3・4から一つえらびなさい。

9　道路をおうだんする時は車に注意するんですよ。

1　応段　　　　　2　横団　　　　　3　応切　　　　　4　横断

10　私は食後には必ずはを磨くことにしている。

1　顔　　　　　　2　歯　　　　　　3　手　　　　　　4　足

11　彼は事件のきろくを調べなければならなかった。

1　記録　　　　　2　記緑　　　　　3　記禄　　　　　4　記碌

12　今日勉強したところをふくしゅうしておいてください。

1　腹週　　　　　2　予週　　　　　3　復習　　　　　4　予習

13　君の努力はいつかは実をむすぶだろう。

1　結ぶ　　　　　2　喜ぶ　　　　　3　並ぶ　　　　　4　叫ぶ

14　彼女が無事にきたくしたかどうか確かめてください。

1　来宅　　　　　2　帰宅　　　　　3　行家　　　　　4　着家

問題 3 （　　　）に入れるのに最もよいものを、1・2・3・4から一つえらびなさい。

15 ボーナスがいつもより少なかったので（　　　）した。

　　1　うっかり　　　　2　すっかり　　　　3　がっかり　　　　4　すっきり

16 私は彼女が喜ぶ顔を（　　　）するだけで満足でした。

　　1　想像　　　　　　2　感動　　　　　　3　計画　　　　　　4　成功

17 （　　　）の靴はどこにも見つかりませんでした。

　　1　行方　　　　　　2　仕方　　　　　　3　見方　　　　　　4　片方

18 このりんごの皮を（　　　）ナイフを貸してください。

　　1　あく　　　　　　2　むく　　　　　　3　おる　　　　　　4　おす

19 このスイッチを押せば（　　　）的にカーテンが開く。

　　1　最高　　　　　　2　効果　　　　　　3　自動　　　　　　4　安心

20 彼らは外国旅行への（　　　）にわくわくした。

　　1　期待　　　　　　2　出張　　　　　　3　交流　　　　　　4　感想

21 もうよくわかったから、何度も（　　　）言わないでくれ。

　　1　かしこく　　　　2　くやしく　　　　3　ひとしく　　　　4　しつこく

22 何度も（　　　）を与えたのに彼には通じなかった。

　　1　バランス　　　　2　ヒント　　　　　3　イメージ　　　　4　テーマ

23 その話は私の心に（　　　）人々の顔を思い起こさせた。

　　1　あたらしい　　　2　ひとしい　　　　3　なつかしい　　　4　はげしい

24 ご満足いただけなければ（　　　）はお返しいたします。

　　1　価格　　　　　　2　会計　　　　　　3　借金　　　　　　4　代金

25 雨が降らなかったために庭の花が（　　　）しまった。

　　1　生まれて　　　　2　遅れて　　　　　3　枯れて　　　　　4　壊れて

問題 4 _____ に意味が最も近いものを、1・2・3・4から一つえらびなさい。

26 彼女は結婚のために仕事を<u>あきらめる</u>ことはしない。

　　1　はじめる　　　　2　やめる　　　　　3　やすむ　　　　4　おわる

27 <u>そっと</u>歩いて出ないと赤ん坊が目を覚ましますよ。

　　1　上手に　　　　　2　確かに　　　　　3　すぐに　　　　4　静かに

28 外が非常に<u>まぶしかった</u>ので、私はサングラスをかけなければならなかった。

　　1　明るすぎた　　　2　暗かった　　　　3　爽快だった　　4　すばらしかった

29 ここでは<u>年中</u>スキーを楽しむことができます。

　　1　いつのまにか　　2　半年　　　　　　3　いつも　　　　4　夏だけ

30 彼は彼女の美しさに心を<u>奪われて</u>いた。

　　1　取られて　　　　2　忘れて　　　　　3　しかられて　　4　分かれて

問題5 つぎのことばの使い方として最もよいものを、1・2・3・4から一つえらびなさい。

31 空

1 晴れた日で空には雲ひとつなかった。

2 前の雲が晴れ上がって夏の青い空が現れた。

3 登山道に空の缶やゴミを捨てるのはやめてほしい。

4 昨日の嵐で、空はすっかり晴れわたっていた。

32 募集

1 うちのバスケット部は背の高い男子を募集している。

2 どうしてその事故が起こったかを募集する。

3 彼女の募集はゆっくりと、しかし着実に、進展している。

4 募集がとてもうまくいったので、彼はその仕事についた。

33 経由

1 安全でない場所から安全なところへ経由する。

2 その学校への経由はバスでかなり時間がかかる。

3 この通りは朝8時から10時まで自動車は経由止めです。

4 私たちは日本経由でハワイに旅する予定だ。

34 行き先

1 行き先不明者を探そうと、できるだけの努力をした。

2 時間はなんて早く過ぎて行き先のだろう。

3 一人で旅行に行くときは必ず行き先を教えてください。

4 朝のこんな時間に人の家へ行き先のですか。

35 活動

1 ボランティア活動を続けるのは簡単なことではない。

2 時間は貴重なものであるから、できるだけ活動すべきである。

3 彼は映画スターとして大活動し、多くの有名作品の出演者となっていった。

4 勉強するときはいつも最大限に辞書を活動しなさい。

실전 모의고사 1회

N3

言語知識（文法）・読解

げんごちしき　　ぶんぽう　　どっかい

（70分）

注　意
Notes

1. 試験が始まるまで、この問題用紙を開けないでください。
   Do not open this question booklet until the test begins.

2. この問題用紙を持って帰ることはできません。
   Do not take this question booklet with you after the test.

3. 受験番号と名前を下の欄に、受験票と同じように書いてください。
   じゅけんばんごう　　　　　　　　らん　　　　じゅけんひょう
   Write your examinee registration number and name clearly in each box below as written on your test voucher.

4. この問題用紙は、全部で18ページあります。
   ぜんぶ
   This question booklet has 18 pages.

5. 問題には解答番号の ①、②、③・・・ が付いています。解答は、解答用紙に
   かいとうばんごう　　　　　　　　　　　　　つ　　　　　　　　かいとう　　かいとう
   ある同じ番号のところにマークしてください。
   ばんごう
   One of the row numbers ①, ②, ③… is given for each question. Mark your answer in the same row of the answer sheet.

受験番号 Examinee Registration Number	

じゅけんばんごう

名　前 Name	

問題 **1** つぎの文の（　　　）に入れるのに最もよいものを、1・2・3・4から一つ
えらびなさい。

1 あの男の言ったことはどこまで信じて（　　　）わからない。

　　1　いいので　　　　　2　いいのに　　　　　3　いいのが　　　　　4　いいのか

2 みなさんには、自分の夢を実現するために努力（　　　）です。

　　1　なってほしい　　　2　してほしい　　　　3　なりたい　　　　　4　したい

3 できる（　　　）早く返事をいただけると助かります。

　　1　だけ　　　　　　　2　ほど　　　　　　　3　ばかり　　　　　　4　より

4 世界は君を中心（　　　）回っているわけではないんだよね。

　　1　で　　　　　　　　2　の　　　　　　　　3　に　　　　　　　　4　から

5 チケットは大切に保管（　　　）ようお願いいたします。

　　1　していただく　　　2　してあげる　　　　3　させてもらう　　　4　させてさしあげる

6 このコンピューター、1 年前に（　　　）、もうすっかり時代遅れだわ。

　　1　買っただけで　　　　　　　　　　　　　2　買ったばかりなのに
　　3　買うことなら　　　　　　　　　　　　　4　買うつもりだから

7 （　　　）どこかで会った人だが、だれだか思い出せない。

　　1　どんなに　　　　　2　たとえ　　　　　　3　たしかに　　　　　4　かならず

8 どうかこの作文を（　　　）、直してくださいませんか。

　　1　拝見して　　　　　2　お目にかかって　　3　召し上がって　　　4　ご覧になって

9 あなたは健康の（　　　）もっと運動をするべきだ。

　　1　ように　　　　　　2　とともに　　　　　3　ために　　　　　　4　として

10　この話は信じられないように（　　　　）が、本当の話だ。

1　思われるかもしれない　　　　　　　2　思うはずがない

3　思われるわけがない　　　　　　　　4　思うことはない

11　「私の電話番号をどこで教わったのですか。電話帳には出て（　　　　）ですが。」

1　いないかぎり　　　　　　　　　　　2　いないはず

3　いるにちがいない　　　　　　　　　4　いることにする

12　ベッドで（　　　　）赤ちゃんはまるで天使のように見えた。

1　寝る　　　　　　2　寝た　　　　　　3　寝ている　　　　　4　寝ない

13　大切な話をしているので、少しだけ（　　　　）。

1　待ててもらえますか　　　　　　　　2　待ってもらえませんか

3　待たせていただけますか　　　　　　4　待たされていただけませんか

問題2 つぎの文の __★__ に入る最もよいものを、1・2・3・4から一つえらびなさい。

（問題例）

つくえの ____ ____ __★__ ____ あります。

1　が　　　　　　　　2　に　　　　　　　　3　上　　　　　　　　4　ぺん

（解答のしかた）

1. 正しい答えはこうなります。

つくえの _____ _____ __★__ _____ あります。
3　上　　2　に　　4　ぺん　1　が

2. __★__ に入る番号を解答用紙にマークします。

（解答用紙）　　（例）　①　②　③　●

14　私はただ何も ____ ____ __★__ ____ が好きだ。

　　1　座っているより　　2　一生懸命　　　　3　働く方　　　　　4　しないで

15　みなさんも ____ ____ __★__ ____ どうでしょうか。

　　1　みては　　　　　　　　　　　　　2　人のために

　　3　自分だけでなく　　　　　　　　　4　行動して

16　A　「ねえ、今度の土曜日、市立美術館にいっしょに行かない?」

　　B　「いいね、あ、私、そこの割引券を持ってるよ。それ ____ ____ __★__ ____ んだ。」

　　1　一枚で　　　　　2　3割引して　　　3　もらえる　　　4　4人まで

17 どうも人は ＿＿＿ ＿＿＿ ＿★＿ ＿＿＿ もののようです。

　　1　してみたくなる　　2　「するな」と　　　3　逆に　　　　　　　4　いわれると

18 私は今日 ＿＿＿ ＿＿＿ ＿★＿ ＿＿＿ ことにしています。

　　1　今日中に　　　　　2　やってしまう　　3　必ず　　　　　　4　やるべきことは

問題3 つぎの文章を読んで、文章全体の内容を考えて、|19| から |23| の中に入る最もよいものを、1・2・3・4から一つえらびなさい。

「こんにちは」とあいさつするにも、大きい声で元気よく言う場合と、小さい声でささやくように言う場合では受け取るほうの理解は異なる。

言葉による伝達では言葉の意味そのもの |19| 、それがどのような調子で言われたのかということがメッセージとして伝わる。後者のうち、とくに言語の音声表現に関連する要素をパラ言語という。パラ言語には音の高低、リズム、話すときの速度、強弱、イントネーションなどが含まれる。|20| 、「なにやってるの？」という表現も普通に言えば単なる疑問だが、言い方 |21| は非難や叱ることを表すこともできる。この「言い方」の部分がパラ言語という |22| だ。パラ言語の解釈は文化ごとに異なる。|20| 、日本人の話す英語は強弱がなく単調に聞こえる場合があり、それはアメリカ人にとって不親切とか興味が |23| と勘違いされることもある。

また日本語と英語はしくみが違うので、日本語の発想のままで話していてはアメリカ人には理解できないときが多いそうだ。

|19|
    1 ばかりで   2 ことで   3 だけでなく   4 というより

|20|
    1 なぜなら   2 たとえば   3 したがって   4 それから

|21|
    1 によって   2 について   3 に対して   4 にかけて

22
    1　もの　　　　　2　はず　　　　　3　こと　　　　　4　わけ

23
    1　ないそう　　　2　なさそう　　　3　あるそう　　　4　ありそう

問題4　つぎの（1）から（4）の文章を読んで、質問に答えなさい。答えは、1・2・3・4から最もよいものを一つえらびなさい。

(1)

　日本人はかつて「水はいくら使ってもただ」という認識を持っていた。だが、容器に入った有料のミネラルウォーターが大量に流通していることからもわかるように、水はもうすでに料金を払って買う時代に突入したのだ。

　そもそも水はひじょうに限られた資源である。地表にある70％の水のうち、淡水が占める割合は2.5％にすぎない。その大部分は極地や地下にあり、人間が使いやすい淡水は、わずか0.3％である。

（注）淡水：塩分を含まない水。飲める水

24　文の内容と合っているのはどれか。

1　現在日本では水はもう買って飲まなければならないものになった。

2　日本人にはもともと、水は節約して使うべきだという認識があった。

3　ミネラルウォーターを買って飲む人は、地表にある水は汚染されていると思っている。

4　水は限りのある資源だから、無駄使いせずに大切に使わなければならない。

(2)

　イギリスで最も人気の高い飲み物の一つが紅茶である。イギリス人は、仕事中に短い休憩を取るときは、紅茶を飲むのが好きだ。これは「ティーブレイク」と呼ばれている。フランスなど他のヨーロッパの国では、人々は紅茶よりもコーヒーを多く飲む。

　あなたがイギリスで、友だちの家を訪ねると、その友だちはいつもあなたに紅茶を出すだろう。イギリスでは「午後の紅茶」は大変有名な習慣だった。午後遅く、イギリス人は紅茶を飲みながら、小さなサンドイッチやお菓子を食べるのが好きだった。しかし、この習慣は今ではあまり見られない。たいていの人々は、最近は忙しすぎて「午後の紅茶」をとる余裕がない。代わりに、人々は1日のうちでいろいろな時間に紅茶を飲んでいる。

25　「ティーブレイク」というのはイギリスで何のことか。

　　1　1杯の紅茶つきの短い休憩

　　2　コーヒーを楽しむ習慣

　　3　夜遅くお茶を飲む習慣

　　4　お菓子と紅茶つきの軽い昼食

(3)

バスケットボールのお知らせ

春期のバスケットボール申し込みの受付

受付日時：2月15日月曜日～2月17日水曜日まで

受付時間：午後5時～8時まで

場所：学校事務室

1年生から4年生までの女子ならだれでも参加資格あり。

何かご質問があれば、123－4567番の田中までご連絡ください。

お早めにお申し込みください。

＊昨年使用したユニフォームをまだお持ちの方は、洗濯の上、名前を書いたビニール袋に

　入れて学校事務室までお返しください。

26 春期バスケットボールに申し込めるのは次のうちだれか。

　　1 すべての男子学生

　　2 すべての女子学生

　　3 1年生から4年生までの女子ならだれでも

　　4 1年生から4年生までの男子ならだれでも

(4)

　広島高校では、今家庭にあって使われなくなった携帯電話やカメラを集めています。もし家にそれらの品々があれば、学校の事務室まで持ってきてください。1,000円から5,000円の間でリサイクル会社にそれらを引き取ってもらえるでしょう。

　そのお金は図書館の本の購入にあてられる予定です。リサイクルは地球にも優しいことです。より詳しくは、事務室まで電話してください。

27　どうして学校は使用済みの携帯電話やカメラを集めているのか。

　　1　新しい図書館を建てるため

　　2　書籍を買うため

　　3　多くの子供たちを救うため

　　4　学校の事務室の補修のため

問題 **5** つぎの (1) と (2) の文章を読んで、質問に答えなさい。答えは、1・2・3・4
から最もよいものを一つえらびなさい。

(1)

　プラスチックは人間が作り出した材料です。プラスチックが発明されてから私たちの生活
は本当に変わってきました。今はプラスチック製品があふれているので、どこを見てもプラ
スチックが目に入らないということはありません。プラスチックが大変に人気がある理由
は、安いということと、いろいろ多くの使い方ができるからです。

　日常生活で私たちは、食べ残したものも含めて、食物を保存するのにビニール袋を用いま
す。プラスチックは空気を遮断するので食べ物は新鮮で長持ちするのです。

　プラスチックは透明に作ることもでき、外側からその中身が見えます。店主がこのような
袋に商品を入れると、客は袋を開けなくてもどんなものを売っているのかわかります。プラ
スチックのもう一つのよい点は、熱に耐えられるということです。鍋の取っ手をプラスチック
にすれば、やけどをしないで鍋を持つことができます。このように、今日ではプラスチッ
クにはとても役立つ多くの使い道があるのです。

28　プラスチックが人気がある理由の一つは何か。

　　1　色の種類が多いこと

　　2　どこにでもあってすぐ目に入ること

　　3　値段が安いこと

　　4　人間が作った素材であること

29　プラスチックはどのようにして食べ物を新鮮に保つのか。

　　1　サイズが豊富なので中身によって保存する。

　　2　空気を遮断するので長持ちする。

　　3　食べ物から水分を吸収して保つ。

　　4　食べ物を冷やしておける。

30 　なぜプラスチックの取っ手は有用なのか。

　1　プラスチックは安くて丈夫だから

　2　プラスチックは絶対壊れないから

　3　美しい取っ手を作ることができるから

　4　プラスチックはすぐには熱くならないから

(2)

　あなたは毎年どのくらいの紙を使っていますか。おそらく、その質問にすぐには答えられないでしょう。中には1年に1人あたり50キロもの紙を使う国々もあります。アメリカや日本のような国は、他の国々よりも紙をたくさん使用しています。

　紙は木材から作られます。それで、カナダやフィンランド、アメリカのような大森林地帯を持つ国は、製紙産業が最重要国となっています。フィンランドは世界で最も優秀な紙を生産していると言われています。

　紙について考える時には、新聞や本、手紙、そしてものを書く紙のことを思い浮かべます。しかし実際は、他にもたくさんの用途があります。本や新聞に用いられているのは製造される紙の半分にしかすぎません。例えば、紙で暖かくすることができます。フィンランドの寒い冬に、農民は紙の長靴をはいて雪の上を歩きます。彼らは紙の長靴が一番暖かいと信じているからです。

　毎年、多くのものがますます紙で作られています。紙の様々な利用法を知ることは、大変面白いことです。

31　大森林を持つ国々で紙の製造が重要になったのはなぜか。

　　1　紙は木材で作られるから

　　2　そこでは人々がたくさんの紙を使うから

　　3　彼らは様々な紙の使い方を知っているから

　　4　彼らはたくさんの優れた製紙機械を持っているから

32　本や新聞にはどのくらいの紙が使用されていると言っているのか。

　　1　紙の半分だけ

　　2　紙の半分より多く

　　3　紙のほんの少量部分

　　4　ほとんどすべての紙

33 フィンランドで農民が雪の中で紙の長靴をはくのはどうしてか。

1 がまんできないくらい寒い冬のために

2 他の長靴を買うほどお金を持っていないから

3 紙の長靴は他の何よりも暖かいから

4 紙の長靴は軽くて丈夫だから

問題6 つぎの文章を読んで、質問に答えなさい。答えは、1・2・3・4から最もよいものを一つえらびなさい。

以前は女性は、男性よりも心臓病になる確率が低いと考えられていたが、現在では、男性よりも心臓病によって死亡する可能性が高いと言われている。

驚くべき、画期的な研究において、国内にある約500の病院の医師たちが立証したのは、心臓に関連する病気による死亡者の数は、現在、男性よりも女性のほうが多いということだ。

研究結果が示す事実は、心臓発作に関してよく知られている、胸の部分の痛みや呼吸がはげしく苦しいこと、まるで胸の刺すような痛みといった症状が、だいたい男性に起こるもので、女性に起こる症状はそれらと異なり、あまり知られていない。したがって、女性は心臓病になったときに、それは別の病気だと思い込んでしまうのである。

医師がさらに指摘しているのは、ライフスタイルにかかわる要因である。食事や運動不足などがそれに当たる。「私たちは長年、男性に食事や運動に気をつけるようにと話してきました」とある医師は言う。「しかし、私たちは女性に、同じような指針にしたがう必要があるとは言ってきませんでした。」

医師たちが主張しているのは、同じ常識的な忠告で冠状動脈の状態に関するものが、男女ともに等しく当てはまるということだ。

毎日、有酸素運動をして、飽和脂肪の少ない食品を取り、ストレスを減らすことが、男性にも女性にも最も大切だという。

---

34 なぜこの研究の結果は驚くべきものなのか。

1 最近心臓病で死亡する人が男女とも非常に増えたから

2 今まで知られていた心臓病の予防法が間違っていたのが明らかになったから

3 よく知られている心臓病の症状は男性にだけ起こるものだから

4 以前は男性のほうが心臓病により死亡する可能性が高いと思われていたから

[35] この文によると、女性はどのようにして心臓病の症状に反応するか。

1 食事や運動に気をつけるようにする。

2 症状を別の病気のものだと考えがちである。

3 すぐ病院に行って医師の指示にしたがって治療してもらう。

4 女性は心臓病の症状がないので何も感じられない。

[36] この文ではどのようにして心臓病の発症率を減らすことができると言っているか。

1 しばしばダイエットをすることによって

2 健康的な食事を取り、ストレスの程度を下げることによって

3 毎年忘れずに定期健康診断を受けることによって

4 医学技術の発達によって

[37] 本文の内容と合っているものはどれか。

1 女性は男性よりも心臓病になる確率が低く、死亡する可能性も低い。

2 胸の部分の痛みや、呼吸がはげしく苦しいなどの症状は、女性にしか起こらない。

3 心臓病にならないためには、健康的な生活と良い食事をすることが、男女ともに大切だ。

4 心臓病が原因で死亡する人の数はだんだん増えている。

問題**7**　右のページは「リサイクルショップの広告」である。これを読んで、下の質問に答えなさい。答えは、1・2・3・4から最もよいものを一つえらびなさい。

38　次のうち、売れる可能性がないものはどれか。

1　少し汚れはあるが、きれいにふき取った冷蔵庫

2　道で拾った人気ブランドの財布

3　かぎはないが、使用には問題ない食器棚

4　5年前に友だちから結婚祝いのプレゼントでもらった電子レンジ

39　このリサイクルショップで物を売ろうとすれば、まず何をしなければならないか。

1　リモコンや説明書などの付属品を一緒にしておく。

2　インターネットでいいリサイクルショップのリストを検索してみる。

3　受付時間内に問い合わせの電話をかけて相談してみる。

4　売る物の汚れをきれいに引き取っておく。

それは本当にゴミですか

引っ越しや移転でご不要になったものや、処分に困っている、使わない商品を買取りいたします。買取りができないものは有料処分も行っております。

＊基本的な買取り品目

1. 家電・電化製品全般：冷蔵庫・洗濯機・テレビ・電子レンジ・エアコンなど

2. 家具全般：一般家具・食器棚・ダイニングセット・整理ダンス・オフィス家具など

＊買取りが難しい商品

1. 汚れ・傷がひどいもの

2. かなり年数が経過しているもの

3. 再販できないもの(盗品・故障など)

4. 家電製品の場合、動作確認ができないものは買取りできない。

＊高価買取りの基準

1. リモコンや説明書などの付属品が揃っている。

2. 汚れをきれいにふき取っている。

3. 電化製品の場合、製造が5年以内である。

※本棚、食器棚、事務用品などで、はずしてあった棚板、使っていないカギは一緒に用意しておいてください。棚板が足りなかったり、実際にカギをかけて使用することができなければ買取りできない場合もあります。

※取扱説明書・リモコンなどの付属品がある場合は、忘れずに一緒にしておいてください。製品によっては説明書や付属品がないと、使用困難な場合があります。

買取り専用ダイヤル　0120－934－537

まずは、お電話にてご相談ください！(受付時間 9：30～18：50)

お気軽にお問い合わせください！

N3

ちょうかい
聴解

（40分）

注　意
Notes

1. 試験が始まるまで、この問題用紙を開けないでください。
   Do not open this question booklet until the test begins.

2. この問題用紙を持って帰ることはできません。
   Do not take this question booklet with you after the test.

   じゅけんばんごう　　　　　　　　　　らん　　　じゅけんひょう
3. 受験番号と名前を下の欄に、受験票と同じように書いてください。
   Write your examinee registration number and name clearly in each box below as written on your test voucher.

   ぜん ぶ
4. この問題用紙は、全部で13ページあります。
   This question booklet has 13 pages.

5. この問題用紙にメモをとってもいいです。
   You may make notes in this question booklet.

じゅけんばんごう
受験番号 Examinee Registration Number

名　前　Name

問題 1

問題1では、まず質問を聞いてください。それから話を聞いて、問題用紙の1から4の中から、最もよいものを一つえらんでください。

れい

1 旅行代理店に電話で予約する

2 シティーエアーターミナルに電話で予約する

3 前の日に旅行代理店に行って買っておく

4 出発の前に、旅行代理店で買う

1 ばん

1 新宿行きの5号車に乗る

2 駅員といっしょに袋をさがす

3 会議の資料を作り直す

4 あとでまた戻ってくる

2 ばん

1 自分の予定を変える

2 友だちに電話する

3 1人で展示会に行く

4 女の人と買い物に行く

3 ばん

1　図書館に行く

2　最初からレポートを書き直す

3　先生に相談に行く

4　心理学の授業のノートを見る

4 ばん

1　21日以降にかけ直す

2　事務所の人からの連絡を待つ

3　録音メッセージを待つ

4　すぐに1を押す

5ばん

1 田中さんを待ってから行く

2 田中さんに先に行ってもらう

3 田中さんに電話をする

4 田中さんより先に行く

6ばん

1 日本のコンテンツ産業全体の実情を調べる

2 日本のアニメ産業の実情を調べる

3 自分の国のコンテンツ産業全体の実情を調べる

4 自分の国のアニメ産業の実情を調べる

問題 2

問題2では、まず質問を聞いてください。そのあと、問題用紙を見てください。読む時間があります。それから話を聞いて、問題用紙の1から4の中から、最もよいものを一つえらんでください。

れい

1 切符がなくなったから

2 事故で列車が20分間停車したから

3 列車の中で本を読んでいたから

4 信号が故障したから

1 ばん

1　会議の時間を変更するため

2　女の人の来週の日程を確認するため

3　会議の資料を女の人に送るため

4　来週の会議を取り消すため

2 ばん

1　いま休暇が取れない

2　子供たちと海辺で遊ぶのが好きだ

3　海に行きたがらない

4　最近子供たちを自分の両親に会わせた

3 ばん

1 自転車を修理してもらいたいから

2 広告に出ている自転車を買いたいから

3 自転車が盗まれたから

4 自分の自転車を売りたいから

4 ばん

1 討論に勝つ方法

2 多くの意見を集め、良い結果を得る方法

3 より社交的な人物になる方法

4 外国語で自分の考えを伝える方法

5 ばん

1 いくつかの商品が在庫過剰になっているから

2 夏物商品の在庫をなくすために

3 廃業しようとしているから

4 傷物になっている商品を早く売るために

6 ばん

1 お父さんが転勤することになったから

2 引っ越しの準備で忙しいから

3 就職が決まったから

4 結婚するから

問題 3

問題3では、問題用紙に何もいんさつされていません。この問題は、ぜんたいとしてどんなないようかを聞く問題です。話の前に質問はありません。まず話を聞いてください。それから質問とせんたくしを聞いて、1から4の中から、最もよいものを一つえらんでください。

― メモ ―

問題 4

　問題 4 では、えを見ながら質問を聞いてください。やじるし（➡）の人は何と言いますか。1 から 3 の中から、最もよいものを一つえらんでください。

れい

1 ばん

2 ばん

3 ばん

4 ばん

問題 5

問題 5 では、問題用紙に何もいんさつされていません。まず文を聞いてください。それから、そのへんじを聞いて、1 から 3 の中から、最もよいものを一つえらんでください。

― メモ ―

실전 모의고사 2회

N3

げんごちしき（もじ・ごい）

（30ぷん）

ちゅうい
Notes

1. しけんが　はじまるまで、この　もんだいようしを　あけないで　ください。
   Do not open this question booklet until the test begins.

2. この　もんだいようしを　もって　かえる　ことは　できません。
   Do not take this question booklet with you after the test.

3. じゅけんばんごうと　なまえを　したの　らんに、じゅけんひょうと
   おなじように　かいて　ください。
   Write your examinee registration number and name clearly in each box below as written on
   your test voucher.

4. この　もんだいようしは、ぜんぶで　5ページ　あります。
   This question booklet has 5 pages.

5. もんだいには　かいとうばんごうの　１、２、３・・・が　ついて　います。
   かいとうは、かいとうようしに　ある　おなじ　ばんごうの　ところに
   マークして　ください。
   One of the row numbers 1, 2, 3… is given for each question. Mark your answer in the
   same row of the answer sheet.

じゅけんばんごう　Examinee Registration Number	

なまえ　Name	

問題 1 _____のことばの読み方として最もよいものを、1・2・3・4から一つえらびなさい。

1 こんなに美しい景色を、今まで見たことがありません。

1 きょうしょく　　2 きょしき　　　　3 けしょく　　　　4 けしき

2 あなたの作品の見本をいくつか見せてくれませんか。

1 みぽん　　　　　2 みほん　　　　　3 けんほん　　　　4 けんぽん

3 計画を立てることは易しいが、実行することは難しい。

1 けいかく　　　　2 けいが　　　　　3 けかく　　　　　4 けが

4 地球は一年に一回、太陽の周囲を回る。

1 しゅうぎ　　　　2 じゅぎ　　　　　3 しゅうい　　　　4 しゅい

5 彼を救うために私たちはできるかぎりのことをした。

1 すくう　　　　　2 まよう　　　　　3 かまう　　　　　4 さそう

6 市民は誰でも市の図書館を利用することができる。

1 しよう　　　　　2 ひよう　　　　　3 りよう　　　　　4 いよう

7 彼女はめったに約束に遅れることがない。

1 わすれる　　　　2 おそれる　　　　3 はなれる　　　　4 おくれる

8 その映画は私に深い感動を与えてくれました。

1 ながい　　　　　2 ふかい　　　　　3 うすい　　　　　4 あつい

問題 2 _____のことばを漢字で書くとき最もよいものを、1・2・3・4から一つえ
らびなさい。

9 この問題をかいけつするには、まだ時間がかかりそうだ。

1 概決　　　　　2 改決　　　　　3 解決　　　　　4 会決

10 そのけんについて二人だけでお話したいのですが。

1 県　　　　　2 件　　　　　3 券　　　　　4 見

11 けんこうな人はその大切さが分からない。

1 建康　　　　　2 健強　　　　　3 健康　　　　　4 建強

12 彼の案は私のみかたからすると、とてもいいように見える。

1 美方　　　　　2 味方　　　　　3 身方　　　　　4 見方

13 道にまよってしまいました。駅への道を教えてくださいませんか。

1 迷って　　　　　2 違って　　　　　3 余って　　　　　4 扱って

14 彼女は親切にも私に駅までの道をあんないしてくれた。

1 案外　　　　　2 案内　　　　　3 安外　　　　　4 安内

2
回

問題3 （　　　）に入れるのに最もよいものを、1・2・3・4から一つえらびなさい。

15 先生の言葉は生徒たちに将来への（　　　）を与えられた。

   1　応援   2　習慣   3　記憶   4　希望

16 仕事の（　　　）で、彼は会社をやめることにした。

   1　効果   2　成功   3　不満   4　能力

17 警察は彼の死を殺人事件として（　　　）いる。

   1　扱って   2　迷って   3　打って   4　誘って

18 学校で英語の例文50個ほどを（　　　）暗記するテストが毎週あります。

   1　全   2　丸   3　毎   4　数

19 彼の失礼な態度を見れば（　　　）が立ってきて、ますますイライラしてくる。

   1　肩   2　熱   3　腹   4　頭

20 朝食の（　　　）をするのに彼女はずいぶん時間がかかった。

   1　用意   2　材料   3　味方   4　作物

21 私は眠っていたので、彼がドアを（　　　）するのが聞こえなかった。

   1　サイン   2　カット   3　セット   4　ノック

22 サービスが開始されるまで（　　　）お待ちください。

   1　すでに   2　しばらく   3　少しも   4　しばしば

23 言葉は自分の（　　　）を伝える最も重要な方法の一つだ。

   1　外見   2　関係   3　意思   4　入場

24 世界旅行をする目的で、彼女はお金を（　　　）いる。

   1　ためて   2　つくって   3　とって   4　おいて

25 彼女は胸が（　　　）して手紙を開けることもできなかった。

   1　じめじめ   2　どきどき   3　ごろごろ   4　いきいき

問題 4 _____ に意味が最も近いものを、1・2・3・4から一つえらびなさい。

26 彼女はどうすれば男子に<u>もてる</u>のか教えてほしいと彼に頼んだ。

1 興味がある　　　2 いやになる　　　3 人気がある　　　4 きらわれる

27 友だちから<u>怖い</u>話を聞いて、今日は眠れなくなりそうだ。

1 おそろしい　　　2 やかましい　　　3 さびしい　　　4 くわしい

28 こんな<u>常識</u>はずれの時間にだれが電話をかけてきたのだろう。

1 いつでも起こること　　　　　　2 だれでも知っていること

3 だれもわからないこと　　　　　　4 いつも考えていること

29 なぜ彼があんなに怒っているのか<u>訳</u>がわからない。

1 意味　　　　　2 感覚　　　　　3 性格　　　　　4 理由

30 私は彼がその試験に合格するのは<u>当然だ</u>と思った。

1 たんじゅんだ　2 てきせつだ　　3 あたりまえだ　4 かんたんだ

問題5 つぎのことばの使い方として最もよいものを、1・2・3・4から一つえらびなさい。

31 指示

1 「社長はいつお戻りになりますか」と秘書に指示した。

2 「その本、貸してくれない」と友だちに指示した。

3 「手伝いに来ていただけませんか」と先輩に指示した。

4 「この書類、30部コピーしておいて」と部下に指示した。

32 植える

1 口に食べ物を植えたまましゃべるな。

2 海は地球の表面の約4分の3を植えている。

3 その公園にはいろいろな種類の木が植えてある。

4 疲れていたので電灯を植えたまま眠ってしまった。

33 見送る

1 私は友達を見送るために、成田空港へ行った。

2 彼は田舎で幸せな生活を見送っている。

3 一度見送ったメールは絶対に取り消しができません。

4 私は人が笑顔になるのを見送るのが好きです。

34 自信

1 彼は自分がどんなに金持ちか、いつも自信している。

2 人はほめられると、自信を持つものだ。

3 この事実から見ると彼の話は自信できる。

4 彼女は素直な性格なので、みんなから自信されている。

35 相当

1 私は考えを英語で相当に表現できない。

2 私にとってこの問題に答えるのは相当です。

3 ボランティア活動を続けるのは相当なことではない。

4 試験に合格するためには、相当な努力が必要です。

実전 모의고사 2회

N3

<ruby>言<rt>げん</rt></ruby><ruby>語<rt>ご</rt></ruby><ruby>知<rt>ち</rt></ruby><ruby>識<rt>しき</rt></ruby>（<ruby>文法<rt>ぶんぽう</rt></ruby>）・<ruby>読解<rt>どっかい</rt></ruby>

（70分）

注　意
Notes

1. 試験が始まるまで、この問題用紙を開けないでください。
   Do not open this question booklet until the test begins.

2. この問題用紙を持って帰ることはできません。
   Do not take this question booklet with you after the test.

3. <ruby>受験番号<rt>じゅけんばんごう</rt></ruby>と名前を下の<ruby>欄<rt>らん</rt></ruby>に、<ruby>受験票<rt>じゅけんひょう</rt></ruby>と同じように書いてください。
   Write your examinee registration number and name clearly in each box below as written on your test voucher.

4. この問題用紙は、<ruby>全部<rt>ぜんぶ</rt></ruby>で18ページあります。
   This question booklet has 18 pages.

5. 問題には<ruby>解答番号<rt>かいとうばんごう</rt></ruby>の ☐1、☐2、☐3 ・・・ が<ruby>付<rt>つ</rt></ruby>いています。<ruby>解答<rt>かいとう</rt></ruby>は、<ruby>解答<rt>かいとう</rt></ruby>用紙に
   ある同じ<ruby>番号<rt>ばんごう</rt></ruby>のところにマークしてください。
   One of the row numbers ☐1, ☐2, ☐3 … is given for each question. Mark your answer in the same row of the answer sheet.

<ruby>受験番号<rt>じゅけんばんごう</rt></ruby> Examinee Registration Number	

名　前　Name	

問題 1 つぎの文の（　　　　）に入れるのに最もよいものを、1・2・3・4から一つえらびなさい。

1 彼は今の仕事にとても満足しているからなかなか（　　　　）そうもない。

　　1　やめ　　　　　　2　やめられ　　　　3　やめる　　　　4　やめられる

2 将来の（　　　　）先生にご相談したいことがありますが……。

　　1　ほうに　　　　　2　ほかに　　　　　3　場合で　　　　4　ことで

3 A「（　　　　）どんな料理なのでしょうか。」

　　B「お正月に食べるお祝いの料理です。」

　　1　おせち料理で　　2　おせち料理って　　3　おせち料理でも　　4　おせち料理が

4 A「新しい仕事はどう？」

　　B「前からやりたかった仕事で、とても気に入ってるよ。」

　　A「うらやましい。私も（　　　　）自分の好きな仕事に出会えたらいいな。」

　　1　いつなら　　　　2　いつ　　　　　　3　いつか　　　　4　いつでも

5 （デパートで）

　　A「これ（　　　　）、どうですか。先輩に似合いそうですね。」

　　B「本当? 今度チャレンジしてみよう!」

　　1　なんて　　　　　2　とは　　　　　　3　に　　　　　　4　なんか

6 両親は娘が何を（　　　　）のかわからなかった。

　　1　ほしい　　　　　2　ほしがっている　　3　ほしそうな　　4　ほしがってみる

7 （電話で）

　　A「直接お話を聞くため、そちらに（　　　　）よろしいでしょうか。」

　　B「はい、いいですよ。」

　　1　いらっしゃっても　　　　　　　　2　行かれても

　　3　うかがっても　　　　　　　　　　4　来られても

8 外国人の彼にもわかる（　　　　）、英語で話した方がいいですね。

1　ように　　　　　　2　ことに　　　　　　3　みたいに　　　　　4　だけに

9 A「夜、眠れません。どうしたらいいですか。」

B「温かい牛乳でも飲んで（　　　　）。」

1　みてもいいでしょうか　　　　　　　　2　みさせてください

3　みさせたいのですが　　　　　　　　　4　みたらどうですか

10 A「空港まで行くにはどのくらいかかりますか。」

B「今すぐに出発すれば、6時（　　　　）着くだろう。」

1　までも　　　　　　2　までには　　　　　3　まででは　　　　4　までにも

11 彼は「あなたがいる（　　　　）僕は幸せになれる。」と言ってくれた。

1　ほどが　　　　　　2　ほどで　　　　　　3　だけが　　　　　4　だけで

12 A「資料は会議の3日前までにメールでお願いします。」

B「わかりました。もし間に合わない（　　　　）ご連絡いたします。」

1　ようなのに　　　　2　ようで　　　　　　3　ようなら　　　　4　ように

13 A「結婚の準備はうまく進んでるの？」

B「まあね。結婚式の司会を佐藤さんに頼もうと思っているんだけど、どう思う？」

A「佐藤さんには（　　　　）。最近すごく忙しそうだったから。」

1　頼まないほうがよさそうだよ　　　　　2　頼まなくてもよさそうだよ

3　頼まないほうがいいそうだよ　　　　　4　頼まなくてもいいそうだよ

問題 2　つぎの文の＿★＿に入る最もよいものを、1・2・3・4から一つえらびなさい。

14　家の娘はバレエを習っていますが、子供のときに本人が楽しんで ＿＿＿ ＿＿＿ ＿★＿ ＿＿＿ と考えています。

1　やりたい　　　　　　　　　　　　2　習わせてあげたい

3　できる限り　　　　　　　　　　　4　と思うことは

15　郵便料金は地域や荷物の ＿＿＿ ＿＿＿ ＿★＿ ＿＿＿ 違う。

1　が　　　　　　　2　値段　　　　　　　3　によって　　　　4　重さ

16　A 「私が留守の間あなたの ＿＿＿ ＿＿＿ ＿★＿ ＿＿＿ ほしいですが……。」

　　B 「うん、いいよ。」

1　して　　　　　　2　犬の　　　　　　　3　うちに　　　　　4　世話を

17 今度仲の良い友達ができたことは私 ＿＿＿＿ ＿＿＿＿ ＿★＿ ＿＿＿＿ 分からない。

1　ことか　　　　　　2　うれしい　　　　　3　どんなに　　　　4　にとって

18 あの仕事はあなた一人ではとても ＿＿＿＿ ＿＿＿＿ ＿★＿ ＿＿＿＿ ましょうか。

1　無理です　　　　　2　手伝って　　　　　3　あげ　　　　　　4　から

問題 3 つぎの文章を読んで、文章全体の内容を考えて、19 から 23 の中に入る最もよいものを、1・2・3・4から一つえらびなさい。

下の文章は、日本人の女性と結婚して日本で生活しているアメリカ人のスミスさんが書いた文である。

アメリカにも目上の人に話すときの敬語はありますが、日本語 19 複雑ではありません。日本語にはたくさんの敬語がありすぎて、それを状況に合わせて正しく使うの 20 とても難しいです。僕は日本で働き出して、初めて「いつもお世話になっております」という言葉を聞きました。それはとても礼儀正しく感謝の意を表現しているように見えました。なぜならおじぎをしていたからです。そこで「どんな意味ですか」とたずねました。そうしたら「いつも自分や会社のために力を尽くしてくれる人に、感謝を伝えるあいさつだ」と 21 。なんてすてきな表現なんだろう! それで、僕は家に帰ってから早速、妻におじぎをしながら言いました。「いつもお世話になっております!」でも、喜ぶ 22 彼女はとても困ったような顔をして「それは妻に使う言葉じゃないわよ」と苦笑いしました。なぜ彼女は怒ったの? 僕は混乱しました。僕は大好きな奥さんにたくさん感謝の気持を伝えたいから、ていねいにお礼を 23 なのに……。そのあと、これはビジネス用の表現だと妻が教えてくれました。

19
1　ほど　　　　　2　だけ　　　　　3　こそ　　　　　4　しか

20
1　で　　　　　　2　を　　　　　　3　に　　　　　　4　が

21
1　教えてあげました　　　　　　　　2　教えてもらいました

3　教えてさしあげました　　　　　　4　教えてやりました

|22| 1 とか 2 どころか 3 ばかりか 4 ことか

|23| 1 言いたかったはず 2 言いたくなかったはず

3 言いたかっただけ 4 言いたくなかっただけ

回

問題 4 つぎの (1) から (4) の文章を読んで、質問に答えなさい。答えは、1・2・3・4から最もよいものを一つえらびなさい。

(1)

　情報化社会では、常に多くの情報があふれていますが、すべてが信頼できる情報とは限りません。ですから、新聞やテレビ、インターネットなどからの情報を常に批判的に見る力が必要になります。批判的な見方を養うには、一つのメディアの情報だけを見て、それを信じてしまうのではなく、多角的な視点を持つようにするといいでしょう。例えば、新聞報道は、どこの新聞社も同じ内容ではありません。取り上げている話題は同じであっても新聞社ごとにそれぞれ違った視点で分析して記事を書いているのです。ある視点で書かれた情報の一面だけを見て納得してしまうのではなく、いろいろな視点の情報を見て検討することが必要なのです。

24 　筆者はメディアからの情報を受ける人はどうしなければならないと言っているか。

1　メディアが取り上げた内容の情報源を調べる。

2　自分が納得できるメディアから情報を得る。

3　報道側の視点に立って情報を分析する。

4　異なるメディアからの情報を比較する。

(2)

　これまでに目標の達成とそのことに対する考え方の関係について、さまざまな調査が行われてきました。ある調査によると、目標を達成できた人の考え方は、成功しても失敗してもその原因を自分の努力や能力に求める場合が多いようです。なぜそのような考え方が目標の達成につながるかと言うと、失敗したとき問題を解決するために自分はどうしたらよかったのかを考えるので、問題の克服に向けていっそう具体的な努力ができるからです。

　一方、目標を達成できなかった人は、失敗の原因を外的なもの、例えば運が悪かったとか、目標が高すぎたというように考えがちです。つまり、自分の努力で解決できるとは考えないのでますます目標を達成しにくくなるのです。

25　この文章を書いた人は、どのように考える人が目標を達成できると言っているか。

　　1　失敗しないように目標を低めに設定する人

　　2　失敗が起こる度に目標を変える人

　　3　失敗の原因は自分にあったと考える人

　　4　失敗の原因は自分以外のところにあったと考える人

（3）

高橋夫妻

　12月4日に行われました、わたしたちの結婚式にご参加くださり、まことにありがとうございました。わたしたちにとってとても大切な日に、お二人がそろって出席してくださったことをとても光栄に思います。実にうれしかったのは、お二人が幸せそうで、今でも楽しい生活を送っていることが分かったことです。

　また、すてきなワイングラスをプレゼントしてくださったことにもお礼申し上げます。とてもきれいなグラスですね。ぜひ近々、お二人を夕食にお招きしたいと思います。このグラスを使うためにも。

26　この手紙を書いた人はどうしたいと思っているか。

1　高橋夫妻の結婚お祝いとしてワイングラスをプレゼントする。

2　高橋夫妻を食事に招待する。

3　高橋夫妻にすてきなグラスを勧めている。

4　高橋夫妻を自分の結婚式に招待する。

（4）

　子供のころ、風邪とお腹をこわすのとでは、風邪の方が<u>得な気分になった</u>。どちらも学校を休むのは同じでも、家での養生^{（注）}の仕方が違うからだ。重症で頭痛がひどい風邪は別として、軽症なら食欲もある。よく食べ、よく寝るのが回復への道なのだから、食べるのは歓迎される。母親がいつもより優しくなり、好きな料理を作ってくれるし、おいしい果物も用意してくれる。ところが、お腹をこわしたときは、そうはいかない。3度の食事ともおかゆを食べさせられたり、もっと水っぽい重湯だけのこともある。食事に関しては、文句なく風邪の方が勝ちだ。ただ、問題は注射である。風邪の方が注射を打たれる恐れが強い。それだけが心配なことだったと言える。

（注）養生：病気・病後の手当てをすること。保養

27　得な気分になったとあるが、それはなぜか。

　　1　好きな料理や果物が食べられるから

　　2　注射を打たれなくてもいいから

　　3　学校を休んで家でいられるから

　　4　食欲がなく、自然とダイエットになるから

問題5 つぎの（1）と（2）の文章を読んで、質問に答えなさい。答えは、1・2・3・4から最もよいものを一つえらびなさい。

（1）

　忙しい人ほど仕事ができると言われます。忙しいからこそ、効率的に仕事をこなす方法が身についているのです。あなたはどうでしょうか。わたし自身、「忙しいなぁ」といったセリフはあまり口にしない方なのですが、同僚の中には口癖のように「忙しい」と口にする人もいます。①そういう人は確かに忙しさの中にいるのでしょうが、決して仕事量は多くなく、非効率的な行動をするので結果的にいつも時間が足りないのです。

　②仕事は忙しい人のところに集まってきます。また一般的に「仕事は忙しい人に頼め」とも言われます。事実、仕事をこなす能力があるからこそ、仕事を任させるのであって、暇な人というのは、人から評価されていない人で結果的にいつも暇なのです。

　たとえあなたが忙しくても、「忙しい、忙しい」と言わないで、その忙しさを「行動のみ」で表してください。

　仕事をこなす能力があるから仕事ができるのではなく、仕事をこなすからこそ、その能力が身についていくのです。忙しいから、仕事ができるようになります。

　どの仕事も楽ではないでしょうが、忙しさの中に自分を高めるチャンスはあります。しっかり、目の前の仕事をこなしていきましょう。

28 ①そういう人はどういう人か。

1　仕事をこなす能力を持っている人

2　仕事量は多くていつも時間が足りない人

3　「忙しい」が口癖な人

4　どんなに忙しくても、「忙しい」と言わない人

29 ②仕事は忙しい人のところに集まってきますとあるが、その理由は何か。

1 効率的に仕事をこなす方法が身についているから

2 どんな仕事も任せられると評価されているから

3 気軽に仕事を頼みやすいから

4 どうすれば仕事が楽になるかを知っているから

30 この文章で一番言いたいことは何か。

1 仕事が楽しくなるように、仕事の楽しさを見つけてみましょう。

2 効率的に仕事を進めることができるように、自分の可能性を信じましょう。

3 忙しさの中に来たチャンスを逃さないように、常に準備をしておきましょう。

4 自分の能力を高めるために、目の前にある仕事をしっかりとこなしていきましょう。

（2）

　　肥満の人々は商売の対象として期待できる。これが先日の図書販売業者のために開かれた会議で出られた結論である。

　　最近、ダイエットや運動プログラムを取り扱った図書の売り上げは急上昇し、成人向けに販売された全図書のほぼ10パーセントを占めている。

　　アメリカ人は昔から過度の肥満の危険性に気づいていて、肥満の大人、さらには子供の数が増加し続けるにつれ、より多くの人々が減量のための方策を探している。

　　最新のベストセラーのリストでは、上位25点の中で5点がダイエットや運動に関するものだ。この種の図書の売り上げは、各国で上昇してきている。これまで肥満が問題にならなかった、フランスや日本といった国々ででもだ。

　　会議に出席した図書販売業者たちの考えでは、成長傾向にあるほかのもの同様に、これが近い将来、利益の増大につながり、ダイエットや個人の健康というテーマについて書かれた本は売れるだろうということだ。

31　この文章で言っている減量のための方策は、たとえばどのようなことか。

　　1　ダイエットや運動に関する本を買ってやってみる。

　　2　ダイエットや運動に関する本を書く。

　　3　食事を健康的なものに改善する。

　　4　食事の量を減らす。

32　以前、フランスや日本で問題にならなかったのは何か。

　　1　経済の成長率

　　2　国民の肥満率

　　3　子供の読書率

　　4　図書の販売率

33 本文の内容と合っているものはどれか。

1 肥満の人を対象にする商品は何でもよく売れる。

2 世界のほぼ10パーセントの人がダイエットや運動に興味を持っている。

3 ダイエットや運動に関する図書の売り上げが伸びている。

4 フランス人は昔から肥満の危険性に気づいていた。

問題6 つぎの文章を読んで、質問に答えなさい。答えは、1・2・3・4から最もよい
ものを一つえらびなさい。

　みんなもよく知っているとおり、日本は昔からお米づくりが盛んな国で、農業と言えば
「米」、お米は日本人の生活に深く関わってきました。例えば、昔は税金をお金でなくお米で
払ったり、武士の給料をお米で計算するなど、お米は主食としての役割以上のものを果たし
てきました。中国から伝わったお米が、日本でこれほど作られるようになったのはなぜかと
言うと、日本の暖かくて雨の多い気候が稲の生育に適していたのと、米はおいしくて長期間
の保存がきくという利点があったからです。

　ところが、近年の日本人は、食の洋風化が進んだため、以前のようにお米をたくさん食べ
なくなってきています。パンや麺類を食べることが増え、小麦粉の消費が拡大しています。

　今の日本では農地面積がどんどん減り、それだけでなく、農業をする人もどんどん減って
います。また、農家の若い人たちは、農業をやる代わりに都会に出てしまい、農家には後継
ぎがいなくなっています。なんと今、日本で農業をしている人たちの半分以上が65歳以上の
高齢者です。これは深刻な問題です。

　それから、「食料自給率」の低下という問題もあります。現在、日本は「食料自給率」が
とても低く、足りない部分を外国からの輸入に頼っています。外国から入ってくる作物は日
本で作っている作物より安いんです。でも、安い輸入農産物があふれると、高い国産品は売
れなくなってしまいます。そうすると、日本の農業はどんどん弱くなってしまいます。それ
は、日本の農業の将来ということを考えると、本当に困った問題です。

34　昔のお米の役割として合っていないのは何か。

1　主食であるご飯

2　日本の主な輸出入品

3　税金の代わり

4　武士の給料

35 今の日本の農業の現状として合っているのは何か。

1 食料自給率がとても高く、余った部分を輸出している。

2 どんどん農地の面積や、農業をやる人が増えている。

3 農業をする人が大きく減って、半分以上がお年寄りになっている。

4 お米づくりが盛んになっている。

36 現在の日本の「食料自給率」について正しいのは何か。

1 食料の多くを外国からの輸入に頼っている。

2 外国から入ってくる作物より安いからよく売れている。

3 国内だけでは消費できないから余った農産物を輸出している。

4 食料自給率を高くするために、もっとたくさんの農産物を作っている。

37 この文章の全体のテーマは、何か。

1 これからの農業

2 現代日本人の食生活

3 農業の発達

4 日本の農業の問題点

問題 7 右のページは「さっぽろ雪まつりボランティア募集」の案内である。これを読んで、下の質問に答えなさい。答えは、1・2・3・4から最もよいものを一つえらびなさい。

38 次のうち、このボランティアに参加できない人はだれか。

1 日本人の女の人と結婚して日本に住んでいるイギリス人のスミスさん

2 小学生の子供と一緒にいい思い出を作りたいと思っている田中さん夫婦

3 今年東京から札幌市に転入した会社員の佐藤さん

4 大学生活中に何かやりがいのあることをしたがっている鈴木君

39 このボランティアに参加する人は何を準備しなければならないか。

1 ゴム手袋

2 ヘルメット

3 長靴

4 レインコート

さっぽろ雪まつり　ボランティア募集

世界的なイベントとして、国内外から200万人以上が訪れるさっぽろ雪まつり。

さっぽろ雪まつり実行委員会では、多くの方々の雪まつりへの参加を募集しています。

- ・活動内容　雪まつりの大雪像の制作補助
- ・活動期間　1月15日(火)から2月2日(土)の期間中、ご希望の日
- ・活動時間　午前の部：午前9時から正午

　　　　　　　午後の部：午後1時から午後5時

　　　　　　　夜間の部：午後6時から午後8時(期間 1月21日～1月31日)
- ・募集対象　16歳以上(夜間の部は20歳以上)で期間中2回以上の参加が可能な方。

　　　　　　　外国人は日常会話程度の日本語が理解でき、日本に住所のある方。
- ・定員　　　200名(応募者多数の場合は、抽選)
- ・その他

※作業の時に使用するゴム手袋とヘルメットは貸します。防寒服・長靴は各自でご用意

　ください。大雪像制作は、屋外で雪を触る作業ですので、防寒・防水対策が必要です。

　上下のスキーウェアの中に厚いセーターなどを着用し、厚くなったら脱ぐなど、温

　度調節できる格好が良いでしょう。

　雪上などでの作業が多いので、長靴は忘れないで必ず用意してください。
- ・お申し込み期限　2013年12月14日(金)まで
- ・お問い合わせ先　札幌市コールセンター(電話・FAXのお申し込み先)

　　　　　　　　　電話：011-222-4894

N3

<ruby>聴解<rt>ちょうかい</rt></ruby>

（40分）

注　意
Notes

1. 試験が始まるまで、この問題用紙を開けないでください。
   Do not open this question booklet until the test begins.

2. この問題用紙を持って帰ることはできません。
   Do not take this question booklet with you after the test.

3. <ruby>受験番号<rt>じゅけんばんごう</rt></ruby>と名前を下の<ruby>欄<rt>らん</rt></ruby>に、<ruby>受験票<rt>じゅけんひょう</rt></ruby>と同じように書いてください。
   Write your examinee registration number and name clearly in each box below as written on your test voucher.

4. この問題用紙は、<ruby>全部<rt>ぜんぶ</rt></ruby>で13ページあります。
   This question booklet has 13 pages.

5. この問題用紙にメモをとってもいいです。
   You may make notes in this question booklet.

<ruby>受験番号<rt>じゅけんばんごう</rt></ruby> Examinee Registration Number	

名　前 Name	

問題 1 では、まず質問を聞いてください。それから話を聞いて、問題用紙の1から 4の中から、最もよいものを一つえらんでください。

れい

1　旅行代理店に電話で予約する

2　シティーエアーターミナルに電話で予約する

3　前の日に旅行代理店に行って買っておく

4　出発の前に、旅行代理店で買う

1ばん

1 郵便局に行って料金を聞いてみる
2 竹内さんに電話する
3 男の人と一緒に託送会社に行く
4 船便で荷物を送る

2回

2ばん

1 資料をコピーして先生に渡す
2 渡辺さんに先生の電話番号を教える
3 渡辺さんに電話するよう、先生に伝える
4 先生に早く戻るように電話をかける

3 ばん

1 自分の周りにいる人にあいさつをしてみる

2 知らない人となるべく会うようにする

3 買い物に出かけることを増やす

4 いろいろな年齢の人たちと深く付き合う

4 ばん

1 家の前から高速バスに乗る

2 特急電車で行く

3 友だちに車で空港まで送り迎えしてもらう

4 自分で車を運転していく

5 ばん

1 チケットを買いに行く

2 バスケットボールの試合を見に行く

3 スキーをしに行く

4 テレビでバスケットボールの試合を見る

2 回

6 ばん

1 昼ごはんを作る

2 ケーキを食べる

3 スーパーに行く

4 ビールを飲む

問題 2

問題 2 では、まず質問を聞いてください。そのあと、問題用紙を見てください。読む時間があります。それから話を聞いて、問題用紙の1から4の中から、最もよいものを一つえらんでください。

れい

1　切符がなくなったから

2　事故で列車が20分間停車したから

3　列車の中で本を読んでいたから

4　信号が故障したから

1 ばん

1 ぜんぜん空きがないから

2 家賃が高すぎるから

3 部屋が狭すぎるから

4 駅から遠くて不便だから

2 ばん

1 邪魔したのを謝りに来た

2 久しぶりに暇だったので遊びに来た

3 お別れのあいさつをしに来た

4 男の人を見送りに来た

3 ばん

1 あまり行きたくないから

2 テストがあるから

3 もう先約があるから

4 恋人とデートするから

4 ばん

1 そこが出発点から一番遠いから

2 人々がプールに気を取られるから

3 男性と女性を分ける必要があるから

4 教室が終わるまで待たないといけないから

5 ばん

1　新入社員オリエンテーションを準備するために

2　お客さんとの会議を延期するために

3　オリエンテーションスケジュールを変更するために

4　会社の歴史を説明するために

6 ばん

1　ブラジルから強力な選手が入ったから

2　選手一人一人が自分の役割を果たしたから

3　相手のチームに怪我人が多かったから

4　日本での試合だったから

問題 3

　問題3では、問題用紙に何もいんさつされていません。この問題は、ぜんたいとしてどんなないようかを聞く問題です。話の前に質問はありません。まず話を聞いてください。それから質問とせんたくしを聞いて、1から4の中から、最もよいものを一つえらんでください。

― メモ ―

問題 4

　問題4では、えを見ながら質問を聞いてください。やじるし（➡）の人は何と言いますか。1から3の中から、最もよいものを一つえらんでください。

れい

1 ばん

2 ばん

3 ばん

4 ばん

問題 5

　問題 5 では、問題用紙に何もいんさつされていません。まず文を聞いてください。それから、そのへんじを聞いて、1 から 3 の中から、最もよいものを一つえらんでください。

―メモ―

실전 모의고사 3회

N3

げんごちしき(もじ・ごい)

(30ぷん)

ちゅうい
Notes

1. しけんが はじまるまで、この もんだいようしを あけないで ください。
   Do not open this question booklet until the test begins.

2. この もんだいようしを もって かえる ことは できません。
   Do not take this question booklet with you after the test.

3. じゅけんばんごうと なまえを したの らんに、じゅけんひょうと
   おなじように かいて ください。
   Write your examinee registration number and name clearly in each box below as written on
   your test voucher.

4. この もんだいようしは、ぜんぶで 5ページ あります。
   This question booklet has 5 pages.

5. もんだいには かいとうばんごうの ①、②、③・・・が ついて います。
   かいとうは、かいとうようしに ある おなじ ばんごうの ところに
   マークして ください。
   One of the row numbers ①, ②, ③… is given for each question. Mark your answer in the
   same row of the answer sheet.

じゅけんばんごう Examinee Registration Number	

なまえ Name	

問題 1 _____のことばの読み方として最もよいものを、1・2・3・4から一つえらびなさい。

1 地球は太陽の周りを回っている。

1 ちきゅ　　　　　2 じきゅ　　　　　3 ちきゅう　　　　　4 じきゅう

2 私は会社へ自動車で通勤している。

1 つうきん　　　　2 つうぎん　　　　3 つきん　　　　　4 つぎん

3 彼女は今まで、なんの苦労もせずに生きてきた。

1 くろ　　　　　　2 ぐろ　　　　　　3 くろう　　　　　4 ぐろう

4 友達は私が困った時や悲しい時に助けてくれます。

1 おかしい　　　　2 かなしい　　　　3 きびしい　　　　4 さびしい

5 最近、どのようなことに興味を持っていますか。

1 こうみ　　　　　2 ごうみ　　　　　3 きょみ　　　　　4 きょうみ

6 バスには空席がなかったので、私はずっと立ち続けだった。

1 こうせき　　　　2 ごうせき　　　　3 くうせき　　　　4 ぐうせき

7 この数字は何を表しているでしょうか。

1 おこして　　　　2 かくして　　　　3 すごして　　　　4 あらわして

8 私はアパートの家賃として月々10万円ずつ支払っている。

1 やちん　　　　　2 かちん　　　　　3 うちちん　　　　4 いえちん

問題2 _____のことばを漢字で書くとき最もよいものを、1・2・3・4から一つえ
らびなさい。

9 写真をとりますからそこにならんでください。小さい人が前に、大きい人は後ろに。

1 並んで 　　　　　 2 列んで 　　　　　 3 併んで 　　　　　 4 兆んで

10 ぐあいが悪そうですね。どうなさったのですか。

1 貝会 　　　　　 2 貝合 　　　　　 3 具会 　　　　　 4 具合

11 これは少しふくざつな話なのですが、話してよろしいですか。

1 服雑な 　　　　　 2 複雑な 　　　　　 3 復雑な 　　　　　 4 腹雑な

12 このあつい本は1週間では読み終えられない。

1 荒い 　　　　　 2 熱い 　　　　　 3 厚い 　　　　　 4 暑い

13 年齢に関わらず、誰でもそれにおうぼできる。

1 応募 　　　　　 2 応暮 　　　　　 3 庄募 　　　　　 4 庄暮

14 出かける時、まどを閉めることを忘れないでください。

1 究 　　　　　 2 窓 　　　　　 3 空 　　　　　 4 突

問題3 （　　　）に入れるのに最もよいものを、1・2・3・4から一つえらびなさい。

15 航空機の（　　　）のおかげで、世界はずっと狭くなった。

1　発見　　　　　2　発進　　　　　3　発明　　　　　4　発達

16 A　「どこへ行ってきましたか。」
　　B　「友人を（　　　）に駅へ行ってきました。」

1　見回り　　　　2　見かけ　　　　3　見送り　　　　4　見渡し

17 自分の言いたいことが相手に伝わらない時に（　　　）します。

1　うろうろ　　　2　いらいら　　　3　ごろごろ　　　4　そろそろ

18 失業者の数が最近、（　　　）しているそうだ。

1　増加　　　　　2　増減　　　　　3　増大　　　　　4　増進

19 あの図書館は何年前に（　　　）されたのですか。

1　作業　　　　　2　建設　　　　　3　開店　　　　　4　製作

20 マスコミは世論に大きな影響を（　　　）、世論を形成する。

1　かけて　　　　2　おくって　　　3　あたえて　　　4　あげて

21 成功するにはお互いに（　　　）していかなければならない。

1　全力　　　　　2　能力　　　　　3　効力　　　　　4　協力

22 人生が楽しい人もいれば、（　　　）人もいる。

1　くるしい　　　2　したしい　　　3　いたい　　　　4　やさしい

23 （　　　）待ちの部屋が空くのを待っている。

1　ストップ　　　2　キャンセル　　3　サンプル　　　4　ボーナス

24 JRの定期券を駅のみどりの（　　　）で買いました。

1　窓口　　　　　2　出口　　　　　3　玄関　　　　　4　入り口

25 どのようにしてモーターショーの入場（　　　）を無料で手に入れたのですか。

1　権　　　　　　2　兼　　　　　　3　券　　　　　　4　件

問題4 _____に意味が最も近いものを、1・2・3・4から一つえらびなさい。

26 最近、日本ではお掃除ロボットがはやっているらしい。

1 使っている　　　2 売っている　　　3 増えている　　　4 人気がある

27 授業はクラスごとではなく、2つのクラスが合同で行っています。

1 特別に　　　　　2 自由　　　　　　3 一緒に　　　　　4 同じ

28 子どもたちが再利用可能な物をごみの中から探している。

1 チェック　　　　2 リサイクル　　　3 イメージ　　　　4 カット

29 彼は普段はおとなしいのに、お酒を飲むと人が変わり、すごくしゃべる。

1 しずかだ　　　　2 年が上だ　　　　3 性格が明るい　　4 親切だ

30 彼女はその仕事にいちばんてきとうな人だと言われている。

1 熱心な　　　　　2 くわしい　　　　3 ちょうどいい　　4 頭がいい

問題**5** つぎのことばの使い方として最もよいものを、1・2・3・4から一つえらびなさい。

31 発明

1 先生はコロンブスがアメリカを発明したと教えてくれた。

2 彼は試験でカンニングしているのを発明された。

3 事態は予想どおりには発明しなかった。

4 エジソンの誰でも知っているもっとも有名な発明といえば電球だろう。

32 思い出す

1 彼女は彼が自分を愛してくれていないと思い出している。

2 この写真を見ると、私は必ず子供のころを思い出す。

3 両親は私に医者になってほしいと思い出している。

4 私は彼の気持ちが変えられるかもしれない考えを思い出した。

33 たとえ

1 私はうるさい音楽は好きではない。たとえロックのような。

2 あなたはたとえ絵を描くような趣味がありますか。

3 たとえ忙しくてもあなたは約束を守るべきである。

4 たとえ朝の9時で、ちょうど授業の始まる時間だ。

34 修理

1 プリンターが壊れたので修理に出すことにした。

2 その書類を修理してから私に送ってくれますか。

3 もし私の英語に間違いがあったら、修理してください。

4 この机は子供たちに合わせて高さが修理できる。

35 今にも

1 私は今にも家の掃除をして、もう一度買い物に行きます。

2 その問題については科学者の間で今にも論争が行なわれている。

3 たしかにやる価値のあることだったと今にもそう思っている。

4 何か恐ろしいことが今にも起こりそうな気がした。

実전 모의고사 3회

N3

言語知識(文法)・読解
げんごちしき　ぶんぽう　　どっかい

(70分)

注　意
Notes

1. 試験が始まるまで、この問題用紙を開けないでください。
   Do not open this question booklet until the test begins.

2. この問題用紙を持って帰ることはできません。
   Do not take this question booklet with you after the test.

3. 受験番号と名前を下の欄に、受験票と同じように書いてください。
   じゅけんばんごう　　　　　　　　らん　　　　じゅけんひょう
   Write your examinee registration number and name clearly in each box below as written
   on your test voucher.

4. この問題用紙は、全部で18ページあります。
   ぜんぶ
   This question booklet has 18 pages.

5. 問題には解答番号の 1 、 2 、 3 ・・・ が付いています。解答は、解答用紙に
   かいとうばんごう　　　　　　　　　　　　　　　　　つ　　　　　　　　かいとう　　　かいとう
   ある同じ番号のところにマークしてください。
   ばんごう
   One of the row numbers 1 , 2 , 3 … is given for each question. Mark your answer in the
   same row of the answer sheet.

受験番号 Examinee Registration Number	
じゅけんばんごう	

名　前　Name	

問題 1 つぎの文の（　　　　）に入れるのに最もよいものを、1・2・3・4から一つ
えらびなさい。

1 朝起きた地下鉄の事故の（　　　　）、多くの人が仕事に遅れた。

    1　ようで　　　　　　2　おかげで　　　　　3　だけで　　　　　4　せいで

2 A「お正月はどうでしたか。」

    B「年末から母の入院で、お正月（　　　　）でした。」

    1　つもりではありません　　　　　　　　2　どころではありません

    3　ばかりではありません　　　　　　　　4　ほどではありません

3 こんなに暑い日に走るなんて、だれ（　　　　）つらい。

    1　だっけ　　　　　　2　なんて　　　　　3　だって　　　　　4　なんか

4 A「どうしたの? 具合悪そうだけど。」

    B「そうか。いや、そんな（　　　　）はない。普通だ。」

    1　こと　　　　　　　2　はず　　　　　　3　わけ　　　　　4　もの

5 A「君、このテーブルを運ぶのを手伝って（　　　　）かな。」

    B「いいよ、どこに運べばいいの?」

    1　もらわない　　　2　くれない　　　　3　あげない　　　4　させない

6 今頃になって後悔する（　　　　）なら、どうしてあの時、私のアドバイスを聞こうと
しなかったのか。

    1　より　　　　　　　2　まで　　　　　　3　など　　　　　4　ぐらい

7 A「冷めるとおいしくないので、温かい（　　　　）召し上がってください。」

    B「はい、わかりました。」

    1　ために　　　　　　2　あいだ　　　　　3　うちに　　　　　4　あまり

8 彼は年をとるに（　　　　）他人の気持ちを考えるようになった。

1　つれて　　　　　　2　なって　　　　　　3　かけて　　　　　4　ついて

9 A「お宅にこの荷物を（　　　　）ように言われたんですが……。」

B「だれが送ったのですか。」

1　届けた　　　　　　2　届ける　　　　　　3　届け　　　　　　4　届けられ

10 A「もしよろしければ、スピーチを引き受けて（　　　　）か。」

B「すみません、それはちょっと……。」

1　させません　　　　　　　　　　　2　もらわせられません

3　されません　　　　　　　　　　　4　いただけません

11 今年は仕事（　　　　）日本語能力試験の準備も一生懸命しようと思っています。

1　を中心に　　　　　2　において　　　　3　はもちろん　　　4　というより

12 A「今朝のニュースを（　　　　）か。」

B「はい、見ました。」

1　おっしゃいました　　　　　　　　2　ご覧になりました

3　うかがいました　　　　　　　　　4　お目にかかりました

13 A「すみませんが、熱があるので、早く（　　　　）か。」

B「わかりました。お大事に。」

1　帰らせていただけません　　　　　2　帰っていただけません

3　お帰りになりません　　　　　　　4　お帰りにいたしません

問題2 つぎの文の＿★＿に入る最もよいものを、1・2・3・4から一つえらびなさい。

14　A 「こんなに熱が出てるのに……。今日は学校休んだ方がいいんじゃないの？」

　　B 「いいえ、今日は試験がある ＿＿＿ ＿＿＿ ＿★＿ ＿＿＿ です。」

　　1　熱があっても　　　　　　　　　　2　わけにはいかない

　　3　休む　　　　　　　　　　　　　　4　から

15　高橋さんは ＿＿＿ ＿＿＿ ＿★＿ ＿＿＿ 、実際はとても優しい。

　　1　そうに　　　　2　不親切　　　　3　が　　　　4　見える

16　残業をすれば ＿＿＿ ＿＿＿ ＿★＿ ＿＿＿ 、自由な時間が減る。

　　1　するほど　　　2　増えるが　　　3　収入は　　　4　その反面

17　　A 「学生時代は、勉強だけで、ほとんど遊ばなかったでしょ?」

　　　B 「いいえ、＿＿＿ ＿＿＿ ＿★＿ ＿＿＿ ではありません。よく 旅行もしました。」

　　　1　していた　　　　　2　ばかり　　　　　3　勉強　　　　　4　わけ

18　　山本さんも ＿＿＿ ＿＿＿ ＿★＿ ＿＿＿ ですが、 都合で来られなくなってしまいました。

　　　1　つもり　　　　　2　の　　　　　3　だった　　　　　4　参加する

問題3 つぎの文章を読んで、文章全体の内容を考えて、 19 から 23 の中に入る最もよいものを、1・2・3・4から一つえらびなさい。

下の文章は、アメリカで留学しているアヤコさんが友だちのミカさんに送ったメールである。

ハイ、ミカ。

　メールありがとう。すぐ返事ができなくてごめんなさい。私はロサンゼルスの生活に慣れる 19 とても忙しかったのです。

　学校は楽しいです。私のクラスには14人の学生がいます。中国人も何人かいますし、日本人も私の他に1人います。彼女の名前はメグミといいます。私は彼女がとても好きですが、私たちはクラスの中ではいっしょに並ばないようにして他の生徒といっしょにいるときは英語で 20 。私たちはできるだけ英語がうまくなりたいのです。 21 お昼は時々いっしょに食べて、日本語でおしゃべりをしたりして、とてもくつろいでいます。

　クラスでは、私は中国から来たメイと並んで座っています。私たちはいつもお互いに英語で話します。これは初めは難しかったのですが、だんだん 22 私の英語はすでに上手になってきたと感じています。

　あなたはどうですか。北海道は今ごろは天気は非常に寒いことと思います。私は今月はそちらでは雪がたくさん降ったと聞きました。どのようにお過ごしかぜひ 23 。

　では、さようなら。

アヤコより

19

　　1　から　　　　　2　のに　　　　　3　でも　　　　　4　ので

20

　　1　話さないようになりました　　　　2　話すことになりました

　　3　話さないように決めました　　　　4　話すことに決めました

21

　　1　でも　　　　　　　2　したがって　　　3　また　　　　　　　4　それでは

22

　　1　簡単じゃなくて　　　　　　　　　　2　簡単じゃないで

　　3　簡単になってきて　　　　　　　　　4　簡単になっていって

23

　　1　聞かれてください　　　　　　　　　2　聞かせてください

　　3　お聞きいただいてください　　　　　4　お聞かせられてください

問題 4 つぎの (1) から (4) の文章を読んで、質問に答えなさい。答えは、1・2・3・4から最もよいものを一つえらびなさい。

(1)

子供博物館

当博物館は日本で最も良い博物館の一つとして、家族向けの最高の行楽地に指名されています。私たちは、子供向けの4階建ての教育施設をご紹介できることをほこりに思います。

子供博物館は、世界中にある博物館で見かけるジャイアント・バブルやロール・マーブルのような、たくさんの展示品を提供しております。子供たちは遊びを通じて、ニュートンの法則を体験できます。

営業時間：月〜木曜日　午前10時〜午後5時

　　　　　金曜日　　　午前10時〜午後9時

入場料：子供と高齢者500円、大人600円、幼児無料

　　　　金曜日の午後5時〜9時まではどなたでも100円

24 子供博物館が日本の最も良い博物館の一つとして指名されている理由は、次のうちどれか。

1　最高の施設

2　知名度

3　家族のお出かけの場所

4　一番高いビル

(2)

　英語は試験に合格するためだけに学ぶものではない。言語はコミュニケーション・ツールと言われるように、英語は単なる学校の課目ではない。おそらく、学校教育の中で最も実用的で役に立つものの一つであろう。

　英語は便利である。これは単に私の意見ではない。私は大学で、大卒の24人の事務員を調査した。その結果は、英語を話せるということがいかに便利であるかを示している。彼らが大学を卒業した後、大学で関わった活動の中で最も役に立っているものとして、英語はアルバイト、パソコンのような実用的なスキルのコースに続いて3番目であったそうだ。

3回

25　回答者が卒業してから一番役に立つと感じたものは何か。

　1　英語

　2　アルバイト

　3　試験

　4　パソコンのスキル

(3)

バス定期券の料金改定

　従業員のバス定期券を値下げします。適用されるのは秋の数ヵ月間です。市バス当局から乗客数を増やしたいとの要望があり、バス定期券の値段が秋の間、10パーセント以上、下がります。この値下げの有効期間は、2013年9月1日から11月30日までです。これを好機ととらえて、バス通勤に切り替えてみてはいかがでしょうか。

　定期券は、受付の佐々木から購入できます。販売開始は8月1日です。申込期限は8月31日までです。この日以降に定期券を購入しても値引きの対象にはなりません。

26　バス料金が値下げされるのはなぜか。

　　1　バスの乗客が地元の列車に流れているから

　　2　新しく開設されるバスルートを祝うために

　　3　市のバス当局が乗客を増やしたいと考えているから

　　4　料金について不満が出ているから

(4)

連絡先：全従業員

件名：休日のパーティー

　ファミリーピクニックの時期がやってきました！ ご家族の皆さんともども、ぜひご参加ください。今年のイベント会場は河口湖キャンプ場で、8月22日土曜日の午後1時から行う予定です。ご家族で夜、キャンプをして過ごすと良いでしょう。ただし、場所が限られていますので、宿泊予定の方は、早めに手配を済ませてください。

　食べ物や飲み物はこちらで用意しますが、ご提供いただければ歓迎します。各種の特別なイベントが一日中行われる予定です。コンテストや子供のための活動、ソフトボールの試合があります。素晴らしいイベントになるはずです。会場でお会いしましょう！

27　ファミリーピクニックについて適切に述べていないのはどれか。

1　午後に始まる。

2　週末に開かれる。

3　宿泊することもできる。

4　従業員に限定されている。

問題5 つぎの (1) と (2) の文章を読んで、質問に答えなさい。答えは、1・2・3・4から最もよいものを一つえらびなさい。

(1)

　どんな社会にも時間について独自の考え方があって、それが時間の正確性に関する社会習慣を決定している。約束の時間に早く来るか時間通りに来ることが求められる文化もある。また遅く来ることが受け入れられ、また求められさえする文化もある。時間通りに来られないような、自分ではどうにもならない理由や事情がたくさんあるからである。

　アメリカでは、普通、約束やミーティングには時間通りに来ることが求められる。もちろん、非公式の場合はもっと融通がきくけれど。しかし、職場では本質的に重要である。大企業では、労働者の出勤時間と会社から帰る時間を記録するためにタイムカードがあり、それにより毎週の賃金が計算され、労働者の時間厳守が監視される。時間管理の専門家がコンサルタントとして会社に呼ばれ、優先順位を決めて時間をむだなく仕事が成し遂げられる方法について、社員に研修させることもある。フレックスタイムと呼ばれる革新もまた導入されて効果を上げている。社員は一週間に40時間働くのに変わりはないが、ラッシュアワーを避けるためや仕事のスケジュールを家庭生活にもっと合わせるために、一定の時間の間で自由に出退社できる。

28　①それとあるが、何のことか。

　1　時間についての社会習慣

　2　時間の重要性に対するいろいろな考え方

　3　時間についての考え方

　4　時間を守ることの重要性

29　②フレックスタイムとあるが、どのようなことか。

　1　働く時間帯を選べるということ

　2　出退勤時間をタイムカードで記録すること

　3　仕事の優先順位を自分で決めること

　4　仕事のスケジュールを家庭に合わせること

30 この文章全体のテーマは、何か。

1 社会によって違う文化

2 時間の重要性に対する考え方

3 時間の上手な使い方

4 アメリカの場合の職場における時間と能率

3
回

（2）

　私は2年ほど前、休暇を過ごしにフィリピンのセブ島に行った。私はスキューバダイバーで、その地域の珊瑚礁は、世界的に有名なダイビング・スポットなのである。

　チェックインの際にホテルのオーナーが私たちにあいさつをし、ダイビングはすばらしいものになるだろうと確約した。彼は、政府に<u>ホテルの前の珊瑚礁を国定野生動物保護区に指定するように説得した</u>、と語った。これは地元の人々にダイナマイト漁をさせないようにするために必要なことであった。

　ダイナマイト漁とは、ボートで出かけ、水中でダイナマイトを爆発させるものである。ダイナマイトが魚を失神させ、魚は為す術もなく水面に浮いてくる、それを漁師がすくい上げるのである。これにより、繊細な珊瑚礁もまた大きな被害を受けてしまう。ダイナマイトを用いることは、魚を育てる環境を破壊してしまうから、これは明らかに近視眼的な方法である。

　彼の努力により、珊瑚礁は保護区に指定されたので、現在、ダイナマイト漁のみならず、すべての漁が禁止となっている。この辺りの海は、あらゆる種類の魚と植物に富んでいた。仲間のダイバーと私は、政策的に正しく、また環境を意識したこの地域の魚の乱獲の禁止を満足していた。

（注）為す術もない：どのようにしたらよいか、手段・方法がない。

31　<u>ホテルの前の珊瑚礁を国定野生動物保護区に指定するように説得した</u>とあるが、その主な理由は何か。

　　1　彼は自分だけで漁を楽しみたかったため

　　2　地元の漁師から珊瑚礁を守るため

　　3　スキューバダイバーから珊瑚礁を守るため

　　4　魚の保護区の中に住んでみたかったため

32 なぜダイナマイトが漁に使われるのか。

1　ほかの漁師の船を爆破するため

2　ダイナマイトの含まれる有害化学物質が魚を殺すのに必要だから

3　ショックで魚を失神させるため

4　泳いでいる魚をすくうため

33 ダイナマイトのマイナス影響を最もよく説明するのは次のどれか。

1　ダイナマイトはうるさすぎて、誰も静かな生活を送れない。

2　ダイナマイトは漁師には高すぎる。

3　世界の様々な地域から来るダイバーたちにけがを負わせてしまう。

4　その地域の珊瑚礁を傷つけてしまう。

問題6　つぎの文章を読んで、質問に答えなさい。答えは、1・2・3・4から最もよい
　　　　ものを一つえらびなさい。

　東京郊外の小さな市に、かつては伝統ある古い農家であったが、近代的に改築され、世界中
から来た学生が日本語を勉強する語学学校に変身したものがある。その学校には常時、10ヵ
国におよぶ国々からの、共に暮らし、共に勉強する学生が20～40人いる。

　学生たちは一緒に授業に出、食事をし、とても小さな共同体を作り出している。親密な共
同体の中では、時には争いの起きることが当然予想される。が、ここでは、個人個人の違い
に加え、文化の違いがあり、どんな争いにも、より深い次元を加えるのである。

　ある日、中国の学生が自分でつかまえてバケツに飼っていたへびと遊んでいた。オースト
ラリアの学生がそのへびを見て、彼から取り上げようとした。オーストラリアの学生は動物
に対する虐待であると考え、ショックを受けたのであった。この話はもう少しのところで暴
力ざたになるところであった。

　二人はどちらもけんかの原因が全く文化的なものであることに気づいていなかった。中国
ではへびと遊ぶことに何ら悪い点はない。オーストラリアの学生の見解では、「遊び」は実質
的に虐待であった。それはもう少しで手に負えなくなるほどの文化の違いであった。

　ここの学生のほとんどは、日本語の話し方以上に多くのことを学ぶ。さまざまな国々、さ
まざまな文化について学び、また自分自身についても学ぶ。幸いなことに、この中国とオー
ストリアの学生は最後には友達となり、東洋と西洋の違いを教えてくれたへびについて笑い
合えるようになった。

34　　この文章によると、伝統ある古い農家はどうなったのか。

　　1　今まで多くの日本人がここで勉強した。

　　2　現在日本語学校として使われている。

　　3　美しい庭園のために有名になった。

　　4　国宝に指定された。

[35] この学校の学生について、正しいものは次のどれか。

1　10ヵ国にもおよぶ国々から来た学生がいる。

2　20歳〜40歳の日本人の学生である。

3　学生たちは個別に授業を受け、食事をとる。

4　小さな共同体を作り、めったにけんかしない。

[36] なぜ二人の学生はけんかをしたのか。

1　中国の学生が遊んでいたへびはオーストラリアの学生のものであった。

2　オーストラリアの学生は中国の学生が好きではなかった。

3　オーストラリアの学生が中国の学生の「遊び」を虐待ととった。

4　二人の学生は日本語をあまり上手に話せなかった。

[37] この文章を最もよく説明している文を選びなさい。

1　文化について先生から学ぶ。

2　学生たちは単に日本語を上手に話すようになる。

3　生け花や剣道といった日本の文化について学ぶ。

4　ほかの学生と出会うことにより異なる文化について学ぶ。

問題 **7** 右のページは「TOEICのオンライン通信講座」の案内である。これを読ん
で、下の質問に答えなさい。答えは、1・2・3・4から最もよいものを一つえ
らびなさい。

38 リンさんは、就職を有利にするためにTOEICスコア730点を目指している。また、リ
スニングに自信がないので、リスニング力も身につけたいと思っている。リンさんの希
望に合う講座を申し込んだら受講料はいくらになるか。

1 11,950円

2 4,950円

3 7,000円

4 14,000円

39 このオンライン講座の説明として正しくないのはどれか。

1 解答直後にすぐにフィードバックできるので誤答問題の復習が効果的である。

2 自分のレベルに合ったコースを自由に選ぶことができる。

3 安い料金で受講することができる。

4 申し込んでから1年間授業を受けることができる。

TOEIC力をつける

TOEIC力を短期間で効率よく身につけるためのオンライン通信講座です。

- **特長1** コンテンツのすべてがオンラインで提供されるので、安い料金で受講することができます。
- **特長2** 目標とするスコアや現在の実力、受験までの期間などから最適のコースを選ぶことができます。
- **特長3** オンラインプログラムなので、回答直後に正誤判定が自動で行われ、誤答問題の復習が非常に効果的にできます。
- **特長4** 期間中にこなすべき課題や消化済みの問題など、トレーニングの状況がひと目で分かるようになっているので、自己管理がとても簡単です。
- **特長5** 受講申込もオンラインで行うので、手続きが簡単。申込から1週間以内にトレーニングを開始できます。

◆　目的別コース一覧　◆

- じっくり実力をつけたい！

  スタンダードコース(約4ヵ月)　　　　　　12,000円

- 短期間でスコアを伸ばしたい！

  ゲット900　　　1ヵ月特訓コース　　　　4,950円

  ゲット730　　　1ヵ月特訓コース　　　　4,950円

  ゲット600　　　2ヵ月特訓コース　　　　7,000円

- リスニング力を強化したい！

  リスニング　2ヵ月特訓コース　　　　　7,000円

- リーディング力を強化したい！

  リーディング　2ヵ月特訓コース　　　　7,000円

N3

ちょうかい
聴解

（40分）

注　意
Notes

1. 試験が始まるまで、この問題用紙を開けないでください。
   Do not open this question booklet until the test begins.

2. この問題用紙を持って帰ることはできません。
   Do not take this question booklet with you after the test.

3. 受験番号と名前を下の欄に、受験票と同じように書いてください。
   Write your examinee registration number and name clearly in each box below as written on your test voucher.

4. この問題用紙は、全部で13ページあります。
   This question booklet has 13 pages.

5. この問題用紙にメモをとってもいいです。
   You may make notes in this question booklet.

受験番号 Examinee Registration Number	

名　前 Name	

問題 1

問題1では、まず質問を聞いてください。それから話を聞いて、問題用紙の1から4の中から、最もよいものを一つえらんでください。

れい

1　旅行代理店に電話で予約する

2　シティーエアーターミナルに電話で予約する

3　前の日に旅行代理店に行って買っておく

4　出発の前に、旅行代理店で買う

1 ばん

1 佐藤めぐみ
<ruby>佐<rt>さ</rt>藤<rt>とう</rt></ruby>

2 鈴木まさひろ
<ruby>鈴<rt>すず</rt>木<rt>き</rt></ruby>

3 本社の経理担当者
<ruby>本<rt>ほん</rt>社<rt>しゃ</rt></ruby>の<ruby>経<rt>けい</rt>理<rt>り</rt>担<rt>たん</rt>当<rt>とう</rt>者<rt>しゃ</rt></ruby>

4 納税課
<ruby>納<rt>のう</rt>税<rt>ぜい</rt>課<rt>か</rt></ruby>

2 ばん

1 社内の郵便センターに電話する
<ruby>社<rt>しゃ</rt>内<rt>ない</rt></ruby>の<ruby>郵<rt>ゆう</rt>便<rt>びん</rt></ruby>センターに<ruby>電<rt>でん</rt>話<rt>わ</rt></ruby>する

2 郵便局に確認する
<ruby>郵<rt>ゆう</rt>便<rt>びん</rt>局<rt>きょく</rt></ruby>に<ruby>確<rt>かく</rt>認<rt>にん</rt></ruby>する

3 報告書を仕上げる
<ruby>報<rt>ほう</rt>告<rt>こく</rt>書<rt>しょ</rt></ruby>を<ruby>仕<rt>し</rt>上<rt>あ</rt></ruby>げる

4 書類をふたたび提出する
<ruby>書<rt>しょ</rt>類<rt>るい</rt></ruby>をふたたび<ruby>提<rt>てい</rt>出<rt>しゅつ</rt></ruby>する

3 回

3 ばん

1 デパートの関係者に知らせる

2 近くの交番に届け出を出す

3 案内所に行く

4 1階のお客さまセンターであずける

4 ばん

1 働ける日時

2 希望する部署

3 自分の仕事の内容

4 売り上げを伸ばす方法

5 ばん

1 あとで決めることにする

2 フラワーガーデンへのチケットを買う

3 終日ツアー

4 半日ツアー

6 ばん

1 トキアビルへ行く

2 タクシーを呼ぶ

3 竹内さんにコーヒーを出す

4 レポートに目を通す

問題 2

問題2では、まず質問を聞いてください。そのあと、問題用紙を見てください。読む時間があります。それから話を聞いて、問題用紙の1から4の中から、最もよいものを一つえらんでください。

れい

1　切符がなくなったから

2　事故で列車が20分間停車したから

3　列車の中で本を読んでいたから

4　信号が故障したから

1 ばん

1 交通渋滞(こうつうじゅうたい)に巻(ま)き込(こ)まれた

2 道(みち)に迷(まよ)った

3 切符(きっぷ)をなくした

4 催(もよお)しの開始時間(かいしじかん)を勘違(かんちが)いした

2 ばん

1 遠(とお)いところに住(す)んでいるから

2 申(もう)し込(こ)み期限(きげん)を守(まも)らなかったから

3 夜間作業(やかんさぎょう)をしてもらうから

4 翌日配達(よくじつはいたつ)を要求(ようきゅう)したから

3 ばん

1 彼には十分な時間がない

2 それらは別々のオフィスにある

3 説明書が取り出された

4 書かれているものが小さすぎてわからない

4 ばん

1 機械故障があった

2 事故に巻き込まれた

3 路線が安全でなかった

4 天候が悪かった

5 ばん

1 資金がなくなった

2 改装中だった

3 暴風雨で被害を受けた

4 新しい建物に移ろうとしていた

3 回

6 ばん

1 飲み会を避けたいから

2 外は寒すぎるから

3 出かけるだけの時間がないから

4 風邪を引き始めているから

問題 3

　問題3では、問題用紙に何もいんさつされていません。この問題は、ぜんたいとしてどんなないようかを聞く問題です。話の前に質問はありません。まず話を聞いてください。それから質問とせんたくしを聞いて、1から4の中から、最もよいものを一つえらんでください。

― メモ ―

問題 4

問題4では、えを見ながら質問を聞いてください。やじるし（➡）の人は何と言いますか。1から3の中から、最もよいものを一つえらんでください。

れい

3
回

1 ばん

2 ばん

3 ばん

4 ばん

問題 5

問題 5 では、問題用紙に何もいんさつされていません。まず文を聞いてください。それから、そのへんじを聞いて、1 から 3 の中から、最もよいものを一つえらんでください。

― メモ ―

실전 모의고사 4회

N3

げんごちしき(もじ・ごい)

(30ぷん)

ちゅうい
Notes

1. しけんが はじまるまで、この もんだいようしを あけないで ください。
   Do not open this question booklet until the test begins.

2. この もんだいようしを もって かえる ことは できません。
   Do not take this question booklet with you after the test.

3. じゅけんばんごうと なまえを したの らんに、じゅけんひょうと おなじように かいて ください。
   Write your examinee registration number and name clearly in each box below as written on your test voucher.

4. この もんだいようしは、ぜんぶで 5ページ あります。
   This question booklet has 5 pages.

5. もんだいには かいとうばんごうの 1 、 2 、 3 ・・・が ついて います。
   かいとうは、かいとうようしに ある おなじ ばんごうの ところに マークして ください。
   One of the row numbers 1 , 2 , 3 … is given for each question. Mark your answer in the same row of the answer sheet.

じゅけんばんごう Examinee Registration Number	

なまえ Name	

問題 1 ＿＿＿＿のことばの読み方として最もよいものを、1・2・3・4から一つえらびなさい。

1 世の中で<u>努力</u>せずに成功するものはいない。

   1　どりょく　　　　2　どうりょく　　　3　のりょく　　　　4　のうりょく

2 私にとってあんなに辛い<u>練習</u>は初めてでした。

   1　れんしゅ　　　　2　れんしゅう　　　3　えんしゅ　　　　4　えんしゅう

3 どうぞ、ご<u>自由</u>にとってください。

   1　じゅう　　　　　2　じゆう　　　　　3　じゆ　　　　　　4　じよう

4 <u>貧しい</u>ことは恥ずかしいことではないと私は思います。

   1　ひとしい　　　　2　めずらしい　　　3　まずしい　　　　4　はげしい

5 不注意な運転は事故の<u>原因</u>となる。

   1　けんにん　　　　2　げんにん　　　　3　けんいん　　　　4　げんいん

6 あなたの赤ちゃんが<u>無事</u>に生まれることを祈っています。

   1　ぶこと　　　　　2　むこと　　　　　3　ぶじ　　　　　　4　むじ

7 彼からの手紙が<u>届いたら</u>、あなたにお知らせしますね。

   1　とどいたら　　　2　ついたら　　　　3　きいたら　　　　4　あいたら

8 あなたはこの<u>品物</u>を下記の住所まで送ってください。

   1　ひんぶつ　　　　2　ひんもの　　　　3　しなぶつ　　　　4　しなもの

問題 2　＿＿＿＿のことばを漢字で書くとき最もよいものを、1・2・3・4から一つえ
らびなさい。

9　人と会うやくそくをしたときは時間を守りなさい。そうしないと評判を落としますよ。

1　結束　　　　　2　約束　　　　　3　薬束　　　　　4　役束

10　まごは自分の子ども以上にかわいい。

1　娘　　　　　2　係　　　　　3　姉　　　　　4　孫

11　彼の勇気のある行動にかんしんせずにはいられなかった。

1　感心　　　　　2　関心　　　　　3　歓心　　　　　4　甘心

12　私はあなたを見ると、わかい頃のお父さんを思い出します。

1　苦い　　　　　2　幼い　　　　　3　若い　　　　　4　幸い

13　パーティーによんでもらいましたが、今回は行けません。

1　読んで　　　　　2　呼んで　　　　　3　叫んで　　　　　4　招んで

14　あの人は田中さんのしょうかいで入社した人らしい。

1　招会　　　　　2　招介　　　　　3　紹会　　　　　4　紹介

問題 3 （　　　）に入れるのに最もよいものを、1・2・3・4から一つえらびなさい。

15 列車が遅れて到着したので、彼らは予定を（　　　）しなければならなかった。

1　変動　　　　　　　2　変更　　　　　　　3　変化　　　　　　　4　変換

16 会議が終わったら、その結果をすぐ部長に（　　　）してください。

1　案内　　　　　　　2　紹介　　　　　　　3　報告　　　　　　　4　評価

17 明日いっしょに行けるかどうか（　　　）言ってください。

1　ゆっくり　　　　　2　うっかり　　　　　3　ぴったり　　　　　4　はっきり

18 子どもを1人育てるにはたくさんの（　　　）がかかります。

1　費用　　　　　　　2　価格　　　　　　　3　料金　　　　　　　4　値段

19 この商店（　　　）では自転車やバイクの通行は禁止されています。

1　町　　　　　　　　2　街　　　　　　　　3　道　　　　　　　　4　通

20 私は、あなた方にお会いできて大変（　　　）です。

1　おかしい　　　　　2　したしい　　　　　3　やさしい　　　　　4　うれしい

21 最近は通信販売の（　　　）を見て物を買う人が増えてきた。

1　アルバム　　　　　2　シリーズ　　　　　3　カタログ　　　　　4　テキスト

22 その本は読み終わったら、必ず元の棚に（　　　）おくのですよ。

1　ならんで　　　　　2　しまって　　　　　3　かけて　　　　　　4　かたづいて

23 彼は一生懸命勉強して（　　　）成績で大学を卒業した。

1　りっぱな　　　　　2　らくな　　　　　　3　あんぜんな　　　　4　じゅうぶんな

24 これが今年の春の（　　　）流行のファッションです。

1　最初　　　　　　　2　最大　　　　　　　3　最新　　　　　　　4　最高

25 易しい英語で書かれているので、その本は初心者（　　　）だ。

1　方　　　　　　　　2　的　　　　　　　　3　用　　　　　　　　4　向き

問題4 _____に意味が最も近いものを、1・2・3・4から一つえらびなさい。

26 海外旅行をするためにはたくさんのお金が必要です。

1 使います 　　　 2 持ちます 　　　 3 いります 　　　 4 あります

27 早寝早起きする人はたいてい健康である。

1 ほとんど 　　　 2 かならず 　　　 3 とても 　　　 4 ひじょうに

28 あなたの住所が正しいか確認してください。

1 かいて 　　　 2 たしかめて 　　　 3 おしえて 　　　 4 しらせて

29 彼は専門家だけあってその分野にくわしい。

1 関係ある 　　　　　　　　　 2 興味を持っている

3 とても上手だ 　　　　　　　 4 よく知っている

30 彼がだまっていたので、彼女は怒っているのだと思った。

1 来なかった 　　　 2 笑わなかった 　　　 3 動かなかった 　　　 4 話さなかった

問題 5 つぎのことばの使い方として最もよいものを、1・2・3・4から一つえらびなさい。

31 落ち着く

1 彼女は大変ショックを受けたので、落ち着くまでに時間がかかりそうだ。

2 ああ遊んでいては彼が試験に落ち着くのも当たり前だ。

3 これらの動物は多くの時間を木で過ごし、ほとんど落ち着くことがない。

4 駅に落ち着く際に、彼女が私たちを待っているのが見えた。

32 未来

1 私は未来人とあまり関わらない仕事がしたいです。

2 日本の未来はあなたたち若者にかかっています。

3 私は妻といっしょに世界一周するのが未来です。

4 あなたは昨夜、良い未来を見ましたか。

33 まじめ

1 彼は授業中に下を向いているので見てみたら、まじめにマンガを読んでいた。

2 時計というものは何よりもまずまじめでなければだめだ。

3 次の列車が到着するまじめな時刻を教えてください。

4 君はよくそんなまじめな顔をしてそんなうそがつけるね。

34 やっと

1 そのレポートを明日までに仕上げるのはやっと不可能だ。

2 日本の男の子はやっと野球をするのが好きだ。

3 長かった梅雨がやっと終わった。

4 私はやっと結婚していない人が本当にうらやましくなる。

35 進歩

1 彼は小さな会社を大会社にまで進歩させた。

2 今日の日本があるのは科学技術の進歩のおかげだ。

3 市当局は問題の解決に向かって大きく一歩進歩した。

4 この道を行くと進歩方向に向かって右側に銀行があります。

N3

げん ご ち しき　　ぶんぽう　　どっかい
言語知識（文法）・読解

（70分）

注　意
Notes

1. 試験が始まるまで、この問題用紙を開けないでください。
   Do not open this question booklet until the test begins.

2. この問題用紙を持って帰ることはできません。
   Do not take this question booklet with you after the test.

   じゅけんばんごう　　　　　　　　　　　　らん　　　　じゅけんひょう
3. 受験番号と名前を下の欄に、受験票と同じように書いてください。
   Write your examinee registration number and name clearly in each box below as written
   on your test voucher.

   　　　　　　　　　　　　　ぜん ぶ
4. この問題用紙は、全部で18ページあります。
   This question booklet has 18 pages.

   　　　　　かいとうばんごう　　　　　　　　　　　　　　　　　　　　　　つ　　　　　　　　かいとう　　　　かいとう
5. 問題には解答番号の 1 、 2 、 3 ・・・ が付いています。解答は、解答用紙に
   　　　　　　　　　　　　　　ばんごう
   ある同じ番号のところにマークしてください。
   One of the row numbers 1, 2, 3… is given for each question. Mark your answer in the
   same row of the answer sheet.

じゅけんばんごう
受験番号 Examinee Registration Number

名　前 Name

問題 **1** つぎの文の（　　　　）に入れるのに最もよいものを、1・2・3・4から一つえら
びなさい。

1　ポットにコーヒー入れて（　　　　）から、お弁当と一緒に持っていってね。

　　1　おる　　　　　　　2　いる　　　　　　　3　おいた　　　　　4　いた

2　A「どうしたの? ゲームやりたくないの?」

　　B「このゲームは、ルールが（　　　　）、おもしろくないです。」

　　1　複雑すぎて　　　　　　　　　　　　2　複雑すぎないで

　　3　複雑になりやすくて　　　　　　　　4　複雑にしやすくて

3　A「人生（　　　　）一番大切なものは何だと思う?」

　　B「私は健康だと思うけど。次は家族、その次はお金かな。」

　　1　にかけて　　　　2　に関して　　　　3　にとって　　　4　において

4　A「遅いわね、林さん。道に迷っているのかしら。」

　　B「さっき電話があって、一人で行けるから、迎えは要らないなんて言ってたのにね。」

　　A「（　　　　）遅いよ。途中まで迎えに行ってみようか。」

　　1　これにしても　　2　それにしても　　3　これでは　　　4　それでは

5　A「あれ、田中さんはこれ、買わないんですか。」

　　B「もちろんほしいことはほしいんですが、それを買う（　　　　）のお金がない
　　　　んです。」

　　1　だけ　　　　　　2　さえ　　　　　　3　こそ　　　　　4　ばかり

6　僕がつらいなら、誰（　　　　）つらいはずだ、負けるものか。

　　1　というか　　　　2　なんか　　　　　3　だって　　　　4　なんて

7 A 「子育てや家事をしながら働くの、大変じゃないですか。」

B 「夫が家事を（　　　　）私も仕事を続けられるのです。」

1　手伝ってもらうせいで　　　　　　　2　手伝ってくれるせいで

3　手伝ってもらうおかげで　　　　　　4　手伝ってくれるおかげで

8 子供は髪の毛を無理に（　　　　）ずいぶん泣いてしまった。

1　切らせて　　　　　2　切らされて　　　　3　切って　　　　4　切れて

9 A 「日本語の勉強はどのようにしていますか。」

B 「その日に覚えた単語や文章をその日の会話で（　　　　）ようにしています。」

1　使って　　　　　2　使おう　　　　3　使う　　　　4　使った

10 A 「どうしたの？」

B 「電車の中で眠っている（　　　　）財布をすられちゃったんだ。」

1　あいだに　　　　2　あいだ　　　　3　うちに　　　　4　まで

11 急いでいたのでタクシーに乗ったら、早く着く（　　　　）、30分も遅刻してしまった。

1　ばかりか　　　　2　どころか　　　　3　べきで　　　　4　ところで

12 A 「ご両親は何をして（　　　　）か。」

B 「両親は中華料理の店を経営しています。」

1　なさいます　　　2　おっしゃいます　　3　おります　　　4　いらっしゃいます

13 A 「木村さん、家を買ったんですって。まだ若いのにすごいですね。」

B 「家を買った（　　　　）、古くて小さな家ですよ。」

1　として　　　　　2　とともに　　　　3　といっても　　　4　というか

問題2 つぎの文の ___★___ に入る最もよいものを、1・2・3・4から一つえらびなさい。

14 A 「お金を本当になくしたの？」

　　B 「そうだと思います。でも、どこでなくした ____ ____ ★ ____ んだ。」

　　1 か   2 わからない   3 の   4 まったく

15 この新しい年が、皆さまにとって幸多きものになります ____ ____ ★ ____ 申し

上げております。

　　1 より   2 心   3 お祈り   4 よう

16 A 「お客さまはいつごろお着きでしょうか。」

　　B 「お客さまは1時間 ____ ____ ★ ____ です。」

　　1 はず   2 なる   3 以内に   4 お越しに

17　A　「明日は面接ですね。どうですか。」

　　B　「そうですね。＿＿＿ ＿＿＿ ＿★＿ ＿＿＿ と思います。」

　　1　大丈夫だ　　　　2　緊張　　　　　　3　しなければ　　　4　さえ

18　ドアを ＿＿＿ ＿＿＿ ＿★＿ ＿＿＿ 、カギを持っていないことに気がついた。

　　1　した　　　　　　2　ようと　　　　　3　開け　　　　　　4　とき

問題3 つぎの文章を読んで、文章全体の内容を考えて、19 から 23 の中に入る最もよいものを、1・2・3・4から一つえらびなさい。

先日、通りを歩いていたとき、私は道に小さな財布が落ちている 19 気がついた。その財布を拾い、持ち主の名前が 20 を見つけようと開けた。小銭と古い写真が1枚入っているほかは、何も見つからなかった。その写真には一人の女性とその女性の娘らしい、12歳くらいの少女が写っていた。その写真をもとに戻し、警察署に持っていって警官に手渡した。その場を立ち去るとき、もし、持ち主が私にお礼をしたいと言ったときのためと、警官は私の名前と住所を聞いた。

その夜、私はおじとおばの家で一緒に夕食をしようと出かけた。二人は若い女性も招待していて、そのテーブルには4人となった。彼女の顔に見覚えがあったのだが、どこで見たのかを思い出せなかった。21 、会話の途中で、彼女が昼に財布をなくしたことを口にした。すぐに私はどこで彼女を見たのか分かった。彼女は今はずっと年をとっているが、あの写真に写っていた少女だったのだ。その財布の特徴を私が彼女に 22 、当然彼女はとても驚いていた。それで財布の中にあった写真から彼女に見覚えがあったことを説明した。おじは急いで警察署に申し出たほうがいいと主張した。警官はその財布を手渡すとき、私が財布 23 、その落とし主を見つけたのは驚くべき偶然であると言った。

19
　　　1　には　　　　　　2　ので　　　　　　3　では　　　　　　4　のに

20
　　　1　あるかどうか　　　　　　　　　2　あることはあるが

　　　3　ないことなら　　　　　　　　　4　ないことか

21
　　　1　また　　　　　2　そのうえ　　　　3　けれども　　　　4　なぜなら

1 伝えるたびに   2 伝えたところ

3 伝えたつもりで   4 伝えるとおりに

23

1 といったら   2 というか   3 だけに   4 だけでなく

4
回

問題 **4** つぎの (1) から (4) の文章を読んで、質問に答えなさい。答えは、1・2・3・4から最もよいものを一つえらびなさい。

(1)

　コミュニケーションは、多くの違ったものを意味することもできるし、多くの違ったやり方で使用される。人間は、芸術や音楽だけでなく、多くの手段を通して意思を伝達するが、ここでの私の主な関心は会話での伝達である。あなたがこう言い、次に私はああ言う。あなたはある質問をし、私は答える。ある人が何か言葉を発し、別の人が返事をする。しかし、言葉の解釈とその反応は、彼ら自身の経験、価値観、そして感情次第である。彼らは、ある特定の時間と場所において自分の言語的として非言語的行動を結びつけ、そして意味が構築される。しかし、意味とは何であろう。意味もまた、我々自身の人生経験、価値観、感情によっていると私には思われる。結局、コミュニケーションには、言葉だけでなく、話す相手の内面世界の理解が必要となる。

24 この文章で筆者が最も言いたいことは何か。

1　意味の理解には、言葉と同時に内面の理解も必要である。

2　人間は芸術や音楽などの手段を介して、コミュニケーションする。

3　コミュニケーションの手段の中で、会話でのコミュニケーションが一番人気がある。

4　同じことを言うにも、言い方によって、相手を不快にさせたり怒らせたりすることもある。

（2）

これは、国際センターから木村先生のゼミの学生に届いたメールである。

あて先：2013kimurazemi@groups.ac.jp

件　名：公開セミナーへのご招待

日　付：2013年9月7日

こんにちは。

　今年の国際センターでの無料の公開セミナーへご招待いたします。ぜひおいでになって、授業のために新しいアイディアをつかんでいってください。と同時に、国際センターの設備をご覧になって、教育プログラムの内容を知っていただきたいと思います。

　入場料は無料ですが、もしおいでになるのであれば、予約をするためにこのメッセージにあなたのお名前と連絡先を加えてご返信ください。

　国際センターは品川駅の近くです。私どものウェブサイトに詳細な行き方が掲載されています。

　国際センターでお会いしましょう。

4回

25　このメールを見て、予約したいと思う人は、どうしなければならないか。

　　1　留守電に名前と連絡先を残す。

　　2　返信の必要はないから、当日行けばいい。

　　3　名前と電話番号を書いてメールを送る。

　　4　入場料を払ってセミナーに参加する。

(3)

　お年寄りの携帯電話の普及率は、急速に伸びていますが、コンピューターの普及率はまだ携帯ほどではありません。なぜ携帯電話ほど普及率が伸びないのかというと、まず使い方の難しさが挙げられます。携帯電話には高齢者向けの使いやすいものがありますが、コンピューターにはありません。高齢者にとってはキーボードで文字を打つだけでも大変なのです。普及率を伸ばすためには、値段を下げることも重要だと思いますが、いくら安くて、使いやすくても、お年寄りが買う気にならなければ意味がありません。コンピューターを買う気にさせる、つまり、コンピューターを使ったらいろんなことができるという便利さを伝えることが、重要です。

26　高齢者にコンピューターを普及させるには、まずどんなことをしなければならないと言っているか。

　　1　コンピューターを操作しやすくする。

　　2　コンピューターの説明書を改善する。

　　3　コンピューターの価格を下げる。

　　4　コンピューターの便利さを説明する。

（4）

　朝日旅行社から独占的に提供される「美術館愛好者のバカンス」にお申し込みになると、年間お好きなときに、ニューヨーク、ボストン、フィラデルフィア、そしてワシントンD.Cへ個人旅行ができます。1年のうちでお客さまが時期を選び、急がされることなくご自分のペースで、世界的に有名な美術館を観てまわることができるのです。美術館への入館券、カルチャー旅行、すばらしい宿泊設備と食事など、お客さまのお金に見合う大きな価値のあるすべてをフルに活用することができるでしょう。

　さらに、わずかな追加料金で、空港への出迎え、旅行保険といった特別なものにお申し込みいただくこともできます。

27　「美術館愛好者のバカンス」は1年のどの時期に提案されるか。

　　1　春

　　2　新年

　　3　短期間

　　4　1年のいつでも選択できる。

問題 5 つぎの（1）と（2）の文章（ぶんしょう）を読んで、質問に答えなさい。答えは、1・2・3・4から最もよいものを一つえらびなさい。

（1）

　重要会議が翌朝に予定されているので、あなたは自分の意見を重役陣にプレゼンする準備のために、深夜まで起きていようと計画しています。あなたは数値を暗記しようと一晩中起きていたいという誘惑に駆られています。

　しかし、そうするべきでしょうか。睡眠はただ身体を休めるだけの時間ではなく、あなたの脳の機能にとっても非常に重要なのです。あなたの身体が睡眠を奪われると……約18時間眠らないでいた場合ですが……動きの鈍さといった肉体的兆候が現れ始めます。つまり、反応するのに0.5秒かそれ以上長く時間がかかったり、目を開けていることが困難になったり、記憶が途切れたりするといったことです。

　返答が遅くなり、いろいろな事実を思い出すことができなくなれば、上司に認めてもらうことはできません。だから、もしあなたが会議で頭をスッキリさせていただければ、夜遅くまで仕事をするより、前の晩は一晩ぐっすりと安らかな眠りを取ることを考えるべきなのです。

[28]　この記事のタイトルとしてふさわしいのはどれか。

　　1　休息があなたの頭をすっきりさせてくれる。

　　2　より長く、よりよく眠ること

　　3　眠らずにいるための新しいやり方

　　4　不眠の症状

[29]　睡眠不足によって引き起こされるのは次のうちどれか。

　　1　記憶力の強化

　　2　鈍い取り扱い

　　3　記憶の喪失

　　4　心臓病

30 記事によると、重要な朝の会議前にすべき最もいいことは何か。

1 何もかも覚えるために一晩中起きている。

2 規則正しい時間に就寝し起床する。

3 会議前にほんの2、3時間眠る。

4 会議を午後に変更する。

(2)

「ニューズワールド」顧客調査

　少々お時間をいただきますが、この書式に記入して、添付の料金払い済み封筒にてご返送ください。私どもは皆さまへのサービスにつきまして気にかけております。皆さまのご意見を共有させていただけますことに感謝いたします。

1	「ニューズワールド」は発行日の1週間前に印刷されます。お客さまへは発行日前に届いておりますか。	☐はい　☐いいえ
2	ふだんは毎週何曜日にその週の号が届いておりますか。	☐月　☐火　☐水　☐木　☐金 ☐土　☐日　☐不定期
3	お届け日についていかがお考えですか。	☐満足　☐不満足
4	現在の郵便でのお届けにご満足ですか。	☐とても満足　☐満足　☐不満足
5	「ニューズワールド」が過去3ヵ月間で一度でも配達されなかったことはございますか。	☐いいえ ☐はい、（　　　　）号を受け取っていません。
6	「ニューズワールド」ご購読更新の際に、次の要因が更新決定にどのように影響いたしますか。（1〜5までのランク付けでお願いします。5＝もっとも重要、1＝重要性がもっとも低い)	☐「ニューズワールド」の内容 ☐配達の日時の正確さ ☐顧客サービス ☐購読価格 ☐プレゼント

31 用紙はどのように返送するか。

1　毎週、調査が集められる。

2　切手を貼った封筒が提供される。

3　用紙をファックスで送る。

4　顧客は郵便料金を支払わなくてはならない。

32 この書式の目的は何か。

1　顧客への価格引き下げの提案

2　賞を勝ち得るチャンスを得る。

3　配達情報の収集

4　顧客の登録データを得る。

33 「ニューズワールド」の発送頻度はどれか。

1　日刊

2　月刊

3　隔週刊

4　週刊

問題 6 つぎの文章を読んで、質問に答えなさい。答えは、1・2・3・4から最もよい
ものを一つえらびなさい。

　数年前にある研究者がアメリカのテレビで放映された日本を扱った報道の数と、日本のテ
レビで放映されたアメリカを扱った報道の数を比較した。その結果は驚くべきものであっ
　　　　　　　　　　　　　　　　　　　　　　　　　　　①
た。2012年から翌年にかけての7ヵ月の間で、日本のテレビではアメリカについて1,121もの
報道があったのに、アメリカでは日本について92しかなかった。

　日本についての報道だけではない。一般的にほとんどすべてのアメリカのメディアでは外
国のニュースは少ない。たいていのアメリカの新聞編集者は国際的な事柄に直接アメリカが
　　　　　　　　　②
関わっていること、主にアメリカ人犠牲者が出ることがなければ、外国のニュースに目を向
ける人はほとんどいないという点で意見が一致している。

　編集者たちが新聞の各分野に人気度を調べたところ、アメリカの国内ニュース、スポー
ツ、娯楽、ビジネスに続き世界での出来事は7セクションのうちで5位だった。外国での出来
事を表紙と関連した記事で取り扱ったニュース雑誌は通常の号に比べ、20パーセントも売上
減であると報告されている。

　しかし、この問題は読者の側にだけ責任があるのではないのである。ワシントンD.Cのある
研究グループの報告によれば、編集者側の無関心のために、ほとんどのアメリカの新聞に国
際的な記事がないことが非難されている。この報告によると、編集者は読者が関心を示さな
いという言い訳を使って国際的な記事を削除しているというのだ。実際その内容のいかんに
よって講読者が予約購読を取り消すということはまずないとも言っている。報告書は、アメ
リカにとって国際的な出来事がますます重要性を帯びてくるのに従い、編集者はたとえ大衆
が興味を示さなくても、世界の出来事を読者に教えるためにもっとよい仕事をするべきだと
提案している。

34 ①その結果とあるが、どういうことか。

1 日本を扱って報道したこと

2 アメリカを扱って報道したこと

3 報道の数を比較したこと

4 両国のテレビ番組を分析したこと

35 ②たいていのアメリカの新聞編集者はどう思っているか。

1 多くのアメリカ人が主要な事故ではよく犠牲者になる。

2 多くのアメリカ人は外国での出来事に関心がない。

3 アメリカの報道における外国の関心は高まりつつある。

4 アメリカ人についての外国の報道は珍しいことである。

36 研究グループが編集者のするべきこととして勧めているのは何か。

1 内容を重要なものと考えるように読者に教えること

2 外国の報道を削除する理由を読者に知らせること

3 外国の出来事は重要であることを読者が分かるように手助けをすること

4 読者に内容がよいから予約購買を続けるように言うこと

37 この文章の内容と合っていないのはどれか。

1 アメリカでは国際報道にはほとんど関心がないようである。

2 アメリカが関与すると国際報道へのアメリカ人の関心が増す。

3 日本ではアメリカよりも国際的報道が多いようである。

4 アメリカ人はニュースの量が増えると新聞を読むのをやめるだろう。

4回

問題 7　右のページは「ダブルツリーホテル」の利用案内である。これを読んで、
　　　　下の質問に答えなさい。答えは、1・2・3・4から最もよいものを一つえ
　　　　らびなさい。

38　リンさんは、出張で3日間このホテルに泊ろうと思っている。3日間朝食だけ利用する
　　としたら、宿泊代以外にいくら払わなければならないか。

　　1　1,900円

　　2　7,200円

　　3　5,700円

　　4　払わなくてもいい。

39　ダブルツリーホテルの宿泊に関する利用規則として正しくないのはどれか。

　　1　ホテルのランドリーサービスを利用すれば、無料で洗濯することができる。

　　2　レストランは毎朝6時半から利用できる。

　　3　駐車した後、車のナンバーをフロントに教えなければならない。

　　4　モーニングコールは自分で設定することができる。

ダブルツリーホテルのご利用案内

この度は当ホテルをお越しいただきまして誠にありがとうございます。

＜各室＞

・ドアはオートロックになっております。ドアを閉めると自動的に鍵がかかりますので外出なさる際はカードキーをお持ちくださいませ。

・カードキーには客室番号が記載されておりません。チェックインの際にお渡しするキースリップをご確認くださいませ。

・窓は開閉できません。

・各室のテレビは、VOD含め無料です。

・モーニングコールは、「モーニングコール」のボタンを押した後、設定する時間をダイヤルしてください。（デスク内の案内に「モーニングコール」の設定方法が記載してあるので、それを見て設定してください。）

　　　　［例］7:00 → 0700　　　　　　　　　2:30 → 1430

＜レストラン＞

朝食（お一人様1,900円）	6:30～10:30(月～金) 6:30～11:00(土・日・祝日)
ランチ	12:00～15:00
ディナー	17:30～22:00

・ルームサービスについては、デスク内の案内をご覧くださいませ。

＜駐車場＞

1泊　500円／1台

建物裏側の駐車場にお停めいただき、お車のナンバーをフロントまでお伝えくださいませ。

＜館内設備＞

自動販売機	8階(ソフトドリンク)
製氷機	3・6・8・11階
コインランドリー	3階(洗濯機　1回200円 乾燥機　1回100円／30分)

N3

ちょうかい
聴解

（40分）

注　　意
Notes

1. 試験が始まるまで、この問題用紙を開けないでください。
   Do not open this question booklet until the test begins.

2. この問題用紙を持って帰ることはできません。
   Do not take this question booklet with you after the test.

3. 受験番号と名前を下の欄に、受験票と同じように書いてください。
   Write your examinee registration number and name clearly in each box below as written on your test voucher.

4. この問題用紙は、全部で13ページあります。
   This question booklet has 13 pages.

5. この問題用紙にメモをとってもいいです。
   You may make notes in this question booklet.

じゅけんばんごう 受験番号 Examinee Registration Number	

名　前 Name	

問題 1

問題1では、まず質問を聞いてください。それから話を聞いて、問題用紙の1から4の中から、最もよいものを一つえらんでください。

れい

1　旅行代理店に電話で予約する

2　シティーエアーターミナルに電話で予約する

3　前の日に旅行代理店に行って買っておく

4　出発の前に、旅行代理店で買う

1ばん

1 部屋（へや）があちこち動（うご）かされる

2 オフィスがもっと広（ひろ）くなる

3 彼（かれ）らはみんなキャンプに行（い）く

4 職員（しょくいん）の数（かず）が減（へ）らされる

2ばん

1 レストランで

2 ロビーで

3 公園（こうえん）で

4 会社（かいしゃ）で

3 ばん

1　正確な金額のみ使用する
2　掲示板を読む
3　正しいバス停でバスを乗り換える
4　次に利用できるバスに乗る

4 ばん

1　玄関を魅力的にすることで
2　だれかの家に行くことで
3　すてきなコートをプレゼントすることで
4　5,000円以上の商品を買うことで

5 ばん

1 家事を終えるのが遅くなった
2 自分が病気になった
3 娘が病気になった
4 家に仕事を持ち帰るのを忘れた

6 ばん

1 8時に予約する
2 7時に予約する
3 6時に予約する
4 予約をしない

問題 2

問題 2 では、まず質問を聞いてください。そのあと、問題用紙を見てください。読む時間があります。それから話を聞いて、問題用紙の1から4の中から、最もよいものを一つえらんでください。

れい

1 切符がなくなったから

2 事故で列車が20分間停車したから

3 列車の中で本を読んでいたから

4 信号が故障したから

1 ばん

1 予定が変更になった

2 中央高速道路が閉じていた

3 チケット売り場がまだ開いてない

4 高速道路の出口あたりに車が多すぎた

2 ばん

1 彼女に2月号を見せるため

2 インタビューをお願いするため

3 新しく出した雑誌を売るため

4 彼女がいつ戻ってくるかを知るため

3 ばん

1 疲れたから

2 受験票を忘れたから

3 家が近いから

4 電車が遅れたから

4 ばん

1 彼女にもっと早く電話すべきだったことを忘れていたから

2 会合を延期しなければならなくなったから

3 会合が遠い所で行われるから

4 会合時間が延びたから

5 ばん

1 地域を活性化するため

2 子供と一緒にクリスマスを楽しく過ごすため

3 お金を集めて貧しい子供に役立てるため

4 会員同士が仲良くなる機会を作るため

6 ばん

1 サイズが合わないから

2 値段が高くなるから

3 在庫がないから

4 レシートを持っていないから

問題 3

　問題 3 では、問題用紙に何もいんさつされていません。この問題は、ぜんたいとしてどんなないようかを聞く問題です。話の前に質問はありません。まず話を聞いてください。それから質問とせんたくしを聞いて、1から4の中から、最もよいものを一つえらんでください。

― メモ ―

問題 4

　問題4では、えを見ながら質問を聞いてください。やじるし（➡）の人は何と言いますか。1から3の中から、最もよいものを一つえらんでください。

れい

4
回

159

1 ばん

2 ばん

3 ばん

4 ばん

問題 5

問題 5 では、問題用紙に何もいんさつされていません。まず文を聞いてください。それから、そのへんじを聞いて、1 から 3 の中から、最もよいものを一つえらんでください。

―メモ―

実戦 모의고사 5회

N3

げんごちしき(もじ・ごい)

(30ぷん)

ちゅうい
Notes

1. しけんが はじまるまで、この もんだいようしを あけないで ください。
   Do not open this question booklet until the test begins.

2. この もんだいようしを もって かえる ことは できません。
   Do not take this question booklet with you after the test.

3. じゅけんばんごうと なまえを したの らんに、じゅけんひょうと おなじように かいて ください。
   Write your examinee registration number and name clearly in each box below as written on your test voucher.

4. この もんだいようしは、ぜんぶで 5ページ あります。
   This question booklet has 5 pages.

5. もんだいには かいとうばんごうの ①、②、③・・・が ついて います。
   かいとうは、かいとうようしに ある おなじ ばんごうの ところに マークして ください。
   One of the row numbers ①, ②, ③… is given for each question. Mark your answer in the same row of the answer sheet.

じゅけんばんごう Examinee Registration Number	

なまえ Name	

問題 **1** ＿＿＿＿のことばの読み方として最もよいものを、1・2・3・4から一つえら
びなさい。

1 給料が安くて、生活が苦しいです。

1 くやしい 　　　2 おかしい 　　　3 くるしい 　　　4 はげしい

2 合格したいけど、今の実力では無理そう。

1 じつりき 　　　2 じつりょく 　　　3 しつりき 　　　4 しつりょく

3 彼女のとなりの席に座りたいのですが、どうすればいいですか。

1 せき 　　　2 いす 　　　3 うら 　　　4 へや

4 ラジオでは声だけで情報を伝えなければならないので、難しいです。

1 せいぼう 　　　2 せいほう 　　　3 じょうぼう 　　　4 じょうほう

5 風の中で育った木は根が強い。

1 こん 　　　2 ね 　　　3 は 　　　4 けん

6 あの背の高い男の人たちはバレーボール選手かもしれない。

1 ぜんしゅ 　　　2 ぜんしゅう 　　　3 せんしゅ 　　　4 せんしゅう

7 面接を受けた会社から合格通知を受け取った。

1 つうち 　　　2 つうじ 　　　3 つち 　　　4 つじ

8 私も事情が分からなくて困っています。

1 さじょ 　　　2 さじょう 　　　3 じじょ 　　　4 じじょう

問題 2 _____のことばを漢字で書くとき最もよいものを、1・2・3・4から一つえらびなさい。

9 この食品は密閉された<u>ようき</u>に入れておけば一週間もつ。

　　1　容機　　　　　　2　容器　　　　　　3　用器　　　　　　4　用機

10 その日は<u>つかれました</u>が、とても楽しい1日でした。

　　1　症れました　　　2　痛れました　　　3　病れました　　　4　疲れました

11 来週は毎日<u>ざんぎょう</u>しなければならないでしょう。

　　1　残行　　　　　　2　残業　　　　　　3　産行　　　　　　4　産業

12 今年は子供の日と日曜日とが<u>かさなって</u>いる。

　　1　重なって　　　　2　失って　　　　　3　伴って　　　　　4　異なって

13 私は誰を<u>しんじて</u>いいのか、分からなくなってしまった。

　　1　申じて　　　　　2　進じて　　　　　3　信じて　　　　　4　閉じて

14 いつも返事をするのが<u>おそく</u>なってごめんね。

　　1　辛く　　　　　　2　古く　　　　　　3　早く　　　　　　4　遅く

問題3 （　　　）に入れるのに最もよいものを、1・2・3・4から一つえらびなさい。

15 のどが（　　　）います。何か冷たい飲み物をください。

1　すって　　　　　　2　かわいて　　　　　3　おちて　　　　　4　かかって

16 ゴミを減らすために家庭から出る紙ゴミはトイレットペーパーなどに（　　　）されている。

1　クリーニング　　2　オープン　　　　　3　リサイクル　　　4　エネルギー

17 朝は忙しいから、（　　　）パンを食べています。

1　おもに　　　　　2　きっと　　　　　　3　けっして　　　　4　たまに

18 その会社はもうすぐ倒産するという（　　　）が広まっている。

1　うそ　　　　　　2　こえ　　　　　　　3　ことば　　　　　4　うわさ

19 電子レンジの調子が（　　　）。修理するより買い換えるほうがいいかな。

1　いたい　　　　　2　きつい　　　　　　3　はげしい　　　　4　おかしい

20 子供たちが帰ってこないので、彼女は（　　　）気持になった。

1　不便な　　　　　2　不幸な　　　　　　3　不安な　　　　　4　不思議な

21 彼は疲れていたので、目を（　　　）ソファーの上に座っていた。

1　つけて　　　　　2　とじて　　　　　　3　あけて　　　　　4　しめて

22 ナプキンを（　　　）それぞれお皿のそばに置きなさい。

1　たたんで　　　　2　われて　　　　　　3　たてて　　　　　4　くばって

23 まわりが（　　　）あなたの声が聞こえなかった。

1　うるさくて　　　2　いそがしくて　　　3　あたらしくて　　4　すずしくて

24 運動した後でシャワーを（　　　）と気分がさわやかになる。

1　あらう　　　　　2　あたる　　　　　　3　あびる　　　　　4　あける

25 あなたが頼めば、彼は（　　　）手伝ってくれるよ。

1　けっして　　　　2　さらに　　　　　　3　ずっと　　　　　4　きっと

問題 **4** _____に意味が最も近いものを、1・2・3・4から一つえらびなさい。

26 僕はどうも大勢の人の前でしゃべるのが苦手だ。

1 立つ　　　　　　2 話す　　　　　　3 動く　　　　　　4 歌う

27 部屋を出るときは、電気を消したかどうか確かめてください。

1 サインして　　　2 メールして　　　3 チェックして　　4 トレーニングして

28 彼はハンバーガーを1つ食べて、もう1つ注文した。

1 誘った　　　　　2 選んだ　　　　　3 送った　　　　　4 頼んだ

29 私はその会議に参加することができなくなりました。

1 出る　　　　　　2 行う　　　　　　3 聞く　　　　　　4 答える

30 あっというまに夏休みが終わってしまいました。

1 ゆっくり　　　　2 短い時間で　　　3 いきなり　　　　4 いまにも

問題 **5** つぎのことばの使い方として最もよいものを、1・2・3・4から一つえらびなさい。

31 だるい

1 君が早く治ったのは身体がだるいためだ。

2 やることは山ほどあるのに、心と体がだるくてやる気が出ない。

3 私はこんなにだるいロボットは見たことがない。

4 私たちはエアコンがないとだるくて寝ることができない。

32 建設

1 その新しいビルは昨年から建設中です。

2 最近忙しかったので、建設の準備ができませんでした。

3 その店はほとんど客もいないのに建設している。

4 私の趣味は自転車を建設してサイクリングをすることです。

33 にぎる

1 ここで靴をにぎってからこの部屋に入りなさい。

2 その子を助けるため、彼は服をにぎって川に飛び込んだ。

3 怖いのなら私の手をしっかりにぎっていなさい。

4 彼女は彼が戻ってくるという希望を心ににぎっている。

34 身につける

1 彼がこの辺を散歩しているのをよく身につける。

2 彼女はスタイルがいいから、何を着てもよく身につける。

3 知らない人が身につけてきて、私に病院へ行く道をたずねた。

4 子供はたいてい外国語をとても早く身につける。

35 ユーモア

1 言語のおかげで他人とのユーモアができる。

2 食事の途中に席を立つとはユーモアに反しますね。

3 あなたはもっと前向きな自己ユーモアを持つ必要がある。

4 私はユーモアがあって優しい人が好きです。

実戦 모의고사 5회

N3

言語知識（文法）・読解

（70分）

注　意
Notes

1. 試験が始まるまで、この問題用紙を開けないでください。
   Do not open this question booklet until the test begins.

2. この問題用紙を持って帰ることはできません。
   Do not take this question booklet with you after the test.

3. 受験番号と名前を下の欄に、受験票と同じように書いてください。
   Write your examinee registration number and name clearly in each box below as written on your test voucher.

4. この問題用紙は、全部で18ページあります。
   This question booklet has 18 pages.

5. 問題には解答番号の <u>1</u>、<u>2</u>、<u>3</u>・・・ が付いています。解答は、解答用紙にある同じ番号のところにマークしてください。
   One of the row numbers <u>1</u>, <u>2</u>, <u>3</u>… is given for each question. Mark your answer in the same row of the answer sheet.

受験番号 Examinee Registration Number	

名　前　Name	

問題1 つぎの文の（　　　）に入れるのに最もよいものを、1・2・3・4から一つえらびなさい。

1　私は両親（　　　）感謝の気持ちを手紙に書いて結婚式で読みました。

　　1　には　　　　　　2　との　　　　　　3　から　　　　　　4　への

2　A「部長、さっき、原田さん（　　　）方からお電話がありました。」

　　B「うん、わかった。」

　　1　といって　　　　2　という　　　　　3　として　　　　　4　とする

3　A「彼女はご主人（　　　）とても若く見えますね。」

　　B「そうですね。」

　　1　にとって　　　　2　に対して　　　　3　に比べて　　　　4　にしたがって

4　昨日映画を見に（　　　）、偶然昔の友人に出会った。

　　1　行ったと　　　　2　行けば　　　　　3　行くなら　　　　4　行ったら

5　うちの娘は「ピアノなんてきらい。もういやだ。」とピアノを習うのを（　　　）。

　　1　いやがっている　2　ほしがっている　3　きらいになる　　4　ほしくなる

6　せっかく日本に（　　　）、日本料理を食べてみよう。

　　1　来たのだから　　2　来たことには　　3　来るつもりで　　4　来ることなら

7　A「田中さんっておこりっぽいね。」

　　B「（　　　）おこりっぽい人もめずらしいね。」

　　1　こんなに　　　　2　そんなに　　　　3　あんなに　　　　4　どんなに

8　どちらが（　　　）。両チームとも実力はほぼ同じくらいだからね。

　　1　勝ってしかたがない　　　　　　　　　2　勝ってもおかしくない

　　3　勝つにちがいない　　　　　　　　　　4　勝つことになっている

9　A　「ぜひ、一度先生の授業を（　　　）?」

　　B　「もちろん、いいですよ。」

　　1　見学してもらえませんでしょうか　　　　2　見学させていただけませんか

　　3　見学されてくださいませんか　　　　　　4　見学してくれないでしょうか

10　A　「掃除機、また壊れちゃったよ。」

　　B　「私はもう（　　　）かなって思ってるんだけど。」

　　1　買い替えてもいいんじゃない　　　　　　2　買い替えなくてもいいんじゃない

　　3　買い替えてはいけないんじゃない　　　　4　買い替えなくてはいけないんじゃない

11　学校（　　　）近くに住んでいるので、普段は歩いて通学している。

　　1　が　　　　　　　2　は　　　　　　　　3　の　　　　　　　4　に

12　足が痛くてジョギングを（　　　）、もう1年経ちました。

　　1　したままで　　　　　　　　　　　　　　2　したあとになって

　　3　しないことには　　　　　　　　　　　　4　しなくなってから

13　A　「大手企業に（　　　）、有名な大学じゃないと入れないのでしょうか。」

　　B　「いいえ、そうではないと思います。」

　　1　入るだけに　　　　2　入るには　　　　3　入るように　　　　4　入るとともに

問題2 つぎの文の ___★___ に入る最もよいものを、1・2・3・4から一つえらびなさい。

___

（問題例）

つくえの ____ ____ _★_ ____ あります。

1　が　　　　　　　　2　に　　　　　　　3　上　　　　　　4　ぺん

（解答のしかた）

1. 正しい答えはこうなります。

つくえの _____ _____ __★__ _____ あります。
3　上　　2　に　　4　ぺん　1　が

2. _★_ に入る番号を解答用紙にマークします。

（解答用紙）　　| （例）　①　②　③　● |

___

14　ただいま担当者がまいりますので、こちらに ____ ____ _★_ ____ ください。

　　1　お待ち　　　　　2　になって　　　　3　少々　　　　　4　おかけ

15　A「彼女が手作りの ____ ____ _★_ ____ ました。」

　　B「へえ、うらやましいですね。」

　　1　きて　　　　　　2　持って　　　　　3　ケーキを　　　4　くれ

16　一日中試験の ____ ____ _★_ ____ と思いました。ところが、成績は悪かったです。

　　1　わかっていた　　2　勉強したので　　3　ために　　　　4　全部

17　私は今できることが ____ ____ _★_ ____ 5年かかりました。

　　1　できる　　　　　2　なる　　　　　　3　のに　　　　　4　ように

[18]　A　「すみません、＿＿＿＿　＿＿＿＿　＿★＿＿　＿＿＿＿か。」

　　　B　「あ、いいですよ。建物も入れて写しましょうか。」

　　　1　撮って　　　　　　　2　いただけません　3　1枚　　　　　　　4　写真を

問題3 つぎの文章を読んで、文章全体の内容を考えて、　19　から　23　の中に入る最もよいものを、1・2・3・4から一つえらびなさい。

「週末はどうだった?」この質問は、アメリカの職場で月曜日の朝になるとよく互いに交わし合うあいさつになっている。アメリカでは、休暇をどのように　19　、とても重要な個性の一つである。おそらく会社や工場で終日行う作業は、みなほとんど同じようなことであろう。でも余暇は人がそれぞれどういう人物かをはっきりと　20　。　21　、ロックミュージックを好む人もいれば、ジャズやクラシック音楽を好む人もいる。走ったり泳いだりする人もいれば、家で一日中テレビばかり見ている人もいる。ショッピングモールで長時間過ごす人がいるかと思えば、博物館へ行く人もいるであろう。　22　あらゆる選択が人のタイプを特徴づける手段となる。

しかし、昔からこのようで　23　。18、19世紀のアメリカでは「休暇」というものは、ほとんど認識がなかったのである。農場で働いていた大部分の人々は、教会へ行く日曜日以外は毎日、日の出から日の入りまで働いていた。それから人々はいろいろ今日のようにコンサートに出かけたり、パーティーを開いたり、レストランに行ったり、小説を読んだり、あるいはスポーツをしたりする人もいた。しかし、それでは今よりはるかにささやかなものだった。

19
1　過ごすのかということは　　　　　　2　過ごすのかといえば

3　過ごすかというと　　　　　　　　4　過ごすかどうか

20
1　示すことにする　　　　　　　　　2　示すことになる

3　示すようにする　　　　　　　　　4　示すようになる

21
1　また　　　　　　2　ただし　　　　　　3　例えば　　　　　　4　そのうえ

1 このような　　　　　　　　　2 そのような

3 あのような　　　　　　　　　4 どのような

1 あったものだ　　　　　　　　2 あったわけだ

3 あったものではない　　　　　4 あったわけではない

問題 **4** つぎの（1）から（4）の文章を読んで、質問に答えなさい。答えは、1・2・3・4から最もよいものを一つえらびなさい。

(1)

　今日はちょっとショッキングな話をしたいと思います。これまで私たちは男の人の多くがいったん入社したら、同じ会社でずっと働きつづけると思っていました。ところが、最近の調査によると、入社5年以内に会社を辞める若者が多くなってきているんです。理科系を卒業した学生は定着している人が多いのですが、文科系では、なんと60％もの人が初めに入った会社を辞めているんです。この数字は正直驚きです。数字の面からだけ言えば、女子は79％が10年以内に、初めに入った会社を辞めているのですが、これは結婚や出産によるものでしょう。

24　この人が驚いているのはどんなことか。

1　男の人はいったん入社したら、同じ会社でずっと働きつづけること

2　理科系を卒業した人の大部分は入社5年以内に会社を辞めること

3　文科系を卒業した人の多くが初めに入った会社を辞めていること

4　女の人は初めに入った会社に定着している人が多いこと

（2）

　ファックスは便利ですが、使うときには注意が必要です。送り先が会社であれば、他の人が見てしまったり、紛失してしまったりする可能性があるので、担当者以外の人に知られて困る情報は書いてはいけません。また、送信ミスもよくあるので、送る側も受け取った側も、確認の連絡を忘れないようにしましょう。

　文字が読みにくくなりやすいのも、ファックスの特徴です。相手が読みやすいように気をつけましょう。小さい字は読みにくいので、必要に応じて拡大コピーをするようにしてください。常に受け取る相手のことを考えましょう。ファックスは、受け取る側が紙を消費するので、枚数が多い場合には郵送にしたほうがいいと思います。

25 説明の内容と合っているのはどれか。

　1　ファックスには担当者以外の人に知られて困る情報は書いてはいけない。

　2　ファックスがきちんと送信されたかどうかの確認の連絡は、受け取った側から行う。

　3　ファックスで拡大して送るのは、紙をたくさん使うのでよくない。

　4　ファックスを1枚だけ送るのはマナー違反である。

5
回

（3）

夏の野球合宿

横浜高校では夏の野球合宿を次の日時に催します。

開始は6月25日月曜日、終わりは7月3日火曜日です。

この催しの対象者は10歳から14歳までです。

この合宿は新たな技術の習得と競技知識の向上を目指します。

どんなレベルや能力でも歓迎します！

詳しい情報を知りたい方は703−503−770番の竹内までお電話をくださるか、

takeuti@yh.eduまでメールしてください。

26 この合宿で参加者は何を学ぶことができるか。

　　1　野球の基礎的技術だけ

　　2　夏期合宿の催し方

　　3　野球に対する新たな技術と知識

　　4　自分の能力を発見する方法

(4)

　台風や地震などの自然災害に備えて、非常食を買い置く家庭が増えていますが、非常食は
まず携帯に便利であること、保存がきくこと、そして栄養が豊富であること、この3点が大事
なことは申し上げる必要もないかと思います。ただ、皆さんが非常食を選ばれる際によく見
落とされる点がございまして、それは災害時にはガスも電気も使えなくなることが起こりま
すから、非常食は温めなくても食べられるということがもう一つ大事な点になるわけです。
たとえば、レトルト食品の類は温めて食べれば、栄養も豊富でおいしいものですが、冷たい
と油が固まって食べづらくなってしまいます。それからまた、災害時には水道もストップす
る可能性がありますから、塩分の多いものも非常食としてはお勧めできません。

[27]　非常食を選ぶとき、大事なこととして正しくないのはどれか。

　　1　長く保存できるか

　　2　塩分がたっぷり入っているか

　　3　栄養が豊富であるか

　　4　温めなくても食べられるか

問題5 つぎの（1）と（2）の文章を読んで、質問に答えなさい。答えは、1・2・3・4 から最もよいものを一つえらびなさい。

（1）

　放送のやり方は文語調よりも会話体であるべきだと私はいつも感じてきた。アナウンサーは、視聴者に対して目を向けて話しかけ、説得力をもって情報や意見を伝えようと努力しているのだという印象を与えるよう努めるべきである。よい放送の本質はたしかにこの伝えたいという欲望であり、アナウンサーの特徴をいかした、書き言葉ではない、話し言葉でなければならないと思う。会話の話し方は明らかに雄弁術的なものではなく、電話のものとも明らかに違う。人前でのスピーチのような放送はあまり効果がなく、受賞作のエッセイを大声で読むような放送はすぐに注意を引かなくなる。

　だからといって、放送が書き言葉の質を低下させるだろうか。また偉大な名文家が数年後に口語調で書くことになるだろうか。書くことの喜びは、永遠のものであるが、意味の伝達と言葉の神秘性にある。我々は放送番組を、散文による詩として書くのではなく、優れた会話として書き続けるだろう。

（注）雄弁術：公衆の前で、明確に印象的に自分の意見を公表する術

28　①放送のやり方は文語調よりも会話体であるべきだとあるが、筆者がそう思っているのはなぜか。

　1　会話体の方がよりよく情報や意見を伝えることができるから

　2　会話体で放送したほうが視聴率が高くなるから

　3　文語調の話し方は放送の質を低下させるから

　4　文語調でないと放送の効果がないから

29　②伝えたいという欲望とあるが、どんな欲望なのか。

　1　相手の目を見て話しかけたい欲望

　2　説得力をもって情報や意見を伝えたい欲望

　3　自分も努力しているという印象を伝えたい欲望

　4　永遠のものである書くことの喜びを教えたい欲望

30 本文の内容と合っているものはどれか。

1 視聴者にいい印象を与えるのはアナウンサーの重要な役割である。

2 書き言葉は説得力は弱いが、影響力は大きい。

3 放送では人前でのスピーチのように大声で話さなければならない。

4 書き言葉より話し言葉のほうが放送での効果がいい。

（2）

　言語の話し方を学ぶことは、一部には、音のまね方を学ぶことを意味する。一時期、学者たちの間で言語の発達は主として聞いたものをまねる成果であると思われていた。しかし、今ではまねることは大切であるけれど、我々が特に努力するのは――我々一人一人がこれまで口に出したことのなかったことをいかにもそれらしく言えるように――パターンのまね方を学習することである、と理解されている。基本的なパターンから我々は新しい発話を生み出すのである。

　天文学であろうと対人コミュニケーションであろうと、何らかの科目について学習することも、その大半はパターンの発見をすることを意味する。すぐれた理論とは、次に何が起こるかを予測する上で役に立つほど十分に、あるパターンを説明するものである。どの学生が頭がいいとか、どの学生がほかの学生よりも上手に学ぶことができるかなどを決める多くの学力テストは、パターン・テストである。基礎をなすパターンを捉えることのできる者は、できない者よりも熟達度が高いという考え方もあるのである。

　パターンを理解することは、教育や、さらに知性だけの問題ではない。多くは、何に神経を集中しているのか、また何を理解するつもりでいるのかによるのである。

[31]　言語の話し方を学ぶことの説明として正しいものはどれか。

1　聞いたものをまねる能力さえあれば、言語はすぐに上手になれる。

2　音のまね方を学ぶことは言語学習に有害である。

3　音をまねることよりパターンのまね方を学習することがもっと大切である。

4　人はまねることをしないで言語を学習できる。

[32]　今現在、学者たちの間で重要と考えられていることはどれか。

1　聞いたものをまねること

2　基本的なパターンをまねること

3　まねることは価値があるということを理解すること

4　新しい発話を生み出すこと

33 この文章の内容と合っているものはどれか。

1 頭がいい学生はほかの学生よりパターンの重要性をよく知っている。

2 すぐれた理論を完成するためにはパターンを説明する技術が必要である。

3 パターンは教育、知性の問題ではなく、それ以上のものによる。

4 パターンを理解することは予想以上に難しい。

問題 **6** つぎの文章を読んで、質問に答えなさい。答えは、1・2・3・4から最もよい
ものを一つえらびなさい。

　知力を単なる学究的な能力としてではなく、もっと広い視野で見始めている社会学者がい
る。彼らは知力を、成功して幸せな人生に導くため必要となるものという表現で再定義しよ
うとしている。このようなアプローチの変化は1980年代に<u>ハーバード大学を卒業した学生が
行ったような最近の研究</u>に基づいている。この研究では、大学で知能テストの得点が最も高
　①
い学生が仕事の上で最も成功しているとは限らないことが分かった。さらに、こういう人た
ちがそれだけ人生に満足し、あるいは友人関係、家族関係やロマンチックな関係において、
最も幸せであるとは限らないことも分かった。

　<u>このような発見</u>から、感情面で有能な人——自分の感情をうまくコントロールし、他人の
　②
感情にもうまく対処する方法を知っている人——が、友情や恋愛において、あるいは、より
形式的な社会状況での成功につながる暗黙の規則を理解することにおいて、優れていると考
えられる。

　それに対して、感情面の生活をうまくコントロールできない人は、仕事への集中や明確な
思考を難しくするような内面での戦いをしなければならない。

　この違いは、ある人は人生でうまくやっているのに、同じくらい知性を持った人がうまく
いかない理由を理解する上で不可欠のものである。さらに大事なことに、学究的能力は変え
られないと多くの人が論じている一方で、感情面での技量は学んで得られるものであるとい
う証拠は増えている。

　<u>知的能力と感情の能力</u>は反対の能力ではなく、別々の能力であるということは覚えておく
　③
べきである。我々は知性と感情の理解力を混同していることが多い。それぞれの特質は、人
の性質に別の何かを与えてくれる。しかし、二つのうちで、感情の理解力の方が、我々を完
全な人間にしてくれる特質の多くを与えてくれる。

34 ①ハーバード大学を卒業した学生が行ったような最近の研究が示していることは何か。

1 知能テストの得点と成功とは深い関係がなかった。

2 その後の人生で成功しなかった人の得点は実際に平均点以下だった。

3 相対的にテストの点がいい人は個人的な関係でも成功する。

4 最高点は最も学究的能力がない人に与えられた。

35 ②このような発見とあるが、どのような発見か。

1 成功して、幸せな人生を過ごすためには知力が必要であること

2 知力を持っている人は仕事には成功するが、感情をうまくコントロールできないこと

3 感情面で有能な人は仕事や人間関係もうまくいくこと

4 知能テストの得点が高い人が最も成功して幸せである、というわけではないこと

36 感情的能力とはどんなことか。

1 習慣に従った社会的状況で成功するための、暗黙の規則を作る能力

2 他人の感情よりも自分の感情を評価する能力

3 個人的成功を犠牲にしても社会的成功を成し遂げる能力

4 自分と他人の感情にうまく対処する能力

37 ③知的能力と感情の能力の重要な違いは何か。

1 感情的能力が最初に発達する。

2 知的能力は成功するためにより重要である。

3 感情的能力は個人的に向上されうる。

4 知的能力は人生において最大の満足を与えてくれる。

問題7　右のページは「中野区自転車駐車場」の利用案内である。これを読んで、下の質問に答えなさい。答えは、1・2・3・4から最もよいものを一つえらびなさい。

38　自転車駐車場の登録手続きをする時、必要なものではないのはどれか。

1　自転車保険

2　車体番号

3　車体の色

4　自転車のメーカー名

39　自転車駐車場を利用する時、注意する点として正しくないのはどれか。

1　盗難防止のためにかぎを二重にかけなければならない。

2　許可されたところ以外に自転車を止めてはいけない。

3　駐車場内で自転車に乗って通行してはいけない。

4　定期的に利用する人は登録手続きをしなくてもいい。

中野区「自転車駐車場」利用案内

　中野区では、駅の周辺に自転車駐車場を設置しています。

　自転車を利用される一人一人がマナーとルールを守って、放置自転車のない安全で美しいまちをつくりましょう。

★利用方法

・「定期利用」は、有料許可制となりますので、通勤や通学などで定期的にご利用になる方は登録手続きが必要です。手続きは、毎月20日より翌月の5日まで行っています。

・手続きに必要なもの：登録する自転車のメーカー名、車体番号、防犯登録番号、
　　　　　　　　　　　　車体の色

・利用料金：3,000円

★利用の注意・ルール

・歩道や駐車場内では自転車・バイクは降車し、押して通行してください。

・駐車場内での事故や盗難など、利用者の被害については、一切の責任を負いません。

・かぎを二重にかけるなどの防犯対策をお願いします。

・無断駐車や許可された駐車場以外に駐車するのはやめましょう。

　なお、キャンセル待ちの受付状況については、自転車駐車場窓口にお問い合わせください。

N3

ちょうかい
聴解

（40分）

注　　意
Notes

1. 試験が始まるまで、この問題用紙を開けないでください。
   Do not open this question booklet until the test begins.

2. この問題用紙を持って帰ることはできません。
   Do not take this question booklet with you after the test.

3. 受験番号と名前を下の欄に、受験票と同じように書いてください。
   Write your examinee registration number and name clearly in each box below as written on your test voucher.

4. この問題用紙は、全部で13ページあります。
   This question booklet has 13 pages.

5. この問題用紙にメモをとってもいいです。
   You may make notes in this question booklet.

じゅけんばんごう
受験番号 Examinee Registration Number

名　前　Name

問題 1

問題 1 では、まず質問を聞いてください。それから話を聞いて、問題用紙の1から4の中から、最もよいものを一つえらんでください。

れい

1 旅行代理店に電話で予約する

2 シティーエアーターミナルに電話で予約する

3 前の日に旅行代理店に行って買っておく

4 出発の前に、旅行代理店で買う

1 ばん

1 国立大学に入るために、今から英語を勉強する

2 電子技術の学部がある大学で、授業料が一番安い大学を探す

3 どうしても大学に行きたいので、何学部でもいいから、大学を受験する

4 受験科目に英語がない電子技術の専門学校について調べてみる

2 ばん

1 電話で韓国語教室を申し込む

2 授業の案内と振り込み用紙を送る

3 近くの本屋で教科書を買う

4 銀行で授業料を払う

3ばん

1　もう一度この本の予約をする

2　今借りている本の予約状況を確認する

3　サービスカウンターで再貸し出しを申し込む

4　借りていた本を返す

4ばん

1　司会をする

2　受付をする

3　会場のセッティングをする

4　机に料理を並べる

5 ばん

1 　今年、国際関係論Ｂを受講することにした
2 　今年、国際関係論ＡとＢを受講することにした
3 　来年、国際関係論Ｂを受講することにした
4 　来年、国際関係論ＡとＢを受講することにした

6 ばん

1 　女の人からの連絡を待つ
2 　明日、女の人に改めて連絡する
3 　かばんを女の人に送る
4 　同僚に代わりに取りに行くように頼む

問題 2

　問題 2 では、まず質問を聞いてください。そのあと、問題用紙を見てください。読む時間があります。それから話を聞いて、問題用紙の 1 から 4 の中から、最もよいものを一つえらんでください。

れい

1　切符がなくなったから
2　事故で列車が20分間停車したから
3　列車の中で本を読んでいたから
4　信号が故障したから

1ばん

1 家を出るのが遅かったから

2 自転車の修理ができなかったから

3 約束の時間を忘れたから

4 自転車が壊れたから

2ばん

1 勉強で忙しいから

2 友だちとの約束を忘れてしまったから

3 恋人とケンカして仲直りしに行ったから

4 昨日、お酒を飲みすぎたから

3 ばん

1 友_{とも}だちが遊_{あそ}びに来_きたから

2 新_{あたら}しいゲームを買_かってもらったから

3 新_{あたら}しい家_{いえ}に引_ひっ越_こしたから

4 朝_{あさ}早_{はや}く目_めが覚_さめたから

4 ばん

1 一番最後_{いちばんさいご}に乗_のることになるから

2 景色_{けしき}がよく見_みえないから

3 するべきことが多_{おお}いから

4 座_{すわ}り心地_{ここち}が悪_{わる}いから

5 ばん

1 デートに遅れたから

2 浮気をしたから

3 誕生日を忘れたから

4 うそをついたから

6 ばん

1 気に入ったところを繰り返して見られるから

2 椅子がゆったりしていて、楽だから

3 いつでも昔の映画が見られるから

4 飲み食いしながら映画が見られるから

問題 3

問題 3 では、問題用紙に何もいんさつされていません。この問題は、ぜんたいとしてどんなないようかを聞く問題です。話の前に質問はありません。まず話を聞いてください。それから質問とせんたくしを聞いて、1 から 4 の中から、最もよいものを一つえらんでください。

― メモ ―

問題 4

問題4では、えを見ながら質問を聞いてください。やじるし（➡）の人は何と言いますか。1から3の中から、最もよいものを一つえらんでください。

れい

5
回

199

1 ばん

2 ばん

3 ばん

4 ばん

問題 5

問題5では、問題用紙に何もいんさつされていません。まず文を聞いてください。それから、そのへんじを聞いて、1から3の中から、最もよいものを一つえらんでください。

― メモ ―

N3 第1回 模擬テスト げんごちしき(もじ・ごい) かいとうようし

受 験 番 号
Examinee Registration Number

名 前
Name

問題 1

1	①	②	③	④
2	①	②	③	④
3	①	②	③	④
4	①	②	③	④
5	①	②	③	④
6	①	②	③	④
7	①	②	③	④
8	①	②	③	④

問題 2

9	①	②	③	④
10	①	②	③	④
11	①	②	③	④
12	①	②	③	④
13	①	②	③	④
14	①	②	③	④

問題 3

15	①	②	③	④
16	①	②	③	④
17	①	②	③	④
18	①	②	③	④
19	①	②	③	④
20	①	②	③	④
21	①	②	③	④
22	①	②	③	④
23	①	②	③	④
24	①	②	③	④
25	①	②	③	④

問題 4

26	①	②	③	④
27	①	②	③	④
28	①	②	③	④
29	①	②	③	④
30	①	②	③	④

問題 5

31	①	②	③	④
32	①	②	③	④
33	①	②	③	④
34	①	②	③	④
35	①	②	③	④

N3 第1回 模擬テスト 言語知識(文法)・読解 解答用紙

受験番号
Examinee Registration Number

名前
Name

問題 1

	①	②	③	④
1	①	②	③	④
2	①	②	③	④
3	①	②	③	④
4	①	②	③	④
5	①	②	③	④
6	①	②	③	④
7	①	②	③	④
8	①	②	③	④
9	①	②	③	④
10	①	②	③	④
11	①	②	③	④
12	①	②	③	④
13	①	②	③	④

問題 2

14	①	②	③	④
15	①	②	③	④
16	①	②	③	④
17	①	②	③	④
18	①	②	③	④

問題 3

19	①	②	③	④
20	①	②	③	④
21	①	②	③	④
22	①	②	③	④
23	①	②	③	④

問題 4

24	①	②	③	④
25	①	②	③	④
26	①	②	③	④
27	①	②	③	④

問題 5

28	①	②	③	④
29	①	②	③	④
30	①	②	③	④
31	①	②	③	④
32	①	②	③	④
33	①	②	③	④

問題 6

34	①	②	③	④
35	①	②	③	④
36	①	②	③	④
37	①	②	③	④

問題 7

38	①	②	③	④
39	①	②	③	④

N3 第1回 模擬テスト 聴解 解答用紙

受 験 番 号
Examinee Registration Number

名 前
Name

問 題 1

	①	②	③	④
れい	①	②	●	④
1	①	②	③	④
2	①	②	③	④
3	①	②	③	④
4	①	②	③	④
5	①	②	③	④
6	①	②	③	④

問 題 2

	①	②	③	④
れい	①	②	●	④
1	①	②	③	④
2	①	②	③	④
3	①	②	③	④
4	①	②	③	④
5	①	②	③	④
6	①	②	③	④

問 題 3

	①	②	③	④
れい	①	●	③	④
1	①	②	③	④
2	①	②	③	④
3	①	②	③	④

問 題 4

	①	②	③
れい	①	②	●
1	①	②	③
2	①	②	③
3	①	②	③
4	①	②	③

問 題 5

	①	②	③
れい	①	●	③
1	①	②	③
2	①	②	③
3	①	②	③
4	①	②	③
5	①	②	③
6	①	②	③
7	①	②	③
8	①	②	③
9	①	②	③

N3 第2回 模擬テスト げんごちしき(もじ・ごい) かいとうようし

受 験 番 号
Examinee Registration Number

名 前
Name

問題 1

	①	②	③	④
1	①	②	③	④
2	①	②	③	④
3	①	②	③	④
4	①	②	③	④
5	①	②	③	④
6	①	②	③	④
7	①	②	③	④
8	①	②	③	④

問題 2

	①	②	③	④
9	①	②	③	④
10	①	②	③	④
11	①	②	③	④
12	①	②	③	④
13	①	②	③	④
14	①	②	③	④

問題 3

	①	②	③	④
15	①	②	③	④
16	①	②	③	④
17	①	②	③	④
18	①	②	③	④
19	①	②	③	④
20	①	②	③	④
21	①	②	③	④
22	①	②	③	④
23	①	②	③	④
24	①	②	③	④
25	①	②	③	④

問題 4

	①	②	③	④
26	①	②	③	④
27	①	②	③	④
28	①	②	③	④
29	①	②	③	④
30	①	②	③	④

問題 5

	①	②	③	④
31	①	②	③	④
32	①	②	③	④
33	①	②	③	④
34	①	②	③	④
35	①	②	③	④

N3 第2回 模擬テスト 言語知識(文法)・読解 解答用紙

受 験 番 号
Examinee Registration Number

名 前
Name

問題 1

	①	②	③	④
1	①	②	③	④
2	①	②	③	④
3	①	②	③	④
4	①	②	③	④
5	①	②	③	④
6	①	②	③	④
7	①	②	③	④
8	①	②	③	④
9	①	②	③	④
10	①	②	③	④
11	①	②	③	④
12	①	②	③	④
13	①	②	③	④

問題 2

	①	②	③	④
14	①	②	③	④
15	①	②	③	④
16	①	②	③	④
17	①	②	③	④
18	①	②	③	④

問題 3

	①	②	③	④
19	①	②	③	④
20	①	②	③	④
21	①	②	③	④
22	①	②	③	④
23	①	②	③	④

問題 4

	①	②	③	④
24	①	②	③	④
25	①	②	③	④
26	①	②	③	④
27	①	②	③	④

問題 5

	①	②	③	④
28	①	②	③	④
29	①	②	③	④
30	①	②	③	④
31	①	②	③	④
32	①	②	③	④
33	①	②	③	④

問題 6

	①	②	③	④
34	①	②	③	④
35	①	②	③	④
36	①	②	③	④
37	①	②	③	④

問題 7

	①	②	③	④
38	①	②	③	④
39	①	②	③	④

N3 第2回 模擬テスト 聴解 解答用紙

受験番号
Examinee Registration Number

名前
Name

問題 1

	①	②	③	④
れい	①	②	③	●
1	①	②	③	④
2	①	②	③	④
3	①	②	③	④
4	①	②	③	④
5	①	②	③	④
6	①	②	③	④

問題 2

	①	②	③	④
れい	①	②	③	●
1	①	②	③	④
2	①	②	③	④
3	①	②	③	④
4	①	②	③	④
5	①	②	③	④
6	①	②	③	④

問題 3

	①	②	③	④
れい	①	②	●	④
1	①	②	③	④
2	①	②	③	④
3	①	②	③	④

問題 4

	①	②	③
れい	①	②	●
1	①	②	③
2	①	②	③
3	①	②	③
4	①	②	③

問題 5

	①	②	③
れい	①	●	③
1	①	②	③
2	①	②	③
3	①	②	③
4	①	②	③
5	①	②	③
6	①	②	③
7	①	②	③
8	①	②	③
9	①	②	③

N3 第3回 模擬テスト げんごちしき(もじ・ごい) かいとうようし

受 験 番 号
Examinee Registration Number

名 前
Name

問題 1

	①	②	③	④
1	①	②	③	④
2	①	②	③	④
3	①	②	③	④
4	①	②	③	④
5	①	②	③	④
6	①	②	③	④
7	①	②	③	④
8	①	②	③	④

問題 2

	①	②	③	④
9	①	②	③	④
10	①	②	③	④
11	①	②	③	④
12	①	②	③	④
13	①	②	③	④
14	①	②	③	④

問題 3

	①	②	③	④
15	①	②	③	④
16	①	②	③	④
17	①	②	③	④
18	①	②	③	④
19	①	②	③	④
20	①	②	③	④
21	①	②	③	④
22	①	②	③	④
23	①	②	③	④
24	①	②	③	④
25	①	②	③	④

問題 4

	①	②	③	④
26	①	②	③	④
27	①	②	③	④
28	①	②	③	④
29	①	②	③	④
30	①	②	③	④

問題 5

	①	②	③	④
31	①	②	③	④
32	①	②	③	④
33	①	②	③	④
34	①	②	③	④
35	①	②	③	④

N3 第3回 模擬テスト　言語知識(文法)・読解　解答用紙

受験番号
Examinee Registration Number

名前
Name

問題 1

	①	②	③	④
1	①	②	③	④
2	①	②	③	④
3	①	②	③	④
4	①	②	③	④
5	①	②	③	④
6	①	②	③	④
7	①	②	③	④
8	①	②	③	④
9	①	②	③	④
10	①	②	③	④
11	①	②	③	④
12	①	②	③	④
13	①	②	③	④

問題 2

14	①	②	③	④
15	①	②	③	④
16	①	②	③	④
17	①	②	③	④
18	①	②	③	④

問題 3

19	①	②	③	④
20	①	②	③	④
21	①	②	③	④
22	①	②	③	④
23	①	②	③	④

問題 4

24	①	②	③	④
25	①	②	③	④
26	①	②	③	④
27	①	②	③	④

問題 5

28	①	②	③	④
29	①	②	③	④
30	①	②	③	④
31	①	②	③	④
32	①	②	③	④
33	①	②	③	④

問題 6

34	①	②	③	④
35	①	②	③	④
36	①	②	③	④
37	①	②	③	④

問題 7

38	①	②	③	④
39	①	②	③	④

N3 第3回 模擬テスト 聴解 解答用紙

受 験 番 号
Examinee Registration Number

名 前
Name

問 題 1

れい	①	②	●	④
1	①	②	③	④
2	①	②	③	④
3	①	②	③	④
4	①	②	③	④
5	①	②	③	④
6	①	②	③	④

問 題 2

れい	①	②	●	④
1	①	②	③	④
2	①	②	③	④
3	①	②	③	④
4	①	②	③	④
5	①	②	③	④
6	①	②	③	④

問 題 3

れい	①	②	●	④
1	①	②	③	④
2	①	②	③	④
3	①	②	③	④

問 題 4

れい	①	②	●
1	①	②	③
2	①	②	③
3	①	②	③
4	①	②	③

問 題 5

れい	①	●	③
1	①	②	③
2	①	②	③
3	①	②	③
4	①	②	③
5	①	②	③
6	①	②	③
7	①	②	③
8	①	②	③
9	①	②	③

N3 第4回 模擬テスト げんごちしき(もじ・ごい) かいとうようし

受験番号
Examinee Registration Number

名前
Name

問題 1

問題1				
1	①	②	③	④
2	①	②	③	④
3	①	②	③	④
4	①	②	③	④
5	①	②	③	④
6	①	②	③	④
7	①	②	③	④
8	①	②	③	④

問題 2

問題2				
9	①	②	③	④
10	①	②	③	④
11	①	②	③	④
12	①	②	③	④
13	①	②	③	④
14	①	②	③	④

問題 3

問題3				
15	①	②	③	④
16	①	②	③	④
17	①	②	③	④
18	①	②	③	④
19	①	②	③	④
20	①	②	③	④
21	①	②	③	④
22	①	②	③	④
23	①	②	③	④
24	①	②	③	④
25	①	②	③	④

問題 4

問題4				
26	①	②	③	④
27	①	②	③	④
28	①	②	③	④
29	①	②	③	④
30	①	②	③	④

問題 5

問題5				
31	①	②	③	④
32	①	②	③	④
33	①	②	③	④
34	①	②	③	④
35	①	②	③	④

N3 第4回 模擬テスト 言語知識(文法)・読解 解答用紙

受 験 番 号
Examinee Registration Number

名 前
Name

問題 1

	①	②	③	④
1	①	②	③	④
2	①	②	③	④
3	①	②	③	④
4	①	②	③	④
5	①	②	③	④
6	①	②	③	④
7	①	②	③	④
8	①	②	③	④
9	①	②	③	④
10	①	②	③	④
11	①	②	③	④
12	①	②	③	④
13	①	②	③	④

問題 2

	①	②	③	④
14	①	②	③	④
15	①	②	③	④
16	①	②	③	④
17	①	②	③	④
18	①	②	③	④

問題 3

	①	②	③	④
19	①	②	③	④
20	①	②	③	④
21	①	②	③	④
22	①	②	③	④
23	①	②	③	④

問題 4

	①	②	③	④
24	①	②	③	④
25	①	②	③	④
26	①	②	③	④
27	①	②	③	④

問題 5

	①	②	③	④
28	①	②	③	④
29	①	②	③	④
30	①	②	③	④
31	①	②	③	④
32	①	②	③	④
33	①	②	③	④

問題 6

	①	②	③	④
34	①	②	③	④
35	①	②	③	④
36	①	②	③	④
37	①	②	③	④

問題 7

	①	②	③	④
38	①	②	③	④
39	①	②	③	④

N3 第4回 模擬テスト 聴解 解答用紙

受験番号
Examinee Registration Number

名前
Name

問題 1

れい	①	②	③	●
1	①	②	③	④
2	①	②	③	④
3	①	②	③	④
4	①	②	③	④
5	①	②	③	④
6	①	②	③	④

問題 2

れい	①	②	③	●
1	①	②	③	④
2	①	②	③	④
3	①	②	③	④
4	①	②	③	④
5	①	②	③	④
6	①	②	③	④

問題 3

れい	①	②	●	④
1	①	②	③	④
2	①	②	③	④
3	①	②	③	④

問題 4

れい	①	②	●
1	①	②	③
2	①	②	③
3	①	②	③
4	①	②	③

問題 5

れい	①	●	③
1	①	②	③
2	①	②	③
3	①	②	③
4	①	②	③
5	①	②	③
6	①	②	③
7	①	②	③
8	①	②	③
9	①	②	③

N3 第5回 模擬テスト げんごちしき(もじ・ごい) かいとうようし

受 験 番 号
Examinee Registration Number

名 前
Name

問 題 1

	1	2	3	4
1	①	②	③	④
2	①	②	③	④
3	①	②	③	④
4	①	②	③	④
5	①	②	③	④
6	①	②	③	④
7	①	②	③	④
8	①	②	③	④

問 題 2

	1	2	3	4
9	①	②	③	④
10	①	②	③	④
11	①	②	③	④
12	①	②	③	④
13	①	②	③	④
14	①	②	③	④

問 題 3

	1	2	3	4
15	①	②	③	④
16	①	②	③	④
17	①	②	③	④
18	①	②	③	④
19	①	②	③	④
20	①	②	③	④
21	①	②	③	④
22	①	②	③	④
23	①	②	③	④
24	①	②	③	④
25	①	②	③	④

問 題 4

	1	2	3	4
26	①	②	③	④
27	①	②	③	④
28	①	②	③	④
29	①	②	③	④
30	①	②	③	④

問 題 5

	1	2	3	4
31	①	②	③	④
32	①	②	③	④
33	①	②	③	④
34	①	②	③	④
35	①	②	③	④

N3 第5回 模擬テスト 言語知識(文法)・読解 解答用紙

受験番号
Examinee Registration Number

名前
Name

問題 1

	①	②	③	④
1	①	②	③	④
2	①	②	③	④
3	①	②	③	④
4	①	②	③	④
5	①	②	③	④
6	①	②	③	④
7	①	②	③	④
8	①	②	③	④
9	①	②	③	④
10	①	②	③	④
11	①	②	③	④
12	①	②	③	④
13	①	②	③	④

問題 2

	①	②	③	④
14	①	②	③	④
15	①	②	③	④
16	①	②	③	④
17	①	②	③	④
18	①	②	③	④

問題 3

	①	②	③	④
19	①	②	③	④
20	①	②	③	④
21	①	②	③	④
22	①	②	③	④
23	①	②	③	④

問題 4

	①	②	③	④
24	①	②	③	④
25	①	②	③	④
26	①	②	③	④
27	①	②	③	④

問題 5

	①	②	③	④
28	①	②	③	④
29	①	②	③	④
30	①	②	③	④
31	①	②	③	④
32	①	②	③	④
33	①	②	③	④

問題 6

	①	②	③	④
34	①	②	③	④
35	①	②	③	④
36	①	②	③	④
37	①	②	③	④

問題 7

	①	②	③	④
38	①	②	③	④
39	①	②	③	④

N3 第5回 模擬テスト 聴解 解答用紙

受験番号
Examinee Registration Number

名前
Name

問題 1

	①	②	③	④
れい	①	②	❸	④
1	①	②	③	④
2	①	②	③	④
3	①	②	③	④
4	①	②	③	④
5	①	②	③	④
6	①	②	③	④

問題 2

	①	②	③	④
れい	①	②	③	❹
1	①	②	③	④
2	①	②	③	④
3	①	②	③	④
4	①	②	③	④
5	①	②	③	④
6	①	②	③	④

問題 3

	①	②	③	④
れい	①	❷	③	④
1	①	②	③	④
2	①	②	③	④
3	①	②	③	④

問題 4

	①	②	③
れい	①	②	❸
1	①	②	③
2	①	②	③
3	①	②	③
4	①	②	③

問題 5

	①	②	③
れい	①	❷	③
1	①	②	③
2	①	②	③
3	①	②	③
4	①	②	③
5	①	②	③
6	①	②	③
7	①	②	③
8	①	②	③
9	①	②	③

N3 第 回 模擬テスト げんごちしき(もじ・ごい) かいとうようし

受験番号
Examinee Registration Number

名前
Name

問題 1

	①	②	③	④
1	①	②	③	④
2	①	②	③	④
3	①	②	③	④
4	①	②	③	④
5	①	②	③	④
6	①	②	③	④
7	①	②	③	④
8	①	②	③	④

問題 2

	①	②	③	④
9	①	②	③	④
10	①	②	③	④
11	①	②	③	④
12	①	②	③	④
13	①	②	③	④
14	①	②	③	④

問題 3

	①	②	③	④
15	①	②	③	④
16	①	②	③	④
17	①	②	③	④
18	①	②	③	④
19	①	②	③	④
20	①	②	③	④
21	①	②	③	④
22	①	②	③	④
23	①	②	③	④
24	①	②	③	④
25	①	②	③	④

問題 4

	①	②	③	④
26	①	②	③	④
27	①	②	③	④
28	①	②	③	④
29	①	②	③	④
30	①	②	③	④

問題 5

	①	②	③	④
31	①	②	③	④
32	①	②	③	④
33	①	②	③	④
34	①	②	③	④
35	①	②	③	④

N3 第 回 模擬テスト 言語知識(文法)・読解 解答用紙

受 験 番 号
Examinee Registration Number

名 前
Name

問題 1

	①	②	③	④
1	①	②	③	④
2	①	②	③	④
3	①	②	③	④
4	①	②	③	④
5	①	②	③	④
6	①	②	③	④
7	①	②	③	④
8	①	②	③	④
9	①	②	③	④
10	①	②	③	④
11	①	②	③	④
12	①	②	③	④
13	①	②	③	④

問題 2

	①	②	③	④
14	①	②	③	④
15	①	②	③	④
16	①	②	③	④
17	①	②	③	④
18	①	②	③	④

問題 3

	①	②	③	④
19	①	②	③	④
20	①	②	③	④
21	①	②	③	④
22	①	②	③	④
23	①	②	③	④

問題 4

	①	②	③	④
24	①	②	③	④
25	①	②	③	④
26	①	②	③	④
27	①	②	③	④

問題 5

	①	②	③	④
28	①	②	③	④
29	①	②	③	④
30	①	②	③	④
31	①	②	③	④
32	①	②	③	④
33	①	②	③	④

問題 6

	①	②	③	④
34	①	②	③	④
35	①	②	③	④
36	①	②	③	④
37	①	②	③	④

問題 7

	①	②	③	④
38	①	②	③	④
39	①	②	③	④

N3 第 回 模擬テスト 聴解 解答用紙

受験番号
Examinee Registration Number

名前
Name

問題 1

	①	②	③	④
れい	①	②	③	●
1	①	②	③	④
2	①	②	③	④
3	①	②	③	④
4	①	②	③	④
5	①	②	③	④
6	①	②	③	④

問題 2

	①	②	③	④
れい	①	②	③	●
1	①	②	③	④
2	①	②	③	④
3	①	②	③	④
4	①	②	③	④
5	①	②	③	④
6	①	②	③	④

問題 3

	①	②	③	④
れい	①	②	●	④
1	①	②	③	④
2	①	②	③	④
3	①	②	③	④

問題 4

	①	②	③
れい	①	②	●
1	①	②	③
2	①	②	③
3	①	②	③
4	①	②	③

問題 5

	①	②	③
れい	●	②	③
1	①	②	③
2	①	②	③
3	①	②	③
4	①	②	③
5	①	②	③
6	①	②	③
7	①	②	③
8	①	②	③
9	①	②	③

N3 第 一 回 模擬テスト げんごちしき（もじ・ごい） かいとうようし

問題 1

	1	2	3	4
1	①	②	③	④
2	①	②	③	④
3	①	②	③	④
4	①	②	③	④
5	①	②	③	④
6	①	②	③	④
7	①	②	③	④
8	①	②	③	④

問題 2

	1	2	3	4
9	①	②	③	④
10	①	②	③	④
11	①	②	③	④
12	①	②	③	④
13	①	②	③	④
14	①	②	③	④

問題 3

	1	2	3	4
15	①	②	③	④
16	①	②	③	④
17	①	②	③	④
18	①	②	③	④
19	①	②	③	④
20	①	②	③	④
21	①	②	③	④
22	①	②	③	④
23	①	②	③	④
24	①	②	③	④
25	①	②	③	④

問題 4

	1	2	3	4
26	①	②	③	④
27	①	②	③	④
28	①	②	③	④
29	①	②	③	④
30	①	②	③	④

問題 5

	1	2	3	4
31	①	②	③	④
32	①	②	③	④
33	①	②	③	④
34	①	②	③	④
35	①	②	③	④

N3 第 回 模擬テスト 言語知識(文法)・読解 解答用紙

問題 1

	①	②	③	④
1	①	②	③	④
2	①	②	③	④
3	①	②	③	④
4	①	②	③	④
5	①	②	③	④
6	①	②	③	④
7	①	②	③	④
8	①	②	③	④
9	①	②	③	④
10	①	②	③	④
11	①	②	③	④
12	①	②	③	④
13	①	②	③	④

問題 2

14	①	②	③	④
15	①	②	③	④
16	①	②	③	④
17	①	②	③	④
18	①	②	③	④

問題 3

19	①	②	③	④
20	①	②	③	④
21	①	②	③	④
22	①	②	③	④
23	①	②	③	④

問題 4

24	①	②	③	④
25	①	②	③	④
26	①	②	③	④
27	①	②	③	④

問題 5

28	①	②	③	④
29	①	②	③	④
30	①	②	③	④
31	①	②	③	④
32	①	②	③	④
33	①	②	③	④

問題 6

34	①	②	③	④
35	①	②	③	④
36	①	②	③	④
37	①	②	③	④

問題 7

38	①	②	③	④
39	①	②	③	④

N3 第 回 模擬テスト 聴解 解答用紙

受 験 番 号
Examinee Registration Number

名 前
Name

問 題 1

	問	題	1	
れい	①	②	●	④
1	①	②	③	④
2	①	②	③	④
3	①	②	③	④
4	①	②	③	④
5	①	②	③	④
6	①	②	③	④

問 題 2

	問	題	2	
れい	①	②	●	④
1	①	②	③	④
2	①	②	③	④
3	①	②	③	④
4	①	②	③	④
5	①	②	③	④
6	①	②	③	④

問 題 3

	問	題	3	
れい	①	●	③	④
1	①	②	③	④
2	①	②	③	④
3	①	②	③	④

問 題 4

	問	題	4	
れい	①	②	●
1	①	②	③
2	①	②	③
3	①	②	③
4	①	②	③

問 題 5

	問	題	5	
れい	①	●	③
1	①	②	③
2	①	②	③
3	①	②	③
4	①	②	③
5	①	②	③
6	①	②	③
7	①	②	③
8	①	②	③
9	①	②	③